D1735287

VOLKER HERMSDORF
JOURNALIST
POELCHAUKAMP 2
22301 HAMBURG

Kumm (Hrsg.)/Lübbers/Schultz
Sporthochseeschifferschein

Werner Kumm (Hrsg.)
Hans-Dieter Lübbers · Harald Schultz

Sport hoch see schiffer schein

Delius Klasing Verlag

Die Deutsche Bibliothek – CIP-Einheitsaufnahme

Sporthochseeschifferschein: Werner Kumm (Hrsg.).
Hans-Dieter Lübbers; Harald Schultz. –
Bielefeld: Delius Klasing, 1994
   ISBN 3-7688-0809-2
NE: Kumm, Werner (Hrsg.); Lübbers, Hans-Dieter; Schultz, Harald

ISBN 3-7688-0809-2

© Copyright by Delius, Klasing & Co., Bielefeld
Einbandgestaltung und Layout: Ekkehard Schonart
Zeichnungen: Verfasser/Ekkehard Schonart
Ausschnitte aus der amtlichen nautischen Literatur werden
mit freundlicher Genehmigung des Bundesamtes für Seeschiffahrt
und Hydrographie (BSH), Hamburg, wiedergegeben.
Lithographie: d und d repro GmbH, Bad Oeynhausen
Gesamtherstellung: Kunst- und Werbedruck, Bad Oeynhausen
Printed in Germany 1994

Alle Rechte vorbehalten! Ohne ausdrückliche Erlaubnis des Verlages darf das Werk,
auch nicht Teile daraus, weder reproduziert, übertragen noch kopiert werden,
wie z. B. manuell oder mit Hilfe elektronischer und mechanischer Systeme
einschließlich Fotokopieren, Bandaufzeichnung und Datenspeicherung.

Inhalt

Vorwort

Kaum jemand wird es wohl ernstlich bedauern, daß die bis dahin in der Sportschiffahrt praktizierte Ausbildung und das zugehörige Prüfungsverfahren für das Sportseeschiffer- und das Sporthochseeschifferzeugnis ab 1. 1. 1994 endgültig der Vergangenheit angehören. Zu betagt, wenn nicht gar anachronistisch, waren Rechtsbasis und Zeitbezug des alten Systems. Das ist nun alles nicht nur anders, sondern vor allem wesentlich besser geworden. Einmal können Sie davon ausgehen, daß durch die neuen Regelungen Ausbildung und Prüfung wirklich bundeseinheitlich sind. Sie können aber vor allem sicher sein, daß die Ausbildungsrichtlinien und damit auch die Prüfungsanforderungen wirklich „state of the art" sind und damit die aktuellen Gegebenheiten des heutigen „maritimen Umfeldes" widerspiegeln, wenn wir das einmal etwas hochgestochen formulieren.

Der eben schon angesprochene „state of the art" hat natürlich auch einige nicht zu übersehende Konsequenzen, bedeutet er doch unter anderem, daß die Ausbildung nicht nur die spezifischen Bedürfnisse und Anforderungen der Sportschiffahrt abdecken muß. Bei diesem Anspruch muß sie auch einen repräsentativen Querschnitt durch alle wesentlichen Gebiete, Problembereiche und Fragestellungen der Seeschiffahrt geben.

Wie Sie schon beim flüchtigen Betrachten des Inhaltsverzeichnisses feststellen können, sind die Lehrinhalte der für den Sporthochseeschifferschein in Frage kommenden Fächer Navigation, Schiffahrtsrecht und Wetterkunde nicht etwa eine bloße Wiederholung von aus der Sportseeschifferausbildung schon bekannten Themen.

Im Teil Navigation ist erst einmal die Art der Betrachtung eine andere. Alle behandelten Verfahren werden vor allem auch unter dem Gesichtspunkt der weltweiten Anwendbarkeit diskutiert. Im einzelnen kommen aus der terrestrischen Navigation neu hinzu Besteckrechnung und Großkreisrechnung, ferner die gesamte astronomische Navigation, einschließlich der astronomischen Kompaßkontrolle. Die elektronische (technische) Navigation wird vertieft und vor allem unter dem Aspekt der weltweiten Nutzung betrachtet.

Im Teil Schiffahrtsrecht erfolgt ebenfalls eine Vertiefung gegenüber der Ausbildung zum Erwerb des Sportseeschifferscheins. Es werden außergewöhnliche Ausweichlagen diskutiert, das Verhalten bei verminderter Sicht wird eingehender behandelt. Vor allem aus der Sicht der Sportschiffahrt wird das demnächst in Kraft tretende Seerechtsübereinkommen behandelt. Neue Themen sind auch die Problematik des Drogenhandels, der Piraterie und der Einschleicher.

Im Teil Wetterkunde werden die Gegebenheiten, ähnlich wie bei der Navigation, für den Sporthochseeschiffer unter einem anderen Blickwinkel behandelt. Während man beim Wettergeschehen in den Randmeeren im Prinzip nur von einem zum anderen Tief denkt, ist jetzt eine längerfristige und über große Distanzen gehende Planung und Betrachtung erforderlich. Neue Themen sind auch Meeresströmungen, Wetterbesonderheiten der Tropen (Monsune beispielsweise) und das besonders wichtige Gebiet der Navigation unter Berücksichtigung tropischer Orkane. Dieses Buch soll Ihnen nun bei der Vorbereitung zur Prüfung zum Erwerb des Sporthochseeschifferscheins ein zuverlässiger Helfer und Berater sein. Es ist genau auf die Prüfungsanforderungen in den einzelnen Fächern Navigation, Schiffahrtsrecht und Wetterkunde zugeschnitten und behandelt sämtliche, von der ständigen Arbeitsgruppe des Lenkungsausschusses (Ausschuß nach Sportseeschifferscheinverordnung) empfohlenen Lehrinhalte. Als Lernkontrolle finden Sie in den einzelnen Kapiteln jeweils Übungsaufgaben und im Anhang die zugehörigen Lösungen. Besondere Hilfsmittel sind zum Lösen der Übungsaufgaben nicht erforderlich; für einige Aufgaben im Teil Wetterkunde benötigen Sie allerdings Wetterkartenvordrucke. Das Buch kann zum Selbststudium verwendet werden oder aber die Grundlage für einen Sporthochseeschifferkursus bilden.

Nicht unerwähnt bleiben darf die Tatsache, daß Sie bei der Vorbereitung auf die Prüfung tunlichst nicht nur die hier aufgeführten Aufgaben lösen sollten. Das gilt insbesondere für die astronomische Navigation und insbesondere auch für das Selbststudium, denn in einem Kursus wird in aller Regel eine größere Menge von Übungsaufgaben bearbeitet. Es ist unbedingt zu empfehlen, von jedem Standardaufgabentyp mindestens zehn bis zwanzig Beispiele zu lösen. Erst dann haben Sie die zum erfolgreichen Bestehen erforderliche Rechenroutine, die Ihnen auch bei stärkerem „Nervenflattern" noch über die Runden hilft.

Wie steht es mit den Regularien, Voraussetzungen, Prüfungsanforderungen und so weiter?

Da Sie als Eingangsvoraussetzung für den Erwerb des Sporthochseeschifferscheins unter anderem den Besitz eines Sportseeschifferscheins (in der Regel jedenfalls) nachweisen müssen, kann davon ausgegangen werden, daß Sie sich mit den generellen Formalien schon beim Erwerb dieses Scheines vertraut gemacht haben. Zu Ihrer Information finden Sie im Anhang auf S. 248 eine kurze Zusammenfassung der für den Sporthochseeschifferschein wesentlichen Punkte.

Und ganz zum Schluß noch eine persönliche Anmerkung: Natürlich dient das Buch in allererster Linie der Vorbereitung auf die Prüfung. Denken Sie aber immer daran, auch der Sporthochseeschifferschein ist freiwillig, und vergessen Sie nicht vor lauter Prüfungsanforderungen und sonstigen Androhungen, daß Ihnen das Durchlesen und Durcharbeiten auch Freude und Entspannung bringen soll. Freude an der Seefahrt, denn deshalb haben Sie ja irgendwann einmal mit der Segelei angefangen!

Werner Kumm

Foto: H.-G. Kiesel

Teil I: Navigation

1. Überblick

Durch das Vorwort haben Sie sich jetzt also gekämpft und auch die dort formulierten „hehren" Ziele gehörig gewürdigt. Hier geht es nun richtig los – jedenfalls mit dem Teil „Navigation". „So ganz richtig" aber doch noch nicht. Etwas „reine Lyrik" ist noch erforderlich. Zunächst einmal sollte ich Ihnen nämlich kurz skizzieren, was auf Sie zukommt und worauf Sie sich eingelassen haben.

In den schon im Vorwort erwähnten „Empfohlenen Lehrinhalten für die Ausbildung zum Erwerb des Sporthochseeschifferscheins (SHS)" heißt es:

„Der Bewerber für den Sporthochseeschifferschein soll die bekannten Verfahren für die terrestrische Ortsbestimmung, für die Stromnavigation und für die Gezeitenkunde situationsgerecht anwenden können und zusätzlich Kenntnisse über

– die Verfahren der astronomischen Schiffsortsbestimmung,
– die astronomische Kompaßkontrolle,
– die Verfahren der elektronischen Schiffsortsbestimmung und
– die Grundprinzipien und sichere Anwendung von Radargeräten erwerben, die ihn befähigen, weltweit sicher navigieren zu können."

Der erste Absatz bedeutet, daß die für den Sportseeschifferschein erworbenen Kenntnisse und Fähigkeiten Ausgangspunkt und Grundlage des Sporthochseeschifferscheins sind. Konkret tauchen sie unter dem Begriff „Reiseplanung" im Anforderungskatalog zum Prüfungsfach Navigation wieder auf. Neben diesem eher formalen Grund ist es so, daß wir selbstverständlich bestimmte Verfahren – sagen wir einmal der astronomischen Kompaßkontrolle – nur dann besprechen können, wenn Sie wissen, was rwK oder Abl bedeuten. Auf den Punkt gebracht heißt das: Sie müssen Ihre Sportseeschifferschein-Kenntnisse wieder etwas aufpolieren und reaktivieren. Meine Empfehlung ist daher: Schauen Sie wieder in Ihre alten Unterlagen, und vor allem: Lösen Sie wieder ein paar Kartenaufgaben. Versuchen Sie, sich daran zu erinnern, wie das mit dem Vorzeichen von BW eigentlich war und wo man bei der zweiten Stromaufgabe den Strom antragen mußte. Damit Ihnen nicht gleich jetzt alle Hoffnung schwindet: Wir werden notfalls bei wichtigen Fragestellungen auf einige „Altertümer" noch einmal zurückkommen.

Die weiteren, in den Empfehlungen genannten Themen stellen im Prinzip schon den berühmten roten Faden dar, dem auch wir folgen werden. Dazu schalten wir nach einem Exkurs in das immer wichtiger werdende Gebiet des Rechnereinsatzes vor die astronomische Navigation noch ein – ebenfalls empfohlenes – Kapitel über terrestrische Navigation. Darin werden wir das für die astronomische Navigation erforderliche rechnerische Koppeln studieren und uns darüber hinaus mit der Großkreisnavigation auseinandersetzen.

Der Schwerpunkt unserer Aktivitäten liegt aber eindeutig auf der astronomischen Navigation; macht ihr Anteil doch bei einer wiederum empfohlenen Mindeststundenzahl von 82 Stunden für den Sporthochseeschifferkurs (davon 60 Stunden Navigation, also etwa 75 % der Gesamtstundenzahl) allein 34 Stunden und damit fast 57 % der vorgesehenen Stundenzahl für das Fach Navigation aus. Wenn Sie – was wir hoffen wollen – danach dann noch immer nicht das Handtuch geworfen haben, werden Ihre Kenntnisse in der elektronischen Navigation, einschließlich Radar, auf „Sport-hochseeschifferniveau" angehoben. Grundlegendes aus der elektronischen oder auch technischen Navigation und zum Radar haben Sie sich ja bereits im Sportseeschifferkurs angeeignet.

Zum Abschluß werden wir uns dann mit ganz aktuellen Entwicklungen, wie der elektronischen Seekarte, den integrierten nautischen Anlagen und auch mit dem jetzigen Stand dieser Verfahren in der Seeschiffahrt auseinandersetzen.

Rechner und Rechnereinsatz in der Navigation

Ist die Anschaffung eines Taschenrechners erforderlich?

Rechner sind heute aus der Navigation nicht mehr wegzudenken, ist es doch erst mit ihrer Hilfe möglich geworden, solche „Wundermaschinen" wie GPS-Navigatoren oder moderne Rasterscan-Radargeräte zu realisieren.

Das sich hier auftuende weite Gebiet können wir nicht näher betrachten. Statt dessen backen wir erst einmal wesentlich kleinere Brötchen und fragen nach dem Gebrauch des Taschenrechners in der Navigation*.

Moderne Vertreter dieser Spezies sind enorm leistungsfähig und können in programmierter Form alle in der Praxis vorkommenden Navigationsaufgaben lösen. Standardaufgaben kann man alternativ auch durch schlichtes Eintippen der Werte lösen. Die Frage ist nur: Was sollen wir machen? Soll oder muß ich mir sogar einen Taschenrechner zulegen?

Wir werden alle anfallenden Aufgaben zum einen mit Rechnerunterstützung und zum anderen mit Tafeln bearbeiten. Sie brauchen also keinen Rechner, das möchte ich zur Beruhigung erst einmal sagen. Es ist ja auch durchaus die Frage, ob ich mit Tafeln in der Praxis nicht besser fahre. Auf jeden Fall sind Tafeln nicht vollkommen veraltet oder Bestandteil einer antiquierten Navigation. Trotzdem möchte ich Ihnen – wenn

Sie nicht schon einen Rechner besitzen – zur Anschaffung eines Taschenrechners raten. In unserem Kontext geht es natürlich um fortgeschrittene Navigation. Aber es geht auch ganz wesentlich um die Prüfung zum Erwerb des Sporthochseeschifferscheins, deswegen haben Sie sich dieses Buch ja vermutlich gekauft. In einer Prüfung liegen aber andere Bedingungen vor als draußen auf See. Ich kann Ihnen nur aus jahrelanger Erfahrung mit Kursen und Prüfungen zum Sportsee- und Sporthochseeschiffer berichten, daß Sie sich mit einem Rechner wesentlich leichter tun als mit Tafeln. Andererseits weiß ich auch, daß viele Kursusteilnehmer, die beruflich kaum mit Technik, Computern oder Datenverarbeitung konfrontiert werden, die bekannte „Schwellenangst" vor diesen Zauberkästen haben. Vor allem geistert noch immer die Vorstellung herum, daß, wenn man einen Rechner einsetzen wolle, man ein „Mathematikcrack" sein und zumindest freihändig mit Sinus und Cosinus jonglieren können müsse. Dem ist mitnichten so, wie wir sehen werden.

Wenn Sie also denkbare Vorbehalte überwunden haben, werden Sie sehen, wieviel einfacher Probleme in der Navigation plötzlich werden.

Wenn Sie kein „Einzelkämpfer" sind und sich nicht privat vorbereiten, können Sie ja vielleicht Ihren Kursusleiter/leiterin bereden, daß alle den gleichen Rechner verwenden. Dann kann auch sehr viel einfacher gemeinsam gerechnet und verglichen werden.

Grundlegende Eingabe- und Umwandlungstechniken

Das Rechnen mit Speichern, Vorzeichenregeln

Wir betrachten zunächst den Gebrauch des Taschenrechners in nichtprogrammierter Form. Den Einsatz der dem Buch beigefügten Programme besprechen wir später, nach der astronomischen Navigation (S. 90).

Wenn wir navigatorische Rechnungen durch Eintippen der Werte lösen wollen, stoßen wir auf eine kleine Schwierigkeit. Die Rechnerhersteller haben nämlich nicht an unsere spezielle Aufteilung von Winkeln in Grad, Minuten und Zehntel gedacht. Da der Computer dezimal arbeitet, müssen wir ihm die Winkel also schon in dieser Form „servieren".

Normalerweise wollen wir einen Wert auch im „Gedächtnis" des Rechners speichern. Wenn wir dem Wert einen bestimmten Namen geben, können wir ihn darunter auch immer wiederfinden und von anderen Größen unterscheiden. So können wir zum Beispiel die Breite mit P (von Phi) abkürzen und unter dieser Bezeichnung speichern, eine Distanz entsprechend unter D und so weiter.

Diese Technik hat auch den weiteren Vorteil, daß die gespeicherten Größen in einer Rechnung kombiniert (verknüpft) werden können. Wir sagen: *Wir rechnen mit Speichern.* Bevor wir konkret rechnen, vereinbaren wir noch eine wichtige Vorzeichenregel:

- Nord (N) und Ost (E) werden immer positiv (+) gerechnet,
- Süd (S) und West (W) werden immer negativ (–) gerechnet.

* Ausführlich werden alle Fragen des Rechnereinsatzes in der Navigation in Band 88 der YACHT-Bücherei „Astronomische Navigation" diskutiert. Dort finden Sie auch konkrete Empfehlungen zum Kauf eines Taschenrechners.

Umrechnung eines Winkels von der nautischen Form in Dezimalform

Methode 1: Es soll die Breite 57° 11,3' N in Dezimalform gebracht werden. Wir kürzen sie mit P ab und tippen folgendes in den Rechner:
P = 57 + 11.3/60 (ENTER)
Wichtig ist, daß wir statt des bei uns üblichen *Dezimalkommas* den in englischsprachigen Ländern üblichen *Dezimalpunkt* verwenden. Die Eingabe wird mit der Taste (ENTER) oder bei manchen Rechnern mit (RETURN) oder einer entsprechenden anderen Taste abgeschlossen. Wir lassen den Rechner im *BASIC-Modus* arbeiten, nicht im *CALC-Modus*. So oder ähnlich werden zwei Betriebsarten des (programmierbaren) Computers bezeichnet. Wenn Sie das nicht finden, probieren Sie einfach aus, in welcher Betriebsart Ihre Eingabe P = ... auf der Anzeige in genau der gleichen Form erscheint. Sie dürfen aber nicht aus Versehen in den PRO-Modus (Programmiermodus) geraten.
Unsere Anzeige (Display) sollte jetzt 57.18833333 lauten.
Für die Breite 15° 42,1' S schreiben wir:
P = – (15 + 42.1/60) (ENTER)
Die Klammern sind wichtig und dürfen nicht weggelassen werden. Das Display liefert als Dezimalform die Anzeige –15.70166667.

Methode 2: Für die Umwandlung kann auch die auf dem Rechner befindliche spezielle Taste *DEG* (von degree: Grad) verwendet werden. Wir nehmen wieder die obigen Beispiele. Für die Umwandlung von 57° 11,3' N tippen wir:
P = DEG 57.1118 (ENTER)
und erhalten wieder 57.18833333.

Warum aber 57.11*18*? Der Grund ist, daß der Taschenrechner keine Zehntelminuten kennt, sondern nur Sekunden. Wir müssen demnach die 0,3' in den 11,3' in Winkelsekunden umwandeln. Da 1' = 60'' , sind 0,3' = 0,3 x 60'' = 18'' . Analog gehen wir beim zweiten Beispiel mit Südbreite vor und schreiben:
P = DEG – 15.4206 (ENTER)
Wichtig ist hier, hinter den 42 Minuten *06* für die 6 Sekunden zu schreiben, da die Sekunden wie die Minuten immer zweistellig eingegeben werden müssen.

Umrechnung eines Winkels von der Dezimalform in nautische Form

In unseren Rechnungen ergeben sich häufig Winkel als Ergebnisse. Diese liefert der Taschenrechner auch wieder in dezimaler Form, so daß wir jetzt umgekehrt in Grad, Minuten und Zehntel umrechnen müssen. Wir besprechen die beiden möglichen Umrechnungstechniken wieder an Beispielen.

Methode 1: Wir erhalten als Ergebnis einer Rechnung einen Winkel 48.3452. Das sind erst einmal 48°. Wir geben ein: – 48 (ENTER). Es verbleibt der Nachkommateil: 0.3452. Nun tippen wir: * 60 (ENTER). Das Display zeigt 20.712. Das sind 20,712' und auf Zehntel gerundet 20,7'. Der Winkel lautet in nautischer Form demnach 48° 20,7'.
Für – 35.78945 führen wir die gleiche Rechnung aus. Das sind zunächst 35°. Wir schreiben jetzt + 35 (ENTER): Anzeige: – 0.78945. Als nächstes: * 60 (ENTER), Anzeige: – 47.367, also 47,4' gerundet. Insgesamt erhalten wir – 35° 47,4' als Ergebnis.

Methode 2: Hier wird die Spezialtaste *DMS* (von degrees, minutes, seconds: Grad, Minuten, Sekunden) eingesetzt. Sie ist meist mit SHIFT (Umschalttaste) unter DEG verfügbar. Für die schon gerechneten Beispiele ergibt sich: DMS 48.3452 (ENTER). Anzeige: 48.204272. Das sind 48°, 20' und 42,72''. Da 60'' = 1', ergibt sich für 42,72'' : 42,72/60 = 0,7'. Wir erhalten wieder 48° 20,7' als Ergebnis.
Für das zweite Beispiel finden wir: DMS – 35.78945 (ENTER). Anzeige: – 35.472202, das heißt – 35° 47' 22,02'' oder – 35° 47,4'.

Umrechnung eines Winkels in Zeit

Diese Aufgabe taucht häufiger in der astronomischen Navigation auf, wenn wir eine Länge in Zeit umrechnen müssen. Auch hier können wir wieder nach zwei verschiedenen Methoden vorgehen.

Methode 1: Wir wollen den Winkel 84°14,6' in Zeit umrechnen. Dazu wird er zunächst in Dezimalform gebracht. Das Ergebnis ist 84.24333333.
Für die Umrechnung in Zeit gilt:
15° → 1 Stunde
15' → 1 Minute
15'' → 1 Sekunde
Als erstes wird durch 15 dividiert: 84.24333333/15 (ENTER) = 5.616222222, das sind zunächst 5 Stunden. Jetzt tippen wir ein: – 5 (ENTER) und anschließend * 60 (ENTER). Das Display zeigt 36.97333332, also 36 Minuten. Jetzt genauso weiter: – 36 (ENTER) und dann * 60 (ENTER). Die Anzeige lautet nun: 58.3999992. Das bedeutet gerundet 58 Sekunden. Insgesamt ist das Ergebnis: 5 h 36 min 58 s.

Methode 2: Wir wandeln 84°14,6' mit DEG 84.1436 (ENTER) in die Dezimalform 84.24333333. Denken Sie daran, die 0,6' in 36" umzurechnen! Dann geben wir ein: /15 (ENTER) und dann DMS (ENTER) und erhalten 5.365839999, also wieder 5 h 36 min 58 s (die Sekunden gerundet).
Es geht sogar noch einfacher, wenn wir tippen:
DMS (DEG 84.1436/15) (ENTER).

Welche Methode ist besser?

Beide Verfahren haben ihre Vor- und Nachteile. Ein kleiner Nachteil von Methode 2 besteht darin, daß wir trotz Rechner wieder im Kopf mit den Sekunden hantieren müssen und uns dabei versehen können. Wir werden im Text Methode 1 verwenden.

Übungsaufgaben*

1. Folgende Winkel sind von der nautischen Form (Grad, Minuten, Zehntel) in Dezimalform zu bringen:
   45° 30', – 73° 14,8', 126° 11,3'.

2. Folgende Winkel sind von der Dezimalform in die nautische Form (Grad, Minuten, Zehntel) zu verwandeln:
   75,25°, 27,1948°, – 110,26387°.

3. Folgende Winkel sind in das Zeitmaß zu bringen:
   120°, 115° 44,8'.

_____
* Die Lösungen der Übungsaufgaben finden Sie auf S. 239

2. Terrestrische Navigation

Das rechnerische Koppeln

In der Seekarte können wir natürlich schon lange koppeln. Wir haben dieses Verfahren bei zwei unterschiedlichen Fragestellungen praktiziert. Entweder war der Abfahrtsort nach Breite und Länge gegeben, und wir suchten den erreichten Ort, wenn eine bestimmte DüG auf einem bestimmten KüG gesegelt wurde (Distanz über Grund und Kurs über Grund: Ich muß mein auf S. 12 gegebenes Versprechen halten!). Oder es waren Abfahrtsort und Zielort gegeben, gesucht waren DüG und KüG.

Bei größeren Distanzen und bei höheren Ansprüchen an die Genauigkeit werden die genannten Aufgaben rechnerisch gelöst. Daß das Koppeln in der Karte nicht so ganz unproblematisch oder selbstverständlich ist, haben Sie beispielsweise daran gemerkt, daß manchmal die Frage auftauchte, ob man eine größere Distanz in einem oder mehreren Teilen am rechten oder linken Kartenrand abgreifen sollte.

Wie „geht" denn nun das rechnerische Koppeln? Ganz so schnell können wir das leider nicht beantworten. Immerhin können wir uns aber zunächst auf eine bestimmte Bezeichnungsweise einigen. Die Methoden zum Lösen der eben schon angesprochenen Probleme werden von der *Besteckrechnung* bereitgestellt.

– Bei der ersten *Aufgabe der Besteckrechnung* sind der Abfahrtsort und der KüG sowie die DüG gegeben. Gesucht ist der erreichte Ort.
– Bei der *zweiten Aufgabe der Besteckrechnung* sind Abfahrtsort und Bestimmungsort gegeben. Gesucht sind KüG und DüG.

Diese beiden Aufgaben lassen sich nach unterschiedlichen Methoden rechnerisch lösen. Wir werden uns auf die für unsere Zwecke in aller Regel völlig ausreichende *Besteckrechnung nach Mittelbreite* beschränken*.

Besteckrechnung nach Mittelbreite

Grundlegendes

In Abb. 1 sehen Sie den Abfahrtsort A und den Bestimmungsort B, zu dem wir gelangen wollen. Wir bewegen uns von A nach B auf einer *Linie konstanten Kurses,* einer *Loxodrome.* Diese Spezialkurve kennen Sie auch schon aus Ihren bisherigen nautischen Forschungen. Wir tragen sie nämlich als Gerade in die Seekarte ein. Sie schneidet alle Meridiane unter dem gleichen Winkel.

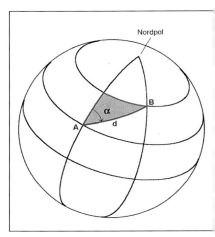

1 *Loxodromisches Dreieck auf der Erdkugel.*

Abb. 2 zeigt, daß die Loxodrome spiralförmig auf den Pol zuläuft. Das von A nach B verlaufende Stück Loxodrome bildet eine Seite des in Abb 1 hervorgehobenen *loxodromischen Dreiecks.* Die beiden anderen Dreiecksseiten sind ein Teil des Meridians von A und ein Stück des Breitenparallels von B.

Für die Besteckrechnung sind nur mathematische Beziehungen in diesem Dreieck erforderlich. Da deren Ableitung aber recht kompliziert ist, werden wir auf die Besprechung von Einzelheiten verzichten**. Glücklicherweise können die sich ergebenden Formeln aber in einem ebenen (das heißt nicht gekrümmten) rechtwinkligen Dreieck, dem *wahren Kursdreieck,* veranschaulicht werden. Abb. 3 zeigt dieses Dreieck. Wir

---

* Es gibt noch zwei weitere Techniken: die *Besteckrechnung nach vergrößerter Breite* und die Besteckrechnung unter Berücksichtigung der Erdgestalt *(Besteckrechnung auf dem Ellipsoid).*

** Das loxodromische Dreieck ist kein *sphärisches* Dreieck (Dreieck auf der Kugel), bei dem alle drei Seiten Teile von Großkreisen sind. Solche Dreiecke sind mathematisch einfacher zu behandeln. Sie werden uns in der astronomischen Navigation noch beschäftigen.

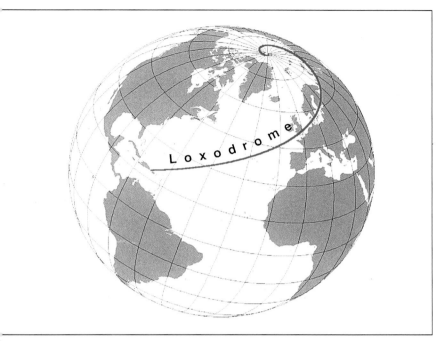

2 *Loxodrome auf der Erdkugel.*

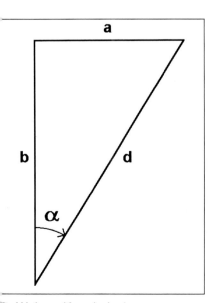

3 *Wahres Kursdreieck.*

Winkelfunktionen Sinus (sin), Cosinus (cos) und Tangens (tan) auf. Wie Sie sich vielleicht noch dunkel erinnern, handelt es sich dabei um Seitenverhältnisse von Dreiecksseiten. So ist der Sinus des Winkels α in unserem Kursdreieck das Verhältnis Gegenkathete (hier also a) durch Hypotenuse (hier d). Abgekürzt schreibt man dafür sin α = a/d.

Man muß diesen mathematischen Background aber gar nicht besitzen, um die Aufgaben der Besteckrechnung lösen zu können. Wir drücken auf dem Taschenrechner einfach die sin-Taste, und schon haben wir den Sinus des eingegebenen Winkels.

Rechnerische Lösung der ersten Aufgabe der Besteckrechnung

Die erforderlichen Formeln lauten:
(1) $b = d * \cos\alpha$
(2) $a = d * \sin\alpha$
(3) $\varphi_m = (\varphi_A + \varphi_B)/2$
(4) $l = a/\cos\varphi_m$

Wenn Ihre Mathematik noch nicht ins Nirwana entschwunden ist, können Sie sich die ersten beiden Formeln leicht aus dem Kursdreieck (Abb. 3) herleiten. Die dritte und vierte Formel bedürfen der Erläuterung. φ_m ist die *Mittelbreite* zwischen A und B. Wie der Name schon sagt, ist es die genau in der Mitte zwischen der Abfahrtsbreite und der erreichten Breite gelegene Breite. Von der Mittelbreite leitet sich auch die Bezeichnung *Besteckrechnung nach Mittelbreite* ab. l bedeutet den *Längenunterschied* zwischen A und B. Am besten versuchen wir gleich, ein praktisches Beispiel zu lösen.

Unser Boot steht auf 42° 20,0' N und 051° 16,0' W. Wir steuern KüG 227° mit FüG (Fahrt über Grund) 7 kn. Wo steht das Boot 6 Stunden später nach Koppeln?

merken uns gleich die dafür geltenden Bezeichnungen:
– *Kurswinkel* α
– *Breitenunterschied b*
– *Abweitung a*
– *loxodromische Distanz d*

Der Kurswinkel braucht nicht näher erläutert zu werden. Der Breitenunterschied ist die Differenz der Breiten zwischen der Breite des Zielortes und der des Abfahrtsortes. Die Abweitung ist die Anzahl Seemeilen, die das Schiff auf dem gegebenen Kurs bei der Segelung nach E oder W gutgemacht hat.

Wir könnten nun gleich zur Tat schreiten und die erste Aufgabe der Besteckrechnung in Angriff nehmen. Zuvor aber noch ein Hinweis. In den Formeln tauchen die sogenannten

Zunächst überlegen wir, welche Größen gegeben und welche gesucht sind.

Gegeben:

φ_A und λ_A (Breite und Länge des Abfahrtsortes)

α (mit KüG)

d (aus FüG und Zeit)

Gesucht:

φ_B und λ_B (Breite und Länge des erreichten Ortes)

Die Distanz d finden wir mit 6 Stunden x 7 kn = 42 sm. Jetzt tippen wir entsprechend Formel (1) in unseren Taschenrechner B = 42*COS227 ein und schließen mit ENTER ab. Das Display zeigt – 28.64393112 an. Also ist der Breitenunterschied b gerundet auf Minuten und Zehntel 28,6'. Das Vorzeichen ist –, also (wie könnte man das am Kurs erkennen?) hat b den Namen Süd. Jetzt haben wir sofort die Breite des Bestimmungsortes:

φ_A = 42° 20,0' N
b = 28,6' S
_____
φ_B = 41° 51,4' N

Dabei ist b hier von φ_A abzuziehen, denn es ist S und φ_A hat den Namen Nord. Nach Formel (3) erhalten wir für die Mittelbreite φ_m = (42° 20,0' N + 41° 51,4' N)/2 = 42° 05,7' N. Rechentechnisch, jedenfalls für manuelles Rechnen, ist es günstiger zu schreiben:

φ_B = 41° 51,4' N
– b/2 = 14,3' N
_____
φ_m = 42° 05,7' N

Beachten Sie, daß wegen – b/2 der Name von S nach N wechselt. In Dezimalform erhalten wir für φ_m = 42 + 5,7/60 = 42,095. Für die Bestimmung der Abweitung tippen wir die Formel (2) ein:

A = 42*SIN227

Die Anzeige lautet jetzt – 30.71685547. Anschaulich bedeutet das: Wir machen rund 30,7 sm nach Westen (–!) gut. Die Abweitung ist aber nur ein Zwischenergebnis. Wir begeben uns daher zu Formel (4) und schreiben:

L = – 30.71685547/COS42.095 (ENTER)

Der Längenunterschied l ergibt sich damit zu – 41.39546333', das sind gerundet 41,4' W. West, da das Vorzeichen wiederum – ist. Vergleichen Sie dazu noch einmal unsere Vorzeichenregeln im Kapitel über Taschenrechner. Mit l können wir sofort λ_B berechnen. Wir stellen die Rechnung jetzt noch einmal zusammenhängend dar:

φ_A = 42° 20,0' N λ_A = 51°16,0' W
b = 28,6' S   l = 41,4' W
_____
φ_B = 41° 51,4' N λ_B = 51°57,4' W
– b/2 = 14,3' N
_____
φ_m = 42° 05,7' N

Wenn Sie mit dem Taschenrechner vertrauter sind oder aber beruflich mit diesen Wundermaschinen, PCs oder gar mit Workstations oder Mainframes* zu tun haben, haben Sie sicherlich schon einige Male gedacht: „Das ist ja sagenhaft umständlich!" Ist es auch. Nachdem wir jetzt das Prinzip kennen, wollen wir etwas rationeller an das Problem herangehen.

Wir rechnen zweckmäßigerweise mit Speichern. Für die vorkommenden Größen verwenden wir die folgenden Abkürzungen: PA, LA, PB, LB bedeuten Breite und Länge des Abfahrts- und Bestimmungsortes. D ist die Distanz, Al der Kurs. A, B und PM

_____
* Großrechner

schließlich sind die Abweitung, der Breitenunterschied und die Mittelbreite. Außerdem vereinfachen wir die Aufgabe noch dadurch, daß wir die Formeln (2) und (4) zu einem einzigen Ausdruck zusammenfassen. Da wir a gar nicht benötigen, schreiben wir: (5) l = d*sinα/cosφ_m

Wir beginnen mit dem Eintippen der gegebenen Werte, wobei wir unsere Umwandlungskünste von Grad und Minuten in Dezimalform (wir verwenden hier Methode 1) von S. 14 einsetzen.

PA = 42 + 20/60 (ENTER)
LA = – (51 + 16/60) (ENTER)
(– wegen Westlänge!)
AL = 227 (ENTER)
D = 42 (ENTER)

Es geht wie folgt weiter (den ENTER-Befehl lasse ich zur Vereinfachung fort):

B = D*COSAL
PB = PA + B/60
PM = (PA + PB)/2
L = D*SINAL/COSPM
LB = LA + L/60

Es ergibt sich PB = 41,85593448° und LB = – 51,95658708°. Mit den besprochenen Techniken (Umrechnung eines Winkels von der Dezimalform in nautische Form, S. 14) erhalten wir:

φ_B = 41° 51,4' N, λ_B = 051° 57,4' W, in Übereinstimmung mit dem bereits bekannten Resultat.

Wir können die Rechnung noch weiter vereinfachen, wenn in den obigen Ausdrücken B, PM und L nicht mehr getrennt berechnet werden. Allerdings sehen die Formeln dann (vor allem die zweite) schon ziemlich unsympathisch aus:

PB = PA + D*COSAL/60
LB = LA + D*SINAL/COS ((PA + PB)/2)/60

Wenn Sie große Bedenken haben sollten: Sie könnten alternativ auch nach der etwas umständlicheren Methode von eben rechnen. Sie können die Formeln aber auch einfach als „Kochrezept" betrachten, bei dessen gewissenhafter Anwendung – um beim Kochen zu bleiben – weder „Anbrennen" noch „Überkochen" zu befürchten sind. Denken Sie bitte auch daran, daß PA und LA unbedingt in Dezimalform vorliegen müssen und daß PB und LB dezimal herauskommen, wir also noch in Grad und Minuten umwandeln müssen. Die noch anwenderfreundlichere programmierte Lösung finden Sie auf S. 274.

Rechnerische Lösung der zweiten Aufgabe der Besteckrechnung

Diese Aufgabe müssen wir relativ selten lösen. Sie taucht auf beim sogenannten Mittagsbesteck (S. 77) und vielleicht noch bei der Reiseplanung.
Die erforderlichen Formeln lauten:
(1) B = PB − PA
(2) L = LB − LA
(3) PM = (PA + PB)/2
(4) A = L * COSPM
(5) AL = ATN(A/B)
(6) D = 60*B/COSAL
ATN bedeutet Arcus Tangens und ist die sogenannte Umkehrfunktion der Winkelfunktion Tangens. Das bedeutet nichts anderes, als daß wir jetzt ein Seitenverhältnis kennen – den Tangens nämlich – und daß „umgekehrt" der zu diesem Verhältnis gehörende Winkel gesucht ist. Auf dem Rechner können wir diese Operation entweder mit ATN oder mit SHIFT tan erreichen. Auf manchen Rechnern wird sie mit tan⁻¹ bezeichnet. Mit Formel (4) wandeln wir übrigens den hier ja bekannten Län-

genunterschied in Abweitung um. Den umgekehrten Fall – Abweitung in Längenunterschied – haben wir schon bei der ersten Aufgabe der Besteckrechnung besprochen [Formel (4) auf S. 17].
Auch hier könnten wir durch Einsetzen den ganzen Aufwand auf nur zwei Formeln reduzieren.
Wir verzichten aber darauf und rechnen gleich eine kleine Beispielaufgabe:
Unser Abfahrtsort sei 36° 17' N 015° 44' E, der erreichte Ort 34° 04' N 016° 21' E. Welcher Kurs über Grund und welche Fahrt über Grund ergeben sich?
Wir starten mit der Eingabe von PA, LA, PB und LB in Dezimalform und berechnen dann nach Formel (1) und (2) B und L. Aus PA und PB berechnen wir dann nach Formel (3) PM. Zur Kontrolle hier die Zwischenergebnisse: B = − 2.21666666, L = 0.61666667, PM = 35.175.
Nach Formel (4) erhalten wir für A = 0.504061077. Formel (5) und (6) ergeben AL = − 12.81098064 und D = −136.3953047. Das negative Vorzeichen können wir ignorieren. Die Distanz ist gerundet 136,4 sm.
Den richtigen Quadranten für den Kurs finden wir am einfachsten durch die Namen von B und L: B ist Süd und L Ost. Der Kurs ist daher (das Minuszeichen ignorieren wir) S 13° E oder 13° von 180° nach Ost gerechnet: 167°.
Das natürlich einfachere Rechnen mit Programm besprechen wir auf S. 274.

Lösung der Aufgaben der Besteckrechnung nach Mittelbreite mit den Nautischen Tafeln

Bevor es Rechner gab, konnten die Aufgaben der Besteckrechnung

rechnerisch nur mit Hilfe der Nautischen Tafeln oder logarithmisch gelöst werden. Wenn Sie den Taschenrechner nicht so sehr schätzen, können Sie selbstverständlich auch heute noch die Tafeln benutzen. Die Benutzung von Tafeln ist keineswegs überholt oder nicht mehr zeitgemäß. Wie die Tafeln funktionieren, müssen wir hier aber nicht behandeln. Mit den inzwischen erworbenen Kenntnissen zur Besteckrechnung kommen Sie mit der Anleitung und den Beispielen in den Nautischen Tafeln auf jeden Fall auch allein zurecht.

Die Grenzen in der Anwendbarkeit des Mittelbreiten-Verfahrens

Wie wir hier nicht genauer besprechen wollen, ist das „Besteck nach Mittelbreite" eine Näherungsmethode. Die sich dadurch ergebenden Einschränkungen sind für die Sportschiffahrt allerdings kaum von Bedeutung.

- Das Verfahren darf maximal bis zu einem Etmal von etwa 500 sm eingesetzt werden.
- Beim Koppeln über den Äquator wird es ungenauer.
- In hohen Breiten darf nur mit geringeren Distanzen gerechnet werden.

Nun, wenn wir nicht zwischendurch abheben, schaffen wir wohl kaum ein Etmal von 500 sm. Beim Koppeln über den Äquator treten auch nur geringere Ungenauigkeiten auf. Und schließlich segeln wir kaum bei Spitzbergen, so daß die Schwierigkeiten in hohen Breiten für uns keine sind.

Als Fazit halten wir fest, daß die Besteckrechnung nach Mittelbreite trotz der eben genannten Einschränkungen – so lange jedenfalls, wie man nicht programmiert rechnet – das optimale Verfahren ist. Hinzu kommt, daß es für das manuelle Rechnen mit den Nautischen Tafeln gut geeignet ist.

Übungsaufgaben

1. Die Loxodrome ist
   a) eine Linie konstanten Kurses,
   b) eine Kurve, die alle Meridiane unter dem gleichen Winkel schneidet.

2. Die Abweitung ist
   a) der Breitenunterschied zwischen A und B,
   b) das Loxodromenstück zwischen A und B,
   c) das Stück des Breitenparallels im loxodromischen Dreieck.

3. Das wahre Kursdreieck ist
   a) das in die Ebene projizierte loxodromische Dreieck,
   b) ein Hilfsdreieck zur Veranschaulichung der Formeln der Besteckrechnung.

4. Ein Schiff steht um 08.00 Bordzeit auf 52° 11′ N 018° 34′ W. Man steuert KüG 180° mit FüG 10 kn. Wo steht man um 14.00 nach Koppelrechnung?

5. Von 28° 18′ S 171° 26′ E segelt man DüG = 110 sm auf dem KüG 298°. Welche Position wird erreicht?

6. Welche Distanz über Grund und welcher Kurs über Grund ergeben sich zwischen der Abfahrtsposition 32° 07′ N 131° 39′ W und 30° 10′ N 130° 20′ W?

7. Mit der Besteckrechnung nach Mittelbreite darf man in nicht zu hohen Breiten
   a) bis zu etwa 500 sm koppeln,
   b) bis zu 100 sm koppeln,
   c) beliebig weit koppeln, nur nicht über den Äquator.

Großkreisnavigation

Loxodromische und Großkreissegelung

Haben Sie sich schon einmal die Frage gestellt, warum die Loxodrome in der Praxis eine so große Bedeutung hat? Kann man – *man, das heißt* irgendein Land-, Luft- oder Wasserfahrzeug – kann also ein Fahrzeug nicht auch eine andere „Bahn" beschreiben? Nun, wir könnten uns offenbar beliebige Kurven ausdenken. Welche Kurve würde aber Sinn machen?
Wir betrachten einmal den Äquator als Kurve. Der Äquator ist ein sogenannter *Großkreis*. So nennt man alle Kreise auf der Erdoberfläche, deren Mittelpunkt der Erdmittelpunkt ist und deren Ebene (die im Großkreis liegende Fläche) durch den Erdmittelpunkt geht. Ein anderer gebräuchlicher Name für solche Kreise ist *Orthodrome*. Breitenparallele sind demnach keine Großkreise!
Liegen zwei Orte A und B auf dem Äquator, so ist der kürzeste Weg von A nach B das zwischen A und B gelegene Stück des Äquators. Das gilt aber nicht nur für den Spezialfall Äquator.

Die kürzeste Verbindung zwischen zwei Punkten auf der Erdoberfläche ist das zwischen Abfahrts- und Zielort gelegene Stück des Großkreises.

Betrachten Sie jetzt einmal Abb. 4. Sie ähnelt der uns schon bekannten Abb. 2 von S. 17, nur daß jetzt zusätzlich ein Großkreis eingetragen ist. Dieser schneidet die Loxodrome in zwei Punkten. Diese beiden Punk-

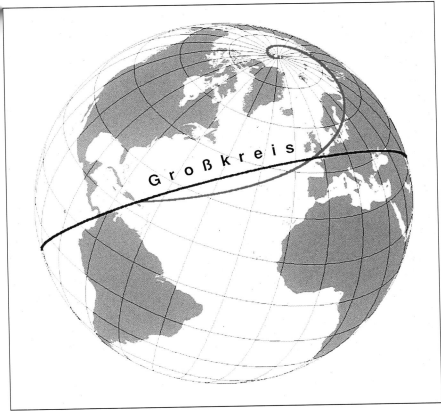

4 *Großkreis und Loxodrome auf der Erdkugel.*

besonders einfach absegeln, da wir dazu nur den Kurs konstant halten müssen.

Die von uns besprochenen Zusammenhänge waren schon den alten Seefahrern bekannt (erste überlieferte gedruckte Beschreibung von Pedro Nuñez 1537). Obwohl ein gewisser Herr Verrazano schon 1524 auf dem Großkreis nach Amerika segelte, war diese Technik doch im wesentlichen nur von theoretischem Interesse. Für ein Maschinenfahrzeug sieht die Situation aber anders aus. Im folgenden wollen wir uns ein wenig mit den praktischen Aspekten und der Umsetzung der Großkreissegelung* beschäftigen.

Realisierung einer Großkreissegelung

Wir verwenden zur Veranschaulichung unser schon erwähntes Beispiel Mona-Passage (18° 30' N 067° 35' W) nach Bishop Rock (49° 44' N 006° 27' W).

Wenn eine Großkreissegelung in Erwägung gezogen wird, so interessiert dazu sicher zunächst die zu erwartende Meileneinsparung. In unserem Fall ergibt sich eine loxodromische Distanz von 3505,9 sm. Nach Mittelbreite dürfen wir diese Distanz natürlich nicht mehr ausrechnen! Sie können die loxodromische Distanz aber mit dem beigefügten Programm „Großkreisnavigation" bestimmen (S. 275). Für die Großkreisdistanz erhalten wir (z. B. mit dem Programm) 3447 sm.

Für Interessenten sei die Formel zur Berechnung der orthodromischen Distanz in einer gleich für den Ta-

te sind nicht zufällig gewählt. Der „linke" Punkt liegt in der Mona-Passage zwischen Haiti und Puerto Rico, der „rechte" bei Bishop Rock (westlicher Kanaleingang). Wir wollen diese beiden Positionen als Abfahrtsort A und Bestimmungsort B ansehen. Tatsächlich spielen sie in der Großschiffahrt eine Rolle für Schiffe, die vom Panamakanal aus den Kanal ansteuern. Der Großkreis zwischen A und B fällt demnach nicht zusammen mit der Loxodrome zwischen A und B. Also ist sofort klar, daß die Loxodrome länger sein muß als die Orthodrome. Ja warum, so fragen Sie

jetzt sicherlich, warum segeln wir dann überhaupt auf der Loxodromen, wenn sie die größere Distanz ergibt? Ganz offenbar gibt es noch irgendwo einen entscheidenden Kinken.

Haben Sie es? Ganz klar, ein Blick auf Abb. 4 zeigt, daß der Großkreis die Meridiane unter ganz verschiedenen Winkeln schneidet, also ändert sich der Kurs auf dem Großkreis ständig. Das aber ist für die praktische Navigation ein großer Nachteil. Und damit können wir jetzt auch begründen, warum die Loxodrome die Standardkurslinie ist: Wir können sie

---

* Obwohl man den Großkreis praktisch nicht *absegeln* kann, ist dieser Ausdruck in der Seefahrt üblich.

schenrechner geeigneten Form angegeben:

$$D = 60*ACS(SINPA*SINPB$$
$$+ COSPA*COSPB*COSL)$$

PA und PB sind Abfahrts- und Ankunftsbreite, L ist der Längenunterschied zwischen Abfahrts- und Ankunftslänge (für unser Beispiel 061° 08' E). PA, PB und L müssen dezimal eingegeben werden. ACS bedeutet arcus cos. D ergibt sich direkt in sm. Die Großkreisdistanz ist demnach um relativ bescheidene 58,9 sm kürzer als die loxodromische Distanz. Ein weiterer Punkt ist aber noch von Wichtigkeit: Wie verläuft der Großkreis? Führt er über Land?

Das in unserem Beispiel interessierende Stück verhält sich in dieser Beziehung friedlich. Der Großkreis verläuft aber weiter nördlich als die Loxodrome, wie Abb. 4 (S. 21) zeigt. Aus der Abbildung können Sie auch erkennen, daß der nördlichste Punkt des Großkreises, der sogenannte *Scheitel*, im vorliegenden Beispiel außerhalb der eigentlichen Segelungsstrecke, ganz grob irgendwo im Benelux-Gebiet liegt. Unser Programm liefert 50° 26,7' N 006° 22,4' E.

Noch besser können wir die Verhältnisse in Abb. 5 studieren. Sie zeigt den Großkreis in der uns vertrauten Mercatorkarte.

In Abb. 6 sehen Sie noch einmal zusätzlich in größerem Maßstab Loxodrome und Orthodrome für unser Beispiel. Bei der Planung einer Großkreissegelung muß also auch untersucht werden, ob die Orthodrome nicht zu weit nach Norden oder Süden ausholt und unter Umständen in eisgefährdete oder Starkwindgebiete führt.

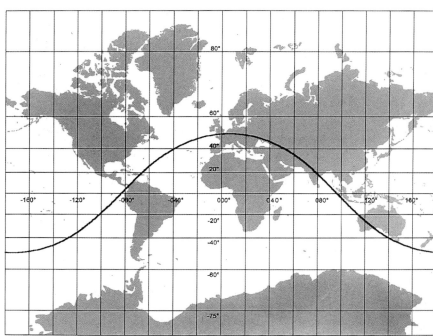

5 *Großkreis in der Mercatorkarte.*

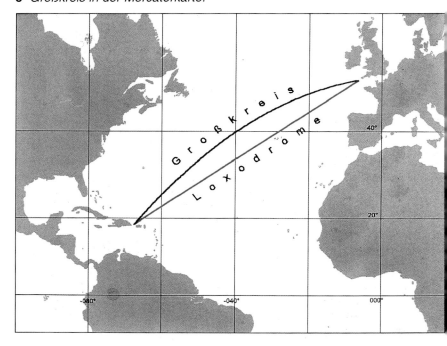

6 *Großkreis und Loxodrome zwischen der Mona-Passage und Bishop Rock in der Mercatorkarte.*

Sind alle Überlegungen angestellt und hat man sich zur Großkreissegelung entschlossen, geht es an die eigentliche Durchführung. Da man aus Gründen der Praktikabilität nicht ständig Kurs ändern kann*, ersetzt man den Großkreis durch Loxodromenstücke. Dazu werden beispielsweise die Breiten berechnet, unter denen der Großkreis die Zehnermeidiane schneidet. Bei unserem Beispiel also etwa die Schnittbreiten für die Meridiane 060° W, 050° W usw. Unser Programm beherrscht auch solche Künste!) Diese Punkte trägt man in die Seekarte ein und fährt dazwischen dann „ganz normal" auf der Loxodromen. Von der theoretisch möglichen Ersparnis wird dadurch natürlich wieder etwas verschenkt.

Das, was wir eben rechnerisch berachtet haben, kann auch mit Hilfe einer *Großkreiskarte* ausgeführt werden. Für die Großkreissegelung über den Nordatlantik könnte dazu die BSH-Karte 2700 „Großkreiskarte des Nordatlantischen Ozeans" verwendet werden. Im Gegensatz zur Mercatorkarte (vergleichen Sie dazu noch einmal Abb. 5 auf S. 22) erscheint der Großkreis in einer solchen Karte als Gerade. Man braucht demnach nur A und B miteinander zu verbinden und hat sofort den Verlauf des Großkreises. Abb. 7 zeigt einen Ausschnitt aus dieser Karte mit „unserem" Großkreis. Die Originalkarte liefert auch eine detaillierte Anleitung zur Bestimmung der Distanzen.

Was ergibt sich als Fazit? Wenn eine Großkreissegelung durchgeführt werden soll, wird man natürlich nicht das Rad neu zu erfinden versuchen. Vielmehr „interviewt" man zunächst das in Frage kommende Ozean-

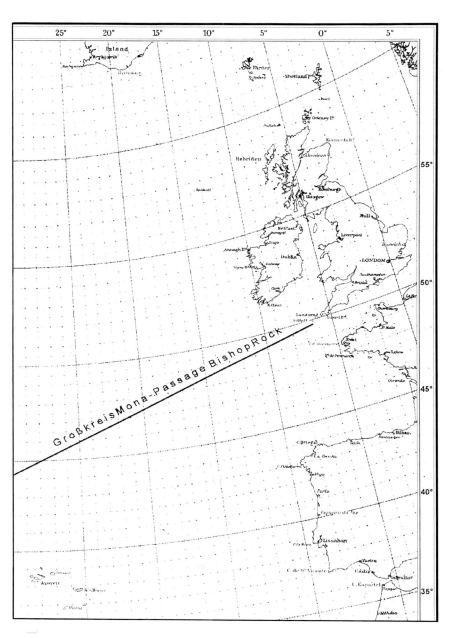

7 *Ausschnitt aus der BSH-Karte 2700 (Großkreiskarte des Nordatlantischen Ozeans) mit einem Teilstück des Großkreises zwischen der Mona-Passage und Bishop Rock. Gegenüber dem Original wurden die Gradskalen verschoben und einige Details verändert.*

___
* Es gibt Navigationsanlagen, die es gestatten, automatisch einen vorgewählten Großkreis abzusegeln.

23

handbuch. Dort finden sich für die Standardrouten ausführliche Hinweise. Angesprochen werden dort auch meteorologische Gesichtspunkte. Die sind nämlich wesentlich wichtiger als eine eventuell verlockende Reduzierung der Distanz.

Nautisch-anschaulich formuliert: Wenn wir ordentlich eins auf den Kopf kriegen und uns Ladungsschäden einfangen können oder außenbords gehende Container riskieren, werden wir getrost auf die Segnungen der Orthodromen verzichten! Zudem müssen wir immer bedenken, daß die zweifelhaften Vorteile mit einem erheblichen zusätzlichen navigatorischen Aufwand verbunden sind. Trotzdem ist die Großkreissegelung – wenn auch nicht mehr ganz so „in" wie im 19. Jahrhundert – noch aktuell, vor allem bei Pazifikrouten. Vergleichen Sie dazu auch Aufgabe 2 in den Übungsaufgaben zu diesem Kapitel.

Übungsaufgaben

1. Eine Meileneinsparung gegenüber der Loxodromen bietet die Orthodrome vor allem bei
a) N/S-Kursen,
b) E/W-Kursen und nicht zu niedrigen Breiten,
c) E/W-Kursen und niedrigen Breiten.

2. Versuchen Sie mit Hilfe des Programms „Großkreisnavigation" auf S. 275 die folgenden Fragen zu beantworten (lesen Sie dazu vorher unbedingt das Kapitel „Die Verwendung der beigefügten Programme" auf S. 90 und die Hinweise zum Großkreisprogramm):
Man will eine Großkreissegelung von der Cook Strait (Neuseeland 41° 50' S 175° 45' E) nach Callao (Peru 12° 35' S 078° 20' W) durchführen und berechnet dazu u. a. folgende Werte:
a) loxodromische Distanz
b) orthodromische Distanz
c) theoretische Zeitersparnis bei FüG = 14 kn
d) Scheitelbreite und Scheitellänge
e) den orthodromischen Anfangskurs
f) Schnittpunktbreite des Großkreises mit dem Meridian 180° E/W

3. Astronomische Navigation

Astronomische Navigation heute

Bevor wir in unser Hauptthema einsteigen, ist es sicherlich sinnvoll, ganz kurz einmal darüber nachzusinnen, warum wir heute überhaupt noch astronomisch navigieren sollen. Natürlich gibt es in unserer speziellen Situation ein schlagendes Argument: Astronomische Navigation wird in der Prüfung verlangt, also muß ich das können: Schluß, aus, Ende.

Ganz so simpel kann die Antwort aber eigentlich nicht sein. Wir wollen uns nicht in uferlose Diskussionen verlieren, es bleibt aber doch wohl unbestritten, daß eine vollständige Abhängigkeit von der technischen Navigation – und das ist hier GPS* – verhängnisvoll sein kann. Abgesehen davon, daß die Bordanlage versagen kann, ist es dem Betreiber (USA) jederzeit auf einfachste Art möglich, dieses (militärische!) Navigationssystem für nicht autorisierte Nutzer unbrauchbar zu machen. Wenn unsere Navigation sich dann darauf reduziert hat, das LCD-Display unseres GPS-Navigators abzulesen, stehen wir in einer solchen Situation nicht besonders gut da.

Wenn Sie mich nach meiner persönlichen Meinung fragen: Für mich ist das Hauptargument einfach die Tatsache, daß astronomische Navigation unheimlich viel Spaß macht. Ich spüre immer viel mehr als nur einen Hauch von richtiger Seefahrt, wenn ich den Sextanten zur Hand nehme. Das ist im Grunde doch genauso wie beim Segeln. Am schnellsten, bequemsten und noch dazu viel billiger komme ich mit dem Flugzeug nach Nassau; mit einem Traum von Segeltörn dorthin wird das aber wohl kaum jemand vergleichen wollen.

Etwas astronomischer Background

Die Erde und das Universum – welche Himmelskörper sind für die astronomische Navigation geeignet?

Astronomische Navigation hat ganz offensichtlich etwas mit Astronomie zu tun. Also ist es sicher zweckmäßig, wenn wir vorab etwas Astronomie betreiben.

Sie wissen schon, daß bei der astronomischen Navigation astronomische Objekte beobachtet werden. Die Frage ist: Welche Objekte kommen dafür in Betracht? Dazu versuchen wir zunächst, unsere Erde im modernen Weltbild der Astronomie zu lokalisieren.

Schauen wir in einer klaren, mondlosen Winternacht zum Himmel, erkennen wir das breite, sich vielfach verzweigende Band der Milchstraße. Abb. 8 (S. 26) zeigt einen kleinen fotografischen Ausschnitt. Können Sie sich vorstellen, daß jeder Lichtpunkt eine Sonne ist? Sonnen, die unserer Sonne ähneln. Zwar können sie größer, kleiner, heißer oder kälter sein als unsere Sonne; trotzdem ist jeder Lichtpunkt, jeder Stern, eine Sonne. Die Astronomen mit ihren riesigen Teleskopen haben herausgefunden, daß unsere Milchstraße eine gigantische Ansammlung von Sternen, Gas und Staub ist und mindestens 100 Milliarden solcher Sonnen enthält. Alle Sterne, die wir mit bloßem Auge sehen können, gehören zur Milchstraße. Wie würde unsere Milchstraße aus großer Entfernung, von außen sozusagen, aussehen?

Erinnern Sie sich noch an das perfekte Science-fiction-Spektakel „Star Wars" (Krieg der Sterne)? Wenn wir uns mit Luke Skywalker und seinen Freunden aus dem „Hyperraum" unserer eigenen Milchstraße nähern würden, hätten wir etwa einen Anblick, wie ihn Abb. 9 (S. 26) zeigt. Die Milchstraße gleicht einem riesigen Diskus mit „Spiralarmen". Ihr Durchmesser liegt bei rund 100000 Lichtjahren*. Das muß man sich einmal vorzustellen versuchen: Das Licht bewegt sich mit 300000 km pro Sekunde und benötigt trotzdem 100000 Jahre, um die Milchstraße zu durchqueren!

Da wir gerade bei so kleinen Zahlen sind: Unsere Milchstraße ist nicht die einzige im Universum. Es gibt Millionen weiterer Milchstraßen (Galaxien), wieder jeweils mit Milliarden

---

GPS betrachten wir ausführlich ab Seite 101.

* Für Spezialisten: Es wird hier keine Vollständigkeit oder eine exakte astronomische Beschreibung angestrebt. Selbstverständlich gehört zur Milchstraße auch noch der Halo („Heiligenschein") aus Kugelsternhaufen.

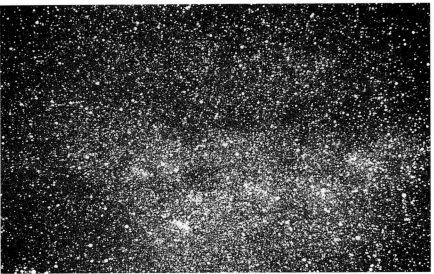

8 *Fotografie eines Teiles unserer Milchstraße. Rechts die unter den vielen Sternen nur schwer erkennbare Cassiopeia (das „Himmels-W").*

9 *Der Andromedanebel. So ähnlich würde auch unsere Milchstraße aus großer Entfernung aussehen (Mount Wilson and Palomar Observatories).*

von Sonnen. Die Entfernungen übersteigen jedes menschliche Vorstellungsvermögen. Ihr Abstand von uns beträgt zum Teil mehr als 10 Milliarden Lichtjahre.

Aber zurück zu unserer Milchstraße und unserer Sonne. Diese befindet sich etwa 16000 Lichtjahre vom Rand der Milchstraße entfernt. Obwohl unser Selbstverständnis bei diesen Dimensionen möglicherweise etwas leidet, ist doch unsere „Haussonne" für uns etwas ganz Besonderes, vor allem deswegen, weil sie einen bewohnbaren Planeten besitzt, nämlich unsere Erde. Heute nimmt man an, daß ein Teil der anderen Sterne (Sonnen) ebenfalls von Planeten umkreist wird. Trotzdem können wir (zur Zeit)* solche Planeten von der Erde aus nicht sehen. Das

---

* Nochmals für Spezialisten: Zur Zeit kann man nur sogenannte „protoplanetare Scheiben" beobachten, aus denen sich einmal Planeten bilden werden.

liegt daran, daß Planeten nicht selbst leuchten und auch viel kleiner sind als die zugehörige Sonne. Außerdem sind die Abstände von der Erde sehr groß. Der nächste Fixstern mit dem schönen Namen Proxima Centauri ist etwa vier Lichtjahre von der Erde entfernt!

Da sind die Planeten der Sonne geradezu zum Greifen nahe. Der sonnennächste Planet ist Merkur, es folgen Venus, Erde, Mars, Jupiter, Saturn, Uranus, Neptun und Pluto. (Generationen von Astronomiestudenten haben sich das an dem Spruch gemerkt: „**M**ein **V**ater **e**rklärt **m**ir **je**den **S**onntag **u**nsere **n**eun **P**laneten".) Viele der Planeten werden von Monden umkreist. Diese sind aber kleiner als der zugehörige Planet und werden natürlich auch nur von der Sonne beleuchtet.

Ziehen wir jetzt Bilanz. Welche Gestirne kommen für die astronomische Navigation in Betracht? Zunächst sicherlich die hellen Sterne, Fixsterne wie man in der astronomischen Navigation sagt. Und selbstverständlich die Sonne, die als „allernächster Fixstern" mit „nur" 150 Millionen Kilometer Distanz von der Erde aus gut beobachtet werden kann.

Von den nicht selbst leuchtenden Planeten können wir Venus, Mars, Jupiter und Saturn verwenden. Merkur steht zu dicht an der Sonne, Uranus, Neptun und Pluto sind zu lichtschwach für das Sextantenfernrohr. Und wie ist es mit den Monden? Es kommt nur unser Erdmond in Frage. Der allerdings läßt sich wegen seines geringen Abstandes von der Erde (im Mittel 384000 km) sehr gut beobachten.

An dieser Stelle merken wir uns am besten gleich die in der astronomischen Navigation üblichen Symbole für die Beobachtungsgestirne (Abb. 10).

Sonne ☉	Mond ☾	Venus ♀
Mars ♂	Jupiter ♃	Saturn ♄
Fixsterne ✳		

10 *Symbole der in der astronomischen Navigation verwendeten Gestirne.*

Orientierung am Sternenhimmel

Wenn wir in der astronomischen Navigation mit Fixsternen hantieren, dann müssen wir uns wahrscheinlich etwas am Himmel auskennen. Wie kann in das Milliardenheer der Sterne aber etwas „Ordnung" gebracht werden?

Wenn wir zum Himmel blicken, dann wird unsere angeborene Fähigkeit aktiv, unvollständige Formen zu Mustern oder Gestalten zu ergänzen. Aus drei hellen Sternen bilden wir ein Dreieck, eine bestimmte Kombination von Sternen deuten wir als Wa-

gen und so fort. Auf diese Weise entstanden schon in der Antike *Sternbilder.* Abb. 11 zeigt als Beispiel den Ihnen sicherlich bekannten *Großen Wagen.*

Schauen wir uns den Großen Wagen einmal etwas genauer an! Er besteht aus sieben helleren Sternen. Die drei „Deichselsterne" heißen Benetnasch, Mizar und Alioth, die beiden Sterne vorn am „Wagen" Dubhe und Merak. Die für unser Ohr fremdartig klingenden Namen sind übrigens meist arabischen Ursprungs.

Nun ist der Große Wagen in der Astronomie kein eigentliches Sternbild. Vielmehr ist er ein Teil des Sternbildes Großer Bär. Da früher Latein (und Griechisch) wie heute Englisch die international gebräuchliche „Wissenschaftssprache" war, wird in der Astronomie der Name *ursa maior* (Große Bär*in*) verwendet.

Wir müssen aufpassen, daß wir nicht ins „Schnacken" kommen; erwähnenswert ist aber doch, daß der

Grund für die Bär*in* in einer der zahllosen Liebschaften von Zeus zu suchen ist. Nach einer (von mehreren) überlieferten Versionen bekam seine Ehehälfte nämlich Wind von einer Affäre mit der attraktiven Nymphe Kallisto, worauf Zeus diese kurzerhand in eine Bärin verwandelte, an den Himmel versetzte und sie so vor der wütenden Hera rettete.

Die Astronomen bezeichnen die einzelnen Sterne eines Sternbildes mit griechischen Buchstaben* und dem lateinischen Genitiv (Wesfall) des Sternbildnamens. So heißt Dubhe astronomisch α ursae maioris (α der großen Bärin), Merak β ursae maioris und so weiter. Meist ist α der hellste Stern, β der zweithellste; hier, beim Großen Bären, stimmt das nicht ganz. Benetnasch mit dem griechischen Buchstaben η (Eta) ist ein wenig heller als Dubhe, und Merak ist auch nicht der zweithellste Stern. Auf S. 271 sehen Sie die wichtigsten der 80 Sterne des Nautischen Jahrbuches. Dubhe finden Sie dort unter der Nummer 41 und Benetnasch unter der Nummer 50. Merak ist kein Stern des Nautischen Jahrbuches. In der Tabelle ist in der dritten Spalte die *Größe* des Sterns aufgeführt. Darunter versteht man in der Astronomie die *Helligkeit.* Das ist eine für uns wichtige Information, denn helle Sterne sind mit dem Sextanten leichter aufzufinden als weniger helle. Wir merken uns, daß ein Stern um so heller ist, je *kleiner* die Zahlenangabe ist. Demnach ist Benetnasch, wie wir schon behauptet haben, mit der Helligkeit 1,9 heller als Dubhe mit nur 2,0.

---

* Das griechische Alphabet reicht natürlich nicht aus. Es werden daher zusätzlich noch Zahlen verwendet. Die meisten Sterne besitzen nur eine Katalognummer, mit der sie in einem Sternkatalog aufgeführt sind. Erfaßt wird damit aber nur ein winziger Bruchteil. Alle anderen Sterne sind „namenlos".

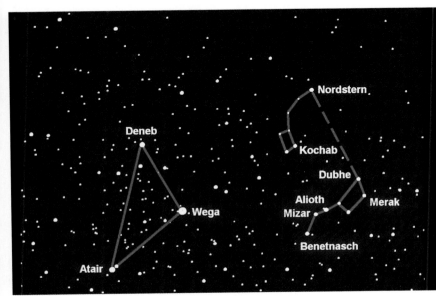

11 *Großer Wagen, Kleiner Wagen und Sommerdreieck.*

Kann man erst einmal ein Sternbild am Himmel immer wiederfinden, ist es leicht, sich von dort aus mit *Suchlinien* zu anderen Sternen oder auch Sternbildern weiterzutasten. Von der „Hinterachse" (wenn man den Wagen zieht!) des Großen Wagens kommen wir durch fünfmaliges Verlängern zu dem für die astronomische Navigation wichtigen *Nordstern* (Polarstern). Dieser gehört zum *Kleinen Wagen* (Teil des Sternbildes *Kleiner Bär* oder ursa minor) mit dem Beobachtungsstern Kochab. Vergleichen Sie dazu Abb. 11 (S. 27). In Abb. 11 sehen Sie noch drei weitere wichtige Beobachtungssterne, nämlich Deneb, Wega und Atair. Sie bilden das sogenannte *Sommerdreieck*. Sommerdreieck deshalb, weil diese Sterne (auf der Nordhalbkugel) besonders gut im Sommer zu beobachten sind.

Abb. 12 dagegen zeigt Sterne, die für uns typische „Wintersterne" sind. Sie sind im Winter und im Herbst und Frühjahr gut beobachtbar. Die miteinander verbundenen Sterne bilden das *Wintersechseck*. Das Trapez im unteren rechten Teil des Wintersechsecks mit den drei in einer Reihe liegenden Sternen ist übrigens der berühmte *Orion*. Auch den hellsten Fixstern, den Sirius, finden Sie in Abb. 12.

Da wir als zukünftige Sporthochseeschiffer ja weltweit zur See fahren wollen, habe ich für Sie auch einige Sternbilder des Südhimmels ausgewählt. Abb. 13 zeigt den wunderschönen *Skorpion*, Abb. 14 das – wenn Sie es zum erstenmal sehen eher enttäuschende – *Kreuz des Südens* und das Sternbild *Zentaur*. Die dort aufgeführten Beobachtungssterne haben im Nautischen Jahrbuch keinen Eigennamen, sondern nur den lateinischen Namen. α Centauri (Stern Nr. 54) ist der hellste

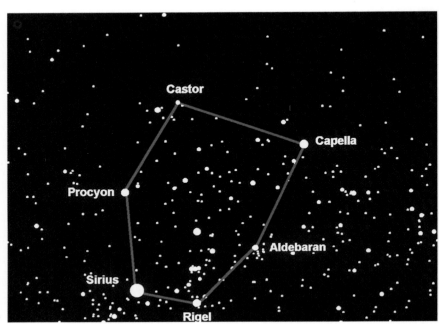

12 *Wintersechseck. Oberhalb des Sternes Rigel ist der Orion erkennbar.*

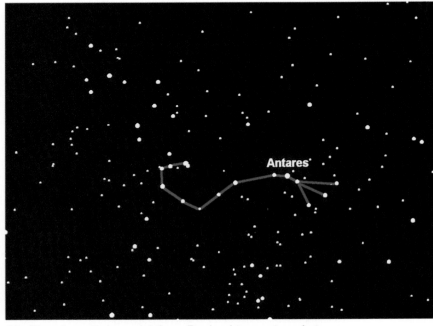

13 *Skorpion mit dem wichtigen Beobachtungsstern Antares.*

14 *Die Sternbilder Kreuz (des Südens) und Zentaur mit einigen Beobachtungssternen.*

Stern des Zentauren und gleichzeitig fast so „nah" wie der von uns schon betrachtete nächste Fixstern Proxima Centauri.

Zuletzt noch eine Empfehlung. Abgesehen vom Urlaub in südlichen Gefilden können wir den Sternenhimmel oder gar die Milchstraße kaum jemals richtig sehen. In einer Großstadt sind wohl die Leuchtreklame einer bekannten Automarke mit dem dazugehörenden Stern, nicht aber die Sterne des Großen Wagens am Himmel zu erkennen. Trotzdem haben Sie als Großstadtbewohner einen Vorteil: Besuchen Sie einmal das in vielen größeren Städten vorhandene *Planetarium*. Unabhängig vom Wetter können dort nicht nur die Sterne, sondern auch viele für die astronomische Navigation wichtige Phänomene gezeigt werden.

Günstig ist es auch, sich eine von mehreren Firmen angebotene drehbare Sternkarte anzuschaffen. Zur Not reichen aber auch die im Jahrbuch abgedruckten Sternkarten.

Übungsaufgaben

Zur Beantwortung der Fragen 3 und 4 benötigen Sie eine Sternkarte, z. B. die Sternkarte „Nördlicher Sternhimmel" des Nautischen Jahrbuches.

1. Welches ist der hellste Fixstern, und welche Helligkeit besitzt er? (Fixsterntabelle)

2. Der sonnenfernste Planet unseres Planetensystems ist
   a) Merkur,
   b) Pluto,
   c) Jupiter.

3. Zu welchem Stern kommt man am Himmel, wenn man der Deichselkrümmung des Großen Wagens folgt?

4. Wie könnte man, ausgehend vom Nordstern, den Stern Sirrah (Nr. 1 im Nautischen Jahrbuch) finden?

Der Grundgedanke der astronomischen Ortsbestimmung

Auf den Bahamas waren wir schon, zumindest im vorigen Kapitel. Wenn wir von dort aus zu einem bestimmten Zeitpunkt den Himmel beobachten würden, dann würde sich uns ein ganz anderer Anblick bieten als zur gleichen Zeit in Mitteleuropa.

Ganz offensichtlich hängen der Anblick des Himmels und die Stellung der Gestirne (bei gleicher Zeit) von der Beobachtungsposition ab. Wenn dem so ist – so könnten wir weiter überlegen –, dann müßte es doch auch möglich sein, aus der Stellung der Gestirne auf die Position des Beobachters zu schließen.

Genau das ist der entscheidende Punkt. Wenn wir wissen, welche Sterne zu einer bestimmten Zeit wo stehen, dann wissen wir auch, wo wir sind. Eigentlich sehr einfach. Leider ist die Umsetzung dieser Idee nicht ganz so einfach, sonst wäre der Abschnitt „Astronomische Navigation" hier bereits (fast) zu Ende. Trotzdem ist es wichtig, daß Sie das Grundprinzip verinnerlichen, da Ihnen das nachher bei den vielen Einzelheiten hilft, den Überblick zu behalten.

Koordinatensysteme

Unsere erste Aufgabe folgt direkt aus dem, was wir gerade überlegt haben. Wir brauchen eine Möglichkeit, mit der wir die Stellung der Gestirne am Himmel festlegen können. In der astronomischen Navigation sind dazu zwei Methoden üblich, die wir jetzt nacheinander behandeln wollen.

Das System des wahren Horizonts

Wir stellen uns vor, wir wären auf See. Dann würde sich über uns das Himmelsgewölbe wie eine Glocke erstrecken. Die Berührungslinie dieser Glocke mit dem Wasser ist die *Kimm* (Abb. 15).

Mit diesem Kreis kommen wir aber noch nicht aus. Wir verwenden jetzt das Lot, das uns die Richtung senkrecht nach unten zum Erdmittelpunkt angibt. Verlängern wir dieses Lot nach beiden Seiten immer weiter, dann trifft es irgendwann den Himmel. Die sich ergebenden Schnittpunkte nennen wir *Zenit (Z)* und *Nadir (Na)*.

Jetzt legen wir senkrecht zum Lot „durch das Auge des Beobachters"

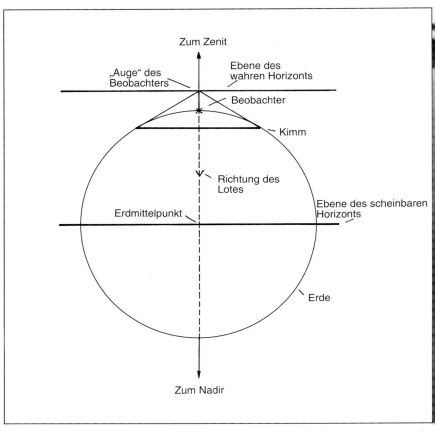

15 *Kimm, scheinbarer und wahrer Horizont eines Beobachters auf der Erdkugel.*

eine Ebene. Wir nennen sie *Ebene des scheinbaren Horizonts*.

Parallel zu dieser Ebene ordnen wir eine weitere Ebene an, die *Ebene des wahren* Horizonts. Sie verläuft durch den Erdmittelpunkt und schneidet den Himmel in einem Großkreis, dem *wahren Horizont* (Abb. 16).

Auf dem wahren Horizont markieren wir die Himmelsrichtungen. Wir nennen diese Markierungspunkte *Nordpunkt (N), Südpunkt (S), Ostpunkt (E)* und *Westpunkt (W)*. Schließlich

legen wir noch einen Großkreis durch Zenit, Nadir, Nordpunkt und Südpunkt, den *Himmelsmeridian*.

Jetzt holen Sie am besten erst einmal tief Luft und betrachten nochmals die Abb. 15 und 16. Was war unser Ziel? Wir wollten die Stellung eines Gestirns am Himmel festlegen. Wir ziehen jetzt durch das Gestirn vom Zenit zum Nadir einen halben Großkreis, den *Vertikalkreis des Gestirns*; damit können wir das *Azimut des Gestirns (Az)* angeben. Es ist der Winkel zwischen Nord-

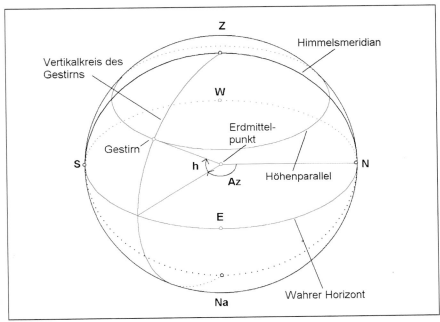

16 *Festlegung der Position eines Gestirns an der Himmelskugel durch die Koordinaten wahre Höhe h und Azimut Az.*

Man stellt sich die unbewegte Erde im Mittelpunkt des Weltalls vor. Um die Erde dreht sich dann die sehr weit entfernte *Himmelskugel* mit den daran „befestigten" Gestirnen. Die Endpunkte der Drehachse oder *Himmelsachse (Weltachse)* erhalten wir, wenn wir die Erdachse soweit verlängern, bis sie die Himmelskugel trifft. Bei der Verlängerung über den Nordpol hinaus ergibt sich so der *Himmelsnordpol (P_N)*, an der anderen Seite entsprechend der *Himmelssüdpol (P_S)*. Der Himmelsnordpol fällt (zur Zeit) beinahe mit der Position des Nordsterns zusammen, wie man mit einer Langzeitaufnahme der Region um den Nordstern leicht beweisen kann (Abb. 17).

punkt und dem Schnittpunkt des Vertikalkreises des Gestirns mit dem wahren Horizont. Wir zählen ihn von N über E von 0° bis 360°.

Auf dem Vertikalkreis können unendlich viele Gestirne liegen. Also brauchen wir noch eine zweite Angabe. Wir verwenden dazu die *wahre Höhe des Gestirns (h)*. Zu deren Festlegung positionieren wir durch das Gestirn einen parallel zum wahren Horizont verlaufenden Kreis, den *Höhenparallel des Gestirns*. Der Winkelabstand dieses Kreises vom wahren Horizont liefert die wahre Höhe (Abb. 16).

Damit ist das Gestirn eindeutig in seiner Lage beschrieben. Wir wollen jetzt nicht mehr die umständliche und ungenaue Bezeichnung „Stellung des Gestirns" verwenden.

> Wahre Höhe h und Azimut Az sind die *Koordinaten des Gestirns* im *System* oder im *Koordinatensystem des wahren Horizonts*.

Das System des Himmelsäquators

Abweichung, Ortsstundenwinkel und Greenwicher Stundenwinkel

Wir wissen, daß in Wahrheit die Gestirne gar nicht auf- oder untergehen. Diese Erscheinungen werden in Wirklichkeit durch die Erddrehung hervorgerufen. Trotzdem ist es für die astronomische Navigation in der Regel günstiger, von der ruhenden Erde und den sich bewegenden Gestirnen auszugehen.

17 *Fotografie des Gebietes um den Himmelsnordpol bei feststehender Kamera und etwa eineinhalb Stunden lang geöffnetem Verschluß. Die Sterne lassen Strichspuren in Form kleiner Kreisbogenstücke auf dem Film zurück. Der helle Fleck nahe dem Mittelpunkt stammt von dem nicht genau im Zentrum beim Himmelsnordpol stehenden Nordstern.*

Wir wollen uns an dieser Stelle gleich noch überlegen, wie herum die Himmelskugel sich eigentlich dreht. Wenn wir auf den Nordpol der Erde schauen, dreht sich die Erde entgegen dem Uhrzeigersinn (von W nach E oder „links herum"). Da die Drehung der Himmelskugel das Spiegelbild der Erddrehung ist, muß sich die Himmelskugel entgegengesetzt drehen von E nach W. „Von außen" auf die Himmelskugel und P_N gesehen demnach rechts herum. Wir wollen die durch die Erdrotation bewirkte Drehung der Himmelskugel die *tägliche scheinbare Drehung der Himmelskugel* nennen.

Die Himmelskugel gleicht mit ihren Polen der Erdkugel. Folglich müßte man auf ihr doch so etwas Ähnliches wie Länge und Breite eines Gestirns

angeben können. Das geht tatsächlich.

Wir projizieren den Erdäquator an die Himmelskugel und erhalten den *Himmelsäquator* (*EQ,* Abb. 18). Parallel zum Himmelsäquator legen wir durch das Gestirn den *Abweichungsparallel des Gestirns.* Er entspricht dem Breitenparallel auf der Erde. Der Winkel zwischen Himmelsäquator und Abweichungsparallel ist die Abweichung δ des Gestirns. Wie die Breite wird sie nach Nord oder Süd (nach P_N oder P_S) von 0° bis 90° gezählt.

Da der Nordpunkt auch ein Punkt des Himmelsäquators ist und P_N das Analogon zum Erdnordpol bildet, müssen P_N und P_S auch auf dem Himmelsmeridian liegen (Abb. 18). Man unterscheidet zwei Hälften des

Himmelsmeridians voneinander, wobei P_N und P_S die Teilpunkte sind. Diejenige Hälfte, die den Zenit Z enthält, wird *oberer Meridian* genannt, die andere Hälfte *unterer Meridian.*

Jetzt fehlt uns noch die „Länge" des Gestirns. Analog zu einem Meridian auf der Erde legen wir erst einmal einen Halbkreis von P_N durch das Gestirn bis P_S und nennen ihn *Stundenkreis des Gestirns.* Die zweite Koordinate ist jetzt der *Stundenwinkel des Gestirns (t).* Wir zählen ihn vom oberen Meridian des Beobachters, im Sinne der täglichen scheinbaren Drehung der Himmelskugel, bis zum Stundenkreis des Gestirns von 0° bis 360°.

Betrachten wir die Verhältnisse für einen Beobachter auf dem Nullmeridian (dem Meridian von Greenwich) erhalten wir entsprechend der *Greenwicher Stundenwinkel des Gestirns (Grt).* Wie wir noch sehen werden, spielt er in der astronomischer Navigation eine besondere Rolle Damit es nicht zu Verwechslunger kommt, wird der Stundenwinkel t daher auch genauer *Ortsstundenwinkel* genannt.

> Die zweite Möglichkeit, die Position eines Gestirns an der Himmelskugel zu beschreiben, ist durch die Koordinaten Abweichung δ und Ortsstundenwinkel t beziehungsweise Greenwicher Stundenwinkel Grt gegeben.

Ich gebe zu, daß das Nachvollziehen dieser Definitionen bei Ihnen nicht gerade Begeisterungsstürme auslösen wird. Sie sind nichtsdestoweniger aber wichtig und notwendig. Die Alternative wäre nur, rein mechanisch (diesen Wert aus der Tafel dahin, dann ...) zu arbeiten. Das aber is nach meiner Erfahrung nicht nur

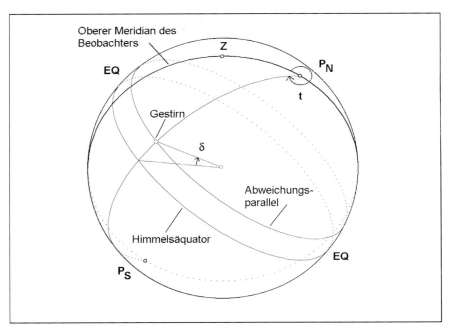

18 *Festlegung der Position eines Gestirns an der Himmelskugel durch die Koordinaten Abweichung δ und Ortsstundenwinkel t.*

Vielen Dank

Es interessiert mich besonders, was Sie lieferbar haben zum Thema

☐ Segeln

☐ Schiffs-modellbau

☐ Auto-handbücher

☐ Motorbootfahren

☐ Surfen/Bike

☐ Video- u. Computer-programme

Bitte senden Sie mir Ihr neuestes Gesamtverzeichnis.

Name

Straße / Nr.

Postkarte

Bitte
als
Postkarte
freimachen

Delius Klasing Verlag
Postfach 101671

D-33516 Bielefeld

Delius Klasing
Verlag

Farbig, komplett & kostenlos

Noch heute das aktuelle Gesamtverzeichnis anfordern

Für alle Freunde des Wassersports gibt's die komplette Übersicht über ein riesiges maritimes Buchprogramm. Dazu ein phantastisches Video- und Software-Programm. Gratis!

Ganz gleich, welches Spezialgebiet Sie interessiert: Hier finden Sie, was Sie suchen: Segel- und Motorbootpraxis, Führerscheine, Bootstechnik und Schiffsmodellbau, Bildbände, Unterhaltung und Abenteuer. Ganz viel zum Thema Surfen und für Mountainbike-Fans. Nicht zu vergessen: Technikhandbücher für die gängigsten Automarken. Alles übersichtlich und farbig präsentiert. Ehe Sie was vergessen: Am besten gleich anfordern

wesentlich schwieriger und fehler-
trächtiger, als wenn man die Sache
durchschaut, es ist auch im höchsten
Maße unbefriedigend.
Ich würde jetzt an Ihrer Stelle das
Ganze noch einmal rekapitulieren
und die entsprechenden Abbildungen noch einmal genau betrachten.

Abweichung und Sternwinkel als Fixsternkoordinaten

Eine kleine Ergänzung ist noch erforderlich bei den Koordinaten für Fixsterne. Wie bei den anderen Gestirnen wird auch bei Fixsternen die Abweichung verwendet. Einen Unterschied gibt es aber in der zweiten
Koordinate.
Wir benötigen einen bisher noch
nicht betrachteten ganz speziellen
Punkt an der Himmelskugel, und
zwar den *Frühlingspunkt*. Das ist der
Punkt, an dem sich der Mittelpunkt
der Sonne bei Frühlingsanfang befindet. Da dieser Punkt vor einigen
tausend Jahren im Sternbild Widder
lag, heißt er auch *Widderpunkt,* mit
dem astronomischen Zeichen ♈.
Heute finden wir ihn allerdings im
Sternbild Fische.
Wie durch jeden anderen Punkt der
Himmelskugel können wir auch
durch den Frühlingspunkt einen
Stundenkreis ziehen: den *Stundenkreis des Frühlingspunktes.* Von ihm
aus zählt man – wieder im Sinn der
täglichen scheinbaren Drehung der
Himmelskugel – den *Sternwinkel β*
bis zum Stundenkreis des Gestirns
(Abb. 19).

> Für Fixsterne gelten im System
> des Himmelsäquators die Koordi-
> naten Abweichung δ und Stern-
> winkel β.

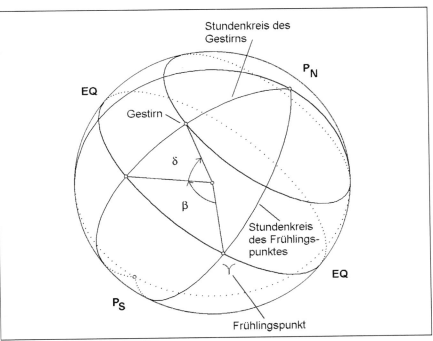

19 *Festlegung der Position eines Fixsterns an der Himmelskugel durch die Koordinaten Abweichung δ und Sternwinkel β.*

Übungsaufgaben

1. Welches sind die Koordinaten eines Gestirns im Koordinatensystem des wahren Horizonts?

2. Der Zenit ist
   a) der Punkt, an dem die Sonne mittags steht,
   b) der Punkt an der Himmelskugel senkrecht über dem Beobachter.

3. Durch welche Koordinaten kann die Position des Mondes an der Himmelskugel im System des Himmelsäquators beschrieben werden?

4. Wie herum dreht die Erde, wenn man auf den Südpol blickt?

5. Wie herum dreht die Himmelskugel, wenn man auf P_S schaut?

6. Wie groß ist der Sternwinkel β für einen Stern, der sich genau auf dem
   Stundenkreis des Frühlingspunktes befindet?

Genauere Betrachtung der scheinbaren Bewegung der Gestirne, Meridianfigur

Wir wollen unsere doch ziemlich trockenen Festlegungen mit etwas mehr Anschaulichkeit zu erfüllen versuchen, indem wir sie auf bestimmte alltägliche astronomische Vorgänge anwenden. So gewinnen wir gleichzeitig wichtige Informationen für spätere Anwendungen in der astronomischen Navigation.

Wir betrachten erst einmal Abb. 20. Sie zeigt einen Schnitt durch die Himmelskugel und die im Inneren übertrieben groß gezeichnete Erdkugel. Wir wissen aus der terrestrischen Navigation, daß die geographische Breite φ eines Beobachters auf einem Breitenparallel gleich dem Winkel zwischen dem Äquator und diesem Breitenparallel ist. Aus Abb. 20 ergibt sich, daß der Winkel P_NMN gleich der geographischen Breite ist. Oder aber: Die *Polhöhe* ist gleich der Breite. Da der Nordstern ganz in der Nähe des Himmelsnordpols steht, gibt uns seine Höhe recht gut die Breite an. Wo müßte demnach ein Beobachter genau auf dem Nordpol den Himmelsnordpol P_N sehen? (Genau im Zenit.)

Als nächstes lassen wir uns vom Computer eine ganz ähnliche Zeichnung anfertigen. Dieses Mal aber perspektivisch (Abb. 21). Wir lassen die Erdkugel zu einem Punkt zusammenschrumpfen und lassen uns zu-

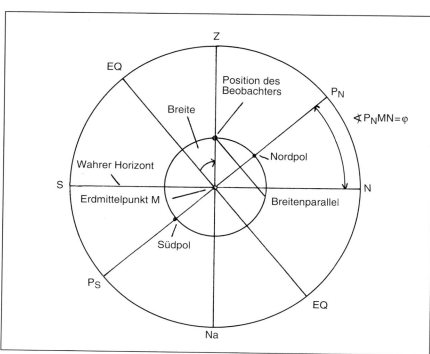

20 *Himmelskugel und Erdkugel. Der Winkel P_NMN, die Polhöhe, ist gleich der geographischen Breite φ.*

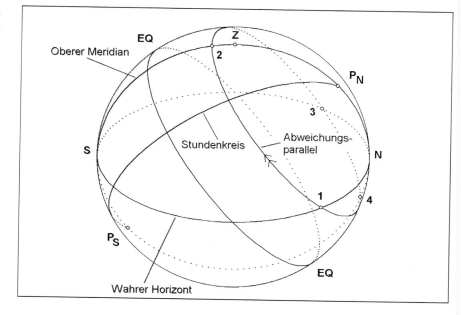

21 *Wahrer Aufgang (1), obere Kulmination (2), wahrer Untergang (3) und untere Kulmination (4) eines Gestirns.*

sätzlich noch einen Stundenkreis und den Abweichungsparallel ausgeben. Wir interessieren uns dafür, welche speziellen Positionen das Gestirn bei der Drehung der Himmelskugel in bezug auf den wahren Horizont und den Himmelsmeridian einnehmen kann.

Denken Sie daran, daß die Himmelskugel, auf P_N gesehen, *rechts herum* dreht. Wenn sich das Gestirn bei 1 befindet (Abb. 21), geht es durch den wahren Horizont, es befindet sich im *wahren Aufgang*. Bei 2 hat es die größte Höhe erreicht und geht durch den *oberen* Meridian. Wir wollen diese Situation als *obere Kulmination* bezeichnen. Bei 3 taucht das Gestirn unter den wahren Horizont, es befindet sich im *wahren Untergang*. Bei weiterer Drehung der Himmelskugel geht es schließlich durch den *unteren* Meridian. Wir sprechen von der *unteren Kulmination*.

Wenn wir nicht perspektivisch zeichnen, sondern die Himmelskugel mit den zugehörigen Kreisen in die Tafelebene projizieren wie in Abb. 22, erhalten wir eine *Meridianfigur*. Sie ist besonders nützlich, um sich bestimmte Sachverhalte anschaulich klarzumachen. In den Übungsaufgaben finden Sie zwei Beispiele dazu.

Übungsaufgaben

1. Versuchen Sie, eine Meridianfigur für einen Beobachter genau am Nordpol zu zeichnen. Wie würden sich für diesen Beobachter die sichtbaren Gestirne bewegen?
   Hinweis: Machen Sie sich klar, daß die Himmelsachse mit der Zenit-Nadir-Achse und der Himmelsäquator mit dem wahren Horizont zusammenfällt.

2. Versuchen Sie jetzt, eine Meridianfigur für einen Beobachter auf dem Äquator zu zeichnen. Können Sie mit dieser Zeichnung die Frage beantworten, warum es in niedrigen Breiten relativ schnell hell oder dunkel wird?

3. Betrachten Sie nochmals Aufgabe 1. Warum wird es für einen Beobachter am Nordpol, wenn die Sonne ein nördliches δ (nördliche Abweichung) hat, nicht dunkel?

---

22 *Beispiel für eine Meridianfigur. Der Beobachter steht auf der nördlichen Breite φ, das Gestirn hat die nördliche Abweichung δ.*

Kombination der Koordinatensysteme

Das von uns auf Seite 30 formulierte „Nahziel": Festlegung der Position eines Gestirns an der Himmelskugel, haben wir jetzt erreicht. Denn wie Sie sich erinnern, wollten wir ja aus der bekannten Position von Gestirnen die unbekannte Schiffsposition bestimmen.

Es war bisher wahrlich nicht ganz einfach. Jetzt wird es aber richtig unangenehm, denn wir müssen unsere beiden Koordinatensysteme ineinanderschachteln. Die Frage ist nur, ob wir dann überhaupt noch etwas erkennen können. Wir versuchen es trotzdem und lassen uns wieder von unserem „Freund und Helfer", dem Computer, die gewünschte Zeichnung anfertigen. Zur Unterstützung unserer Vorstellung sind die beiden Koordinatensysteme in Abb. 23 (S. 36) nochmals abgedruckt. Das Ergebnis zeigt Abb. 24 (S. 36). Ignorieren Sie erst einmal das Dreieck und dessen Bezeichnungen und versuchen Sie, die Kreise und Halbkreise der Systeme des wahren Horizonts und des Himmelsäquators in Abb. 24 wiederzufinden. Okay?

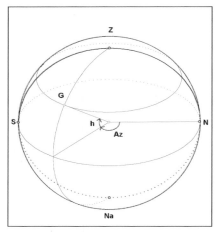

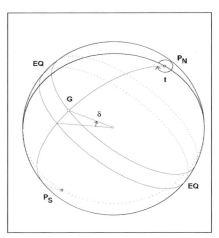

23 *Noch einmal die Koordinatensysteme des wahren Horizonts und des Himmelsäquators.*

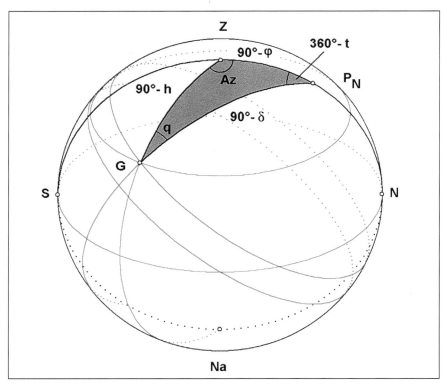

24 *Durch Kombination der beiden Koordinatensysteme ergibt sich auf der Himmelskugel das sphärisch-astronomische Grunddreieck.*

Das sphärisch-astronomische Grunddreieck

Wie Sie aus Abb. 24 ersehen, bilden der Himmelsmeridian, der Vertikalkreis des Gestirns und der Stundenkreis des Gestirns ein Dreieck mit den Eckpunkten G (Gestirn), P_N (Himmelsnordpol) und Z (Zenit). Dieses Dreieck ist für die gesamte astronomische Navigation von grundlegender Bedeutung. Es ist das *nautische* oder *sphärisch-astronomische Grunddreieck*.

Sphärisch wird es einmal deshalb genannt, weil es ein gekrümmtes Dreieck auf der Kugeloberfläche ist. Vor allem aber deshalb, weil seine drei Seiten Teile von Großkreisen (oder halben Großkreisen) sind.

Wir haben ja bereits ein Dreieck auf der Kugel kennengelernt, das loxodromische Dreieck (S. 16). Nach unserer Definition von eben ist das loxodromische Dreieck kein sphärisches Dreieck.

Lassen Sie uns gleich überlegen, ob wir Aussagen über die Seiten und Winkel im Grunddreieck machen können. Wir beginnen mit der auf dem Vertikalkreis liegenden Dreiecksseite ZG. Das Stück des Vertikalkreises vom Zenit Z bis zum wahren Horizont mißt 90°, da ja der gesamte Vertikalkreis als halber Großkreis 180° messen muß. Andererseits ist der Abstand des Gestirns vom wahren Horizont gleich seiner wahren Höhe h, also ist die Dreiecksseite ZG = 90°–h.

Ganz ähnlich können wir bei der Seite GP_N vorgehen. Sie liegt auf dem Stundenkreis des Gestirns. Von P_N bis zum Himmelsäquator sind es wieder 90°, der Abstand des Gestirns vom Himmelsäquator ist aber gleich der Abweichung δ. Die Seite GP_N ist demnach gleich 90°–δ.

Es fehlt noch die Seite P_NZ. Sie liegt auf dem Himmelsmeridian. ZN ist ein Viertel des Himmelsmeridians, mithin 90°. Da P_NN gleich der Polhöhe, also gleich der geographischen Breite φ ist, ergibt sich für die Seite P_NZ = 90° – φ. Jetzt fehlen nur noch die drei Winkel. Der Winkel bei G ist der sogenannte *parallaktische Winkel q*; er ist für uns ohne Bedeutung. Wenn Sie zu Seite 31 zurückblättern und Abb. 16 noch einmal studieren, erkennen Sie, daß wir das Az auch bei Z wiederfinden. Es ist der Winkel GZP_N. Den Stundenwinkel t hatten wir vom oberen Meridian im Sinne der täglichen scheinbaren Drehung der Himmelskugel bis zu Stundenkreis des Gestirns gezählt. Also ist der Winkel ZP_NG = 360° – t.

Ein erster Blick auf die Höhenmethode

Für das Verständnis der folgenden Überlegungen werfen wir schon einmal einen kurzen Blick auf das Verfahren, das später unsere Hauptmethode in der astronomischen Navigation sein wird: die *Höhenmethode*. Bisher haben wir etwas vage davon gesprochen, daß man die unbekannte Position aus der bekannten Position der Sterne bestimmen kann. Etwas konkreter stellt sich die Sache so dar, daß wir die Höhen von Gestirnen durch Beobachtung bestimmen*. Dann berechnen wir für den Koppelort und die Beobachtungszeit mit Hilfe der Gestirnskoordinaten δ und t (über das Nautische Jahrbuch) das Az der Gestirne und *die* Höhen, die sich ergeben müßten, wenn wir auf der Koppelposition stehen würden.

---

* Wie wir noch sehen werden: über die mit dem Sextanten erhaltenen Kimmabstände.

Da wir in der Regel versetzt sind, weichen diese Höhen von den beobachteten Höhen ab. Mit diesen Abweichungen und den Azimuten der Gestirne können wir unsere Position bestimmen.

Mathematische Beziehungen am Grunddreieck

Wie eben angesprochen, müssen wir die Höhe und das Azimut eines Gestirns berechnen können. Dazu benötigen wir aber Formeln, und die wollen wir uns jetzt anschauen.
Beim wahren Kursdreieck auf Seite 17 hatten wir uns schon mit Beziehungen in einem *ebenen Dreieck* auseinandergesetzt. Das für solche Dreiecke zuständige Gebiet der Mathematik ist die *ebene Trigonometrie*, für *Dreiecke auf der Kugel* nehmen wir die Hilfe der *sphärischen Trigonometrie* in Anspruch. Sie liefert uns folgende Formeln:

(1) $\sin h = \sin\varphi \sin\delta + \cos\varphi \cos\delta \cos t$

(2) $\tan AZ = \dfrac{-\sin t}{\cos\varphi \tan\delta - \sin\varphi\cos t}$

Mit Hilfe der beiden Formeln kann man h und Az aus φ, δ und t berechnen.
Welche Vorarbeiten müssen wir noch erledigen, bevor wir soweit sind und die Formeln tatsächlich auch in den Rechner tippen können?
Bei unserer Kurzbetrachtung der Höhenmethode hatten wir festgestellt, daß beobachtete Höhen mit berechneten verglichen werden müssen. Also müssen wir uns offenbar erst einmal dem Sextanten zuwenden. Da dieser aber nicht direkt die erforderlichen Höhen liefert, ist ein weiteres Thema die Umwandlung der beobachteten Werte in die erforderlichen Höhen.
Für die Berechnung von Höhe und

Azimut sind neben der Koppelbreite die Abweichung und der Stundenwinkel erforderlich. Diese Werte müssen aus dem Nautischen Jahrbuch für die Beobachtungszeit berechnet werden. Wie wir aber bereits wissen, ändern sich die Koordinaten mit der Zeit. Außerdem haben Sie wahrscheinlich schon die Auszüge aus dem Nautischen Jahrbuch angeschaut und gesehen, daß darin eine ganz exotische Zeitangabe, nämlich UT1, auftaucht. Resultat unserer Überlegungen: zwei weitere Themen, die Zeit in der astronomischen Navigation und die Bestimmung der Jahrbuchgrößen und des Ortsstundenwinkels. Wir stellen hier die vor uns liegenden Themen noch einmal zusammen, und zwar gleich in der zu behandelnden Reihenfolge:
– Der Sextant und seine Handhabung
– Vom Kimmabstand zur wahren Höhe
– Zeit und Zeitbestimmung in der astronomischen Navigation
– Bestimmung der Jahrbuchgrößen Greenwicher Stundenwinkel und Abweichung.
Also, noch eine ziemliche Durststrecke, bis wir tatsächlich unsere erste „Höhe rechnen können". Immerhin wird es jetzt – nach den Übungsaufgaben – aber erst einmal etwas weniger mathematisch und kompliziert.

Übungsaufgaben

1. Versuchen Sie, aus der Erinnerung das Grunddreieck mit den Seiten und Winkeln zu skizzieren.

2. Welches ist der Grundgedanke der Höhenmethode?

Der Sextant und seine Handhabung

Aufbau des Sextanten

Der *Sextant* ist eigentlich nichts anderes als ein sehr genauer Winkelmesser. Bevor wir uns in seinen praktischen Gebrauch vertiefen, schauen wir ihn uns erst einmal etwas genauer an (Abb. 25).

Wenn wir die *Sperrklinke* an dem beweglichen *Zeigerarm (Alhidade)* ausrasten, können wir diesen über den *Gradbogen (Limbus)* bewegen. Wie Sie erkennen können, besitzt der Gradbogen eine Gradeinteilung. Sie beginnt etwas vor 0° und reicht bis etwas über 120° hinaus. Die aktuelle Stellung der Alhidade kann grob am *Zeigerstrich (Index)* im Fenster des Zeigerarms abgelesen werden.

Ein exakteres Ablesen ermöglicht die *Trommel,* mit der eine Feinverstellung der Alhidade möglich ist und nach der dieser Sextant genauer auch *Trommelsextant* genannt wird. Merken wollen wir uns auch gleich, daß der rechts vom Nullpunkt der Gradeinteilung liegende Teil *Vorbogen,* der links liegende Teil *Hauptbogen* genannt wird.

Schon „mit Augenmaß" sehen wir sofort, daß die 120° auf dem Gradbogen keine 120° sein können, sondern offenbar nur 60°. Damit hätten wir auch die Erklärung für den Namen *Sextant,* denn 60° sind ja gerade ein *Sechstel* des Vollkreises mit 360°. Auf eine genauere Erklärung dieses Problems wollen wir verzichten. Es hängt damit zusammen, daß man zum Beispiel bei einem gemessenen Winkel von 40° den Zeigerarm nur um 20° aus der Nullstellung bewegt hat. Damit der Beobachter den abgelesenen Winkel nicht noch mit

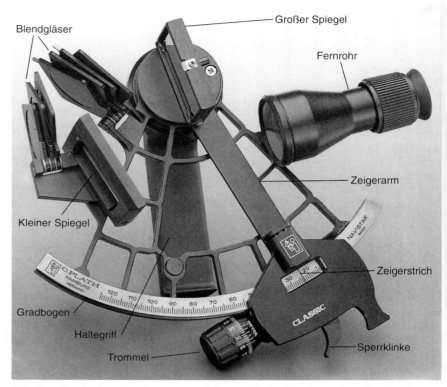

25 *Der Sextant und seine wesentlichsten Teile (Navistar Classic, C. Plath).*

zwei multiplizieren muß, hat man einfach die Gradteilung verdoppelt.

Auffallend am Sextanten sind ferner die beiden *Spiegel.* Der Spiegel auf der Alhidade heißt *Indexspiegel,* der zweite Spiegel (links in unserer Abbildung) *Horizontspiegel.* Diese Bezeichnungen sind in der Seefahrt aber nicht üblich. Wir schließen uns dem allgemeinen Sprachgebrauch an und nennen den Spiegel auf der Alhidade *großer Spiegel* und den zweiten Spiegel *kleiner Spiegel.* Weitere wichtige Bauteile des Sextanten sind das *Fernrohr,* der *Haltegriff* und die *Vorsteckgläser* oder *Blendgläser.*

Fehlererkennung und Fehlerbeseitigung

Bevor wir unsere ersten Gehversuche machen können, muß noch ein wichtiger Punkt besprochen werden. Zu jedem Sextanten wird vom Hersteller ein *Prüfzeugnis* mitgeliefert. In der Regel befindet es sich im Sextantenkasten. In diesem Zeugnis wird garantiert, daß das Instrument den Anforderungen entspricht und daß die Fehler innerhalb der Toleranzgrenzen liegen. Die Anforderungen werden bei einem (für die professionelle Seefahrt) zugelassenen Sextanten vom Bundesamt für Seeschiffahrt und Hydrographie (BSH) festgelegt.

Wir können davon ausgehen, daß das Instrument das Herstellerwerk in einem einwandfreien Zustand verlassen hat. Dieser Zustand bleibt aber nicht für alle Zeiten erhalten. Hinfallen lassen dürfen wir das gute Stück natürlich nicht. Aber auch ohne eine solche Katastrophe weist der Sextant im Laufe der Zeit Fehler auf. Wir unterscheiden zwei Fehlergruppen:

> ● Fehler, die wir mit Bordmitteln weder erkennen noch beseitigen können
> ● Fehler, die wir mit Bordmitteln feststellen und auch beheben können

Fehler der ersten Gruppe können nur mit Spezialmeßeinrichtungen erkannt werden. Ein solcher Fehler ist beispielsweise der *Exzentrizitätsfehler.* Er tritt auf, wenn der Mittelpunkt des Kreises, um den sich der Zeigerarm dreht, nicht identisch ist mit dem Mittelpunkt des zum Gradbogen gehörenden Kreises. Wir müssen darauf vertrauen, daß solche Fehler vernachlässigbar sind. Wenn wir auf Grund von Beobachtungen vermuten, daß der Sextant nicht mehr in Ordnung ist, müssen wir ihn in einer Spezialwerkstatt oder beim Hersteller nachsehen lassen.

Der Sextant ist an Bord Erschütterungen und Temperaturschwankungen ausgesetzt. Dadurch können Fehler auftreten, die wir im Gegensatz zu den eben besprochenen Fehlern mit Bordmitteln erkennen und auch beseitigen können. Wir machen es uns zur Regel, daß wir *grundsätzlich vor dem Beobachten den Sextanten checken.* Wir unterscheiden drei Fehler:

– *Kippfehler des großen Spiegels*
– *Indexfehler*
– *Kippfehler des kleinen Spiegels*

Wir machen natürlich erst einmal Trockenübungen. Auf dem Boot, wenn es richtig zukehr geht, haben wir überhaupt keine Chance, vor allem nicht als Anfänger. Wir stellen die Alhidade auf etwa 40° ein und halten den Sextanten dann waagerecht in Augeshöhe. Dabei ist der Limbus von uns abgewendet. Jetzt blicken wir an der rechten Kante des großen Spiegels vorbei auf den Gradbogen und gleichzeitig in den großen Spiegel. Dann müssen das direkt gesehene Gradbogenstück und der im großen Spiegel gespiegelte Teil ohne Stufe ineinander übergehen (Abb. 26).

Sie werden anfangs Schwierigkeiten haben, das zu sehen. Lassen Sie es sich von einem erfahrenen Praktiker zeigen. Er wird Ihnen auch bei den anderen Dingen helfen. Es ist nun einmal so, daß Praxis nur in der Praxis, nicht aber auf dem Papier gelernt werden kann!

Wenn eine Stufe erkennbar ist, hat der große Spiegel einen *Kippfehler* (der Spiegel steht nicht genau senkrecht zur Instrumentenebene). Wir beseitigen diesen Fehler durch vorsichtiges Drehen an der oberen Schraube des Spiegels mit dem zum Sextanten gehörenden Justierschlüssel.

Jetzt bringen wir die Alhidade und die Trommel genau in die Nullstellung. Wir halten den Sextanten senkrecht und visieren eine weit entfernte (wir sind noch an Land!) waagerechte Kante an, vielleicht den First eines Daches. Auf See verwenden wir dafür die Kimm. Abb. 27 (S. 40) zeigt, was wir dann in der Praxis sehen würden. Das (doppelt) gespiegelte Bild der Kimm und das direkt gesehene bilden einen Absatz. Das gleiche beobachten wir mit unserer „Dachkimm". Die Ursache dieser Erscheinung sind die nicht genau par-

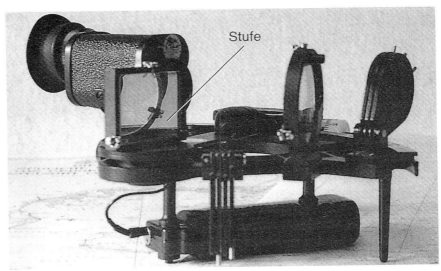

26 *So sieht es aus, wenn der große Spiegel einen (hier zur Demonstration sehr großen) Kippfehler besitzt.*

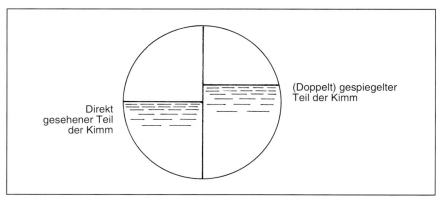

27 *Durch den Indexfehler bildet sich zwischen dem direkt gesehenen und dem (doppelt) gespiegelten Teil der Kimm eine Stufe.*

allel stehenden Spiegel; unser Sextant hat einen *Indexfehler*.

Auch zur Behebung dieses Fehlers gibt es eine Justierschraube. Sie befindet sich unten am kleinen Spiegel. Wenn der Fehler allerdings nicht größer als einige Minuten ist, lassen wir ihn bestehen. Wie wir noch sehen werden, können wir ihn in unseren Rechnungen relativ einfach berücksichtigen.

Da wir es mit diesem Fehler aber sehr häufig in der Praxis zu tun haben werden, wollen wir uns gleich hier etwas näher mit ihm auseinandersetzen. Unser Sextant befindet sich noch immer in der *(Instrumenten-)Nullstellung*. Jetzt drehen wir ein wenig die Trommel, bis die Kimm (unser Dachfirst) eine durchgehende Linie bildet. Die Trommel kann dann eine der beiden in Abb. 28 gezeigten Stellungen annehmen. Wir nennen diese Einstellung die *wahre Nullstellung*. In dieser Stellung befindet sich der Index (Zeigerstrich) etwas rechts oder links von der auf dem Gradbogen eingravierten Nullmarke, also auf dem Vorbogen oder auf dem Hauptbogen.

Ein Punkt ist nun von besonderer Wichtigkeit. Wie Sie aus der terrestrischen Navigation wissen, arbeitet man dort (Kursumwandlung) nicht mit Fehlern, sondern mit Beschickungen. Beschickungen haben das umgekehrte Vorzeichen wie Fehler. Mit all diesen Feinheiten müssen wir unser Gedächtnis aber nicht belasten. Nautisch interessant ist für uns nur die *Indexberichtigung (Indexbeschickung)*, abgekürzt *Ib*. Wir merken uns folgendes:

> Auf dem Vorbogen hat Ib das Vorzeichen plus, auf dem Hauptbogen minus.

In Abb. 28 (links) beträgt Ib +3', rechts dagegen −2'. Bei der Vorbogenablesung müssen wir den abgelesenen Wert 57' zu 60' ergänzen.

Wie schon erwähnt, benutzen wir auf See die Kimm zum Bestimmen der Indexberichtigung. Es gibt nun noch eine weitere und auch genauere Methode, Ib zu ermitteln. Wir verwenden dazu die Sonne. Mit einer passend gewählten Kombination von Blendgläsern – die Sonne darf nicht zu hell, aber auch nicht zu dunkel werden – setzen wir das doppelt gespiegelte Bild der Sonne einmal auf die direkt gesehene Sonne und einmal darunter. Dabei versuchen wir jedesmal, Randberührung zwischen den Sonnenscheiben herzustellen (Abb. 29). Das doppelt gespiegelte Bild ist das sich bei der Verstellung der Alhidade oder beim Drehen der Trommel bewegende Sonnenbild. In beiden Fällen lesen wir den Sextanten ab.

28 *Beispiele für die Indexberichtigung Ib. Im linken Bild ergibt sich eine Ib von +3', im rechten ist Ib −2'.*

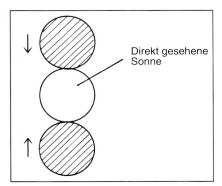

29 *So wird Ib mit der Sonne bestimmt.*

Wir betrachten am besten ein Beispiel. Am 12. Juli 1989 erhalten wir auf dem Hauptbogen −33', auf dem Vorbogen (schon zu 60' ergänzt) +31'. Dabei haben wir den Werten die vereinbarten Vorzeichen gegeben. Jetzt rechnen wir folgendermaßen:

1. Beobachtung + 31,0'
2. Beobachtung − 33,0'

Summe / 2   − 2,0'/2 = −1,0' = Ib

Wir bilden die Summe der beiden Werte unter Berücksichtigung der Vorzeichen und dividieren durch zwei. Der sich ergebende Wert ist Ib, hier −1,0'.

Diese Methode ist nicht nur genauer als die Kimmprobe. Sie bietet auch einen weiteren Vorteil. Es läßt sich auf diese Weise die Beobachtungsgenauigkeit überprüfen, was besonders für uns als Einsteiger sehr hilfreich ist. Bildet man nämlich die *Differenz* der beiden Werte und dividiert durch vier, ergibt sich der *Sonnenradius*. Natürlich nicht in Kilometern, sondern der Radius der Sonne als Winkel, wie wir ihn hier von der Erde aus feststellen. Mit unseren Werten:

1. Beobachtung + 31,0'
2. Beobachtung − 33,0'

Differenz /4   (+31,0' −(−33,0'))/4
                = 64,0'/4 = 16,0'

Jetzt sehen wir auf S. 250 in der Jahrbuchseite 12. Juli 1989 nach. Wir finden oben in der Spalte „Sonne" die Angabe r 15,8'. Das ist der aktuelle Sonnenradius. So ganz schlecht haben wir demnach nicht beobachtet.

Nach diesem Exkurs kommen wir zum noch verbleibenden Kippfehler des kleinen Spiegels. Wir stellen – wichtig! – die Alhidade in die *wahre Nullstellung*. Dann drehen wir den Sextanten um rund 30° nach jeder Seite „um die Fernrohrachse". Dabei darf die Kimm (oder an Land unsere Spezial-Dachkimm) keine Stufe bekommen, andernfalls liegt ein Kippfehler des kleinen Spiegels vor. Für seine Beseitigung ist die oben am kleinen Spiegel angebrachte Schraube zuständig.

Da die Schraube zur Beseitigung des Indexfehlers und jene zur Beseitigung des Kippfehlers des kleinen Spiegels nicht ganz unabhängig voneinander sind, ergeben sich Probleme. Beim Korrigieren der Ib verändert sich gleichzeitig der Kippfehler und umgekehrt. Das ist der Grund dafür, weshalb, wie schon erwähnt, Ib nur ab etwa 3' bis 4' herausgedreht wird. Das wechselweise Betätigen der Schrauben ist für den Ungeübten eine ziemliche Probiererei, mit der man sich eine Weile die Zeit vertreiben kann.

Als Fazit können wir feststellen:

> Der Kippfehler des großen Spiegels und der Kippfehler des kleinen Spiegels müssen immer beseitigt werden. Indexfehler nur, falls zu groß.

Und noch ein Hinweis. Unsere Betrachtungen bedeuten nicht, daß wir vor jeder astronomischen Beobachtung eine „Justierorgie zelebrieren" müssen. Ein guter und entsprechend pfleglich behandelter Sextant muß nur selten korrigiert werden.

Tips zum praktischen Messen

Auf die Beobachtungstechnik in der Praxis kommen wir später auf S. 81 noch einmal zurück. Wir wollen aber trotzdem schon an dieser Stelle einen Hinweis auf das „Schießen" von Gestirnen geben. Das für uns einfachste astronomische Beobachtungsobjekt ist die Sonne. Wenn wir ihren Kimmabstand (wir besprechen im nächsten Kapitel, was das ist) messen wollen, visieren wir sie erst einmal mit einer günstigen Blendgläserkombination an. Dann rasten wir die Sperrklinke am Zeigerarm aus und bewegen ihn langsam nach vorn, wobei wir das doppelt gespiegelte Bild der Sonne immer in Fernglas behalten müssen. Dabei gehen wir mit dem Sextanten nach unten. Kurz bevor das Spiegelbild die Kimm erreicht, rasten wir die Sperrklinke wieder ein.

Jetzt drehen wir so lange an der Trommel, bis der Unterrand unserer gespiegelten Sonne gerade die Kimm berührt. Dabei schwenken wir den Sextanten wieder leicht – vielleicht um 20 bis 30° nach jeder Seite – „um die Fernrohrachse". Das Sonnenbild bewegt sich dabei entsprechend unserer Schwenkerei. Die richtige Einstellung ist dann erreicht, wenn der Sonnenunterrand im tiefsten Punkt die Kimm gerade berührt (Abb. 30, S. 42). Wenn die Sonne günstig über einem nicht zu nahen Dachfirst oder über dem Flachdach eines entfernteren Gebäudes steht, können wir eine sol-

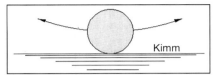

Kimm

30 *Wenn der Sextant leicht geschwenkt wird, soll das Gestirnsbild – hier die Sonne – die Kimm im tiefsten Punkt gerade berühren.*

che Übung auch an Land ausführen. Wir könnten zum Beispiel an unserem Sextanten einen Winkel von 32° 34,0' erhalten. Mit der auf S. 41 bestimmten Ib von −1,0' erhalten wir dann:

Sextantablesung	32° 34,0'
Ib	− 1,0'
Meßwert	32° 33,0'

Wir sollten noch ein Wort zur Genauigkeit sagen. An manchen Sextanten kann mit einer speziellen Ablesevorrichtung auf 0,2' oder sogar noch besser abgelesen werden. Sie müssen nur einmal – und das geht nun an Land tatsächlich besser – mehrfach hintereinander einen sich nicht verändernden Winkel messen und die Ergebnisse miteinander vergleichen. Wenn Sie geübt sind, erleben Sie nun nicht gerade ein Wunder von der bekannten blauen Art. Sie erhalten aber doch ganz schöne Streuungen. Also: Wir lesen praxisgerecht höchstens auf 0,5' ab. Alles andere ist rein akademisch.

Der Vollsichtsextant

Wir haben bisher einen Standardsextanten betrachtet, wie er üblicherweise in der Großschiffahrt gefahren wird. Für uns als angehende Sporthochseeschiffer ist aber der seit einigen Jahren angebotene so-genannte *Vollsichtsextant* vorzuziehen. Das ist ein Sextant, dessen kleiner Spiegel auf der gesamten Fläche sowohl reflektierend als auch durchlässig ist.
Damit sehen wir nicht mehr nur links die halbe Kimm und rechts daneben das doppelt gespiegelte Bild. Vielmehr erstrecken sich das direkt gesehene Bild und das gespiegelte Bild über das gesamte Gesichtsfeld. Das aber ist ein sehr großer Vorteil, weil damit vor allem die Beobachtung der winzigen und schnell einmal verlorengehenden Fixsterne und Planeten wesentlich leichter ist.

Der Sextant in der terrestrischen Navigation

Wie Sie bereits aus Ihrem Sportseeschifferkurs wissen, kann der Sextant auch in der terrestrischen Navigation eingesetzt werden. Man kann mit seiner Hilfe Vertikalwinkel und Horizontalwinkel messen.
Eine Vertikalwinkelmessung beispielsweise an einem Feuerturm liefert den Abstand, also eine Kreisstandlinie, mit dem Feuerturm als Mittelpunkt. Können Sie sich noch an 13/7 × h/n erinnern? Wenn nicht, sehen Sie noch einmal in Ihren alten Sportseeschiffer-Unterlagen oder in einem entsprechenden Buch nach.
Horizontalwinkel ergeben ebenfalls Kreisstandlinien. Eine früher wichtige Anwendung für Tonnenleger, aber auch für die Ankerpeilung war die Aufgabe der vier Punkte, bei der drei Objekte erforderlich waren und zwei Horizontalwinkel gemessen werden mußten. Das Verfahren lieferte, unabhängig von irgendwelchen Kompaßfehlern, eine Position hoher Genauigkeit.
Wie bei der Anwendung in der astronomischen Navigation müssen wir an die Sextantablesung auch bei „terrestrischen Winkeln" eine eventuell vorhandene Ib anbringen.
Die von uns kurz betrachteten Verfahren sind zwar auch heute noch Gegenstand der Ausbildung in der terrestrischen Navigation, ihre praktische Bedeutung ist jedoch gering.

Übungsaufgaben

1. Benennen Sie die Hauptteile des Sextanten.

2. Welche Fehler des Sextanten kann man mit Bordmitteln erkennen und beseitigen?

3. Am 22. Oktober 1989 bestimmt man Ib mit der Sonne und erhält folgende Ablesungen auf dem Hauptbogen und auf dem Vorbogen (bereits zu 60 ergänzt): −29', +35'.
   a) Welche Ib ergibt sich?
   b) Welchen Sonnenradius erhält man? (Vergleichen Sie das Ergebnis mit der Angabe im Nautischen Jahrbuch, Auszug S. 252.)
   c) Ist die Beobachtung genau?

Vom Kimmabstand zur wahren Höhe

Die einzelnen Korrekturwerte

Das ist das zweite der von uns auf S. 37 genannten noch zu diskutierenden Themen. Blättern Sie zu S. 31 zurück und betrachten Sie noch einmal die Abb. 16. Im System des Horizonts ist eine Koordinate die wahre Höhe. Wie schon bei unserer Kurzbetrachtung zur Höhenmethode erwähnt (S. 37), müssen wir die wahre Höhe berechnen und sie mit der beobachteten Höhe vergleichen. Vergleichen können wir selbstverständlich nur gleichartige Werte. Wir müssen demnach unsere Sextantablesung in die gesuchte wahre beobachtete Höhe umwandeln.

Dazu vertiefen wir uns jetzt in die sehr kompliziert ausschauende Abb. 31, wobei wir erst einmal annehmen, daß wir einen Fixstern beobachten. Die Abbildung zeigt, daß wir mit dem Sextanten (nach Anbringen von Ib) den *Kimmabstand* erhalten. Er ist in Abb. 31 mit dem Symbol –*– markiert und ist gleich dem Winkel zwischen der scheinbaren Einfallsrichtung des vom Stern in das Auge gelangenden Lichtes und der Kimm. Wieso *scheinbare Einfallsrichtung,* werden wir gleich behandeln. Das gerade Besprochene stellen wir zunächst in einem kleinen Rechenschema dar, so wie wir es später bei jeder Beobachtung benutzen werden.

=*=   Sextantablesung

Ib   Indexberichtigung

–*–   Kimmabstand

Wir haben gleich die für die Sextantablesung und den Kimmabstand verwendeten Symbole benutzt: das Fix-

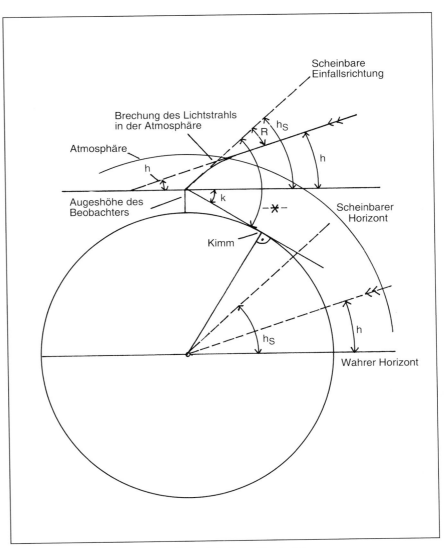

31 *Einzelbeschickungen am Beispiel eines Fixsterns.*

sternzeichen und die beiden Parallelstriche an jeder Seite bei der Sextantablesung und entsprechend den einfachen Strich rechts und links beim Kimmabstand.

Im nächsten Schritt wandeln wir den Kimmabstand um in die *scheinbare*

Höhe h_S. Das ist der Winkel zwischen der scheinbaren Einfallsrichtung des Lichtes und dem scheinbaren Horizont. Sie sehen, daß dazu die *Kimmtiefe k* vom Kimmabstand abgezogen werden muß.

Auf seinem Weg durch die Erdatmosphäre wird der Lichtstrahl „gebogen". Es erfolgt, wie der Fachausdruck lautet, eine *Strahlenbrechung* oder *Refraktion.* Als Beobachter sehen wir im Sextanten den Stern daher in der Richtung der Tangente an den in unser Auge fallenden Lichtstrahl. Das bedeutet (Abb. 31), wir sehen den Stern um den Winkel R *höher,* als er tatsächlich steht.

Wir stellen demzufolge die schon mehrfach genannte scheinbare Einfallsrichtung fest. Subtrahieren wir nun den ebenfalls als Refraktion bezeichneten Winkel *R* von der scheinbaren Höhe h_S, kommen wir zum Winkel *h.* Es ist dieses erst einmal der Winkel zwischen der wirklichen Richtung zum Stern, wie man ihn ohne Erdatmosphäre feststellen würde, und dem scheinbaren Horizont.

Da wir für unsere Zwecke die Fixsterne in unendlich großer Entfernung annehmen dürfen, fällt ihr Licht parallel auf die Erde. Es ist also bedeutungslos, ob wir den Stern auf der Erdoberfläche oder gedanklich vom Erdmittelpunkt aus beobachten. Das aber heißt: h ist gleichzeitig der Winkel zwischen der realen Richtung zum Fixstern und dem wahren Horizont und mithin die gesuchte wahre Höhe.

Die eben durchgeführten Schritte stellen wir jetzt noch einmal übersichtlich zusammen:

=*=	Sextantablesung
Ib	Indexberichtigung
−*−	Kimmabstand
− k	Kimmtiefe
h_S	scheinbare Höhe
−R	Refraktion
h	wahre Höhe

Wie müssen wir nun bei den übrigen Gestirnen vorgehen? Zunächst ist die sogenannte *Parallaxe* zu berücksichtigen. Wenn Sie nicht genau wissen, was das ist, halten Sie einfach einen Finger vor Ihr Gesicht und betrachten ihn einmal nur mit dem linken und einmal nur mit dem rechten Auge. Sie sehen den Finger ganz offenbar in unterschiedlichen Richtungen. Genau dieser Effekt tritt auch bei nicht unendlich weit entfernten Gestirnen auf.

Wir betrachten dazu Abb. 32 und nehmen an, daß die Refraktion bereits berücksichtigt sei. Sie sehen sofort, daß der Winkel zwischen der Einfallsrichtung des Lichtstrahls und dem scheinbaren Horizont − er ist jetzt zur Unterscheidung mit *h′* be-

zeichnet − kleiner ist als der gesuchte Winkel h.

h′ und h unterscheiden sich um den Winkel P, die sogenannte *Höhenparallaxe.* Diese Höhenparallaxe wird maximal, wenn das Gestirn im scheinbaren Horizont steht. Man nennt diesen Maximalwert *Horizontparallaxe,* abgekürzt *HP.* Es gelten folgende Beziehungen (auf eine Ableitung verzichten wir):

$$P = HP\cos h'$$
$$h = h' + P$$

Die Planeten erscheinen in unserem nur wenig vergrößernden Sextantenfernrohr als Punkte. Das gilt natürlich

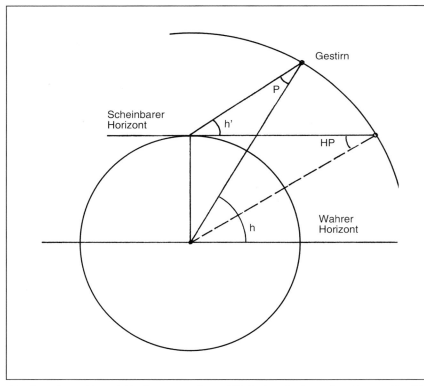

32 *Parallaxe P und Horizontparallaxe HP bei erdnahen Gestirnen. Zur Verdeutlichung ist die Erde im Vergleich zur Gestirnsbahn übertrieben groß gezeichnet.*

icht für die Sonne und den Mond. ei diesen beiden Gestirnen müssen ir noch unterscheiden, ob der Unterrand oder der Oberrand auf die imm gesetzt wurde. Das heißt, wir müssen noch den Radius (genauer: en scheinbaren Gestirnsradius) adieren oder subtrahieren, wenn wir ie für die astronomische Navigation enötigte wahre Mittelpunktshöhe estimmen wollen.

n der Praxis beobachten wir später i der Regel den Sonnenunterrand, eim Mond aber auch häufig den berrand. Das Schema für die Umandlung der Sextantablesung zur ahren Höhe stellen wir unter Einchluß der neuen Korrekturen daher m besten für den Mond dar.

☾	Sextantablesung
Ib	Indexberichtigung

☾	Kimmabstand
k	Kimmtiefe

h$_s$	scheinbare Höhe
R	Refraktion

h'	Höhe über dem scheinbaren Horizont
P	Höhenparallaxe
r	scheinbarer Gestirnsradius

h	wahre Mittelpunktshöhe

Vir haben im Schema dabei gleich ieder die üblichen Symbole beutzt. Sextantablesungen werden nmer mit einem Doppelstrich, immabstände mit einem einfachen trich gekennzeichnet. Das hatten ir schon bei dem Fixsternbeispiel esehen. Genauso wie bei Fixsternen geht man auch bei den Planeten or. Da im Gegensatz zu den anden Gestirnen bei Sonne und Mond er Ober- oder Unterrand beobachtet werden kann, bringt man die Strihe oder beim Kimmabstand den infachen Strich über oder unter dem estirnssymbol an.

* Grund: weil die Abstände dieser Himmelskörper von der Erde nicht konstant sind.
** Beim Mond ist die Gesamtbeschickung für eine Augeshöhe von 10 m und in Abhängigkeit von der Horizontparallaxe berechnet worden. Die Abstandsänderungen des Mondes von der Erde wirken sich auf die Horizontparallaxe aus und werden daher berücksichtigt. Ist die Augeshöhe von 10 m verschieden, muß eine entsprechende Berichtigung angebracht werden.

Übungsaufgaben

1. Die Horizontparallaxe ist
   a) bei Fixsternen am größten,
   b) beim Mond am größten,
   c) um so größer, je näher das Gestirn der Erde steht.

2. Sextantablesungen werden
   a) mit einem beziehungsweise zwei Doppelstrichen,
   b) mit einem beziehungsweise zwei einfachen Strichen gekennzeichnet.

Zusammenfassung der Einzelanteile: Gesamtbeschickung

Bei dem im vorigen Kapitel besprochenen Verfahren zur Umwandlung des Kimmabstandes in die wahre Höhe verwendet man *Einzelbeschickungen*. So werden die einzelnen Korrekturwerte von der Kimmtiefe bis zum Gestirnsradius genannt. Sie können sich leicht vorstellen, daß diese Technik für den Bordgebrauch viel zu kompliziert und umständlich ist.

Wenn man mittlere meteorologische Verhältnisse (Luftdruck, Temperatur) annimmt, dann können die Einzelanteile zusammengefaßt werden zur *Gesamtbeschickung (Gb)*. Erforderlich ist dann bei der Sonne und den Planeten noch die *Zusatzbeschickung** und beim Mond eine Berichtigung wegen der *Augeshöhe***. Dabei ist die Augeshöhe (Ah) der Abstand unserer Augen von der Wasseroberfläche.

Wir werden jetzt nach der vielen Theorie praktische Beispiele für die Beschickung von Kimmabständen zur wahren Höhe rechnen. Diese Aufgabe kommt später bei jeder astronomischen Ortsbestimmung vor und ist damit zumindest schon ein erster kleiner praktischer Einstieg. Wir rechnen je ein Beispiel für Fixsterne, Planeten, Sonne und Mond. Wir benötigen dazu das Nautische Jahrbuch oder die auf den Seiten 259 bis 262 abgedruckten Auszüge und Tabellen aus dem Jahrbuch.

Fixsterne

Am 12. Juli 1989 beobachten wir einen Fixstern und erhalten eine Sextantablesung von 28° 10,0'. Unsere Augeshöhe ist 4 m, die vor der Beobachtung festgestellte Indexberichtigung Ib = −1'. Welche wahre Höhe ergibt sich?
Zunächst bringen wir an die Sextantablesung die Ib an, um den Kimmabstand zu berechnen. Im Schema:

=*=	28° 10,0'
Ib	−1,0'

−*−	28° 09,0'

Jetzt schlagen wir die Tafel „Gesamtbeschickung für den Kimmabstand eines Fixsterns oder Planeten" auf S. 260 auf. Wir finden dort waagerecht die Augeshöhe in Meter und links in der ersten Spalte den Kimmabstand. Der zu unserem Kimmabstand nächstkleinere tabellierte Wert ist 28°. Bei der Augeshöhe von 4 m finden wir eine Gesamtbeschickung Gb = −5,4'. Das Minuszeichen gilt für alle Werte, auch wenn es nur bei den Werten für 0 m Augeshöhe angegeben ist!

In Wirklichkeit ist unser Kimmabstand aber nicht 28°, sondern 28° 09'. Bei einem Kimmabstand von 30° finden wir Gb = −5,3'. Also brauchen wir in diesem Fall nicht zu interpolieren (einzuschalten). Für 28° 09' ist Gb ebenfalls −5,4'. Jetzt können wir die Rechnung vollständig ausführen:

=*=	28° 10,0'
Ib	− 1,0'
−*−	28° 09,0'
Gb	− 5,4'
h	28° 03,6'

Planeten

Jetzt ein Beispiel für Planeten. Am 13. Juli 1989 wird Mars bei einer Augeshöhe von 6 m beobachtet. Die Sextantablesung ist 19° 29', Ib ist +2'. Wir verwenden wieder die Tafel auf S. 260. Da wir es jetzt mit einem Planeten zu tun haben, benötigen wir für die Zusatzbeschickung noch die Horizontparallaxe. Im Jahrbuch beziehungsweise in den Auszügen auf S. 251 finden wir am 13. Juli für Mars den Wert 0,1' (in der vorletzten Zeile der Seite, unter den Angaben für Mars am 13. Juli).

=♂=	19° 29,0'
Ib	+2,0'
−♂−	19° 31,0'
Gb	−7,0' (−7,1' + 0,1')
h	19° 24,0'

Für 19° 31' liefert die Tabelle zunächst −7,1' (Einschalten nach

Sicht). Die kleine Tabelle für die Zusatzbeschickung ergibt für unseren Kimmabstand den Wert +0,1'. Insgesamt sind das −7,0'.

Sonne

Am 22. Oktober 1989 wird die Sonne beobachtet. Man erhält ☉ 37° 39', Ah 2 m, Ib +1'. Wie groß ist h? Wir schlagen die Tafel „Gesamtbeschickung für den Kimmabstand des Sonnenunterrandes" auf (S. 259). Bei der Augeshöhe 2 m liefert die Tafel für 35° +12,2', für 40° 12,5'. Durch Interpolieren ergibt sich beim Kimmabstand 37° 40' +12,4'. Im unteren Teil der Tafel ist die Zusatzbeschickung für den Sonnenunterrand angegeben. Im Oktober ist der Wert +0,1'. Gb ist demnach +12,5'.

☉	37° 39,0'
Ib	+ 1,0'
☉	37° 40,0'
Gb	+12,5' (+12,4' +0,1')
h	37° 52,5'

Mond

Zum Abschluß ein Beispiel für den Mond. Bei einer Augeshöhe von 3 m wird am 23. Oktober 1989 um 12.10 UT1 der Mond*oberrand* beobachtet. Man erhält ☽ 17° 53', Ib ist −2'. Sie brauchen keine Sorge wegen der noch nicht von uns behandelten Zeit-

angabe *UT1* zu haben. Wie Sie schon beim Blättern in den Auszügen oder im Nautischen Jahrbuch selbst gesehen haben, ist das die Zeit, die im Jahrbuch benutzt wird. Wie wir sie bestimmen können und was genau sie eigentlich bedeutet, wird im nächsten Kapitel besprochen.

Zuständig ist nunmehr die Tafel „Gesamtbeschickung für den Kimmabstand des Mondunterrandes" auf S. 261 (im Nautischen Jahrbuch gibt es keine spezielle Tafel für den Mondoberrand!).

Ein Blick auf die Tafel zeigt, daß wir hier erst einmal HP benötigen. Beim Mond finden Sie (S. 253) HP angegeben für drei Zeiten in UT1, und zwar für 4, 12 und 20 Uhr. Der Beobachtungszeitpunkt 12.10 ist praktisch 12.00, also ist HP 55,5'. Der Kimmabstand beträgt in unserem Beispiel 17° 51'. Mit diesem Wert und dem gefundenen von 55,5' HP erhalten wir aus der Gb-Tabelle +59,4'.

Da wir den Mondoberrand beobachtet haben, ist aus der kleinen waagerechten Tabelle unter den Gb-Angaben noch der Monddurchmesser mit 30,3' zu entnehmen. Dieser Wert muß laut Tafelangabe von der Gb abgezogen werden. Schließlich muß noch eine Berichtigung wegen der Augeshöhe angebracht werden. Bei 3 m folgt (interpoliert) +2,6'.

Übungsaufgaben

Aus den folgenden Angaben ist jeweils die wahre Höhe h zu berechnen.

1. Sirrah =*= 56° 11', Ah 3 m, Ib −2,5'.

2. ☉ 68° 05', 23. April 1989, Ah 4 m, Ib +3'.

3. =♀= (Venus) 11° 41', 22. Oktober 1989, Ah 2 m, Ib +1'.

4. ☽ 31° 19', 23. Oktober 1989 um 05.35 UT1, Ah 12 m, Ib −1'.

Zusammengestellt sieht die Rechnung so aus:

$\overline{\mathbb{C}}$ 17° 53,0'
Ib   − 2,0'

$\overline{\mathbb{C}}$ 17° 51,0'
Gb   +31,7' (+59,4' − 30,3' + 2,6')

h   18° 22,7'

Zeit und Zeitbestimmung in der astronomischen Navigation

Zeitwinkel, WOZ und MOZ

Im vorigen Kapitel haben wir schon die Zeit des Nautischen Jahrbuches kennengelernt. Da wir mit dieser Zeitangabe bei unseren Rechnungen hantieren müssen, sollten wir uns jetzt dem Problem Zeit in der astronomischen Navigation zuwenden.

Wir wollen versuchen, uns auf das Wesentliche zu beschränken, denn mit diesem Problem könnten wir ohne Schwierigkeit dieses und viele weitere Bücher füllen.

Wir gehen davon aus, daß die Sonne für ein Zeitsystem verwendet werden könnte, denn sie bestimmt ja den Ablauf des Lebens auf der Erde. Wir definieren:

> Wahre Ortszeit (WOZ) ist der *Zeitwinkel* der wahren Sonne.

Dazu schauen wir uns Abb. 33 an. Der mit τ (der griechische Buchstabe Tau) bezeichnete Zeitwinkel wird gezählt vom unteren Meridian des Beobachters bis zum Stundenkreis der

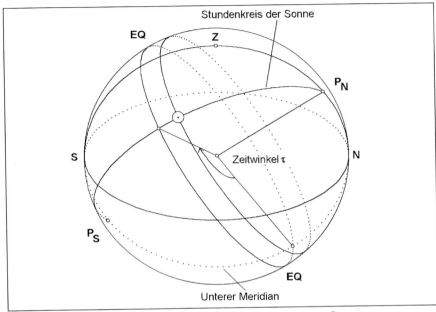

33 *Wahre Sonnenzeit als Zeitwinkel τ (Tau) der wahren Sonne.*

Sonne (wie üblich wieder im Sinne der täglichen scheinbaren Drehung der Himmelskugel). Wenn die Sonne durch den unteren Meridian geht, ist es 00.00. Wenn τ zum Beispiel 105° ist, dann wäre es 07.00. Warum? Die Sonne bewegt sich in 24 Stunden also um 360°, in einer Stunde also um 360°/24 = 15°. In 7 Stunden um 7 × 15° = 105°.

Nun ist die Sonne für ein Zeitsystem nicht besonders gut geeignet. Um das verstehen zu können, werfen wir einen Blick auf Abb. 34, S. 48. Neben dem uns schon bekannten Himmelsäquator ist dort noch ein weiterer Großkreis der Himmelskugel eingetragen, die *Ekliptik*. Das ist der Kreis, auf dem sich die Sonne im Laufe eines Jahres an der Himmelskugel bewegt. Diese Bewegung kommt natürlich durch die jährliche Bewegung

der Erde um die Sonne zustande. Da wir aus Gründen der Zweckmäßigkeit aber von einer ruhenden Erde ausgehen, ist diese Betrachtungsweise korrekt.

Zweimal im Laufe des Jahres steht die Sonne auf dem Himmelsäquator, bei *Frühlingsanfang* und bei *Herbstanfang*. Sie steht dann im *Frühlingspunkt* oder *Widderpunkt* beziehungsweise im *Waage-* oder *Herbstpunkt*. Den Frühlingspunkt haben wir schon auf S. 33 kennengelernt. Wir entnehmen der Abb. 34 weiter, daß die Sonne nach Frühlingsanfang nördlich des Himmelsäquators steht bis zu einem maximalen nördlichen δ von etwa 23,5° (*Wendepunkt des Krebses*).

Dann wird die Abweichung wieder kleiner, bis sie bei Herbstanfang 0° beträgt. Dann wird die Abweichung

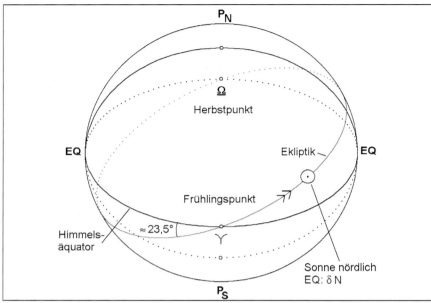

34 *Die Sonne bewegt sich auf der gegen den Himmelsäquator um etwa 23,5° geneigten Ekliptik.*

Süd, bis sie bei Winteranfang *(Wendepunkt des Steinbocks)* etwa 23,5° S ist. Schließlich bewegt sich die Sonne wieder in Richtung Frühlingspunkt, und der Kreislauf beginnt von neuem.

Da das δ der Sonne nicht konstant ist und da sie sich außerdem mit ungleichförmiger Geschwindigkeit* bewegt, gibt es Probleme für ein auf der Sonnenbewegung aufbauendes Zeitsystem. Wir haben vorhin ohne weitere Erklärung von der wahren Sonne gesprochen. Gemeint ist mit diesem etwas seltsamen Ausdruck also die wirkliche Sonne. Davon muß die gedachte *mittlere Sonne* unterschieden werden. Wir legen fest:

Da sich die wahre Sonne und die mittlere Sonne auf unterschiedlichen Bahnen bewegen und zudem noch mit unterschiedlicher Geschwindigkeit, sind die zugehörigen Zeitwinkel, wenn wir die Zeit einmal einfrieren würden, in der Regel nicht gleich groß. Das aber heißt: WOZ und MOZ unterscheiden sich voneinander. Es gilt:

WOZ = MOZ + e

e ist die *Zeitgleichung*. Sie ist im Nautischen Jahrbuch (S. 13 des Jahrbuches) tabelliert, spielt heute aber für die astronomische Navigation keine Rolle mehr.

Was aber bedeutet der Begriff *Ortszeit* in der WOZ oder MOZ? Beide Zeiten bedeuten einen Zeitwinkel, der jeweils vom unteren Meridian aus gerechnet wird. Der untere Meridian aber ist Teil des Himmelsmeridians. Auf S. 32 hatten wir besprochen, daß der Himmelsmeridian durch P$_N$ und P$_S$ in den oberen und unteren Meridian geteilt wird. Sehen Sie vorsichtshalber noch einmal dort nach, wenn Ihnen diese Begriffe nicht mehr ganz klar sein sollten.

Stellen wir uns nun zwei Beobachter auf unterschiedlicher Länge vor, so hat jeder auf der Erde seinen „eigenen Meridian" und folglich auch „seinen eigenen Himmelsmeridian". Damit gehört zu den beiden angenommenen Beobachtern auch jeweils ein anderer unterer Meridian.

Und der langen Rede Fazit? *Beobachter auf unterschiedlicher Länge haben unterschiedliche Zeiten!*

Die Zeit auf verschiedenen Meridianen: MOZ und UT

Diesen wichtigen Tatbestand müssen wir genauer studieren. Dazu bedienen wir uns einer besonderen Darstellung, einer *Polfigur* oder *Zeit-*

---

* Angesprochen ist hier *die Winkelgeschwindigkeit der Gestirne.* Sie ergibt sich aus dem Winkel, den ein Gestirn zum Beispiel in einer Stunde zurücklegt, in Grad pro Stunde. Nach unseren Überlegungen ist die Winkelgeschwindigkeit der wahren Sonne demnach von der Winkelgeschwindigkeit der mittleren Sonne verschieden. Insbesondere findet man für die Winkelgeschwindigkeit von Fixsternen und Frühlingspunkt einen etwas größeren Wert als für die mittlere Sonne. Ähnlich wie auf der Bewegung der Sonne läßt sich auch auf der Bewegung des Frühlingspunktes ein Zeitsystem aufbauen. So ist ein *Sterntag* der Zeitraum zwischen zwei aufeinanderfolgenden *oberen* Kulminationen des Frühlingspunktes. Er ist rund vier Minuten kürzer als ein mittlerer Sonnentag.

● Die mittlere Sonne bewegt sich mit konstanter Geschwindigkeit auf dem Himmelsäquator und benötigt für einen vollen Umlauf auf dem Himmelsäquator die gleiche Zeit wie die wahre Sonne auf der Ekliptik.

● Mittlere Ortszeit (MOZ) ist der Zeitwinkel der mittleren Sonne.

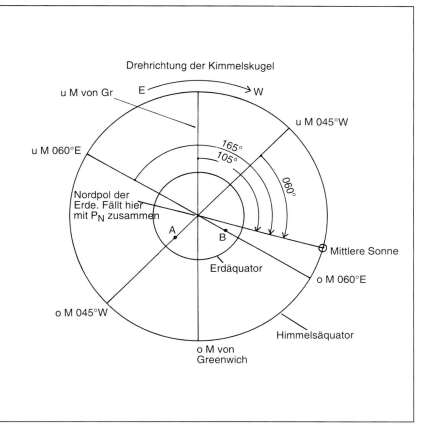

5 Pol- oder Zeitfigur. Der äußere Kreis ist der Himmelsäquator, der innere der hier übertrieben groß dargestellte Erdäquator. Für den Beobachter „A" auf 045° W ist es früher, für den Beobachter „B" auf 060° E später als auf dem Meridian von Greenwich.

von Greenwich, auf 045° W und auf 060° E? Die zugehörigen Zeitwinkel sind 105°, 060° und 165°. Wir teilen durch 15 und finden die zugehörigen Zeiten (MOZ): 07.00, 04.00 und 11.00. Noch einmal übersichtlich zusammengestellt:

Länge	Zeitwinkel	Zeit (MOZ)
000°	105°	07.00
045° W	060°	04.00
060° E	165°	11.00

Wir merken uns gleich noch folgendes: Die mittlere Ortszeit des Meridians von Greenwich ist die *Universal Time (UT),* oder *Weltzeit.*
Aus unserer kleinen Tabelle können wir zwei wesentliche Erkenntnisse gewinnen:

● Auf Westlänge ist es früher, auf Ostlänge später als auf dem Meridian von Greenwich.
● Die Differenz zwischen der MOZ und UT für einen Beobachter auf einer anderen Länge entspricht dem durch 15° dividierten Längenunterschied.

Während die erste Aussage unmittelbar aus der Tabelle folgt, müssen wir die zweite etwas näher betrachten. Dazu sehen wir nochmals Abb. 35 an. Die Himmelskugel dreht sich mit der mittleren Sonne rechts herum gegenüber den festliegenden Meridianen.
Denken Sie daran, daß die Erde sich nach unserer Betrachtungsweise nicht dreht! Das bedeutet: Die Sonne hat seit ihrem Durchgang durch den unteren Meridian von Greenwich 105° zurückgelegt, seit dem Durchgang durch den unteren Meridian von 045° W aber erst 060°. Die 45°

gur. Wir erhalten sie, wenn wir *so* auf den Himmelsnordpol schauen, daß der Himmelsäquator als Kreis erscheint (Abb. 35). Zum leichteren Verständnis ist in die Abbildung zusätzlich die Erdkugel eingetragen. Wir versuchen erst einmal, uns zu orientieren. Der äußere Kreis ist der Himmelsäquator, der innere der Erdäquator, der Mittelpunkt der Zeichnung also P_N beziehungsweise der

Nordpol der Erde. Wir gehen von zwei Beobachtern A auf 045° W und B auf 060° E aus. Eingetragen sind der obere und untere Meridian dieser Beobachter und zusätzlich der obere und untere Meridian eines Beobachters auf 000° (Meridian von Greenwich). Schließlich finden wir in der Abbildung noch den Stundenkreis der mittleren Sonne.
Wie spät ist es nun auf dem Meridian

Differenz in den Zeitwinkeln sind aber identisch mit dem Längenunterschied! Also brauchen wir tatsächlich nur den Längenunterschied in Zeit umzuwandeln, um die Zeiten ineinander umzurechnen.

Wir testen das gleich noch einmal für 060° E. 60°/15° entspricht 4 Stunden. Auf Ostlänge ist es später als auf dem Meridian von Greenwich. Folglich, da es auf 000° 07.00 ist, erhalten wir für 060° E 07.00 + 4 Stunden = 11.00. Als allgemeine Regel merken wir uns:

$$UT = MOZ + \lambda iZ$$

Mit dieser Beziehung können wir MOZ in UT und auch UT in MOZ umrechnen. λiZ bedeutet *Lambda in Zeit* und ist der von uns berechnete Wert Längenunterschied durch 15 oder der in Zeit umgerechnete Längenunterschied.

Da diese Rechnung in den Anwendungen auftaucht, betrachten wir noch ein weiteres Beispiel. Auf 073° 14' W ist es nach MOZ 17.21.12. Was erhält man für UT? UT ist nach unserer Vereinbarung identisch mit der MOZ für 000°.

Der Längenunterschied kann jetzt nicht mehr so einfach durch 15 dividiert werden wie eben. Mit einer der beiden im Rechnerkapitel auf S. 14 beschriebenen Methoden können wir die Umwandlung aber leicht durchführen und erhalten 4 Stunden, 52 Minuten und 56 Sekunden. Im Schema:

MOZ   17.21.12
λiZ 04.52.56

UT   22.14.08

Warum ist λiZ addiert worden? Weil sich der Beobachter auf Westlänge befindet und es daher in Greenwich später ist.

Gesetzliche Zeit: GZ, MEZ und MESZ

Ein an der MOZ ausgerichtetes Zeitsystem ist zwar günstiger als ein auf der WOZ basierendes, trotzdem ist es für den Alltagsgebrauch ungeeignet. Der Grund ist sofort einzusehen, würden doch nach MOZ gehende Uhren in Trier, Bremen oder Frankfurt/Oder für einen bestimmten Zeitpunkt nicht übereinstimmen. Schon die kleinste Längenänderung führt zu einer Veränderung der MOZ. Damit aber wäre es unmöglich, für ein Land beispielsweise brauchbare Fahrpläne zu schaffen.

Dieses Dilemma wird dadurch behoben, daß die MOZ eines bestimmten Meridians zur *gesetzlichen Zeit (GZ)* in einem bestimmten Gebiet erklärt wird. In Mitteleuropa werden zu diesem Zweck die *mitteleuropäische Zeit (MEZ)* und die *mitteleuropäische Sommerzeit (MESZ)* verwendet. MEZ ist die MOZ des Meridians 015° E und MESZ die MOZ von 030° E. Da es auf 015° E eine Stunde und auf 030° E zwei Stunden später ist

als auf dem Meridian von Greenwic (für den ja MOZ = UT) gilt:

MEZ   = UT + 1 Stunde
MESZ   = UT + 2 Stunden

Zonenzeit ZZ

Wie ist es aber, wenn wir auf der Pazifik und nicht in Mitteleuropa zu See fahren? Auf See verwenden w die *Zonenzeit (ZZ)*. Sie wird üblicherweise als *Bordzeit (BZ)* gefahren.

Wir denken uns die gesamte Erd oberfläche in Streifen aufgeteilt. Die se Streifen sollen von Pol zu Pol re chen und jeweils 15° in Länge um fassen. Dabei werden die Streifen s gelegt, daß der in der Mitte liegend Meridian 000°, 015° E, 030° E, 045 E usw. und nach Westen 015° V 030° W, 045° W ist. Statt Streifen sa gen wir besser *Zeitzone*.

Die Zeitzone, deren Mittelmeridia der Meridian von Greenwich is reicht also von 007,5° W bis 007,5 E. Die sich nach Osten anschließen de Zeitzone deckt den Bereich vo 007,5° E über den Mittelmeridia 015° E bis 022,5° E ab (Abb. 36). I jeder dieser Zeitzonen soll die MO

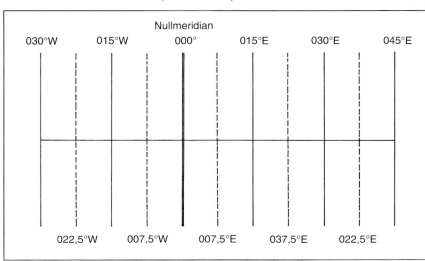

36 *Zeitzonen.*

des in der Mitte gelegenen Meridians gelten. Diese MOZ wird dann Zonenzeit genannt.

Als ein Beispiel stellen wir uns vor, wir ständen auf 016° W, und die nach ZZ laufende Borduhr zeige 15.23. Welches ist die zugehörige UT? Unser Schiff befindet sich in der Zeitzone mit dem Mittelmeridian 015° W. Diese Zone reicht von 007,5° W bis 022,5° W (Abb. 36). In Greenwich ist es eine Stunde später als auf 015° W, also ist die UT 16.23.

Wir bezeichnen die Zeitdifferenz zwischen ZZ und UT als *Zeitunterschied* und kürzen ihn mit *ZU* ab. Als Umwandlungsregel merken wir uns:

ZZ = UT + ZU

Damit können wir ZZ in UT und UT in ZZ umwandeln. Wir merken uns keine speziellen Vorzeichenregeln für Ost- oder Westlänge, sondern überlegen immer nur, ob es in Greenwich oder auf dem Schiff früher oder später ist.

Bei dieser Gelegenheit aber doch noch etwas „zum Merken": Einer der beliebtesten Fehler ist das Verwechseln von λiZ mit ZU. Denken Sie bitte immer daran: ZZ und UT unterscheiden sich stets um volle Stunden!

Jahrbuchzeit UT1 und UTC

Obwohl unsere „Zeitreisen" ziemlich ausgedehnt waren, fehlt immer noch die UT1 des Nautischen Jahrbuches. Das müssen wir jetzt noch nachholen.

Die bisher genannten Zeiten beruhen auf der Erddrehung beziehungsweise der scheinbaren Drehung der Himmelskugel. Man weiß aber schon seit etwa 60 Jahren, daß die Erddrehung kleine Schwankungen aufweist und daß die Erde überdies immer langsamer rotiert. Ursprünglich

konnte das nur mit Quarzuhren gemessen werden, heute aber lassen sich diese Phänomene mit hochgenauen Atomuhren sehr präzise registrieren.

Auch wenn diese Effekte sehr klein sind, summieren sie sich in Jahrmillionen doch zu Tagen und Wochen auf. Für die heutigen Anforderungen ist ein Zeitsystem mit solchen Problemen nicht mehr geeignet*. Es wird daher eine sehr gleichförmig ablaufende Zeit mit Hilfe von Atomuhren realisiert. Von dieser Zeit leitet man die *Universal Time Coordinated (Koordinierte Weltzeit, UTC)* ab und verbreitet sie durch *Zeitzeichen*.

Wegen dieser Gegebenheiten stimmen UT und UTC nicht überein. Wenn die Differenz größer als 0,9 Sekunden wird, fügt man in die UTC eine Schaltsekunde ein. Der Grund, warum die UTC der UT angepaßt wird und nicht umgekehrt, ist, daß sich der Ablauf des Lebens auf der Erde nach der Erdrotation und nicht nach einer künstlich erzeugten Zeit richtet.

Wir haben kurz von den Ursachen für die Schwankungen und Änderungen der UT gesprochen. Ein weiteres Phänomen sind Verlagerungen der Erdachse (Polschwankungen). Wird die UT für diesen Effekt korrigiert, erhält man – endlich! – die Zeit des Nautischen Jahrbuches, die *Universal Time 1, kurz UT1***. Ein letztes Problem – ein ganz kleines und damit schnell abzuhandelndes – ist das folgende: Durch Zeitzeichen wird die UTC oder aber eine davon abgeleitete Zeit verbreitet, die Jahrbuchzeit ist dagegen UT1. Also

---

* Ein charakteristisches Beispiel ist die bei GPS mit Atomuhren realisierte GPS-Time. Ohne Atomuhren wäre ein Navigationssystem wie GPS nicht möglich.

** Wir haben die sehr verwickelten Verhältnisse vereinfacht betrachtet. Unter anderem hätten wir die UT als UT0 bezeichnen müssen.

kann ich doch meine nach UTC laufende Beobachtungsuhr gar nicht für die UT1 verwenden! Grundsätzlich ist das richtig. Der sich ergebende Fehler kann indes im ungünstigsten Fall zu einem Längenfehler von 0,2' führen. Das aber dürfen wir getrost vernachlässigen. Auch in der professionellen Seefahrt wird die Differenz zwischen UTC und UT1 nicht berücksichtigt.

Wir machen also im folgenden keinen Unterschied zwischen den Bezeichnungen UT, UT1 und UTC, sondern verwenden jeweils die Bezeichnung, die in dem betreffenden Zusammenhang am sinnvollsten ist. Bei den astronomischen Rechnungen benutzen wir immer die Bezeichnung UT1.

Datumsgrenze

Eben waren wir bereits im Pazifik. Sie haben sicherlich alle schon einmal von den eigenartigen Erscheinungen bei 180° E/W gehört. Vielleicht kennen Sie auch Jules Vernes einstmals berühmtes Buch oder den auch schon recht betagten Film „In 80 Tagen um die Welt". Worum geht es bei der *Datumsgrenze*?

Wir stellen uns vor, wir fahren im Pazifik auf MS „A" zur See und stehen auf 179° 59,9' E, also kurz vor dem Meridian 180° E. Unsere nach ZZ laufende Borduhr zeigt 17.00, wir steuern KüG 090°. Ins Tagebuch haben wir das Datum Donnerstag, den 13. Juli 1989 eingetragen. Wie spät ist es nach UT in Greenwich, und welches Datum gilt dort?

ZZ 17.00 (Donnerstag 13. Juli 1989)
ZU 12.00

UT1 05.00 (Donnerstag 13. Juli 1989)

Wir stehen östlich von Greenwich, also ist es dort früher (nach Osten wird es später!). Wir stehen in der Zeitzone 172,5° E bis 172,5° W. Der in der Mitte verlaufende Meridian ist 180° E/W. 180°/15° entspricht 12 Stunden. Folglich ist ZU 12 Stunden. Soweit ist die Welt noch in Ordnung. Jetzt versetzen wir uns auf MS „B", das steht jedoch zur gleichen Zeit auf 179° 59,9' W und steuert KüG 270°. Wir rechnen jetzt die ZZ für MS „B" aus:

UT1 05.00 (Donnerstag 13. Juli 1989)
ZU 12.00
ZZ 17.00 (Mittwoch 12. Juli 1989)

Denn an Bord von „B" ist es ganz offensichtlich 12 Stunden früher als in Greenwich. 12 Stunden früher bedeutet aber, daß das Datum einen Tag vor dem Datum in Greenwich liegt.
Jetzt passiert „A" den 180°-Meridian. Und nun? Eigentlich müßte man das Datum in Mittwoch, den 12. Juli ändern. Da auf der Doppelseite des Tagebuches aber nicht gut zwei verschiedene Datumsangaben auftauchen können, trägt man nach Mitternacht auf der nächsten Doppelseite Donnerstag, den 13. Juli 1989 ein. Also gibt es im Tagebuch zweimal Donnerstag, den 13. Juli 1989!
Alles klar? Oder total verwirrt? Sonst lesen Sie diesen Abschnitt nochmals in Ruhe durch. Sie können auch die Übungsaufgabe 6 und deren Lösung mit zu Rate ziehen. Dort betrachten wir nämlich die Situation aus der Sicht von „B".
Aus diesen Überlegungen ergibt sich, daß ein Schiff auf Ostkurs beim Übergang von der Osthalbkugel der Erde (von 000° bis 180° E) auf die Westhalbkugel einen Tag doppelt zählen muß. Umgekehrt muß ein Schiff mit Westkurs beim Übergang von der Westhalbkugel (000° bis 180° W) auf die Osthalbkugel einen

Tag streichen. Wir merken uns die alte Seefahrerregel:

> Von Ost nach West halt Datum fest, von West nach Ost laß Datum los.

Wie Sie an unseren beiden Schiffen gesehen haben – bei gleicher Breite könnte man sich „die Hand reichen" –, gäbe es große Probleme, wenn generell beim Meridian 180° E/W so verfahren werden müßte. Der 180°-Meridian verläuft nämlich zum Beispiel durch die Gruppe der Fidschiinseln.
Durch internationale Vereinbarung ist daher die *Datumsgrenze* festgelegt, die sich zwar zum großen Teil mit dem 180°-Meridian deckt, teilweise aber auch davon abweicht. Östlich der Datumsgrenze gilt das Datum der amerikanischen Küste, westlich das Datum der asiatischen

Küste. Der genaue Verlauf kann zum Beispiel dem Nautischen Funkdienst entnommen werden.

Zeitmessung und Zeitkontrolle an Bord

Bei der Kurzbetrachtung der Höhenmethode auf S. 37 haben wir schon erwähnt, daß Höhe und Azimut für den Beobachtungszeitpunkt bestimmt werden müssen. Nach unseren Betrachtungen zu den Zeitsystemen stellt sich damit die Frage: Wie bestimmen wir denn nun den Beobachtungszeitpunkt an Bord in der Praxis?
Im professionellen Bereich wird zu diesem Zweck eine spezielle Uhr, ein *Marine-Quarzchronometer,* gefahren. Für die Sportschiffahrt ist eine moderne *Quarzarmbanduhr* aber vollkommen ausreichend. Wesentlich ist, daß die Uhr absolut wasser-

---

Übungsaufgaben

1. Bei Sommeranfang steht die Sonne
   a) im Frühlingspunkt,
   b) im Widderpunkt,
   c) im Wendepunkt des Krebses.

2. Welche Zeit wird von einer Sonnenuhr angezeigt?

3. Ein Schiff steht um 19.15 ZZ auf 135° E. Welche UT1 und MOZ ergeben sich?

4. Auf der Länge 074° 44' E hat man eine MOZ von 16.13.14. Welche UT1 folgt daraus?

5. Man steht am 14. November 1989 um 22.56 ZZ auf einer Länge von 58° 08' W. Welche UT1 ergibt sich? Welches Datum folgt für Greenwich?

6. Welches Datum wird in das Tagebuch von „B" nach Mitternacht eingetragen? (Vergleiche Abschnitt „Datumsgrenze".)

dicht und auch seewasserbeständig ist. Wichtig ist außerdem, daß sie die Zeit *digital* (mit Ziffern) von 0 bis 24 Uhr und nicht analog (mit Zeigern) anzeigt. Ferner sollte sie eine *Datumsanzeige* besitzen.

Eine solche Uhr lassen wir nach UTC laufen, die wir vereinbarungsgemäß gleich der UT1 annehmen. Damit haben wir ohne Umrechnung mit Hilfe der ZZ stets UT1 (nach einer entsprechenden noch zu behandelnden Korrektur) und das Datum von Greenwich zur Verfügung. Bei einer analog anzeigenden Uhr ist auf größerer Ost- oder Westlänge nicht ohne weiteres klar, ob es in Greenwich 10.00 oder 22.00 ist.

Man kann auch eine unter Deck installierte digital anzeigende Quarzuhr mit Datumsanzeige verwenden und sich dann einer Stoppuhr bedienen. Die Stoppuhrtechnik wird auch in der Großschiffahrt angewendet, wenn man – was heute die Regel ist – allein beobachten muß und keinen zweiten Mann zum Ablesen des Chronometers hat. Über Fragen der Beobachtungstechnik unterhalten wir uns noch etwas auf S. 84. Wir wollen noch vereinbaren, daß die zum Beobachtungszeitpunkt gehörende Uhrablesung *(Chronometerablesung)* mit *Chr* abgekürzt wird.

Trotz ihrer hohen Genauigkeit sind Quarzuhren an Bord natürlich keine Atomuhren. Wir müssen sie, wenn wir regelmäßig astronomisch beobachten, einmal pro Tag mit einem Zeitzeichen kontrollieren. Abb. 37 zeigt zwei Beispiele aus dem Nautischen Funkdienst Band I. Alternativ können Sie zum Auffinden geeigneter Zeitzeichensender auch das *World Radio TV Handbook* verwenden. Heute liefert auch der GPS-Navigator die auf Sekunden genaue UTC.

Zeitfunkstellen

Bundesrepublik Deutschland

3019 R   Rundfunksender

Norddeutscher Rundfunk/NDR 1

Frequenz: 90,3 MHz
Zeit GZ: 1859

Kurzzeitsignal

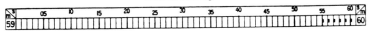

Hawaii-Inseln

3587 M   Kekaha-Kauai (WWVH) Hawaii
Zeitsignal
vom National Bureau of Standards

Frequenz: 2,5, 5, 10, 15 MHz   A 9 W
Sendezeit: ununterbrochen

a) Zeitsignal:
   Markierung der S e k u n d e n
   Die einzelnen Sekunden, mit Ausnahme der Sekunden 29 und 59, werden durch ein Zeichen (1200 Hz) von 5 ms Dauer angedeutet.
   Markierung der M i n u t e n
   In den Sekunden 45 bis 52,5 einer Minute wird jeweils der UTC der folgenden Minute angesagt, deren Beginn, mit Ausnahme bei der ersten Minute einer jeden Stunde, durch ein 1200 Hz-Zeichen von 800 ms Dauer markiert wird.
   Markierung der S t u n d e n
   Die erste Minute einer jeder vollen Stunde beginnt mit einem 1500 Hz-Zeichen von 800 ms Dauer.
   Name und Rufzeichen der Station werden um h + 29 und h + 59 durchgegeben.

37 *Beispiele für Zeitsignale aus dem Nautischen Funkdienst.*

Ein Beispiel soll die Verwendung des Zeitzeichens illustrieren:

UTC mit Zeitsignal Anzeige	16.00.00
Beobachtungsuhr (Chr)	15.59.54
Differenz UTC – Chr	+ 00 06

Im Alltagssprachgebrauch würden wir sagen, unsere Uhr geht um 6 Sekunden nach. Nautisch bezeichnet man die Differenz UTC – Chr als *Chronometerstandberichtigung*, abgekürzt Std. Es ist die Anzahl Minuten und Sekunden, die wir unter Berücksichtigung des Vorzeichens an die Chronometerablesung anbringen müssen, um UTC zu erhalten. Dazu betrachten wir gleich wieder

ein Beispiel und nehmen an, unsere Uhr besitze die gerade festgestellte Chronometerstandberichtigung.

Am 22. Oktober 1989 zeigte unsere Digitaluhr 19.44.13. Das von der Uhr angezeigte Datum war ebenfalls der 22. Oktober 1989. Welche UTC ergibt sich?

Chr	19.44.13
Std	+ 00 06
UTC	19.44.19 (22. Oktober 1989)

In unseren Rechnungen schreiben wir den Zahlenwert bei Std so wie in der obigen Rechnung, im Text zusätzlich mit Minuten- und Sekundenbezeichnung: + 00 min 06 s.

Astroaufgaben in Prüfungen gehen häufig von dem schon erwähnten Marine-Quarzchronometer aus. Wir müssen uns daher unbedingt auch noch mit der dann zu benutzenden Methode anfreunden.

Am 13. Juli 1989 stehen wir nach Koppeln auf 41° 16' S 171° 03' E (Neuseeland). Bei der astronomischen Morgenbeobachtung erhalten wir Chr 07.14.33, Std + 00 min 21 s. Die Borduhr zeigte ZZ 06.15. Welche UTC ergibt sich, welches Datum gilt in Greenwich?

Mit Hilfe von ZU und ZZ berechnen wir UTC auf Minuten und das Datum in Greenwich:

ZZ   06.15 (13. Juli 1989)
ZU   11.00
_____
UTC   19.15 (12. Juli 1989)

Wir stehen östlich von Greenwich, folglich ist es dort früher. Wenn 11 Stunden subtrahiert werden, kommen wir auf den Vortag, also den 12. Juli. Jetzt bestimmen wir die genaue UTC aus Chr und Std:

Chr   07.14.33
Std   + 00 21
_____
UTC   19.14.54 (12. Juli 1989)

Dabei haben wir 19 statt 07 geschrieben, denn wir haben ja vorher überlegt, daß es in Greenwich 19.15 sein muß. Wegen der Einteilung des Zifferblattes in 12 Stunden können wir, wie schon besprochen, 07 Uhr nicht von 19 Uhr unterscheiden.

In der Bordpraxis ist unsere eben angestellte Überlegung bei regelmäßiger astronomischer Beobachtung bei weitem nicht so kompliziert, wie es den Anschein haben könnte, denn wir brauchten im Prinzip ja nur ein einziges Mal nachzudenken, nämlich bei Beginn der astronomischen Beobachtungen während der Reise. Für Prüfungen gilt das aber nicht!

Zur Übung betrachten wir die gleiche Aufgabe noch einmal unter der Voraussetzung, daß wir mit einer nach UTC laufenden Digitaluhr mit zusätzlicher Datumsangabe arbeiten. Unsere Uhr würde bei der Beobachtung 19.14.33 und das Datum von Greenwich 12. Juli 1989 anzeigen. Wir rechnen jetzt:

Chr   19.14.33
Std   + 00 21
_____
UTC   19.14.54 (12. Juli 1989)

Also, keine Probleme!

Übungsaufgaben

1. Bei der Kontrolle der Beobachtungsuhr mit einem Zeitzeichen erhält man: UTC 20.00.00, Anzeige der Beobachtungsuhr 20.01.12. Was ergibt sich für die Standberichtigung?

2. Eine auf Greenwich eingestellte Beobachtungsuhr mit Digitalanzeige zeigt Chr 16.48.01, den 25 April 1989. Die Standberichtigung ist − 00 min 39 s. Welche UTC ergibt sich?

3. Auf einem Schiff wird astronomisch nach einem Marine-Quarzchronometer beobachtet. Auf 21° 02' N 151° 58' W (Hawaii!) erhält man Chr 04.22.55, Std − 00 min 03 s, ZZ 18.23, Datum (an Bord!) 14. Februar. Welche UTC und welches zugehörige Datum folgen daraus?

Bestimmung der Jahrbuchgrößen Greenwicher Stundenwinkel und Abweichung

Das ist nun das vierte und letzte der von uns auf S. 37 formulierten Themen. Wir machen uns jetzt daran, für Sonne, Planeten, Mond und Fixsterne den Greenwicher Stundenwinkel und die Abweichung zu bestimmen. Im Anschluß daran werden wir lernen, wie der Ortsstundenwinkel aus dem Greenwicher Stundenwinkel berechnet werden kann.

Sonne

Damit es gleich konkret wird, stellen wir uns die Aufgabe, Grt und δ für die Sonne am 22. Oktober 1989 um 10.16.22 UT1 zu bestimmen. Wir schlagen dazu die Auszüge aus dem Jahrbuch auf S. 252 auf. Wir erkennen, daß für Sonne, Mond, Venus, Mars, Jupiter und Saturn für jeweils volle Stunden der UT1 Grt und δ angegeben sind. Um 10 Uhr UT1 ist Grt$\odot$ 333° 52,8', um 11 Uhr 348° 52,9'.

Wir müssen also für 16 min und 22 s interpolieren. Dazu schlagen wir die Schalttafel für 16 Minuten auf (im Auszug auf S. 254). In der Spalte Sonne/Planet finden wir bei 22 s (erste Spalte) 4° 05,5'. Wie wir oben in der ersten Zeile sehen, ist das der sogenannte *Zuwachs* Grt. Wir kürzen ihn ab mit *Zw*. Das ist folglich der Betrag, um den sich Grt in 16 min 22 s vergrößert.

UT1 10.00.00   Grt$\odot$ 333° 52,8'
Zw   4° 05,5'
_____
UT1 10.16.22   Grt$\odot$ 337° 58,3'

δ für 10 Uhr ist 11° 06,8' S, für 11 Uhr 11° 07,7' S. Zum Interpolieren verwenden wir hier die unter den δ-Werten stehende Angabe _Unt_ 0,9'. Sie bedeutet _Unterschied_ und ist die (mittlere) Differenz zweier aufeinander folgender δ-Werte. Mit Unt gehen wir in die Spalte Unt der Schalttafel 16 min. Bei 0,9' finden wir rechts daneben in der Spalte _Vb (Verbesserung)_ 0,2'. Das sind die gesuchten Schaltteile. Da in unserem Fall δ von 10 Uhr bis 11 Uhr südlicher wird, müssen wir auch Vb den Namen S geben:

UT1 10.00.00	δ☉	11° 06,8' S
	Vb	0,2' S
UT1 10.16.22	δ☉	11° 07,0' S

Planeten

Als nächstes berechnen wir Grt und δ für einen Planeten, und zwar für die Venus. Was ergibt sich für Grt und δ der Venus am 12. Juli (wir lassen ab jetzt die Jahresangabe fort, da wir generell mit 1989 rechnen) um 21.41.50 UT1?
Auf S. 250 finden wir Grt für 21 Uhr zu 106° 17,1' und mit der Schalttafel für 41 min für 41 min 50 s einen Zuwachs von 10° 27,5'. Bei den Planeten und auch beim Mond ist beim Greenwicher Stundenwinkel außer dem Zuwachs noch eine Verbesserung anzubringen. Sie finden unter den Grt-Angaben für die Venus dazu wieder einen Unterschied Unt. Hier ist er –0,6'. Wir können uns gleich merken, daß die Verbesserung für Grt _nur_ bei der _Venus_ negativ werden kann. Mit Unt gehen wir wieder in die Schalttafel für 41 min und finden rechts daneben Vb 0,4'. Da Unt negativ ist, ist auch Vb negativ. Insgesamt erhalten wir:

UT1 21.00.00	Grt♀	106° 17,1'
	Zw	10° 27,5'
	Vb	– 0,4'
UT1 21.41.50	Grt♀	116° 44,2'

δ ergibt sich für 21 Uhr zu 17° 27,6' N, der Unterschied Unt ist hier 0,9'. In der Tafel für 41 Minuten finden wir dafür eine Verbesserung von 0,6'. Da δ weniger nördlich wird, ist Vb Süd. Wir schreiben:

UT1 21.00.00	δ♀	17° 27,6' N
	Vb	0,6' S
UT1 21.41.50	δ♀	17° 27,0' N

Mond

Beim Mond ist wegen seiner großen Erdnähe etwas genauer zu interpolieren. Wir bestimmen die Koordinaten für den 23. Oktober 07.40.58. Ferner rechnen wir „parallel", wie wir das auch später machen wollen, das heißt, wir bestimmen nebeneinander Grt und δ. Damit sparen wir unnötiges Blättern im Jahrbuch.
Wie Sie auf S. 253 sehen, ist beim Mond der Unterschied jeweils neben Grt und δ angegeben. Die Werte sind 14,0' für Grt und 12,5' für δ.
Aufpassen müssen wir noch bei der Entnahme des Zuwachses. Wir müssen die Werte der mit „Mond" gekennzeichneten Spalte entnehmen. Im übrigen verläuft die Rechnung aber genauso wie bei unserem vorigen Beispiel:

UT1 07.00.00	Grt☾	354° 02,0'	δ☾	15° 03,8' N
	Zw	9° 46,5'	Vb	8,4 S
	Vb	9,4'		
UT1 07.40.58	Grt☾	363° 57,9'	δ☾	14° 55,4' N
		– 360°		
		003° 57,9'		

Zu beachten ist noch folgendes: Sie sehen, daß δ-Mond um 8 Uhr nur noch 14° 51,3' N ist. δ wird also weniger nördlich oder südlicher. Daher ist die Vb S. Wenn wir einen Unterschied nicht genau in der Unt-Spalte finden, wird nach Sicht interpoliert.

Fixsterne

Bleiben noch die Fixsterne übrig. Sie haben schon bemerkt, daß dafür nicht Grt und δ, sondern β (Sternwinkel) und δ angegeben sind. Wir haben diesen Punkt schon auf S. 33 angesprochen. Wie kommen wir aber von β zu Grt?
Dazu verwenden wir den im Jahrbuch angegebenen _Greenwicher Stundenwinkel des Frühlingspunktes_. Er findet sich in der mit „FRÜHLP." gekennzeichneten Spalte. Wir bezeichnen ihn mit Grt♈ und verstehen darunter den Winkel zwischen dem oberen Meridian von Greenwich und dem Stundenkreis des Frühlingspunktes – wie immer gezählt im Sinne der täglichen scheinbaren Drehung der Himmelskugel. β war (S. 33) der Winkel zwischen dem Stundenkreis des Frühlingspunktes und dem Stundenkreis des Sterns. Was folgt daraus? Wir nehmen Abb. 38 (S. 56) zu Hilfe und sehen, daß gilt:

$$Grt* = Grt♈ + β$$

Wir rechnen gleich ein Beispiel. Welche Werte von Grt und δ hat der Stern Antares am 13. Juli um

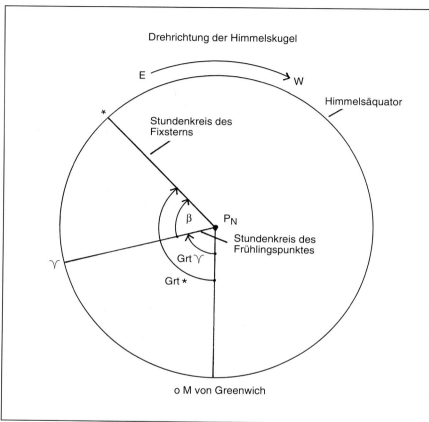

38 *Bestimmung des Greenwicher Stundenwinkels eines Fixsterns Grt∗ aus dem Greenwicher Stundenwinkel des Frühlingspunktes Grt͡Y und dem Sternwinkel β.*

Übungsaufgaben

In den folgenden Aufgaben sind jeweils der Greenwicher Stundenwinkel und die Abweichung zu berechnen.

1. Sonne: 12. Juli, 10.16.32 UT1.

2. Mars: 13. Juli, 15.17.11 UT1.

3. Mond: 22. Oktober, 02.40.40 UT1.

4. Dubhe: 23. Oktober, 18.41.09 UT1.

19.16.05 UT1? Zuerst berechnen wir Grt͡Y:

UT1 19.00.00	Grt͡Y	216° 38,1'
	Zw	4° 01,9'
UT1 19.16.05	Grt͡Y	220° 40,0'

Zu beachten ist hier, daß der Zuwachs der Spalte „Frühlp." der Schalttafel entnommen wird.

Antares hat in unserer Fixsterntabelle auf S. 271 die Nummer 61. Wir blättern zurück zum 13. Juli. Bei den Fixsternen sind β und δ für den 12. und 13. Juli angegeben. Die Werte gelten also für beide Tage. Unter der Nr. 61 finden wir β 112° 48,1' und δ 26° 24,8' S. Damit kann auch Grt∗ für Antares berechnet werden:

Grt͡Y	220° 40,0'
β	112° 48,1'
Grt∗	333° 28,1'

Bevor wir uns mit der Umrechnung des Greenwicher Stundenwinkels in den Ortsstundenwinkel beschäftigen, rechnen wir zu diesem wichtigen Abschnitt noch einige Übungsaufgaben.

Berechnung des Ortsstundenwinkels eines Gestirns

Wir erinnern uns daran, daß der *Greenwicher* Stundenwinkel eines Gestirns vom oberen Meridian von *Greenwich* bis zum Stundenkreis des Gestirns gerechnet wurde. Der Ortsstundenwinkel dagegen zählt vom oberen Meridian des *Beobachters* aus bis zum Stundenkreis des Gestirns. Vergleichen Sie dazu noch einmal S. 32.

Damit ist eigentlich schon klar, wie wir vorgehen müssen. Grt und t un-

GUTSCHEIN

Sie bereiten sich intensiv auf Ihre Führer-schein-Prüfung vor. In diesen und allen Seg-lerfragen hilft Ihnen vierzehntäglich aktuell die YACHT, die Nr. 1 unter den Seglern. Zum Testen halten wir für Sie eine aktuelle kosten-lose Ausgabe bereit.

Das bietet Ihnen die YACHT.
Zum Beispiel:

▲ Faszination des Segelsports.

▲ Informationen aus den Revieren.

▲ Test von Segelbooten und Zubehör.

▲ Segeltaktische Erkenntnisse.

▲ Tips und Tricks im Skipper Magazin.

Die YACHT ist das große Magazin für alle Segler. Voller Farbe. Informativ und unterhaltend.

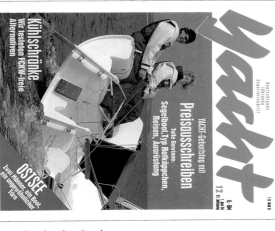

Alle 14 Tage neu
im Zeitschriftenhandel.

Bitte
freimachen

Antwort

Yacht

**Delius Klasing Verlag
Postfach 10 16 71**

D-33516 Bielefeld

SHS

Ja, ich nehme Ihr Angebot wahr. Das Freiexemplar der
YACHT schicken Sie bitte an folgende Anschrift:

Name

Straße

PLZ/Ort

terscheiden sich ganz offensichtlich um die Länge. Wir müssen nur noch überlegen, wie wir mit der Länge verfahren. Dazu schauen Sie bitte die linke Darstellung in Abb. 39 an. Ein Beobachter befindet sich auf 030° E. Der Greenwicher Stundenwinkel der Sonne beträgt hier 050°, wobei wir die vereinbarte Zählrichtung berücksichtigen müssen (siehe äußerer Pfeil: Drehrichtung der Himmelskugel). Es ergibt sich ein t von 080°. Die

rechte Darstellung in Abb. 39 gilt für einen Beobachter auf 030° W. Grt ist wie eben 050°. Jetzt wird t zu 020°. Aus diesen Beispielen erkennen wir die allgemeine Umwandlungsregel:

$$t = Grt + \lambda$$

Wir rechnen bei dieser Formel Ostlänge positiv und Westlänge negativ. Die Beziehung gilt nicht nur für Grt von Gestirnen (in Abb. 39 waren wir von der Sonne ausgegangen), sondern auch für Grt Υ.

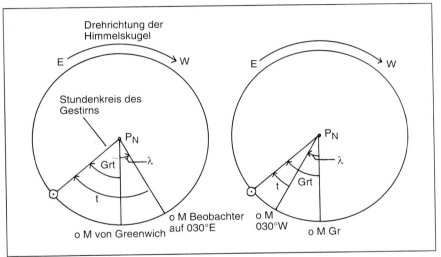

39 *Bestimmung des Ortsstundenwinkels t aus Greenwicher Stundenwinkel Grt und Länge λ am Beispiel der Sonne für einen Beobachter auf Ostlänge (links) und einen Beobachter auf Westlänge (rechts). OM bedeutet oberer Meridian.*

Übungsaufgaben

1. Der Greenwicher Stundenwinkel in den Aufgaben 1 und 2 auf S. 56 ist in den Ortsstundenwinkel umzuwandeln für λ 035° 13' E (Aufgabe 1) und λ 157° 29' W (Aufgabe 2).

2. Wie groß ist der Ortsstundenwinkel des Frühlingspunktes am 13. Juli um 14.41.37 UT1 für einen Beobachter auf 121° 06' W?

Die Höhenmethode nach St. Hilaire

Bildpunkt und Höhengleiche

Wir haben jetzt alle erforderlichen Vorarbeiten erledigt und können uns nun dem eigentlichen Problem, der astronomischen Ortsbestimmung, zuwenden.

Wir werden das Standardverfahren der astronomischen Ortsbestimmung, die sogenannte *Höhenmethode,* betrachten. Sie wurde 1875 von dem französischen Admiral Blond de Marq St. Hilaire in der Zeitschrift „Revue Maritime et Coloniale" veröffentlicht.

Um das Verfahren verstehen zu können, denken wir uns zunächst das zu beobachtende Gestirn durch eine Gerade mit dem Erdmittelpunkt verbunden. Diese Gerade schneidet die Erdoberfläche in einem Punkt, den wir *Bildpunkt des Gestirns* nennen wollen (Abb. 40, S. 58). Er hat die geographischen Koordinaten φ (Breite) und λ (Länge). An der Himmelskugel hat das Gestirn in Abb. 40 die Koordinaten Grt und δ. Es ergibt sich folgender wichtiger Zusammenhang:

> Den Bildpunktkoordinaten φ und λ entsprechen die Himmelskoordinaten δ und Grt. Dabei muß jetzt die Länge λ nach Westen von 0 bis 360° gezählt werden.

Wenn ein Beobachter genau auf dem Bildpunkt steht, sieht er das Gestirn senkrecht über sich, im Zenit; das kann man sich sofort klarmachen. Wo aber steht ein Beobachter, der es – sagen wir – in einer wahren Höhe von 60° sieht?

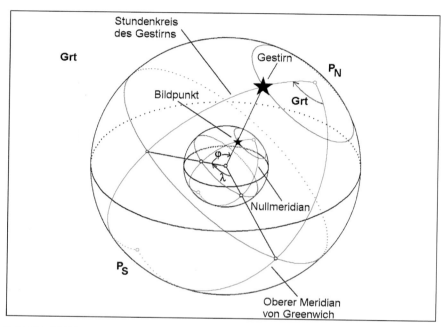

Stundenkreis
des Gestirns

Grt

Gestirn

P_N

Bildpunkt

Grt

φ

λ

Nullmeridian

P_S

Oberer Meridian
von Greenwich

40 *Den Gestirnskoordinaten Abweichung und Stundenwinkel an der Himmelskugel entsprechen die Bildpunktkoordinaten Breite und Länge auf der Erdkugel.*

Zur Klärung sehen wir uns Abb. 41 an. Der Beobachter A kommt durch Verlängerung des Lotes zu seinem Zenit Z_A, senkrecht dazu liegt sein scheinbarer Horizont. Aus der mit dem Doppelpfeil gekennzeichneten Richtung fällt das Licht des Gestirns ein. Dabei haben wir die Refraktion schon berücksichtigt. Er beobachtet das Gestirn (wir nehmen hier einen Fixstern an) in der wahren Höhe h_A. Statt der Höhe können wir auch die Ergänzung zu 90° angeben, die *Zenitdistanz* $z = 90° - h$. Die Frage ist nun: Ist A der einzige Beobachter, der den Stern in der Höhe 60° beziehungsweise der Zenitdistanz 30° sieht?

Wir sehen, daß der Winkel z noch einmal zwischen dem Lot und der Verbindung Bildpunkt – Erdmittelpunkt auftaucht[*]. Wenn wir z jetzt zur anderen Seite antragen, kommen wir zum Beobachter B. Ganz offensichtlich ist die von ihm festgestellte Höhe h_B gleich h_A und z gleich dem z von A.

Denken wir uns die Abb. 41 ins Dreidimensionale erweitert, finden wir unendlich viele Möglichkeiten für Beobachter, die eine Höhe von 60° und eine Zenitdistanz von 30° feststellen.

---
[*] Stufenwinkel an Parallelen.

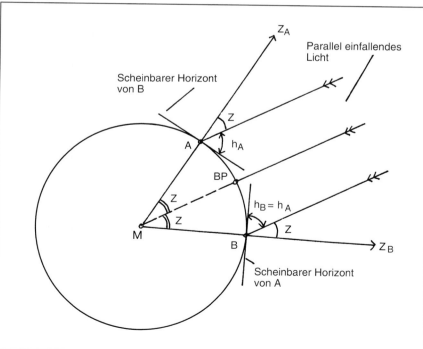

Z_A

Parallel einfallendes
Licht

Scheinbarer Horizont
von B

z

A

h_A

BP

z

z

z

M

B

$h_B = h_A$

z

Z_B

Scheinbarer Horizont
von A

41 *Die beiden Beobachter „A" und „B" sehen ein Gestirn in der gleichen Höhe h_A beziehungsweise h_B. BP ist der Bildpunkt des Gestirns.*

Da alle diese Beobachter das Gestirn in der gleichen Höhe beobachten, stehen sie auf einem als *Höhengleiche* bezeichneten Kreis.

Wie jeder andere Kreis hat auch dieser einen Radius und einen Mittelpunkt. Da sich der Kreis auf der Kugeloberfläche befindet, nennen wir den Radius den *sphärischen Radius* und den Mittelpunkt den *sphärischen Mittelpunkt*. Der Radius ist gleich dem Kreisbogen von BP nach A oder nach B beziehungsweise im Winkelmaß gleich z, der Mittelpunkt ist gleich dem Bildpunkt. Wir halten diese wichtigen Erkenntnisse noch einmal fest:

> Alle Beobachter, die ein Gestirn zu einem bestimmten Zeitpunkt in der gleichen Höhe beobachten, stehen auf einem Kreis auf der Erdoberfläche, der Höhengleiche. Der sphärische Mittelpunkt dieses Kreises ist der Bildpunkt des Gestirns, der sphärische Radius die Zenitdistanz.

Der prinzipielle Lösungsansatz

Die Formulierung im Kasten oben „Alle Beobachter, die..." sollte uns eigentlich sofort an etwas erinnern. „Alle Beobachter, die von dem Feuer gleich weit entfernt sind ..."? Genau! Die Höhengleiche ist die *Standlinie* für alle Beobachter, die das Gestirn in einer bestimmten Höhe sehen. Was benötigen wir damit für den Astro-Ort? Es müssen mindestens zwei Gestirne beobachtet werden. Daraus ergeben sich zwei Standlinien (Höhengleichen), die sich zweimal schneiden. Einer der beiden Schnittpunkte ist die gesuchte Position.

Wie kommen wir aber zu den Höhengleichen? Mit Grt und δ kennen wir den Mittelpunkt (Bildpunkt). Aus der Beobachtung gewinnen wir die wahre Höhe h; 90° – h ist die Zenitdistanz, also der Radius der Höhengleiche. Diese Informationen haben wir für beide Standlinien, die damit vollständig festliegen und bekannt sind. Abb. 42 zeigt ein Beispiel. „Wo kommt denn nun der Kinken?" werden Sie jetzt fragen. Er kommt tatsächlich noch. Die Frage ist nämlich: Wie wollen wir die Standlinien denn zeichnen? In der Seekarte? Da ist die Höhengleiche mit Sicherheit kein Kreis mehr. Also auf einer Kugel? Auf einem großen Globus? Eine Überschlagsrechnung zeigt schnell, daß ein solcher Globus, machte man 1' gleich 1 mm lang, beachtliche 7 m Durchmesser hätte. So geht es demnach nicht.

Was zeichnerisch gelöst werden kann, läßt sich in der Regel auch rechnerisch lösen. Die Schnittpunkte können rechnerisch bestimmt werden nach dem *Gaußschen Zweihöhenverfahren*. Da dieses Verfahren sinnvoll nur programmiert eingesetzt werden kann, wollen wir es hier nicht näher betrachten. Wer von Ihnen Interesse daran hat, findet nähere Erläuterungen und ein vollständiges Taschenrechner-Programm in Band 88 der Yacht-Bücherei: „Astronomische Navigation".

Die tatsächliche Methode

Das eben angesprochene Verfahren ist schon mehr als 150 Jahre lang bekannt, konnte sich in der Seefahrt aber nicht etablieren. Der Grund ist,

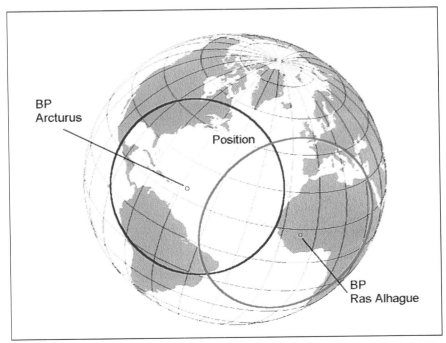

42 *Zwei Höhengleichen schneiden sich zweimal. Einer der Schnittpunkte ist die gesuchte Position. BP ist jeweils der Bildpunkt des Gestirns.*

daß die erforderlichen Rechnungen mit den früher nur verfügbaren Logarithmen zu aufwendig waren.

Für das Gaußsche Verfahren muß wegen der erforderlichen Entscheidung zwischen den beiden Schnittpunkten eine grobe Kenntnis des Ortes vorhanden sein (Koppelort); eine entscheidende Rolle spielt er aber nicht. Ganz anders ist das beim Höhenverfahren nach Hilaire.

Wir hatten ja bereits auf S.37 das Prinzip der Methode angedeutet. Wir kommen jetzt noch einmal genauer darauf zurück. Für den Koppelort berechnen wir mit den beiden Formeln von S.37 zunächst die Höhe und das Azimut des Gestirns (oder wir verwenden in einer etwas anderen Technik HO-Tafeln, wie wir noch ausführlich besprechen werden). Das heißt, aus der Koppelbreite φ, der Abweichung δ und dem Ortsstundenwinkel t des Gestirns werden *die* Höhe und *das* Azimut bestimmt, die sich ergeben müßten, wenn wir auf der Koppelposition ständen. Diese *berechnete Höhe* bezeichnen wir mit h_r und das *Azimut* mit *Az*.

Aus der Beobachtung des Gestirns erhalten wir die beobachtete *Höhe* h_b. Nun zeichnen wir vom Koppelort aus mit Hilfe des berechneten Azimuts den *Azimutstrahl*. Dieser weist in die Richtung des Bildpunktes (Abb. 43a).

Wie würde die Höhengleiche für das beobachtete Gestirn verlaufen, wenn wir genau auf der gekoppelten Position ständen? Natürlich genau durch den Koppelort (Abb. 43b). In diesem Fall wäre die beobachtete Höhe h_b gleich der berechneten Höhe h_r. Wenn wir das Gestirn höher sehen als berechnet ($h_b > h_r$, das Zeichen „>" bedeutet größer als), stehen wir nicht auf der Koppelposition; vielmehr sind wir in Richtung Bildpunkt versetzt. Denn mit der Annäherung an den Bildpunkt sehen wir das Gestirn in einer immer größeren Höhe. Die Höhengleiche verläuft so wie in Abb. 43c gezeigt.

Den Fall $h_b < h_r$ („<" heißt kleiner als) können Sie sich jetzt selbst klarmachen. Denken Sie daran, daß man das Gestirn niedriger beobachtet, als man berechnet hat. Der Beobachter ist vom Bildpunkt weiter entfernt, als es dem Koppelort entspricht.

Als Resultat ergibt sich, daß die Lage der Höhengleiche von der Differenz zwischen beobachteter und berechneter Höhe bestimmt wird. Wir nennen diese Differenz Δh und legen fest:

$\Delta h = h_b - h_r$

Ein Beispiel soll das noch veranschaulichen. Es sei $h_b = 27° \ 17'$ und $h_r = 27° \ 12'$. Dann ist $\Delta h = 27° \ 17' - 27° \ 12' = + 5'$.

Wir suchen die Höhengleiche, da sie ja unsere Standlinie ist. Wie können wir sie aber konkret zeichnen? Mit Δh können wir uns einen Punkt sofort verschaffen. Wenn $\Delta h + 5'$ ist, sind

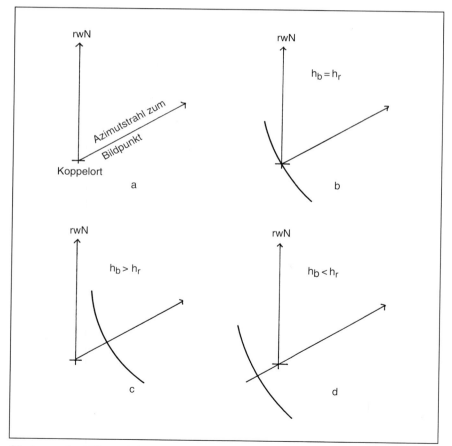

43 *Lage der Höhengleiche zum Koppelort bei $h_b = h_r$, $h_b > h_r$ und $h_b < h_r$. Zur Veranschaulichung ist die Krümmung der Höhengleiche stark übertrieben dargestellt.*

wir um 5' in Richtung Bildpunkt versetzt (zum Bildpunkt hin). Wir tragen Δh auf dem Azimutstrahl ab und erhalten den *Leitpunkt* als einen Punkt der Höhengleiche (Abb. 44).

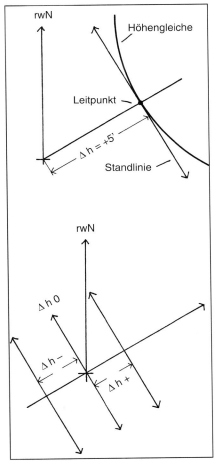

44 *Konstruktion der astronomischen Standlinie als Tangente an die Höhengleiche im Leitpunkt. Die Krümmung der Höhengleiche ist wieder stark übertrieben dargestellt. Der untere Teil der Abbildung zeigt den Verlauf der Standlinie bei positivem und negativem Δh sowie bei Δh = 0.*

Wenn Sie noch einmal zu Abb. 42 auf S. 59 zurückblättern, sehen Sie, welch riesige Ausmaße die Höhengleiche hat. Ferner interessiert uns auch nicht die gesamte Höhengleiche, sondern nur das in der Nähe unserer Position liegende Stück. Es ist daher zulässig, die Höhengleiche durch die *Tangente im Leitpunkt* zu ersetzen. Diese Tangente bezeichnen wir in Zukunft als *Standlinie*. Abb. 44 zeigt im unteren Teil noch einmal diese Standlinie für die drei möglichen Fälle.

Jetzt haben wir tatsächlich die gesamte vorbereitende Theorie des Höhenverfahrens absolviert und können endlich ein vollständiges konkretes Beispiel rechnen. Wir besprechen in diesem Buch sowohl die Lösung unter Verwendung des Taschenrechners als auch die traditionelle Lösung mit den amerikanischen Höhentafeln (HO-Tafeln). Diejenigen Leser, die lieber mit Tafeln arbeiten möchten, können in den folgenden Abschnitten die Einzelheiten zur Bestimmung von h_r und Az mit dem Taschenrechner übergehen. Wesentlich ist, daß man h_r und Az berechnen kann. Die Auswertung schauen Sie sich dann ruhig wieder an, da wir bei der HO-Lösung nur wenig anders vorgehen werden.

Ein konkretes Beispiel:
Ort aus zwei Fixsternhöhen
ohne Versegelung

Am 12. Juli stehen wir nach Koppeln um 20.40 ZZ auf 48° 05' N 028° 11' W. Wir beobachten zwei Fixsterne wie folgt:
Chr 10.39.50
Ras Alhague =*= 50° 36,0'
Chr 10.41.48
Arcturus =*= 52° 44,0'

Verwendet wird zur Beobachtung ein Marine-Quarzchronometer (Prüfung!), Std + 00 min 11 s, unsere Augenhöhe Ah ist 4 m, die Indexberichtigung Ib beträgt –3'.
Wo steht das Schiff um 20.40 ZZ nach dieser Beobachtung, wie ist es versetzt?
Als erstes überlegen wir wegen des Chonometers, wie spät es nach UT1 in Greenwich ist. Das Schiff steht auf 028° 11' W, folglich ist ZU 2 Stunden, und in Greenwich ist es 22.40. Die 10 bei der Chronometerablesung ist als 22 zu lesen. Das Datum bleibt der 12. Juli. Wir beginnen mit der Beobachtung von Ras Alhague. Dieser Stern hat nach der Fixsterntabelle (S. 271) die Nummer 65. Berechnet werden der Ortsstundenwinkel t und die Abweichung δ. Außerdem beschicken wir gleich die Sextantablesung zur wahren beobachteten Höhe h_b.
Sie müssen jetzt alles das, was wir zeitlich nacheinander besprochen und geübt haben, kombiniert anwenden. Wenn Ihnen irgendein Schritt nicht mehr ganz klar sein sollte, dann schauen Sie noch einmal in dem betreffenden Abschnitt nach.

Ras Alhague (65)			
	Chr	10.39.50	
	Std	+ 00 11	
22.00.00	UT1	22.40.01	(12. 07)
	Grt Υ	260° 46,4'	
	Zw	10° 01,9'	
	Grt Υ	270° 48,3'	
	β	96° 22,8'	δ 12° 34,0' N
	Grt*	367° 11,1'	
	λ	028° 11,0' W	
	t*	339° 00,1'	
	=*=	50° 36,0'	
	Ib	− 3,0'	
	−*−	50° 33,0'	
	Gb	− 4,4'	
	h_b	50° 28,6'	

Jetzt müssen die rechnerische Höhe h_r und das Azimut Az bestimmt werden. Wie schon besprochen, brauchen Sie, wenn Sie Tafeln vorziehen, den folgenden Abschnitt nur zu überfliegen.

Berechnung von h_r und Az mit dem Taschenrechner in nicht programmierter Form

Wir verwenden dazu die beiden schon auf S. 37 besprochenen Formeln. Wir schreiben sie der Übersichtlichkeit wegen noch einmal auf:

(1) $\sinh = \sin\varphi \sin\delta + \cos\varphi \cos\delta \cos t$

(2) $\tan AZ = \dfrac{-\sin t}{\cos\varphi \tan\delta - \sin\varphi \cos t}$

Wie besprochen, können mit ihrer Hilfe h_r (in der Formel h) und Az aus φ, δ und t berechnet werden. Wir rechnen mit Speichern und deponieren erst einmal die drei Werte im Speicher.

Wir geben φ (als P), δ (als D) und t (als T) in den Rechner ein (Methode 1 in unserem Rechner-Kapitel auf S. 14):

P = 48 + 5/60
(ENTER) (48.08333333)
D = 12 + 34.0/60
(ENTER) (12.56666667)
T = 339 + 0.1/60
(ENTER) (339.0016667)

Denken Sie an den Dezimalpunkt, kein Komma! Als erstes wird h_r berechnet. Wir schreiben (mit ASN für arcus sinus):
H = ASN (SINP*SIND + COSP*COSD*COST) (ENTER)
Wenn Sie alles richtig gemacht haben, zeigt das Display den Wert 50.41182808 an. Die Höhe ist also 50.41...°. Wir wandeln in Grad und Minuten (ebenfalls Methode 1 von S. 14):
50.41182808 − 50
(ENTER) * 60 (ENTER)
Jetzt lautet die Anzeige:

24.7096848. Das Ergebnis lautet: h_r = 50° 24,7'.

φ (P), δ (D) und t (T) befinden sich noch im Speicher. Wir können also ohne weitere Eingaben auch das Azimut berechnen. Wir bezeichnen das Azimut mit A und tippen ein:
A = ATN(−SINT/(COSP*TAND − SINP*COST)) (ENTER)
Das Display liefert die Anzeige −33.28743933. Bei der endgültigen Ermittlung des Azimutes müssen wir noch eine Quadrantenregel beachten:

> Wenn t kleiner ist als 180°:
> Wenn A kleiner als 0 (negativ), dann ist Az = A + 360°.
> Sonst ist Az = A + 180°.
> Wenn t größer ist als 180°:
> Wenn A kleiner als 0 (negativ), dann ist Az = A + 180°.
> Sonst ist Az = A.

In unserem Fall ist t größer als 180°, und A ist kleiner als 0. Also gilt Az = A + 180° = −33,28... + 180° = 147° (auf volle Grad gerundet).
Wesentlich einfacher läuft die Berechnung natürlich, wenn Sie programmiert arbeiten, da Sie dann nur noch richtig einzutippen brauchen. Sie können dafür das kleine Programm auf S. 277 einsetzen. Es liefert h_r und Az sofort in der endgültig benötigten Form.

Berechnung von Δh
Was fehlt jetzt noch? Natürlich Δh. Wir schreiben h_b noch einmal auf und rechnen:

h_b	50° 28,6'
h_r	50° 24,7'
Δh	+ 3,9'
Az	147°

Das Azimut haben wir gleich noch einmal daruntergesetzt.

Die zweite Höhe

Leicht ist das alles beim erstenmal gewiß nicht. Sie müssen sich beim Rechnen und Überlegen vor allem genügend Zeit lassen. Ich würde Ihnen jetzt empfehlen, ein Blatt Papier zu nehmen und die zweite Höhe allein zu rechnen. Wenn Sie festsitzen, dann dürfen Sie nachschauen. Aber erst, wenn Ihnen wirklich nichts mehr einfällt!

Hier die zugehörige Rechnung:

Arcturus (53)			
	Chr	10.41.48	
	Std	+ 00 11	
22.00.00	UT1	22.41.59	(12. 07)
	Grt♈	260° 46,4'	
	Zw	10° 31,5'	
	Grt♈	271° 17,9'	δ 19° 14,2' N
	β	146° 12,0'	
	Grt✳	417° 29,9'	
		− 360°	
	Grt✳	057° 29,9'	
	λ	028° 11,0' W	
	t✳	029° 18,9'	
	=✳=	52° 44,0'	
	Ib	− 3,0'	
	—✳—	52° 41,0'	
	Gb	− 4,3'	
	h_b	52° 36,7'	
	h_r	52° 40,1'	
	Δh	− 3,4'	
	Az	230°	

Wie Sie sehen, ist das Rechenschema etwas geändert worden. Wir werden dieses Schema als Standardschema bei Höhenrechnungen mit dem Taschenrechner verwenden. Auch bei Tafelrechnung sieht es ganz ähnlich aus.

Auswertung

Mit den Werten von Δh und Az für beide Höhen können wir jetzt die Standlinien zeichnen. Die zeichnerische Auswertung wäre in der Seekarte möglich. Da wir für den freien Seeraum normalerweise keine Karte mit geeignetem Maßstab zu Verfügung haben, können wir in einem Plotting Sheet auswerten. Das ist nichts anderes als eine Mercator-Leerkarte. Solche Karten werden sowohl vom BSH als auch von den Hydrographischen Diensten der USA und Großbritanniens herausgegeben. Plotting Sheets verwenden wir bei der Lösung mit Tafeln.

Bei der Taschenrechnerlösung wollen wir jedoch eine alternative Technik beschreiben, die ohne Plotting Sheets auskommt.

Gezeichnet wird zunächst ein großes *Achsenkreuz*, in dessen Mitte wir den Koppelort annehmen (Abb. 45). Jetzt tragen wir so, wie auf S. 61 behandelt, die beiden Azimutstrahlen in Richtung 147° und 230° ein. Darauf werden die Δh-Werte abgetragen.

Wir beginnen mit dem Δh für Ras Alhague von + 3,9'. Die erste Standlinie ist um 3,9' zum Gestirnsbild hin versetzt. In der Auswertung soll 1 sm 1 cm entsprechen. Wir tragen 3,9 cm vom Koppelort aus in Richtung 147° auf dem ersten Azimutstrahl ab und erhalten den Leitpunkt. Durch diesen tragen wir senkrecht zum Azimutstrahl die Standlinie an.

Genauso verfahren wir bei der zweiten Höhe. Hier ist Δh negativ. Die Standlinie weist vom Bildpunkt fort. Eine alte Merkregel kann uns hier helfen: Minus oder *weniger* heißt vom Bildpunkt *weg*! Die bei-

▶

45 *Auswertung des Beispiels Ort aus zwei Fixsternhöhen ohne Versegelung (Taschenrechnerlösung) auf gewöhnlichem Papier.*

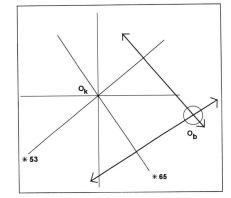

den Standlinien schneiden sich im Schiffsort.

Aus der Zeichnung können wir direkt die *Breitenversetzung* $\Delta\varphi$ zwischen Koppelort und astronomischem Ort entnehmen. Sie ist in unserem Fall 1,1' S. Die *Längenversetzung* $\Delta\lambda$ wird nicht direkt von der Zeichnung geliefert. Da wir nicht in der Mercatorkarte zeichnen, ist der Abstand Schiffsort – Meridian vielmehr die Abweitung a. Wir wandeln sie nach unseren Überlegungen zur Besteckrechnung von S. 17 in Längenunterschied um. Es ist (Formel 4 von S. 17, wir setzen $\Delta\lambda$ für l):

$$\Delta\lambda = a/\cos\varphi_m$$

Statt mit φ_m kann mit der Koppelbreite φ_k gerechnet werden. Da bei uns a = 5,4 sm E ist, ergibt sich für $\Delta\lambda$ = 5,4/cos (48° 05') = 8,1' E. Die Breite wird natürlich vor der Rechnung in Dezimalform gebracht. Bezeichnen wir Koppelbreite und Koppellänge mit φ_k und λ_k, können wir schreiben:

φ_k	48° 05,0' N	λ_k	028° 11,0' W
$\Delta\varphi$	1,1' S	$\Delta\lambda$	8,1' E
φ	48° 03,9' N	λ	028° 02,9' W

Übungsaufgaben

Am 23. Oktober steht man um 17.40 ZZ nach Koppeln auf 47° 53' N 046° 47' W. Man beobachtet zwei Fixsterne wie folgt:

Chr 20.41.04 Sirrah =✳= 36° 32,0'
Chr 20.42.35 Atair   =✳= 51° 01,0'

Die Beobachtungsuhr zeigte den 23. 10.

Std – 01 min 02 s, Ib – 3', Ah 6 m. Beobachtet wird mit einer nach UTC laufenden Digitaluhr, die auch das Datum von Greenwich anzeigt.

Wo steht das Schiff um 17.40 ZZ, und wie ist es versetzt? Die Aufgabe soll hier mit dem Taschenrechner gelöst werden.

Die *Besteckversetzung* BV kann der Zeichnung direkt entnommen werden – wie in der Karte. Zur Erinnerung: BV wird gerechnet von der Koppelposition zum Schiffsort. Mit dem gewählten Maßstab von 1 cm für 1 sm erhalten wir: BV 102°, 5,5 sm.

Die amerikanischen Höhentafeln

Grundgedanke, Rechenbreite und Rechenlänge

Bevor es leistungsfähige und vor allem auch erschwingliche Rechner gab, wurden astronomische Beobachtungen vorzugsweise mit Tafeln ausgewertet.

Der Grundgedanke ist, für vorgegebene Ausgangswerte von φ, δ und t h_r und Az auszurechnen und diese Werte zusammen mit den Ausgangswerten in Tafeln zusammenzustellen.

Nun kann man sich leicht vorstellen, daß eine Unterteilung von Breite, Abweichung und Stundenwinkel etwa in Winkelminuten zu einem riesigen Tafelwerk führen würde. Es lassen sich aber einige Tricks anwenden, mit denen eine erhebliche Reduzierung möglich wird.

Die Breite ist die Koppelbreite. Da diese in der Regel ohnehin nicht mit der astronomischen Breite identisch sein wird, kann man statt der Koppelbreite die nächstgelegene ganzzahlige *Rechenbreite* (φ_r) verwenden. So würde man statt mit der Koppelbreite 33° 17' N mit der Rechenbreite 33° N arbeiten. Für die Länge können wir genauso argumentieren. Sie taucht aber nicht direkt bei der Bestimmung von h_r und Az auf. Trotzdem gibt es eine Möglichkeit.

Wir berechnen den Ortsstundenwinkel ja so, daß wir an den Greenwicher Stundenwinkel die Länge anbringen. Jetzt besteht die listige Idee darin, λ so zu wählen, daß sich ein ganzzahliger Wert von t ergibt. Diese Länge heißt *Rechenlänge* (λ_r). Damit ergibt sich eine weitere erhebliche Reduzierung des Tafelumfanges. Dazu soll ein Beispiel betrachtet werden.

Grt sei 165° 51', die Koppellänge 042° 43' W. Jetzt wird λ_r so gewählt, daß sich ein ganzzahliges t ergibt und gleichzeitig so, daß es der Koppellänge möglichst nahe liegt:

Grt	165° 51,0'
λ_r	042° 51,0' W
t	123° 00,0'

Und ein Beispiel für Ostlänge: Grt ist 012° 23', die Koppellänge λ_k 084° 29' E. Wir schreiben:

Grt	012° 23,0'
λ_r	084° 37,0' E
t	097° 00,0'

Für die dritte Ausgangsgröße, die Abweichung, darf man natürlich nicht einfach einen ganzzahligen Wert wählen. Vielmehr muß für δ zwischen den ganzzahligen Werten der Tafel interpoliert werden.

Der Aufbau des HO-Tafelwerks

Nach dem gerade von uns diskutiertem Prinzip sind die Tafeln HO 229 und HO 249, Band 2 und 3 aufgebaut. Für die Seefahrt sind eigentlich die Tafeln HO 229 gedacht. Sie umfassen sechs Bände, die jeweils 15° Breite abdecken, 0° bis 15°, 15° bis 30° und so weiter. Mit ihrer Hilfe können sämtliche möglichen Gestirnsbeobachtungen ausgewertet werden. Trotzdem haben sie sich nicht so durchsetzen können wie die ursprünglich für die Fliegerei herausgegebenen Tafeln HO 249. Da der Gebrauch der HO 229 praktisch identisch ist mit dem der HO 249 2 und 3, beschränken wir uns hier auf die Tafeln HO 249.

Übrigens heißen die HO-Tafeln offiziell gar nicht mehr HO-Tafeln. Trotzdem bleiben wir aber bei dieser in der Seefahrt üblichen Bezeichnung. Die HO 249 teilt sich in drei Bände. Hier die „amtlichen" Bezeichnungen:

● PUB. NO. 249 VOL. 1 (SIGHT REDUCTION TABLES FOR AIR NAVIGATION (SELECTED STARS) EPOCH ...
(Höhentafeln für die Navigation in der Luftfahrt, ausgewählte Sterne, Epoche* ...)

● PUB. NO. 249 VOL. 2 (SIGHT REDUCTION TABLES FOR AIR NAVIGATION (LATITUDES 0° – 40°, DECLINATIONS 0° – 29°)
(Breiten 0° bis 40°, Abweichungen 0° bis 29°)

* Siehe Seite 67

● PUB. NO. 249 VOL. 3 (SIGHT REDUCTION TABLES FOR AIR NAVIGATION (LATITUDES 40° – 89°, DECLINATIONS 0° – 29°)
Breiten 40° bis 89°, Abweichungen 0° bis 29°)
Der Band 1 ist für die Auswertung von Fixsternbeobachtungen gedacht, die Bände 2 und 3 für die Auswertung von Beobachtungen der übrigen Gestirne, also Sonne, Mond und Planeten. Wir können mit diesen Bänden auch Fixsternbeobachtungen auswerten, wenn die Abweichung nicht größer als 30° ist.

Auswertung von Fixsternbeobachtungen mit der Tafel HO 249 1

Wir wollen unser schon mit dem Taschenrechner bearbeitetes Beispiel mit der HO 249 1 zu lösen versuchen. Einen Auszug finden Sie auf S. 263. Werfen Sie schon einmal einen präventiven Blick darauf. Allzuviel können Sie mit den dort stehenden „Hieroglyphen" LHAϒ, Hc und so weiter vermutlich nicht anfangen. Wir stellen uns daher erst einmal in einer Tabelle die wichtigsten Bezeichnungen und Abkürzungen zusammen:

Sie haben sicherlich auch schon bemerkt, daß einige Sternnamen etwas eigenartig lauten. Vega ist leicht als Wega zu erkennen und Altair als Atair. Es gibt aber einige von unseren Namen völlig verschiedene Sternnamen. Wir stellen daher die

amerikanischen und deutschen Bezeichnungen für die wichtigsten Sterne einander gegenüber:

HO 249 I	Nautisches Jahrbuch	Nr.
Acrux	α Crucis	43
Alkaid	Benetnasch	50
Alpheratz	Sirrah	1
Altair	Atair	71
Betelgeuse	Beteigeuze	24
Diphda	Deneb Kaitos	5
Hamal	Hamel	11
Miaplacidus	β Carinae	37
Mirfak	Algenib	14
Peacock	α Pavonis	72
Rigil Kent.	α Centauri	54
Schedar	Schedir	4
Shaula	λ Scorpii	64
Vega	Wega	69

Eingangswerte der Tafel HO 249 1 sind demnach die Breite und, statt des Ortsstundenwinkels des Gestirns, der Ortsstundenwinkel des Frühlingspunktes. Von der Abweichung ist weit und breit nichts zu sehen.

Da sich Sternwinkel und Abweichung bei Fixsternen innerhalb eines Jahres nur um maximal 1 bis 2' än-

Latitude (LAT)	Breite
Local hour angle of the first point of Aries (LHAϒ)	Ortsstundenwinkel des Frühlingspunktes (tϒ)
Computed altitude (Hc)	Rechenhöhe (hr)
True azimuth (Zn)	rw Azimut (Az)

dern, kann man für ausgewählte Sterne – daher der Name des Tafelwerks – hr und Az für die Breite und den Ortsstundenwinkel des Frühlingspunktes tabellieren. Sternwinkel und Abweichung sind dann nicht mehr erforderlich. Dadurch ist die

Tafel natürlich sehr benutzerfreundlich. Das funktioniert für ein bis zwei Jahre. Bei Berücksichtigung einer Korrektur – wir kommen darauf gleich zu sprechen – kann der nutzbare Zeitraum auf rund neun Jahre ausgedehnt werden.

Wir kommen auf unser Beispiel von S. 61 zurück und übernehmen die Rechnung bis GrtΥ von dort. Da tΥ (LHAΥ) benötigt wird, bringen wir eine geeignete Rechenlänge λ_r an GrtΥ an, damit sich ein ganzzahliger Wert von tΥ ergibt:

Ras Alhague (65)			Arcturus (53)		
	Chr	10.39.50		Chr	10.41.48
	Std	+ 00 11		Std	+ 00 11
	UT1	22.40.01		UT1	22.41.59 (12. 07.)
22.00.00	GrtΥ	260° 46,4'		GrtΥ	260° 46,4'
	Zw	10° 01,9'		Zw	10° 31,5'
	GrtΥ	270° 48,3'		GrtΥ	271° 17,9'
	λ_r	027° 48,3' W		λ_r	28° 17,9' W
	tΥ	243° 00,0'		tΥ	243° 00,0' φ_r 48° N

Bei Ras Alhague haben wir für die Rechenlänge nicht 028° 48,3', sondern 027° 48,3' gewählt, da dieser Wert näher bei der Koppellänge von 028° 11' liegt. Die Rechenbreite φ_r (LAT) ist 48° N.
Wir entnehmen auf der Seite LAT 48° N (φ_r 48° N) unter LHAΥ(tΥ)

243° Hc (h_r) 50 37 und Zn (Az) 147. Analog finden wir bei Arcturus 52 47 und 230.
Die Rechnung für h_b können wir ebenfalls übernehmen (S. 62/63). Wir setzen die gefundenen Werte gleich ein und erhalten:

=*=	50° 36,0'		=*=	52° 44,0'	
Ib	– 3,0'		Ib	– 3,0'	
—*—	50° 33,0'		—*—	52° 41,0'	
Gb	– 4,4'		Gb	– 4,3'	
h_b	50° 28,6'		h_b	52° 36,7'	
h_r	50° 37,0'		h_r	52° 47,0'	
Δh	– 8,4'		Δh	– 10,3'	
Az	147°		Az	230°	

Bei der Auswertung auf S. 63 hatten wir entsprechend dem Grundgedanken der Höhenmethode den Koppelort benutzt und von dort aus die beiden Azimutstrahlen mit den Standlinien gezeichnet. Bei der HO-Lösung haben wir aber statt Koppelbreite und Koppellänge die Rechenbreite und für jede Standlinie eine spezielle Rechenlänge verwendet. Damit haben wir eigentlich *zwei* Koppelorte, einen für jede Standlinie. Wir wollen diese Orte *Rechenorte* nennen. Eine Auswertung auf einfachem Papier scheidet damit aus. Wir verwenden bei der Lösung nach HO grundsätzlich Plotting Sheets. Im Prinzip wäre auch eine Karte mit geeignetem Maßstab möglich.
Auf das Zeichnen dieser Plotting Sheets verzichten wir. Wir kaufen die erforderlichen Blätter vor der Reise. Für die Lösung unserer Aufgaben benutzen wir S. 272 und 273.
Im Gegensatz zu den Breitenparallelen können wir die Meridiane beliebig verwenden. Wir kennzeichnen uns die Meridiane 027° W und 028° W (Abb. 46) und markieren auf dem Breitenparallel 48° die beiden Rechenlängen beziehungsweise Rechenorte mit „1" und „2". Übrigens könnten wir das Plotting Sheet umgedreht für die entsprechende Südbreite einsetzen. Außerdem tragen wir den Koppelort ein.
Dann werden die beiden Azimutstrahlen in Richtung 147° und 230° in den Rechenorten gezeichnet und die Δh-Werte abgetragen: in „1" bei Ras Alhague – 8,4' und bei Arcturus in „2" – 10,3'. Die Werte greifen wir am Breitenmaßstab rechts oder links ab, wie in der Karte üblich. Beachten Sie, daß die Δh negativ sind und daher vom Bildpunkt weg (– = weniger!) von den Rechenorten aus abgetragen werden müssen.
In den so erhaltenen Leitpunkten

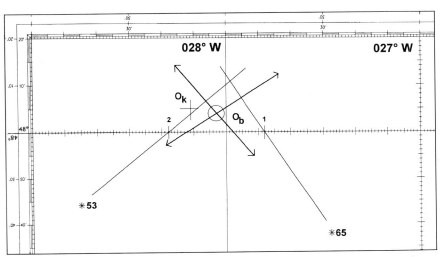

46 *Auswertung des Beispiels Ort aus zwei Fixsternhöhen ohne Versegelung (Lösung mit HO 249 3) im Plotting Sheet.*

zeichnen wir senkrecht zu den Azimutstrahlen die Standlinien. Sie schneiden sich im Schiffsort.
In unserem Falle (1989) ist das korrekt. In der Regel hätten wir aber noch nicht die endgültige Position. Die Tafel HO 249 1 soll, wie schon erwähnt, für etwa neun Jahre gültig bleiben. In diesem Zeitraum ändern sich die Fixsternkoordinaten aber um nicht mehr vernachlässigbare Werte. Diese Änderungen werden durch Verwenden der *Correction for Precession and Nutation* (*Korrektur für*

Präzession und Nutation) berücksichtigt. Wir finden sie in der Tafel 5. Für 1989 und 1990 ist die Korrektur null*.
Da die Korrektur für das verwendete Beobachtungsjahr 1989 null ist, zeigt Abb. 47 einen Auszug für 1991. Man geht für das entsprechende Jahr mit den nächstgelegenen ganzzahligen Werten von Rechenbreite und Ortsstundenwinkel des Frühlingspunktes in die Tafel ein.
Wenn wir die Beobachtung also 1991 angestellt hätten, wäre die Korrektur bei 50° N (North latitudes) und 240° (LHA ♈) **1** 120. Das bedeutet, wir müßten den gefundenen Schnittpunkt der Standlinien um 1 sm (die fettgedruckte **1**) in Richtung 120° versegeln (verschieben). Für 1989 entfällt die Korrektur, und wir erhalten 48° 04' N 028° 03' W. Die Besteckversetzung finden wir mit 100°, 5,8 sm.

* Sie ist deshalb null, weil die zugrunde liegende Epoche – das ist in der Astronomie i. Pr. ein bestimmter Zeitpunkt – der Beginn des Jahres 1990 ist. In der Tafel wird die Epoche daher auch mit 1990.0 bezeichnet.

TABLE 5—CORRECTION FOR PRECESSION AND NUTATION

LHA ♈	North latitudes							0°	South latitudes							LHA ♈
	N 89°	N 80°	N 70°	N 60°	N 50°	N 40°	N 20°		S 20°	S 40°	S 50°	S 60°	S 70°	S 80°	S 89°	
								1991								
0	1 000	1 020	1 040	1 050	1 050	1 060	1 060	2 070	1 070	1 060	1 060	1 050	1 040	1 030	1 010	0
30	1 030	1 040	1 050	1 060	1 060	1 070	2 070	2 070	1 070	1 060	1 050	1 040	1 020	1 000	1 340	30
60	1 060	1 070	1 070	1 070	1 080	1 080	2 080	1 080	1 070	1 070	1 060	0 —	0 —	0 —	1 310	60
90	1 090	1 090	1 090	1 090	1 090	1 090	2 090	1 090	1 090	1 090	0 —	0 —	0 —	0 —	1 270	90
120	1 120	1 110	1 100	1 100	1 100	1 100	2 100	1 100	1 100	1 110	1 120	0 —	0 —	0 —	1 240	120
150	1 140	1 130	1 120	1 120	1 110	1 110	2 110	1 110	1 110	1 120	1 130	1 140	1 160	1 190	1 210	150
180	1 170	1 150	1 140	1 130	1 120	1 120	1 110	2 110	1 120	1 120	1 130	1 130	1 140	1 160	1 180	180
210	1 200	1 180	1 160	1 140	1 130	1 120	1 110	2 110	1 110	1 110	1 120	1 120	1 130	1 140	1 150	210
240	1 230	0 —	0 —	0 —	1 120	1 110	1 100	2 100	1 100	1 100	1 100	1 110	1 110	1 110	1 120	240
270	1 270	0 —	0 —	0 —	0 —	1 090	1 090	1 090	2 090	1 090	1 090	1 090	1 090	1 090	1 090	270
300	1 300	0 —	0 —	0 —	1 060	1 070	1 080	1 080	2 080	1 080	1 080	1 080	1 080	1 070	1 060	300
330	1 330	1 350	1 020	1 040	1 050	1 060	1 070	1 070	2 070	1 070	1 070	1 060	1 060	1 050	1 040	330
360	1 000	1 020	1 040	1 050	1 050	1 060	1 060	2 070	1 070	1 060	1 060	1 050	1 040	1 030	1 010	360

47 *Auszug aus Tafel 5 der HO 249 1.*

Übungsaufgabe

Die Übungsaufgabe von S. 64 soll mit der HO 249 1 gelöst werden. Verwenden Sie dazu den Tafelauszug auf S. 263 und das Plotting Sheet von S. 273.

Auswertung mit den Tafeln HO 249 2 und 3

Mit dem grundsätzlichen Aufbau und mit der Zielsetzung dieser Tafeln haben wir uns bereits auseinandergesetzt, so daß wir hier gleich ein Beispiel behandeln können. Auf den Seiten 265 und 267 finden Sie die zur Lösung dieser Aufgabe erforderlichen Auszüge.
Am 22. Oktober 1989 steht eine Yacht nach Koppeln auf 15° 19' S 063° 47' E. Um 09.16 ZZ beobachtet man wie folgt:
Chr 05.16.19 ☉ 57° 03.0'

Chr 05.17.48 ☾ 32° 56.0'
Es wird mit einer Digitaluhr beobachtet, die nach UTC läuft und auch das Datum von Greenwich anzeigt. Die Uhr zeigte den 22. 10. Std – 00 min 08 s, Ah 4 m, Ib + 2,0'. Wo steht man um 09.16 ZZ, wie ist man versetzt?
Im Gegensatz zur HO 249 1 sind die Eingangswerte hier die Rechenbreite (LAT), der Ortsstundenwinkel (LHA: LOCAL HOUR ANGLE) und die Abweichung (DECLINATION) des Gestirns. Wir rechnen daher zunächst für beide Höhen diese Werte aus. Die erforderlichen Jahrbuchauszüge kennen wir ja bereits.

Schlagen Sie jetzt S. 265 mit den HO-Auszügen auf. Studieren Sie erst einmal den Aufbau der Seite. Es gibt jeweils mehrere Seiten für eine bestimmte Breite. Oben – waagerecht – finden Sie die Deklination, rechts und links in den senkrechten Spalten den Ortsstundenwinkel.
Im vorliegenden Fall ist die Deklination für die erste Höhe 11° 02,6' S. Damit ist sie *gleichnamig* mit der Breite (beide Größen sind Süd). Sie sehen, daß die Seite 265 der Auszüge für uns geeignet ist, denn sie gilt für 15° Breite, umfaßt Deklinationen von 0° bis 14°, und außerdem gilt sie für DECLINATION (0°–14°) <u>SAME NAME AS LATITUDE</u> (... Deklination gleichnamig mit der Breite). Schließlich ist noch der Ortsstundenwinkel 327° auf dieser Seite zu finden.
Zunächst beschränken wir uns auf die Berechnung der Höhe. Beim nächstkleineren δ von 11° und mit LHA 327° finden wir Hc 57 38 (Hc entspricht h_r). Hc 57° 38' gilt für unsere ganzzahligen Werte von Breite, Abweichung und Ortsstundenwinkel. Für die Deklination muß noch interpoliert werden. Dazu dient die in der Tafel hinter Hc stehende *Tafeldifferenz*. In unserem Fall +10. Es ist der Wert in Winkelminuten, um den Hc sich für 1° Abweichung ändert (hier von 57 38 auf 57 48).
Mit der Tafeldifferenz von 10 gehen wir nun in die bei uns auf S. 270 abgedruckte *Table 5, Correction to Tabulated Altitude for Minutes of Declination (Tafel 5, an die tabellierte Höhe für Minuten der Deklination anzubringende Korrektur).*
Im vorliegenden Fall haben wir 2,6', gerundet 3', für die Minuten der Deklination. Wir gehen in die erste Spalte zur 3 und dann waagerecht nach rechts, bis wir unter die 10' Tafeldifferenz kommen. Dort finden wir eine 0. Die Korrektur ist damit 0. Wäre die

		Sonne		Mond	
	Chr	05.16.19	Chr	05.17.48	
	Std	– 00 08	Std	– 00 08	
05.00.00	UT1	05.16.11	UT1	05.17.40 (22. 10.)	
	Grt☉	258° 52,3'	Grt☾	336° 17,7'	
	Zw	4° 02,8'	Zw	4° 12,9'	
			Vb	3,3'	
	Grt☉	262° 55,1'	Grt☾	340° 33,9'	
	$λ_r$	064° 04,9' E	$λ_r$	063° 26,1' E	
	t☉	327° 00,0'	t☾	404° 00,0'	
				–360°	
			t☾	044° 00,0'	
	δ☉	11° 02,4' S	δ☾	20° 05,3' N	
	Vb	0,2' S	Vb	3,2' S	
	δ☉	11° 02,6' S	δ☾	20° 02,1' N	
	$φ_r$	15° S	$φ_r$	15° S	

Tafeldifferenz 11' gewesen, hätten wir eine Korrektur von 1' erhalten. Merken Sie sich bitte gleich, daß das Vorzeichen der Tafeldifferenz – wir hatten eine Differenz von + 10 – auch das Vorzeichen der Korrektur festlegt. Bei der angenommenen Tafeldifferenz von + 11 wäre die Korrektur damit + 1' gewesen.

Wir wenden uns jetzt der zweiten Angabe, dem Z, zu. Z ist das *halbkreisige* Azimut, das heißt, ein von 0 bis 180° gezähltes Azimut. Bei LHA 327° und der Deklination 11° finden wir 93. Ein Blick zum nächsthöherem δ 12° zeigt ein Z von 91°. Für 1° oder 60' in der Abweichung ändert sich Z um 2°. Für 2,6' Änderung – unser Wert – bleiben wir bei einem Z von 93°. Sie brauchen sich wegen der Z-Änderung übrigens keine großen Gedanken zu machen; Interpolieren nach Sicht reicht völlig!

Wir wandeln Z jetzt in das gewünschte *vollkreisige Azimut* um. Dazu liefert uns die Tafel Umwandlungsregeln. Wir benutzen im vorliegenden Fall die unten stehende Regel: S. Lat. LHA greater than 180° ... Zn = 180 – Z. Das heißt: South Latitude (Südbreite), LHA größer als 180° ... Zn = 180° – Z. Dabei ist *Zn* das *vollkreisige rw Azimut*. Es ergibt sich Az = 180° – 93° = 87°.

Analog gehen wir bei der zweiten Höhe vor. Hier ist wegen des nördlichen δ von 20° 02,1' N eine Seite mit LAT 15° und DECLINATION (15°–29°) <u>CONTRARY</u> NAME TO LATITUDE (... ungleichnamig mit der Breite) zu wählen. Die auf S. 267 abgedruckte Seite ist passend. Nach der Berechnung von h_r und Az für diese Höhe bestimmen wir h_b und Δh. Die weitere Rechnung sieht dann so aus:

Bei der Mondhöhe war die Horizontparallaxe HP 56,4'. Die Auswertung

Sonne			Mond	
Hc	57° 38,0'		Hc	34° 22,0'
Corr	0,0'		Corr	– 1,0'
h_r	57° 38,0'		h_r	34° 21,0'
Z	93°		Z	128°
Az	087°		Az	308°
☉	57° 03,0'		☾	32° 56,0'
$\overline{lb}$	+ 2,0'		$\overline{lb}$	+ 2,0'
☉	57° 05,0'		☾	32° 58,0'
$\overline{Gb}$	+ 12,0'		$\overline{Gb}$	+ 57,6'
h_b	57° 17,0'		h_b	33° 55,6'
h_r	57° 38,0'		h_r	34° 21,0'
Δh	– 21,0'		Δh	– 25,4'

nehmen wir im Plotting Sheet von S. 272 vor. Da unsere Rechenbreite 15° S ist, müssen wir das Blatt entsprechend umdrehen. Wir gehen wieder genauso vor wie schon bei der Auswertung mit der HO 249 1. Eine Korrektur für Präzession und Nutation gibt es bei der 249 2 und 3 nicht.

Abb. 48 zeigt die Lösung. Es ergibt sich 15° 18,5' S 063° 44,5' E und BV 280° 2,5 sm.

Wenn Sie diese Aufgabe mit dem Taschenrechner lösen wollen (s.

Übungsaufgabe), dann können Sie sich an dem Ort aus zwei Fixsternbeobachtungen orientieren. Rechnen Sie t (natürlich jetzt mit der Koppellänge) und δ aus und berechnen Sie dann mit Koppelbreite, δ und t h_r und Az. Anschließend ermitteln Sie wie üblich Δh und werten auf gewöhnlichem Papier aus.

48 *Auswertung der Beispielaufgabe Ort aus zwei Höhen ohne Versegelung (Sonne und Mond, Lösung mit HO 249 2) im Plotting Sheet.*

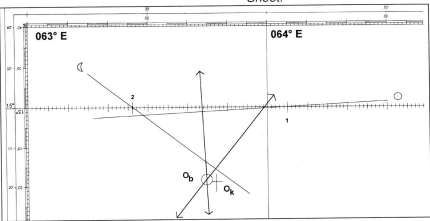

Übungsaufgabe

Lösen Sie die im vorigen Abschnitt mit den HO-Tafeln gelöste Aufgabe unter Verwendung des Taschenrechners.

Ort aus zwei Höhen mit Versegelung

Die bisher von uns durchgeführten Ortsbestimmungen bezeichnet man als *Ort aus zwei Höhen ohne Versegelung*. Ohne Versegelung deshalb, weil sich die Position unseres Schiffes zwischen den beiden Beobachtungen praktisch nicht geändert hat.

Nun können wir am Tage im allgemeinen nur die Sonne beobachten. Das gleichzeitige Vorhandensein von Sonne und Mond oder der Sonne und vielleicht der Venus ist ja nicht die Regel. Mit der Sonne allein aber aber die das Verfahren Ort aus zwei Höhen ohne Versegelung nicht anwendbar. Wir stellen hier eine ähnliche Situation fest wie in der terrestrischen Navigation, wo eine Kreuzpeilung auch nur bei zwei gleichzeitig verfügbaren Objekten möglich ist. Wie in der terrestrischen Navigation kann man aber auch in der astronomischen Navigation mit nur einem Objekt eine Ortsbestimmung durchführen.

Analog den terrestrischen Gegebenheiten beobachtet man die Sonne zu zwei verschiedenen Zeitpunkten und versegelt die erste Standlinie zum Zeitpunkt der zweiten Beobachtung. Der Schnittpunkt der versegelten Standlinie mit der zweiten Standlinie ergibt den Schiffsort. Betrachten Sie dazu auch Abb. 49!

Wieder wie in der terrestrischen Navigation muß die Peilung (hier das Azimut) um mindestens 30° ausgewandert sein, das heißt, die Beobachtungszeitpunkte müssen mindestens zwei Stunden auseinanderliegen. Wir studieren die Verhältnisse gleich wieder an einem praktischen Beispiel und beginnen mit der Rechnerlösung.

Lösung mit dem Taschenrechner in nichtprogrammierter Form

Am 23. Oktober 1989 steht man nach Koppeln um 08.00 ZZ auf 47° 46′ N 021° 44′ W. Man beobachtet die Sonne wie folgt:
Chr 08.58.38 ☉ 08° 46,0′
Es wird eine Digitaluhr mit 24-Stunden-Anzeige der UTC und des Datums für Greenwich verwendet. Man steuert KüG 078° mit FüG 11 kn und beobachtet um ZZ 11.16:
Chr 12.15.03 ☉ 29° 18,0′
Std + 01 min 22 s, Ib + 1′, Ah 6 m. Die Beobachtungsuhr zeigte bei beiden Beobachtungen den 23. Oktober. Wo steht man um 11.16 ZZ, wie ist man versetzt?

Als erstes berechnen wir für den Koppelort um 08.00 ZZ und die erste Beobachtung Δh und Az. Dann koppeln wir rechnerisch von 08.00 ZZ bis 11.16 ZZ. Das Koppeln führen wir nach der im Kapitel „Besteckrechnung nach Mittelbreite" besprochenen Methode der ersten Aufgabe der Besteckrechnung durch (S. 17). Anschließend rechnen wir die zweite

49 *Lösungsprinzip beim Verfahren Ort aus zwei Höhen mit Versegelung.*

Höhe. Dabei müssen wir Δh und Az aber *für die 11.16-Koppelposition* bestimmen. Für diesen Koppelort zeichnen wir dann die zweite Standlinie und tragen gleichzeitig die erste Standlinie mit ein. Der Schnittpunkt der Standlinien ergibt die gesuchte Position. Hier die gesamte Rechnung im Zusammenhang:

Die Auswertung können wir wieder auf normalem Papier durchführen (Abb. 50). Es ergibt sich $\Delta\varphi$ 3,1' N, Abweitung a 3,3 sm E und $\Delta\lambda$ 5,0' E. Damit erhalten wir:

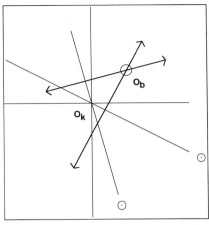

ZZ 08.00 φ_k 47°46,0' N λ_k 021°44,0' W
    b   7,5' N l   52,4' E

ZZ 11.16 φ_k 47°53,5' N λ_k 020°51,6' W

φ_k	47° 53,5' N	λ_k	020° 51,6' W
$\Delta\varphi$	3,1' N	$\Delta\lambda$	5,0' E
φ	47° 56,6' N	λ	020° 46,6' W
BV	047°, 4,6 sm		

50 *Auswertung der Beispielaufgabe Ort aus zwei Höhen mit Versegelung (zweimal Sonne, Taschenrechnerlösung) auf gewöhnlichem Papier.*

	1. Höhe			2. Höhe	
	Chr	08.58.38		Chr	12.15.03
	Std	+ 01 22		Std	+ 01 22
	UT1	09.00.00		UT1	12.16.25 (23. 10.)
09.00.00	Grt☉	318° 54,8'	12.00.00	Grt☉	003° 55,1'
	Zw	00,0'		Zw	4° 06,3'
	Grt☉	318° 54,8'		Grt☉	008° 01,4'
					+ 360°
				Grt	368° 01,4'
	λ_k	021° 44,0' W		λ_k	020° 51,6' W
	t☉	297° 10,8'		t☉	347° 09,8'
	δ☉	11° 27,0' S		δ☉	11° 29,7' S
	Vb	0,0'		Vb	0,2' S
	δ☉	11° 27,0' S		δ☉	11° 29,9' S
	☉	08° 46,0'		☉	29° 18,0'
	Ib	+ 1,0'		Ib	+ 1,0'
	☉	08° 47,0'		☉	29° 19,0'
	Gb	+ 5,8'		Gb	+ 10,2'
	h_b	08° 52,8'		h_b	29° 29,2'
	h_r	08° 51,3'		h_r	29° 31,4'
	Δh	+ 1,5'		Δh	− 2,2'
	Az	118°		Az	166°

Übungsaufgabe

Am 12. Juli steht eine Yacht um 08.16 ZZ nach Koppeln auf 14° 45' S 029° 51' W. Man beobachtet:

Chr 10.16.46   ⊙ 22° 53,0'

Um 11.00 ZZ beobachtet man:

Chr 13.00.24   ⊙ 49° 46,0'

Die Beobachtungsuhr (Digitaluhr mit Datum von Greenwich) zeigte den 12. Juli.

KüG 110°, FüG 8 kn, Std – 00 min 24 s, Ib + 2', Ah 4 m.

Wo steht man um 11.00 ZZ? Wie ist man versetzt? Die Auswertung soll hier mit dem Taschenrechner erfolgen.

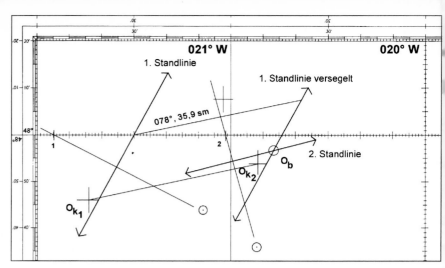

51 *Auswertung der Beispielaufgabe Ort aus zwei Höhen mit Versegelung (zweimal Sonne, Lösung HO 249 3) im Plotting Sheet.*

Lösung mit HO-Tafeln

Bei dieser Methode berechnen wir wie üblich für den ersten Rechenort Δh und Az. Die so festgelegte erste Standlinie versegeln wir im Plotting Sheet vom Rechenort aus zeichnerisch in Richtung KüG um die zugehörige DüG. Anschließend koppeln wir *vom ersten Rechenort aus* rechnerisch um die DüG in Richtung KüG. Die zweite Höhe wird mit einer Rechenbreite und einer Rechenlänge ausgewertet, die den Koppelwerten möglichst nahe liegen. Die für den zweiten Rechenort gezeichnete Standlinie schneidet die erste versegelte Standlinie im Schiffsort. Den erforderlichen Auszug aus HO 249 finden Sie auf S. 269. Hier wieder die vollständige Rechnung:

ZZ 08.00 φ_r 48° 00,0' N λ_r 021° 54,8' W
b 7,5' N l 52,6' E

ZZ 11.16 φ_k 48° 07,5' N λ_k 021° 02,2' W

Die Auswertung können Sie in Abb. 51 verfolgen. Das Ergebnis stimmt mit der schon auf S. 71 angegebenen Taschenrechnerlösung überein.

Übungsaufgabe

Die Übungsaufgabe auf S. 71 soll mit der HO-Tafel 249 Band 2 (bei uns mit den entsprechenden Auszügen) gelöst werden.

	1. Höhe			2. Höhe	
	Chr	08.58.38		Chr	12.15.03
	Std	+ 01 22		Std	+ 01 22
	UT1	09.00.00		UT1	12.16.25 (23. 10.)
09.00.00	Grt⊙	318° 54,8'	12.00.00	Grt⊙	003° 55,1'
	Zw	00,0'		Zw	4° 06,3'
	Grt⊙	318° 54,8'		Grt⊙	008° 01,4'
					+ 360°
				Grt	368° 01,4'
	λ_r	021° 54,8' W		λ_r	021° 01,4' W
	t⊙	297° 00,0'		t⊙	347° 00,0'
	δ⊙	11° 27,0' S		δ⊙	11° 29,7' S
	Vb	0,0'		Vb	0,2' S
	δ⊙	11° 27,0' S		δ⊙	11° 29,9' S
	φ_r	48° N		φ_r	48° N
	Hc	09° 00,0'		Hc	29° 53,0'
	Corr	− 22,0'		Corr	− 30,0'
	h_r	08° 38,0'		h_r	29° 23,0'
	Z	118°		Z	165°
	Az	118°		Az	165°
	⊙̲̲	08°46,0'		⊙̲̲	29° 18,0'
	Ib	+ 1,0'		Ib	+ 1,0'
	⊙	08° 47,0'		⊙	29° 19,0'
	Gb	+ 5,8'		Gb	+ 10,2'
	h_b	08° 52,8'		h_b	29° 29,2'
	h_r	08° 38,0'		h_r	29° 23,0'
	Δh	+ 14,8'		Δh	+ 6,2'

Sonderverfahren

Mittagsbreite

Wir besprechen jetzt eine Methode zur Breitenbestimmung mit Hilfe der Sonne. Dieses Verfahren hatte früher, als man noch logarithmisch rechnete, große Bedeutung. Da außerdem die genaue Kenntnis der Zeit, wie wir noch sehen werden, hier nicht so kritisch ist, konnte die Methode auch bei den alten Seefahrern noch erfolgreich eingesetzt werden.

Denn deren Problem war ja, daß sie bei langen Reisen mit größeren Zeitfehlern rechnen mußten. Für uns als Einsteiger in die astronomische Navigation ist das Verfahren der Breitenbestimmung mit der Sonne eine hervorragende Übungsaufgabe.

Abb. 52 zeigt eine Meridianfigur für einen Beobachter auf Nordbreite. Die Sonne steht genau im Süden und geht durch den oberen Meridian, sie befindet sich in der oberen Kulmination. Auf S. 35 hatten wir diesen Fall schon einmal betrachtet. Ihre Höhe ist maximal, wir wollen diese Höhe mit h_O bezeichnen. Entsprechend ist die Zenitdistanz z am kleinsten; wir bezeichnen sie mit z_O. Sie wird *Meridianzenitdistanz* genannt. Aus Abb. 52 lesen wir ab:

$$z_O = 90° - h_O$$
$$z_O = \varphi - \delta$$

Wenn wir diese Beziehungen umformen, ergibt sich:

$$\varphi = z_O + \delta$$
$$\varphi = 90° - h_O + \delta$$

Das aber bedeutet: Wir können die Breite nach diesem einfachen Zusammenhang bestimmen, wenn wir die Höhe h_O beim Meridiandurchgang oder die Meridianzenitdistanz z_O und die Abweichung δ kennen. Da h_O die größte Höhe ist, müßte sie sich durch Beobachtung bestimmen lassen. Die Abweichung erhalten wir wie immer aus dem Nautischen Jahrbuch.

Wir starten gleich mit einem Beispiel. Dazu gehen wir von der im vorigen Kapitel (S. 70) bereits verwendeten Position am 23. Oktober um 08.00 ZZ aus. Das Schiff steht auf 47° 46' N 021° 44' W, man steuert KüG 078° mit FüG 11 kn.

Wie geht es aber jetzt weiter? Theoretisch könnten wir uns den ganzen Vormittag damit vertreiben, die Sonne auf die Kimm zu setzen und zu warten, ob sie noch steigt. Besonders sinnvoll wäre das aber kaum. Können wir den Kulminationszeitpunkt nicht irgendwie vorausberechnen? Das Jahrbuch gibt uns dazu eine Hilfe. Wir finden (S. 253) unter den Sonnenephemeriden eine mit *T* bezeichnete Angabe, in unserem Fall 11.44.

> Dieser Wert ist die MOZ des Durchganges der Sonne durch den oberen Meridian für jede Länge.

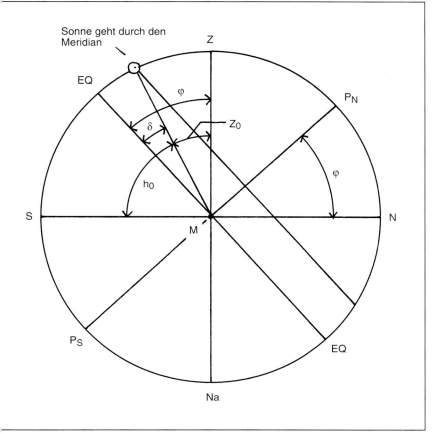

52 *Breitenbestimmung aus Kulminationsbeobachtung der Sonne.*

Welche Länge sollen wir aber verwenden? Das Problem ist: Unser Schiff liegt ja nicht vor Anker.

Auf jeden Fall wird die Kulmination* um 12.00 ZZ herum erfolgen. Deshalb koppeln wir probeweise erst einmal bis zu diesem Zeitpunkt:

ZZ 08.00	φ_k	47° 46,0' N	λ_k	021° 44,0' W	
	b	9,1' N	l	1° 04,1' E	
ZZ 12.00	φ_k	47° 55,1' N	λ_k	020° 39,9' W	

Die MOZ des Meridiandurchganges rechnen wir jetzt mit der 12.00-Länge in UT1 und ZZ um:

T	11.44
λiZ	01.23
UT1	13.07 (23. 10.)
Zu	01.00
ZZ	12.07

Wenn Ihnen die Zeitumrechnungen nicht mehr so ganz geheuer sind, blättern Sie noch einmal zurück zu S. 47.

Was bedeutet nun dieses Ergebnis? Es heißt, daß auf der 12.00-Position – wir haben ja die 12.00-Länge verwendet – die Sonne erst um 12.07 durch den Meridian geht! Dann aber (um 12.07) stehen wir schon auf einer anderen Position.

Nun ändert sich der Ort in unserem Fall bei sieben Minuten nicht besonders stark. Die Zeitdifferenz kann aber erheblich größer werden und wirkt sich dann entsprechend aus. Vor allem gilt das natürlich für entsprechende Fahrtstufen, sagen wir

bei einem Containerschiff mit 23 kn. Wir bestimmen erst einmal das erforderliche δ für die UT1 von 13.07. Die eben festgestellte Tatsache, daß die Kulmination nicht um 12.00 ZZ erfolgt, berücksichtigen wir dadurch, daß für die Breite um sieben Minuten *weitergekoppelt* wird. Hätten wir für die ZZ beispielsweise 11.48 herausbekommen, müßte um 12 Minuten *zurückgekoppelt* werden. Unsere Rechnung sieht jetzt so aus:

	T	11.44	
	λiZ	01.23	
	UT1	13.07 (23. 10.)	
	Zu	01.00	
	ZZ	12.07	
UT1 13.00	δ	11° 30,5' S	
	Vb	00,1' S	
UT1 13.07	δ	11° 30,6' S	
ZZ 12.00	φ_k	47° 55,1' N	
	b	0,3' N	
ZZ 12.07	φ_k	47° 55,4' N	

Die Verbesserung für δ können Sie nicht mit den beigefügten Jahrbuchseiten bestimmen. Die Schalttafel für 7 min wurde aus Platzgründen fortgelassen.

Mit der gefundenen Abweichung und der Koppelbreite für 12.07 können wir nun nach der Beziehung $z_0 = \varphi - \delta$ (S. 73) die für die Koppelbreite zu erwartende Meridianzenitdistanz und auch die zu erwartende Kulminationshöhe vorausberechnen. Da es sich um vorausberechnete Werte handelt, wollen wir sie durch den Index „r" kenntlich machen und sie z_{o_r} und h_{o_r} nennen. Die Differenz $\varphi - \delta$ bestimmen wir unter Berücksichtigung des Namens N beziehungsweise S. Wir vereinbaren, daß (wie beim Rechner auch) N + und S – gerechnet wird. Also ist hier:

$$z_{o_r} = 47° 55,4' N – 11° 30,6' S$$
$$= + 47° 55,4' – (– 11° 30,6')$$
$$= + 47° 55,4' + 11° 30,6'$$
$$= + 59° 26,0'$$

h_{o_r} ist dann einfach die Ergänzung zu 90°, also 30° 34,0'. Nun verwendet man traditionell nicht die vorausberechnete Höhe, sondern den vorausberechneten *Kimmabstand Ka_r*. Wir berechnen ihn, indem wir die Gesamtbeschickung (Ah 6 m) von h_{o_r} subtrahieren*:

h_{o_r}	30° 34,0'
– Gb	– 10,2'
Ka_r	30° 23,8'

In der Praxis würden wir nun so vorgehen, daß wir einige Minuten vor der berechneten Kulminationszeit von 12.07 die Sonne schon einmal auf die Kimm setzen und schauen, ob sie noch steigt. Wenn wir uns nicht verrechnet haben, tut sie das auch. Wir müssen die Trommel noch etwas nach links drehen. Die Kulmination erkennen wir daran, daß die Sonne kurz vorher nur noch wenig steigt und daß die Höhe dann für etwa eine halbe bis eine Minute praktisch konstant bleibt. Wir lesen den Sextanten ab und bringen gleich Ib an. Dadurch erhalten wir den *beobachteten Kimmabstand Ka_b*, den wir mit dem vorher berechneten Kimmabstand Ka_r vergleichen wollen.

In unserem Fall sei die Sextantablesung 30° 25,0'. Mit der Ib von + 1 ergibt sich Ka_b zu 30° 26,0'. Folglich haben wir die Sonne 2,2' höher beobachtet als vorausberechnet. Die Sonne steht im Südmeridian, das heißt, sie kulminiert in einem Azimut von 180°. Wir blicken nach Süden – in Richtung Bildpunkt – und beob-

---

* Auf schnellen Schiffen, vor allem auf Nord- oder Südkurs, fällt der Meridiandurchgang nicht mehr mit der Kulmination zusammen. Es müßte also eigentlich der Meridiandurchgang von der Kulmination unterschieden werden. Wir machen diesen Unterschied hier nicht und vernachlässigen auch die sich ergebenden Fehler.

* Normalerweise wird Gb an den Kimmabstand angebracht, um die Höhe zu erhalten. Hier rechnen wir umgekehrt und begehen dadurch einen kleinen, aber absolut vernachlässigbaren Fehler.

achten die Sonne höher als voraus-berechnet. Wir sind zum Bildpunkt hin versetzt, nach Süd, denn wenn wir uns auf den Bildpunkt zubewegen, steigt die Sonne.

Hier noch einmal die gesamte Rechnung (bis auf die Koppelrechnung) im Zusammenhang:

	T	11.44
	λiZ	01.23
	UT1	13.07 (23.10)
	Zu	01.00
	ZZ	12.07
UT1 13.00	δ	11° 30,5' S
	Vb	00,1' S
UT1 13.07	δ	11° 30,6' S
ZZ 12.00	φ_k	47° 55,1' N
	b	0,3' N
ZZ 12.07	φ_k	47° 55,4' N
	z_{o_r}	59° 26,0'
	h_{o_r}	30° 34,0'
	– Gb	– 10,2'
	Ka_r	30° 23,8'
	Ka_b	30° 26,0'
	$\Delta\varphi$	2,2' S

Übungsaufgaben

Am 13. Juli steht eine Yacht um 08.00 ZZ auf 28° 09' N 068° 07' W. Man steuert KüG 210° mit FüG 10 kn.

a) Welcher Koppelort ergibt sich für 12.00 ZZ?
b) Wann nach ZZ wird die Sonne kulminieren?
c) Welcher Kimmabstand ist bei der Kulmination zu erwarten?

Bei der Kulmination beobachtet man ☉ 83° 55'.

d) Welche Breitenversetzung (mit Namen N oder S) folgt daraus?

Ib – 2', Ah 4 m.

Zum Schluß noch zwei Anmerkungen. Wir hatten behauptet, daß die genaue Kenntnis der Zeit bei diesem Verfahren nicht so kritisch sei. Wir können das jetzt ganz einfach dadurch begründen, daß sich das erforderliche δ der Sonne recht langsam ändert. Damit sind selbst Fehler von vielen Zeitminuten nur von geringer Auswirkung auf die Breite.

Das geschilderte Verfahren liefert erkennbar nur eine Standlinie, und zwar eine *Breitenstandlinie*. Sie verläuft 2,2' südlich des Koppelortes. Für eine vollständige Ortsbestimmung benötigt man noch mindestens eine weitere Standlinie, zum Beispiel eine *Vormittagshöhe* der Sonne. Wir hätten durch Kombination dieser beiden Standlinien dann wieder einen Ort aus zwei Höhen mit Versegelung, wobei eine Standlinie eine Mittagsbreite ist. Mit dieser speziellen Kombination werden wir uns noch einmal auf S. 77 beschäftigen.

Nordsternbreite

Auch dieses Verfahren hatte früher, im „Logarithmen-Zeitalter", besondere Bedeutung, ersparte es doch eine aufwendigere Höhenrechnung.

Stellen Sie sich vor, die Position des Nordsterns fiele mit dem Himmelsnordpol P_N zusammen. Da die Polhöhe gleich der geografischen Breite ist, ergäbe die wahre Höhe des Nordsterns direkt die Breite. Tatsächlich stimmt die Position nicht genau mit P_N überein, wie wir schon in Abb. 17 auf S. 31 erkennen konnten. Es lassen sich aber Korrekturen angeben, mit deren Hilfe aus der wahren Höhe relativ einfach die Breite berechnet werden kann. Auch hier machen wir uns das Verfahren am besten an einem praktischen Beispiel klar.

Man steht am 12. Juli um 19.16 ZZ nach Koppeln auf 31° 31' N 023° 45' W und beobachtet den Nordstern wie folgt:

Chr 09.16.31
Nordstern =✳= 30° 55,0'

Beobachtet wird mit einem Marine-Quarzchronometer (Prüfung!). Std – 00 min 20 s, Ah 10 m, Ib + 2'. Welche Breite und welche Breitenversetzung ergeben sich aus der Beobachtung? Die erwähnten Korrekturen finden sich im Nautischen Jahrbuch. Hier sind sie auf den Seiten 256 bis 257 wiedergegeben.

Sie erkennen, daß es insgesamt drei Korrekturen gibt. Zu ihrer Bestimmung benötigen wir den Ortsstundenwinkel des Frühlingspunktes, die wahre Höhe und das Datum. Wir beginnen mit der Berechnung des Ortsstundenwinkels und der Höhe:

	Chr	09.16.31	=*=	30° 55,0'
	Std	– 00 20	Ib	+ 2,0'
	UT1	21.16.11 (12. 07.)	–*–	30° 57,0'
21.00.00	Grt⍦	245°43,9'	Gb	– 7,2'
	Zw	4°03,4'	hb	30° 49,8'
	Grt⍦	249°47,3'		
	λk	023°45,0' W		
	t⍦	226°02,3'		

Für die erste Berichtigung gehen wir mit 225° in die Tabelle auf S. 257. In der linken senkrechten Spalte sehen Sie, wie der Ortsstundenwinkel weitergezählt wird: 0°, 30', 1°, 30' und so weiter. Diese Werte sind jeweils zu dem Spaltenwert zu addieren, bei uns demnach zu 225°. Da t⍦ 226° 02,3' ist, gehen wir mit der nächstkleineren ausgedruckten Differenz zu 225° in die Tafel, in die Zeile 1° also. Dort finden wir + 45,5'. Bei 226° 30' ist die Berichtigung + 45,4'. Die 2,3', die unser Wert größer ist als 226°, ergeben keine Änderung. In der Regel ist aber zu interpolieren.

Die zweite Berichtigung finden wir (S. 256) mit hb und t⍦ unter 30° (linke Spalte: Wahre Höhe des Nordsterns) und 225° (Ortsstundenwinkel des Frühlingspunktes) zu 0,0'.
Die dritte Berichtigung dürfte Ihnen jetzt keine Schwierigkeiten mehr bereiten. Sie ergibt sich (S. 257) mit Datum und Ortsstundenwinkel des Frühlingspunktes zu + 0,8'.
Wir brauchen jetzt nur noch die Summe dieser Berichtigungen an die wahre Höhe anzubringen, um die gesuchte Breite zu erhalten:

Durch Vergleich mit der Koppelbreite haben wir außerdem gleich noch die Breitenversetzung bestimmt.
Der Nordstern ist uns wegen seiner speziellen Position an der Himmelskugel zwar recht sympathisch, trotzdem hat er aber den Nachteil, daß er nicht besonders hell ist und darum auch nicht besonders gut aufzufinden ist.
Hier bietet das Nautische Jahrbuch ebenfalls eine Hilfe. Auf S. 258 finden Sie in der Tabelle „Azimut des Nordsterns" in der rechten Spalte die eigenartige Angabe + φ = h. Wenn wir den Tafelwert an die Koppelbreite (die astronomische Breite wollen wir ja erst bestimmen!) anbringen, ergibt sich die ungefähre wahre Höhe des Nordsterns. Der Tafelwert (Tw) ist in unserem Fall (t⍦ 225°) – 46' (minus!). Die zu erwartende Höhe des Nordsterns wäre demnach:

φk	31° 31,0' N
Tw	– 46,0'
h	30° 45,0'

Nun müßte man eigentlich die Gesamtbeschickung und auch Ib mit jeweils entgegengesetztem Vorzeichen an h anbringen, um die zu erwartende Sextantablesung zu erhalten, in unserem Beispiel rund + 5'. Damit wäre =*= 30° 50,0'. Da wir nördlich versetzt sind, haben wir tatsächlich eine Sextantablesung von 30° 55' erhalten.
Es reicht aber auch aus, die zu erwartende Höhe als Sextantablesung zu verwenden. Der Sextant wird dann auf diesen Wert eingestellt. Wenn jetzt die Kimm in Richtung Nord durch das Fernrohr betrachtet wird, müßte der Nordstern (sein doppelt gespiegeltes Bild) etwas oberhalb oder unterhalb der Kimm zu finden sein.

Berichtigung	1	+ 45,5'	hb	30° 49,8'	
	2	0,0'	Summe	+ 46,3'	
	3	+ 0,8'	φ	31° 36,1' N	
Summe		+ 46,3'	φk	31° 31,0' N	
			Δφ	5,1' N	

Übungsaufgabe

Am 23. Oktober steht man um 05.40 ZZ auf 48° 11' N 016° 15' W und beobachtet:

Chr 06.39.14   Nordstern =✳= 48° 22'

Std + 01 min 04 s, Ib – 3', Ah 3 m.

Als Beobachtungsuhr wird eine Digitaluhr verwendet, die nach UTC läuft und zusätzlich das Datum von Greenwich anzeigt. Die Uhr zeigte den 23. Oktober.

a) Welche astronomische Breite ergibt sich?
b) Welche Breitenversetzung (mit Namen N oder S) folgt aus der Beobachtung?
c) Auf welchen ungefähren Wert müßte der Sextant für das Auffinden des Nordsterns voreingestellt werden?

1. Man koppelt von der 12.00-ZZ-Position des Vortages bis 12.00 ZZ des aktuellen Tages.
2. Dann koppelt man vom Vortag bis zum Zeitpunkt der Vormittagsbeobachtung.
3. Man berechnet die erste Höhe (Vormittagshöhe).
4. Zeitpunkt und zu erwartender Kimmabstand für die Kulmination werden bestimmt.
5. Die Kulmination wird beobachtet. Aus der Vormittagsstandlinie und der Breitenversetzung erhält man den astronomischen Mittagsort für 12.00 ZZ.
6. Aus der Position des Vortages und der neuen Mittagsposition wird das *Etmal* berechnet, ferner die *Durchschnittsfahrt,* der *durchschnittlich gesteuerte Kurs (Gesamtkurs)* und die *Besteckversetzung.*

Mittagsbesteck

In der traditionellen astronomischen Navigation beobachtete man vormittags, vielleicht um 08.00 ZZ, die Sonne und erhielt damit eine Standlinie. Dann* wurde mittags die Kulmination beobachtet. Diese liefert, wie wir ja schon wissen, eine Breitenstandlinie. Versegelt man die Vormittagsstandlinie und kombiniert sie dann mit der Standlinie aus der Kulminationsbeobachtung, ergibt sich ein Ort. Natürlich ist das nichts anderes als eine spezielle Version des uns vertrauten Verfahrens „Ort aus zwei Höhen mit Versegelung".

Der Grund dafür, daß dieses Verfahren im professionellen Bereich auf allen Schiffen in der Großen Fahrt praktiziert wurde, war, daß man unmittelbar nach der Kulminationsbeobachtung die für das Tagebuch erforderlichen Werte zur Verfügung hatte. So erschien beispielsweise immer der „Chief" (das ist der Leitende Ingenieur) auf der Brücke, um die „Meilen" für das Maschinentagebuch zu erfahren. Um welche Werte es sich im einzelnen handelt, besprechen wir gleich.

Wir skizzieren erst einmal den grundsätzlichen Ablauf:

Unter Etmal versteht man die von „Mittag zu Mittag" gutgemachten Seemeilen.

Bitte erschrecken Sie nicht vor diesem Katalog von Aufgaben. Wir haben das nämlich alles schon gemacht oder zumindest so vorbereitet, daß wir die anfallenden Aufgaben schnell lösen können, ohne wieder etwas Neues lernen zu müssen. Doch das reicht an Vorrede. Damit Sie weniger Probleme haben, wählen wir ein Beispiel, bei dem wir den größten Teil der Rechnungen bereits absolviert haben. Außerdem verwenden wir bei der Höhe die einfachere Taschenrechnerlösung.

---

* Es war auch üblich, zusätzliche Sonnenstandlinien, etwa um 09.30 und 11.30, zu verwenden und diese dann zu versegeln. So hatte man schon im Verlauf des Vormittags eine Position. Wir betrachten hier nur den Standardfall einer Kombination aus Vormittagshöhe und Meridianbreite.

Ein Schiff steht am 22. Oktober um 12.00 ZZ auf 47° 02,5' N 026° 46,1' W. Man steuert KüG 078° mit FüG 11 kn. *Nachts wird die Uhr um eine Stunde vorgestellt.* Am 23. Oktober beobachtet man um 08.00 ZZ die Sonne wie folgt:

Chr 08.58.38 ☉ 08° 46,1'
Bei der Kulmination beobachtet man:
☉ 30° 25,0'
Std + 01 min 22 s, Ib + 1', Ah 6 m.
Wo steht das Schiff am 23. Oktober um 12.00 ZZ, wie ist man versetzt? Welche Werte ergeben sich für das Etmal, die Durchschnittsfahrt und den durchschnittlich gesteuerten Kurs?

Sie erinnern sich, daß wir die 08.00-Höhe bereits gerechnet haben (S. 70 und S. 71). Außerdem haben wir schon sämtliche Fragen zur Kulmination bearbeitet (S. 74 und S. 75). Wir können also das meiste abschreiben.

Wir beginnen mit den Koppelrechnungen nach Punkt 1 und 2 der Tabelle. Das Schiff kommt von der Zeitzone mit dem Mittelmeridian 030° W in die Zone mit dem Mittelmeridian 015° W. Die Uhr wird daher um eine Stunde *vorgestellt.* Das bedeutet: Wir dürfen von Mittag zu Mittag nur noch *23* Stunden rechnen und bis zur Vormittagsbeobachtung nur noch *19* Stunden*.

Die Vormittagshöhe und die gesamte Rechnung zur Kulmination übernehmen wir jetzt einfach von den Seiten 71 und 75, wobei wir bei der Höhe, wie schon erwähnt, von der Taschenrechnerlösung ausgehen.

Was ist nach dem von uns formulierten Aufgabenkatalog jetzt noch zu tun? Wir bestimmen Position und BV. Dabei können wir vom 12.00-Koppelort ausgehen und auch gleich die 12.00-Position – nicht die um

Vormittagshöhe			Kulmination		
	Chr	08.58.38		T	11.44
	Std	+ 01 22		λiZ	01.23
09.00	UT1	09.00.00		UT1	13.07 (23.10.)
	Grt☉	318° 54,8'		ZU	01.00
	Zw	00,0'			
	Grt☉	318° 54,8'		ZZ	12.07
	λk	021° 44,0' W	UT1 13.00	δ	11° 30,5' S
	t☉	297° 10,8'		Vb	00,1' S
	δ☉	11° 27,0' S	UT1 13.07	δ	11° 30,6' S
	Vb	0,0'	ZZ 12.00	φk	47° 55,1' N
	δ☉	11° 27,0' S		b	0,3' N
	☉	08° 46,0'	ZZ 12.07	φk	47° 55,4' N
	Ib	+ 1,0'		zor	59° 26,0'
	☉	08° 47,0'		hor	30° 34,0'
	Gb	+ 5,8'		– Gb	– 10,2'
	hb	08° 52,8'		Kar	30° 23,8'
	hr	08° 51,3'		Kab	30° 26,0'
	Δh	+ 1,5'		Δφ	2,2' S
	Az	118°			

22. Oktober ZZ 12.00	φ	47° 02,5' N	λ	026° 46,1' W
	b	52,6' N	l	6° 06,2' E
23. Oktober ZZ 12.00	φk	47° 55,1' N	λk	020° 39,9' W
22. Oktober ZZ 12.00	φ	47° 02,5' N	λ	026° 46,1' W
	b	43,5' N	l	5° 02,1' E
23. Oktober ZZ 08.00	φk	47° 46,0' N	λk	021° 44,0' W

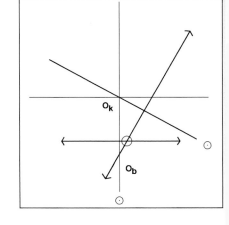

53 *Auswertung der Beispielaufgabe zum Mittagsbesteck (Taschenrechnerlösung) auf gewöhnlichem Papier.*

---

* Durch Rundungsfehler ergeben sich kleine Abweichungen zu den bisherigen Werten. So wird λK um 08.00 mit 021°44,0' statt 021°44,1' beibehalten.

12.07 oder bei anderer Kulminationszeit zu der entsprechenden Zeit. Einfach deshalb, weil sich das festgestellte $\Delta\varphi$ in so kurzer Zeit nicht geändert haben wird. Abb. 53 zeigt die Lösung für den Koppelort. Es ergibt sich: ➜

23. Oktober ZZ 12.00	φ_k	47° 55,1' N	λ_k	020° 39,9' W
	$\Delta\varphi$	2,2' S	$\Delta\lambda$	0,9 E
23. Oktober ZZ 12.00 BV: 165°, 2,3 sm	φ	47° 52,9' N	λ	020° 39,0' W

Jetzt haben wir die beiden Mittagsorte und können die restlichen Aufgaben erledigen. Mit der 2. Aufgabe der Besteckrechnung (S. 19) bestimmen wir die Distanz und den Kurs zwischen den beiden Orten: ➜

22. Oktober ZZ 12.00	φ	47° 02,5' N	λ	026° 46,1' W
23. Oktober ZZ 12.00	φ	47° 52,9' N	λ	020° 39,0' W
	b	50,4' N	l	006° 07,1' W

Wir finden folgende Ergebnisse, wenn wir die Distanz gleich noch durch 23 Stunden dividieren, um die Durchschnittsfahrt zu erhalten:
Gesamtdistanz: 253,3 sm
Gesamtkurs: 079°
Durchschnittsfahrt: 11,0 kn

Wir können diese Aufgabe auch mit HO-Tafeln lösen. Wir verwenden die schon gerechnete HO-Höhe von S. 72 und tragen die Standlinie für den Rechenort in das Plotting Sheet ein. Darauf versegeln wir die Standlinie zeichnerisch bis 12.00 um 44 sm in Richtung 078°. Jetzt wird der 12.00-Koppelort eingetragen und die Breitenstandlinie 2,2' südlich davon. Der Schnittpunkt der beiden Standlinien ist der astronomische Ort um 12.00. Die BV wird vom Koppelort bis zum Schiffsort gerechnet und ebenfalls der Zeichnung entnommen.

Abb. 54 zeigt die Auswertung. Als Ergebnis finden wir φ 47° 52,9' N 020° 39,0' W, BV 157°, 2,3 sm in guter Übereinstimmung mit der Taschenrechnerlösung.

54 *Auswertung der Beispielaufgabe zum Mittagsbesteck (Lösung mit HO 249 3) im Plotting Sheet.*

Fehlereinflüsse

Bisher haben wir nur Astro-Orte mit zwei Standlinien betrachtet. Damit sind wir allen Fehlerproblemen aus dem Weg gegangen, denn zwei Standlinien – wenn sie nicht gerade parallel laufen – schneiden sich immer in einem Punkt. Wenn aber eine der beiden Standlinien falsch sein sollte, ist die Position ebenfalls entsprechend falsch. Einen solchen Fehler können wir, wenn keine anderen Kontrollmöglichkeiten bestehen, nur an einer unrealistischen Besteckversetzung erkennen.

Bei Fixsternen ist es aber gängige Praxis, mehr als zwei Sterne zu beobachten. Ohne vorerst weiter über die sich ergebenden Probleme nachzusinnen, ist es klar, daß sich die Standlinien in aller Regel nicht in einem Punkte schneiden werden. Vielmehr ergibt sich eine *Fehlerfigur,* bei drei Standlinien zum Beispiel ein *Fehlerdreieck.* Die Frage ist nun: Wo steht in einem solchen Fall mein Boot?

Nun können und wollen wir auf keinen Fall die sich hier ergebenden Fragen vollständig und „tiefschürfend" zu klären versuchen, da man damit mit Leichtigkeit ein weiteres Buch dieses Umfanges füllen könnte. Wir beschränken uns im wesentlichen auf die Ergebnisse solcher Untersuchungen und auf die Diskussion der für die Praxis relevanten Auswirkungen.

Wir unterscheiden zunächst Fehler, die durch das eingesetzte Verfahren hervorgerufen werden von Fehlern, die Bestandteil der Beobachtung sind. Wir nennen die erste Gruppe *Systemfehler* und die zweite *Beobachtungsfehler.*

Systemfehler

Wir haben ausschließlich die Höhenmethode eingesetzt* und als Auswertehilfsmittel den Taschenrechner oder die HO-Tafeln verwendet.

Die Höhenmethode beruht auf einer Reihe von Vereinfachungen. Wir besprechen nur eine dieser Vereinfachungen oder Annahmen. Als Standlinie wird bekanntlich nicht die Höhengleiche selbst verwendet, sondern die Tangente im Leitpunkt. Bei großen Höhen beziehungsweise

---

* Die Meridianbreite ist ein abgekürztes Höhenverfahren, bei dem man traditionell nur in der Auswertung etwas anders vorgeht.

Kimmabständen, das heißt kleinen Zenitdistanzen, besitzt die Höhengleiche einen entsprechend kleineren Radius und ist daher stärker gekrümmt. Damit weicht die Tangente stärker von der Höhengleiche ab; es kann zu Fehlern kommen. Daraus können wir eine Folgerung für die Beobachtungspraxis ziehen:

> Kimmabstände größer als etwa 70° sollten nicht verwendet werden.

Ein besonderes, aber eigentlich gar nicht astrospezifisches Problem ist der Ort aus zwei Höhen mit Versegelung. Wie wir aus der terrestrischen Navigation wissen, gehen Versegelungsfehler in die Genauigkeit der Position ein. In der astronomischen Navigation gilt analog, daß Steuerfehler, Strom und Wind und der Schnittwinkel die Genauigkeit des Ortes beeinflussen. Auch hier ist also – wenn wir das anschaulich einmal so nennen – die „astronomische Versegelungspeilung" nicht so genau wie die „astronomische Kreuzpeilung".

Bei einem Ort aus mehreren Höhen muß bei einem schnelleren Schiff auch die zwischen den einzelnen Beobachtungszeitpunkten liegende Zeitdifferenz berücksichtigt werden. Die Standlinien werden daher zu einem gemeinsamen Zeitpunkt (zeichnerisch) versegelt.

Bei der *Auswertung* kann man die Fehler beliebig klein halten, wenn eine reine Rechnerlösung eingesetzt wird und keine Versegelungsfehler vorhanden sind. Solche Verfahren haben wir nicht behandelt. Werden Höhe und Azimut mit dem Taschenrechner bestimmt, dann hängt die erzielbare *Auswertegenauigkeit* nur noch von der Zeichengenauigkeit ab.

Bei HO-Auswertung ist die Genauigkeit generell geringer. Wir müssen unterscheiden zwischen der von uns besprochenen Auswertung mit den HO 249 und der nicht behandelten – im Prinzip aber identischen – Auswertung mit der HO 229. Die 249 bietet nur Minutengenauigkeit und gibt das Azimut auf ganze Grad. Die HO 229 dagegen liefert eine Genauigkeit von Zehntelminuten und auch das Azimut auf 0,1° genau.

Beobachtungsfehler

Die Theorie unterscheidet drei Arten von Fehlern:
– *grobe Fehler*
– *zufällige Fehler*
– *systematische Fehler*
Verwechseln wir Sterne oder verrechnen wir uns, machen wir einen groben Fehler. Über solche Fehler kann man keine Theorie aufstellen. Das einzige, was uns hilft, solche Fehler zu vermeiden, ist, sorgfältig zu rechnen und zu beobachten.

Zufällige Fehler werden durch sich ändernde Beobachtungsverhältnisse hervorgerufen, wie durch Seegang, Güte der Kimm und Einflüsse des Beobachters.

Systematische Fehler wirken sich auf jede Standlinie in vergleichbarer Weise aus. Es könnte zum Beispiel sein, daß wir mit einer Ib von + 3' rechnen, in Wirklichkeit ist Ib aber vielleicht + 1'. Dann wäre jede Standlinie mit dem gleichen systematischen Fehler von 2' behaftet, da dieser Fehler ja über h_b in Δh eingeht. Bei drei Höhen würden wir in diesem Fall ein Fehlerdreieck erhalten.

Bei der Beschickung der Sextantablesung zur wahren Höhe arbeiten wir mit der Gesamtbeschickung. Der aber liegen mittlere Werte von Luftdruck und Temperatur zugrunde. Bei stärker abweichenden Verhältnissen, vor allem auch bei größeren Differenzen zwischen Luft- und Wassertemperatur gibt es Probleme. Betroffen davon sind (sehen Sie dazu nochmals bei der Einzelbeschickung auf S. 43 nach) die Kimmtiefe und die Refraktion. Auch durch solche Verhältnisse können systematische Fehler auftreten.

In der Regel sind die Fehler aber auch vom Azimut abhängig. So ist die Kimm in einer bestimmten Richtung vielleicht „ganz gut", in anderen dagegen nicht. Dabei heißt „ganz gut", daß wir die Grenzlinie zwischen Himmel und Wasser einigermaßen scharf und deutlich erkennen können.

Eine detaillierte Untersuchung zeigt nun, daß es bei einem Ort aus mehreren Höhen günstig ist, Sterne mit guter *Azimutverteilung* zu beobachten. Bei drei Sternen ist eine *Azimutdifferenz* von etwa 120° anzustreben. Der Grund dafür ist, daß dann der *wahrscheinliche Schiffsort* im Innern des Fehlerdreiecks liegt. Damit wird das in der Praxis übliche Verfahren, den Schiffsort „nach Augenmaß" in der Mitte des Dreiecks anzunehmen, legitim. Wir kommen auf diesen Punkt gleich noch einmal zurück.

Ein weiterer systematischer Fehler, der in diesem Zusammenhang immer betrachtet wird, ist der *Zeitfehler*. Dieser Fehler ist heute wegen der praktisch ständig verfügbaren genauen Zeit nur noch von geringer Bedeutung. Immerhin könnte es aber sein, daß wir uns bei der Ablesung der Beobachtungsuhr um 1 Minute versehen haben. Wie wirkt sich ein solcher Fehler aus?

Die Antwort ist: in einer Verschiebung des Bildpunktes. Das aber ist gleichbedeutend mit einer *Standlinienverschiebung* oder einem *Längenfehler*. Es ergibt sich:

$$\text{Standlinienverschiebung (in sm)} = 0.25 \times \text{Zeitfehler (in s)}$$

Bei 1 min Fehler und 48° Breite erhält man: $0.25 \times 60\,\text{s} \times \cos 48° \approx 10{,}0$ sm. Statt der Verschiebung in sm könnten wir auch die Verschiebung in Länge angeben. Sie beträgt 15″ (Winkelsekunden) für jede Zeitsekunde Fehler. In unserem Beispiel ($15″ \times 60\,\text{s}$) erhalten wir demnach einen Längenfehler von 900″ oder 15′.

Einige Hinweise zur Beobachtungspraxis

Auswahl von Beobachtungsgestirnen

Es bietet sich an, im Anschluß an den vorigen Abschnitt einige Überlegungen zur Auswahl von Beobachtungsgestirnen anzustellen. Eine Auswahl im eigentlichen Sinne besteht nur bei Fixsternen. Nach welchen Gesichtspunkten wählt man nun die Beobachtungssterne aus? Wir fassen die wesentlichen Punkte tabellarisch zusammen:

● Kimmabstände nicht kleiner als etwa 10° und nicht größer als etwa 70°.
● Die Sterne sollten möglichst hell sein.
● Es ist eine günstige Verteilung im Azimut zu wählen.
● Sterne mit westlichem Azimut (abends) oder östlichem Azimut (morgens) nicht verwenden oder aber zuletzt (abends) oder zuerst (morgens) beobachten.

Das Problem der großen Kimmabstände haben wir schon auf S. 80 behandelt. Kimmabstände unter 10° sollten wegen der ebenfalls schon angesprochenen unsicheren Werte in der Kimmtiefe und Refraktion nicht verwendet werden.

Daß helle Sterne mit dem Sextanten leichter aufgefunden werden können als lichtschwächere, bedarf auch keiner weiteren Begründung.

Auch gerade behandelt haben wir die Frage der Azimutverteilung. Wir beobachten demnach nicht nur in einem Azimutbereich von zum Beispiel 180°.

Die Hinweise im vierten Punkt ergeben sich daraus, daß abends beziehungsweise morgens die Kimm im Westen beziehungsweise Osten aufgehellt ist, dort stehende Sterne also schlechter zu beobachten sind.

Vorbereitung der Abendbeobachtung

Morgens ist das Auffinden von Beobachtungssternen leichter, da man sich bestimmte Sterne „merken" kann. Wenn es dann heller wird und die Kimm gut zu erkennen ist, gibt es keine Schwierigkeiten. Schwieriger wird es abends. Wenn Sternbilder zu sehen sind, ist die Kimm natürlich längst verschwunden.

Probleme gibt es auch – das gilt heute vor allem für den professionellen Bereich –, wenn nicht mehr regelmäßig astronomisch beobachtet wird. Wenn dann der GPS-Navigator seinen Geist aufgibt und astronomisch beobachtet werden soll, weiß der Wachoffizier natürlich nicht mehr, *wo* abends *welche* Sterne stehen.

Wir bereiten die Abendbeobachtung daher in einer bestimmten Form vor. Dazu gleich ein Beispiel:

Am 23. Oktober steht ein Schiff um 12.00 ZZ nach Koppeln auf 48° 37' N 030° 26' W. Man steuert KüG 218° mit FüG 9 kn. Da der GPS-Navigator ausgefallen ist, soll abends astronomisch beobachtet werden.
Zu welcher Zeit kann beobachtet werden?
Für drei Beobachtungssterne sollen, damit sie aufgefunden werden können, die ungefähr zu erwartende Höhe und das ungefähr zu erwartende Azimut angegeben werden.
Man weiß, daß astronomisch etwa dann beobachtet werden kann, wenn die *wahre Mittelpunktshöhe* der Sonne – 6° beträgt. Offenbar heißt das, daß sich der Sonnenmittelpunkt dann 6° unter dem wahren Horizont befindet. Man nennt diesen Zeitpunkt das *Ende der bürgerlichen Dämmerung*. Der Zeitraum vom sichtbaren Untergang der Sonne bis zur wahren Mittelpunktshöhe von – 6° ist die *Dauer der bürgerlichen Dämmerung*. Analog ist sie morgens definiert.
Das Nautische Jahrbuch gibt uns mit der Tafel „1989, Sonnenaufgang (A) und -untergang (U) in MOZ für die geographische Länge 0° und Dauer der bürgerlichen Dämmerung (D)" eine gute Hilfe. Für unseren Fall sind die erforderlichen Angaben aus dieser Tafel:

	45° N			50° N		
	A	D	U	A	D	U
Okt 23	6.26	30	17.02	6.35	33	16.53

Die angegebene MOZ gilt für jede Länge, nicht nur für 0°. Wenn wir annehmen, daß unsere Breite zur Zeit der astronomischen Beobachtung etwa 48° N sein wird, erhalten wir aus der Tabelle für die Untergangs-

zeit U plus Dauer der bürgerlichen Dämmerung D rund 17.30 MOZ. Das ist das Ende der bürgerlichen Dämmerung; von da ab könnten wir astronomisch beobachten. Jetzt kennen wir aber die ZZ nicht, und für die Umrechnung von MOZ in ZZ ist die Länge erforderlich. Wir koppeln daher probeweise von 12.00 ZZ bis 17.30 ZZ und erhalten:

ZZ 17.30
φ_k 47° 58,0' N $\quad\lambda_k$ 031° 11,8' W
Jetzt rechnen wir die MOZ von 17.30 mit dieser Länge in ZZ um:

MOZ	17.30
λiZ	02.05
UT1	19.35 (23. 10.)
Zu	02.00
ZZ	17.35

Wir machen noch einen kleinen „Zuschlag" von 5 Minuten und legen als Beobachtungszeitpunkt 17.40 ZZ fest*. Das entspricht einer UT1 von 19.40. Und jetzt kommt der wesentliche Trick: Wir berechnen für die UT1 und die Rechenbreite 48° N den Ortsstundenwinkel des Frühlingspunktes, gehen damit in die HO 249 1 und können für die dort aufgeführten Sterne Höhe und Azimut entnehmen:

19.00.00 GrtϒΥ	317° 10,3'
Zw	10° 01,6'
GrtϒΥ	327° 11,9'
λ_r	031° 11,9' W
tϒΥ	296° 00,0'

Unser Auszug (S. 263) liefert Angaben zu sieben Sternen. Sie sehen, daß sich bei Mirfak (Algenib), Altair (Atair) und Arcturus vor dem Sternnamen jeweils ein kleiner Rhombus befindet. Damit sind die für eine Beobachtung von drei Fixsternen empfohlenen Sterne gekennzeichnet. Zwei Sterne aus dieser Gruppe sind mit Großbuchstaben gedruckt, weil sie besonders hell sind (vergleichen Sie damit unsere Fixsterntabelle auf S. 271). Das Wesentliche aber ist, daß die Azimutunterschiede in der von uns geforderten Größenordnung von 120° liegen.
Wir notieren uns für diese Sterne Höhen und Azimute auf einem kleinen Zettel, ergreifen gegen 17.40 ZZ den Sextanten, stellen ihn auf 50° 49' ein (Atair wollen wir zuerst beobachten) und betrachten durch das Sextanten-Fernrohr die Kimm in Richtung Süd (Azimut 178° nach Tafel). Dann finden wir in der Nähe der Kimm mit Sicherheit den Atair (sein doppelt gespiegeltes Bild). Sollte es noch etwas zu hell sein (zum Beispiel für Mirfak/Algenib), warten wir einfach vier Minuten und verwenden die eine Zeile tiefer angegebenen Werte. Der Stundenwinkel ändert sich nämlich in vier Minuten gerade um 1°.
Die beschriebene Technik hat sich in der Praxis bestens bewährt. Damit gelingen auch dem Anfänger in der astronomischen Navigation Fixsternbeobachtungen.

---

* Für kritische Leser: Theoretisch müßte die Rechnung noch einmal mit der MOZ 17.35 beziehungsweise wegen unserer Wahl mit der ZZ 17.40 im Sinne einer mathematischen Iteration wiederholt werden. Wenn man sich aber nicht um mehrere Stunden verschätzt hat, erübrigt sich das bei der erforderlichen Genauigkeit.

Berechnung der Auf- und Untergangszeiten der Sonne

Mit der im Nautischen Jahrbuch enthaltenen Tabelle für die Auf- und Untergangszeiten der Sonne und für die Dauer der bürgerlichen Dämmerung kommt man in der Praxis gut zurecht. Auch für die Kompaßkontrolle mit Hilfe des noch zu behandelnden Verfahrens „Azimut beim wahren Auf- oder Untergang der Sonne" muß man nicht unbedingt den Zeitpunkt des wahren Auf– oder Unterganges vorausberechnen können.

Da die Berechnungen aber zu den empfohlenen Lehrinhalten gehören, sollten wir uns etwas mit dieser Materie beschäftigen.

Zunächst müssen wir den uns geläufigen wahren Auf- oder Untergang vom *sichtbaren Auf- oder Untergang* unterscheiden.

Der Zeitpunkt des wahren Auf- oder Unterganges war ja der Zeitpunkt, zu dem der Mittelpunkt der Sonne gerade im wahren Horizont stand.

Mit dem Zeitpunkt des sichtbaren Auf- oder Unterganges der Sonne bezeichnet man dagegen den Zeitpunkt, bei dem der Oberrand der Sonne gerade über der Kimm erscheint oder gerade unter der Kimm verschwindet.

Im Gegensatz zum Zeitpunkt des wahren Auf- oder Unterganges hängt der Zeitpunkt des sichtbaren Auf- oder Unterganges auch von der Augeshöhe ab.

Wahrer und sichtbarer Auf- und Untergang können sowohl mit dem Taschenrechner als auch mit den Nautischen Tafeln bestimmt werden. Wir betrachten zunächst die Berechnung der wahren Auf- und Untergangszeiten der Sonne mit dem Taschenrechner.

Berechnung der wahren Auf- und Untergangszeiten der Sonne mit dem Taschenrechner

Wir verwenden zur Berechnung folgende Formel:

$$\cos t = -\tan\varphi\tan\delta$$

Die Formel liefert den Stundenwinkel t, für den Fall, daß der Mittelpunkt der Sonne gerade im wahren Horizont steht. Was kann man damit anfangen? Wie immer, ist auch hier ein Beispiel zur Erklärung am besten geeignet. Wir beginnen mit dem wahren Untergang.

Wann erfolgt für einen Beobachter auf 48° N und 028° W am 12. Juli der wahre Untergang der Sonne?

Für die Formel benötigen wir die Abweichung δ, diese ist aber von der Zeit abhängig. Da wir die Zeiten nur auf Minuten genau benötigen, genügt es in allen Fällen, ganz grob 18.00 ZZ für den Untergang und – wir brauchen das gleich – 06.00 ZZ für den Aufgang anzunehmen.

18.00 ZZ entspricht in unserem Fall 20.00 UT1. Ein Blick auf die Jahrbuchseite (S. 250) zeigt, daß die Abweichung 21° 53,3' N ist. Wir tippen zunächst ein:

P = 48   (ENTER)
D = 21 + 53.3/60 (ENTER)

Jetzt die Formel:

T = ACS(–TAN P $*$ TAN D) (ENTER)

Da wir t suchen, müssen wir auf der rechten Seite der Formel den „umgekehrten" cos, also arcus cos verwenden.

Das Display zeigt 116.5001848. Diesen Winkel wandeln wir jetzt in Zeit um und nennen ihn dann tiZ (Stundenwinkel t in Zeit). Mit unseren Techniken aus dem Taschenrechner-Kapitel (S. 14) erhalten wir: tiZ = 07.46.

Wir wissen (hoffentlich noch!), daß der Stundenwinkel vom oberen Meri-

dian aus zählte. Das Ergebnis bedeutet demnach, *daß gerade 7 Stunden und 46 Minuten seit dem Meridiandurchgang der Sonne vergangen sind.* Die Meridiandurchgangszeit aber kennen wir: T aus dem Jahrbuch, am 12. Juli 12.06. Also erfolgt der wahre Untergang in unserem Beispiel um 12.06 plus 07.46 = 19.52 MOZ! Hier die Rechnung noch einmal im Zusammenhang:

T	12.06
tiZ	07.46
MOZ	19.52
λiZ	01.52
UT1	21.44
Zu	02.00
ZZ	19.44

Dabei haben wir die MOZ gleich in die erforderliche ZZ umgerechnet. Versuchen Sie jetzt, den Zeitpunkt des *wahren Aufganges* zu berechnen. Sie können wieder genauso vorgehen wie eben, geben also das φ (brauchen Sie hier aber nicht, da der Wert noch im Speicher steht) und das etwas abweichende δ von 21° 57,5' für 08.00 UT1 (06.00 ZZ) in den Rechner ein. Dann berechnen Sie t, wandeln in Zeit (tiZ ergibt wieder 07.46) und, ja, was jetzt? Da Sie den Aufgang bestimmen wollen, muß tiZ von T *subtrahiert* werden. Das Ergebnis ist 04.20 MOZ oder 06.12 UT1 oder 04.12 ZZ.

Berechnung der Auf- und Untergangszeiten der Sonne mit Hilfe der Nautischen Tafeln

Sie wundern sich wahrscheinlich, warum wir den sichtbaren Untergang nicht auch mit dem Taschenrechner bestimmen. Das geht natürlich und ist auch gar nicht besonders schwierig. Die Formel ist nur ein wenig komplizierter als die eben verwendete, hätte aber den Vorteil vor den Nautischen Tafeln, daß der Zeitpunkt des sichtbaren Auf- oder Unterganges direkt berechnet werden könnte.

Wir wollen trotzdem darauf verzichten, denn hier liegt der seltene Fall vor, daß man mit den Nautischen Tafeln einfacher zum Ziel kommt als mit (dem nichtprogrammierten!) Rechner.

Zuständig für den wahren Auf- oder Untergang ist die Nautische Tafel 10: Halber Tagbogen. Man benötigt, wie eben bei der Rechnerlösung, Breite, Abweichung und Meridiandurchgangszeit der Sonne. Der Gebrauch der Tafel ist so einfach und außerdem so gut erklärt, daß wir auf eine weitere Erläuterung verzichten können.

Für die Berechnung des Zeitpunktes des sichtbaren Auf- oder Unterganges kann die Nautische Tafel 13 verwendet werden: Unterschied des sichtbaren gegen den wahren Auf- und Untergang der Sonne in Minuten. Sie liefert alternativ für die Augeshöhe 2 m und 20 m den Zeitunterschied zwischen dem sichtbaren und dem wahren Auf- oder Untergang. Auch hier können wir auf weitere Erklärungen verzichten, da die Tafel ebenfalls völlig problemlos in der Anwendung ist.

Wie benutze ich die Beobachtungsuhr?

Wir haben schon mehrfach davon gesprochen, daß wir in der Sportschiffahrt nur eine Digitaluhr mit 24-Stunden-Anzeige und Datum von Greenwich verwenden. Die Frage ist nur: eine Armbanduhr oder eine Uhr unter Deck?

Die Beobachtungszeit muß festgehalten werden. Assistiert ein Crewmitglied, rufe ich kurz vor Ende der Messung: „Achtung!" und dann: „Null!" Zeit und Sextantablesung werden notiert, und ich wende mich – bei einer Fixsternbeobachtung – dem nächsten Stern zu.

Habe ich keine Hilfe, kann ich nach Ende der Messung zählen: ein-und-zwanzig, zwei-und-zwanzig... und lese dann meine Armbanduhr ab, was ja gerade wegen der Digitalanzeige unproblematisch ist. Die gezählten Sekunden werden von der abgelesenen Zeit *subtrahiert*, Zeit und Kimmabstand werden notiert. Etwas schwierig kann dabei wegen der fehlenden Schreibunterlage und der nicht gerade übermäßigen Helligkeit die Aufschreiberei werden.

Alternativ kann ich eine Stoppuhr verwenden. Bei Ende der Messung wird sie gestartet. Ich gehe in aller Ruhe unter Deck, stoppe zum Beispiel bei einer vollen Minute der Digitaluhr, notiere deren Anzeige und die Sekunden der Stoppuhr und ziehe diesen Wert dann später bei der Auswertung ab. Außerdem halte ich natürlich den Kimmabstand fest.

Die Auswahl von Beobachtungsgestirnen in der Sportschiffahrt

Wir haben uns einige Seiten lang mit der Beobachtung von Fixsternen beschäftigt. Wie schon erwähnt, ist ein Ort aus mehreren Fixsternhöhen eindeutig das genaueste und zuverlässigste Verfahren der astronomischen Ortsbesimmung auf See.

Wenn astronomisch beobachtet wird, ist diese Methode daher im professionellen Bereich die „favorisierte" Standardmethode. Die Gegebenheiten in der Großschiffahrt lassen sich aber nicht ohne weiteres mit jenen in der Sportschiffahrt vergleichen. Auf einem Sportfahrzeug haben wir bei der astronomischen Navigation vor allem mit den kurzen und starken Bewegungen des Bootes zu kämpfen. Hinzu kommen Sichtprobleme durch die aktuelle Segelführung und vor allem auch die geringe Augeshöhe. Das Resultat ist, daß das Messen von Kimmabständen wesentlich schwieriger ist als im professionellen Bereich.

Und das gilt nun besonders für Fixsterne. Die auch unter günstigen Umständen schon nicht leicht auffindbaren Lichtpunkte werden bei uns zum Problem. Wenn ich aber den Kimmabstand besser schätzen als mit dem Sextanten messen kann, sollte ich gleich auf das Ganze verzichten. Das ist natürlich übertrieben. Ich will Sie auch keinesfalls entmutigen. Wichtig scheint mir aber, daß wir einmal darüber gesprochen haben, damit Sie später in der Praxis nicht enttäuscht sind.

Wir werden in der Praxis daher zu vielleicht 80 % Sonnenbeobachtungen, zu 10 – 15 % Mond- und Planetenbeobachtungen (Venus) und nur zu 5 % Fixsternbeobachtungen machen. Mit Sonne, Mond und Venus kommen Sie nach der Überwindung von Anfangsschwierigkeiten relativ schnell zu Erfolgserlebnissen und vor allem auch zu brauchbaren Orten.

Die in der Sportschiffahrt erzielbare Genauigkeit

All die schönen von uns betrachteten Dinge, wie Einfluß von Systemfehlern oder Einfluß von Fehlern in der Messung von Kimmabständen und Einfluß von Uhrfehlern, können uns nur ein Gefühl für die Fehlerquellen geben und unser „Problembewußtsein" schärfen. Zu quantitativen Aussagen über in der Praxis tatsächlich erreichbare Genauigkeiten verhelfen sie uns nicht. Das ist auch unter den einfacheren und definierteren Verhältnissen der Großschiffahrt nur mit Einschränkungen möglich.

Sie werden im Verlauf der Zeit eigene Erfahrungen sammeln und dann auch das in Ihrer speziellen Situation Mögliche abschätzen können.

Ohne eine etwas konkretere Aussage will ich diese Überlegungen aber doch nicht abschließen. Ganz grob und mit entsprechenden Vorbehalten wegen der in der Praxis sehr unterschiedlichen Verhältnisse können wir von einer Genauigkeit der Standlinie von etwa ± 3' bis ± 5' ausgehen. Die damit erreichte Positionsgenauigkeit wird dann noch von der Anzahl der Standlinien und deren Schnittwinkeln beeinflußt.

Astronomische Kompaßkontrolle

Wenn wir kein Land mehr sehen können, ist es natürlich nichts mehr mit einer terrestrischen Kontrolle des Kompasses. In diesem Fall können wir aber astronomische Methoden einsetzen. Wir unterscheiden drei Verfahren:

– *Zeitazimut*
– *Azimut beim wahren Auf- oder Untergang der Sonne*
– *Nordsternazimut*

Das für die Kontrolle erforderliche Azimut kann – das Nordsternazimut ist ein Spezialfall – mit dem Taschenrechner, den HO-Tafeln oder mit den Nautischen Tafeln bestimmt werden.

Da Sie eine übergroße Anzahl von Verfahren nur verwirren würde, beschränken wir uns hier, wie bei der Höhenrechnung, auf den Taschenrechner und die HO-Tafeln.

Zeitazimut

Das ist nichts anderes als das uns längst bekannte Azimut aus Breite, Abweichung und Ortsstundenwinkel. Wir brauchen uns daher auch gar nicht lange mit der Vorrede aufzuhalten und können gleich ein Beispiel betrachten:

Am 13. Juli stehen wir um 09.41 ZZ auf 15° 07' S 032° 04' W. Wir peilen die Sonne in der Seitenpeilung (SP) 010°, während Magnetkompaßkurs (MgK) 055° anlag. Die Mißweisung (Mw) ist 23° W. Was ergibt sich für Ablenkung (Abl) und rechtweisenden Kurs (rwK)?

Bei der Aufgabe ist angenommen, daß die Sonne mit einer *Seitenpeilscheibe* gepeilt worden ist. Falls auch eine Peilung über den Kompaß möglich ist, kann natürlich auch mit der Magnetkompaßpeilung (MgP) gerechnet werden. Bei unserer Aufgabe würde sich MgP 065° ergeben. Die Angabe der ZZ ist hier vollkommen ausreichend. Da wir das Azimut nur auf volle Grad brauchen, ist eine sekundengenaue Zeit nicht erforderlich.

Wir notieren die Rechnung mit dem Taschenrechner und den HO-Tafeln gleich nebeneinander, wobei die Rechnung bis einschließlich Grt⊙ identisch ist. Den erforderlichen Auszug aus der Tafel HO 249 2 finden Sie auf S. 267.

Übungsaufgaben

1. Warum sollten niedrig stehende Gestirne nach Möglichkeit nicht beobachtet werden?

2. Wie auf S. 51 besprochen, kann die UT1 maximal um 0,9 s von der UTC abweichen. Welcher maximale Längenfehler ergibt sich dann?

3. Bei der Auswertung einer astronomischen Beobachtung rechnet man mit einer Ib von + 2'. Der wirkliche Wert beträgt aber Ib = + 3'. Wie wirkt sich dieser Fehler auf die einzelnen Standlinien aus?

4. Bei teilweise bewölktem Himmel konnten in Wolkenlücken drei Fixsterne mit den Azimuten 031°, 097° und 164° beobachtet werden. Wie ist diese Auswahl zu beurteilen?

5. Wann nach MOZ ist am 23. Oktober morgens auf 50° N der Beginn der bürgerlichen Dämmerung zu erwarten?

Hinweis: Der Beginn der bürgerlichen Dämmerung ergibt sich analog dem Ende, wenn man die Dauer der bürgerlichen Dämmerung (D) von der Aufgangszeit der Sonne (A) subtrahiert (Tabelle S. 82).

Taschenrechner		HO-Tafeln	
ZZ	09.41		
Zu	02.00		
UT1	11.41		
11.00 Grt☉	343° 34,4'		
Zw	10° 15,0'		
Grt☉	353° 49,4'	Grt☉	353° 49,4'
λ$_k$	032° 04,0' W	λ$_r$	031° 49,4' W
t☉	321° 45,4'	t☉	322° 00,0'
δ☉	21° 47,9' N	δ☉	21° 47,9' N
Vb	0,3' S	Vb	0,3' S
δ☉	21° 47,6' N	δ☉	21° 47,6' N
Az	046°	φ$_r$	15° S
		Z	134
		Az	046°

Es folgt die Berechnung von Abl und rwK. Wir schreiben links die Rech-nung für den Fall auf, daß mit der Seitenpeilscheibe gepeilt wurde, da-

Peilscheibe		Kompaß	
Az	046°	Az	046°
− SP	010°	− MgP	065°
rwK	036°	Fw	− 19°
− MgK	055°	− Mw −	(−23°)
Fw	− 19°	Abl	+ 4°
− Mw	− (−23°)		
Abl	+ 4°	MgK	055°
		+ Fw	− 19°
		rwK	036°

neben die Rechnung für die Peilung über den Kompaß:
Fw ist die Fehlweisung. Da die Miß-weisung hier westlich oder negativ ist, habe ich sie in Klammern gesetzt und – obwohl das mathematisch nicht ganz korrekt ist – das Minus-zeichen noch einmal davorgeschrie-ben. Denken Sie also daran: Minus (minus 23°) ist plus 23°.
Ich möchte Ihnen unbedingt empfeh-len, diese Schemata zu verwenden. Benutzen Sie nicht irgendwelche um-funktionierten Kursumwandlungs-rechnungen oder sonstige abenteu-erliche Rechnungen, wie man sie manchmal in Prüfungen sieht. In der professionellen Seefahrt wird auch nur so vorgegangen, da sich diese Methode bestens bewährt hat.

Azimut beim wahren Auf- oder Untergang der Sonne

Bei diesem Verfahren macht man sich die Tatsache zunutze, daß sich der Unterrand der Sonne noch etwa $^2/_3$ ihres Durchmessers über der Kimm befindet, wenn ihr Mittelpunkt im wahren Horizont steht (Abb. 55). Man könnte diese Situation mit dem Sextanten überprüfen. In der See-fahrt ist dafür aber die „Dackelregel" üblich: Ein kleiner Hund sollte gera-de noch unter der Sonne durchlaufen können (Abb. 55).

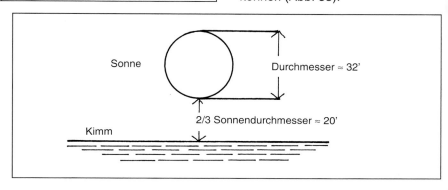

Sonne

Durchmesser ≈ 32'

2/3 Sonnendurchmesser ≈ 20'

Kimm

55 *Wahrer Auf- oder Untergang der Sonne und „Dackelregel".*

Wir studieren den Gebrauch des Verfahrens gleich wieder an einem Beispiel:
Am 22. Oktober steht man um 16.40 ZZ auf 48°13' N 026° 45' W und peilt die Sonne beim wahren Untergang über die Seitenpeilscheibe in der SP 123°, während am Kompaß MgK 144° anlag. Die Mw ist 16° W. Für die alternative Peilung über den Steuerkompaß ergibt sich MgP 267°. Welche Werte von Abl und rwK folgen aus der Beobachtung?

Berechnung des Azimuts beim wahren Auf- oder Untergang mit dem Taschenrechner

Für das Azimut ergibt sich eine besonders einfache Formel:

$$\cos Az = \frac{\sin\delta}{\cos\varphi}$$

$$Az = acs \frac{\sin\delta}{\cos\varphi}$$

Wir rechnen, wie sonst auch, nördliches φ und δ positiv und südliches entsprechend negativ. Für das gesuchte vollkreisige Azimut gelten folgende Umwandlungsregeln:

- beim wahren Aufgang:
  Az =
  angezeigter Rechnerwert
- beim wahren Untergang:
  Az =
  360° – angezeigter Rechnerwert

Neben der Breite benötigen wir nach Formel nur die Abweichung. Wir rechnen:

ZZ	16.40
Zu	02.00
UT1	18.40 (22. 10.)
$\delta\odot$	11° 13,9' S
Vb	0,6' S
$\delta\odot$	11° 14,5' S

Wir tippen unsere Beispielwerte in den Rechner und verwenden unsere gewöhnlichen Abkürzungen: Azimut (A), Breite (P) und Abweichung (D):

P =   48 + 13/60   (ENTER)
D =   – (11 + 14.5/60) (ENTER)
A = ACS(SIN D/COS P) (ENTER)

Wenn wir alles richtig gemacht haben, zeigt das Display jetzt 107.0122153 an.
Unsere Azimutregel sagt, daß beim wahren Untergang das Azimut gleich 360° minus angezeigter Wert sein soll. Also erhalten wir 360° – 107,0122153, gerundet 253°, für das Azimut.
Bevor wir weiterrechnen, behandeln wir noch die Berechnung des Azimuts mit HO-Tafeln.

Berechnung des Azimuts beim wahren Auf- oder Untergang der Sonne mit HO-Tafeln

Wir verwenden den Auszug auf S. 268. Wir berechnen die erforderlichen Eingangswerte und bestimmen auch gleich das Azimut. Dabei gehen wir genauso vor wie bei der Höhenrechnung:

	ZZ	16.40
	Zu	02.00
	UT	18.40 (22. 10.)
18.00	Grt☉	093° 53,5'
	Zw	10° 00,0'
	Grt☉	103° 53,5'
	λ_r	026° 53,5' W
	t☉	077° 00,0'
	$\delta\odot$	11° 13,9' S
	Vb	0,6' S
	$\delta\odot$	11° 14,5' S
	φ_r	48° N
	Z	107°
	Az	253°

Die genaue Berechnung der Abweichung ist natürlich „geschenkt", da wir das Azimut ohnehin nur auf ganze Grad suchen. Von solchen Vereinfachungen machen wir als Anfänger aber am besten noch keinen Gebrauch, da wir uns dann wieder ein weiteres Detail in diesem Ozean von Regeln und Schemata merken müßten.

Bestimmung von Abl und rwK für die Beispielaufgabe

Auch hier treffen wir wieder erfreuliche Verhältnisse an, denn selbstverständlich ist die Berechnung der Ablenkung und des rechtweisenden Kurses nicht abhängig von der Art der Azimutbestimmung. Wir können direkt das Schema von unserem Zeitazimut-Beispiel übernehmen:

Peilscheibe		Kompaß	
Az	253°	Az	253°
–SP	123°	– MgP	267°
rwK	130°	Fw	– 14°
–MgK	144°	– Mw –	– (16°)
Fw –	14°	Abl	+ 2°
–Mw – (–16°)		MgK	144°
Abl	+ 2°	+ Fw	– 14°
		rwK	130°

Zum Abschluß dieses Verfahrens sei noch darauf hingewiesen, daß mit den Methoden aus dem Abschnitt „Berechnung der Auf- und Untergangszeiten der Sonne" (S. 83) auch der Zeitpunkt des wahren Auf- oder Unterganges der Sonne vorausberechnet werden kann.

Nordsternazimut

Hierbei operieren wir mit einer speziellen Tafel aus dem Nautischen Jahrbuch, die Sie schon gesehen

haben bei dem Problem der Vorein-
stellung des Sextanten für die Nordsternbreite. Bei uns befindet sie sich
auf S. 258.

Der Gebrauch der Tafel scheint einfach zu sein, denn wir benötigen nur
die Breite und den Ortsstundenwinkel des Frühlingspunktes.

Am 23. Oktober stehen wir um 05.40
ZZ auf 41°13' N 150° 57' E und peilen den Nordstern über die Seitenpeilscheibe in der SP 118°. Dabei lag
MgK 250° an, die Mißweisung ist
– 6°. (Die zugehörige MgP ist 008°.)
Was erhält man für Abl und rwK?

Wir starten mit der Berechnung von
$t\Upsilon$:

ZZ	05.40
Zu	10.00
UT1	19.40 (22. 10.)

19.00 GrtΥ	316° 11,1'
Zw	10° 01,6'
GrtΥ	326° 12,7'
λ_k	150° 57,0' E
$t\Upsilon$	117° 09,7'

Beachten Sie, daß wir auf großer
Ostlänge stehen, in Greenwich ist es
10 Stunden früher als an Bord, folglich gilt dort das Datum des Vortages, der 22. 10.!

„Nach Sicht" finden wir bei einer Breite von 40° und einem Ortsstundenwinkel von 120° das Azimut 359°.
Das war's schon. Jetzt wieder die
Standardrechnung für Abl und rwK:

Peilscheibe		Kompaß	
Az	359°	Az	359°
– SP	118°	– MgP	008°
rwK	241°	Fw	351°
– MgK	250°		– 360°
Fw	– 9°	Fw	– 9°
– Mw	– (–6°)	– Mw	– (–6°)
Abl	– 3°	Abl	– 3°
		MgK	250°
		+ Fw	– 9°
		rwK	241°

Vergleich der drei Verfahren

Das Zeitazimut ist die universellste
Methode, da sie bei allen Gestirnen
und jederzeit einsetzbar ist. Voraus-
gesetzt natürlich, daß überhaupt beobachtet werden kann. Sie besitzt
noch den weiteren Vorteil, daß sie
sozusagen nebenbei bei der Beobachtung zur Ortsbestimmung abfällt.
In der Praxis werde ich bei der Vormittagsbeobachtung der Sonne sie
auch gleich peilen. Damit erspare ich
mir die sonst erforderliche gesonder-
te Azimutbestimmung, denn das Azimut berechne ich ja sowieso schon
für die Höhe.

Das Azimut beim wahren Auf- oder
Untergang kann nur zweimal täglich
praktiziert werden, hat als getrennte
Methode (also nicht kombiniert mit
der Positionsbestimmung) aber den
Vorteil, einfach zu sein. Man kann
auch, was wir nicht besprochen haben, den Zeitpunkt des wahren Auf-
oder Unterganges vorausberechnen
und muß dann nicht schauen, ob das
mit dem Dackel schon paßt.

So kritisch ist das übrigens nicht, da
sich das Azimut in dem in Frage
kommenden Zeitraum nur wenig ändert. Etwas enger wird es in höheren
Breiten. Trotzdem ist die Methode
nicht so zuverlässig wie das Zeitazimut, das zeigt die Praxis. Der
Grund liegt aber nicht so sehr am
Verfahren, sondern darin, daß wir es
gerade beim Auf- oder Untergang
der Sonne in der Praxis häufig mit
tiefliegenden Wolken in Kimmnähe
zu tun haben. Hinzu kommen Einflüsse der Refraktion, die, wie
wir wissen, insbesondere bei geringen Kimmabständen Schwierigkeiten macht.

Das Nordsternazimut schließlich ist
zum einen nur auf Nordbreite einsetzbar, und das – je nach meteorologischen Verhältnissen – auch nur
bis etwa 10° N. Außerdem ist die Anwendung auf die Morgen- und
Abenddämmerung beschränkt. Als
Vorteil kann die einfache Azimutbestimmung angesehen werden.

Bei allen drei Methoden sind jedoch
die sich aus der Beobachtung ergebenden Fehler in der Regel erheblich größer als die Verfahrensfehler.
Vor allem in unserem Bereich, in der
Sportschiffahrt, ist es wegen des

Seeganges sehr schwierig, eine einigermaßen zuverlässige Peilung zu gewinnen.

Kontrolle der Ablenkungstabelle

Wie in der terrestrischen Navigation, ist es auch in der astronomischen Navigation möglich, mit einem Objekt bekannten Azimuts die gesamte Ablenkungstabelle zu kontrollieren.

Da sich das Azimut im Gegensatz zu den terrestrischen Gegebenheiten hier aber ändert, müssen wir uns etwas einfallen lassen.

Wir verwenden für unsere Zwecke die Sonne und nehmen an, der erforderliche Zeitaufwand liege ganz grob bei 45 Minuten. Wir wollen um 09.00 anfangen und gegen 09.45 fertig sein.

Dann berechnen wir das Azimut der Sonne für 09.00, 09.15, 09.30 und 09.45. Anschließend werden die Azimute in mißweisende Azimute beziehungsweise mißweisende Peilungen umgerechnet, da sich die Rechnung dadurch vereinfacht. Mit einer Mw von 2° E könnten wir folgende Tabelle erhalten haben:

Zeit	rwAz	mwAz
09.00	104°	102°
09.15	108°	106°
09.30	111°	109°
09.45	115°	113°

Dabei ist mwAz = rwAz – Mw.

Jetzt fertigen wir uns ein kleines Diagramm an (Abb. 56). Bei der eigentlichen Kontrolle wird nun zu jeder Peilung der Sonne die Uhrzeit notiert. Später bei der Auswertung können wir dann für jeden Zeitpunkt aus der Zeichnung das mwAz entnehmen. Die grundsätzliche Technik ist Ihnen ja aus der terrestrischen Navigation bekannt (sollte es zumindest sein!).

So würde sich in unserem Beispiel (Abb. 56) um 09.20 ein mwAz von 107° ergeben. Wenn wir der Einfachheit wegen annehmen, wir könnten über den Kompaß peilen und wir hätten für 09.20 auf dem MgK (Kompaßkurs) 195° eine MgP (Kompaßpeilung) von 110° gefunden, dann wäre die Abl (Ablenkung) auf diesem Kurs gerade –3°.

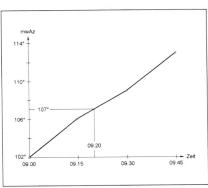

56 *Beispiel für ein Diagramm zum mißweisenden Azimut der Sonne bei der astronomischen Kompaßkontrolle.*

Übungsaufgaben

Die Aufgaben 1 und 2 können sowohl mit HO-Tafeln als auch mit dem Taschenrechner gelöst werden.

1. Am 22. Oktober steht man um 08.41 ZZ auf 48° 12' N 139° 47' W. Man peilt die Sonne an der Seitenpeilscheibe in der SP 325°. Bei der Beobachtung lag MgK 145° an, Mw 21° E. (Die der Seitenpeilung entsprechende Kompaßpeilung ist MgP = 110°.)
   a) Wie groß ist die Ablenkung für den anliegenden Kurs?
   b) Welcher rwK ergibt sich?

2. Am 13. Juli steht eine Yacht um 06.16 ZZ auf 14° 53' S 063° 30' E. Man peilt die Sonne beim wahren Aufgang über den Kompaß in der Kompaßpeilung 080°, während der Kompaßkurs 259° anlag, Mw 13° W. (Beim Peilen über die Seitenpeilscheibe ergibt sich eine SP von 18.1°.) Welche Werte erhält man für Abl und rwK?

3. Situation wie in der Übungsaufgabe auf S. 77. Man peilt, während MgK 130° anliegt, den Nordstern über die Seitenpeilscheibe in der SP 229°, Mw 11° W. (Beim Peilen über den Kompaß würde sich MgP = 359° ergeben.)
   a) Wie groß ist die Ablenkung für den anliegenden Kurs?
   b) Welches ist der rwK?

Die Verwendung der beigefügten Programme

Übersicht

Am effektivsten ist der Rechnereinsatz, wenn programmiert gerechnet wird. Für die Probleme, für deren Bearbeitung in den „empfohlenen Lehrinhalten" ausdrücklich auch eine Rechnerlösung genannt wird, finden Sie auf den Seiten 274 bis 279 folgende Programme:
- ERSTE UND ZWEITE AUFGABE DER BESTECKRECHNUNG NACH MITTELBREITE
- GROSSKREISNAVIGATION
- HOEHE UND AZIMUT AUS PHI, DELTA UND T
- WAHRER AUF- UND UNTERGANG DER SONNE

Die Programme sind ohne Einschränkung auf dem Taschenrechner Sharp PC-E500 lauffähig, dürften aber auch auf den meisten anderen Taschenrechnern von Sharp oder Casio ohne Änderungen funktionieren. Wenn Schwierigkeiten auftauchen, prüfen Sie, ob irgendwelche Befehle, die in den Programmen vorkommen, bei Ihrem Rechner vielleicht etwas anders lauten. Denkbar sind auch etwas abweichende „sprachliche Eigenheiten". Wenn Sie

gar nicht zurechtkommen: Es gibt mit Sicherheit in Ihrem Bekanntenkreis, in Verein oder Segelkameradschaft einen Experten, den Sie zu Rate ziehen können.

Bei weitergehenden Fragen, zum Beispiel Übertragung der Programme auf PCs oder Laptops, verweise ich noch einmal auf den Band 88 der Yacht-Bücherei. Dort finden Sie neben den in diesem Buch abgedruckten Programmen für praktisch alle Navigationsaufgaben Programme, die Sie vollkommen unabhängig von einem Jahrbuch oder irgendwelchen Tafeln machen.

Zum Schluß sollte noch erwähnt werden, daß die Programme alle Standardfälle erfassen, nicht dagegen ausgefallene Spezialaufgaben, wie Koppeln über die Pole oder ähnliches.

Hinweise zum Dialogverkehr

Die Programme erwarten, wenn sie gestartet worden sind, von Ihnen entsprechende Eingaben. Dabei ist wichtig, daß Sie die vorgegebene Eingabeform, das sogenannte *Format,* beachten.

Wir betrachten als Beispiel das einfache und für Sie sehr nützliche *Höhenprogramm.* Das Programm fragt zuerst nach der Breite: PHI? (VZGG.MMZ). Die eingeklammerten Angaben bedeuten, daß erwartet werden: VZ (Vorzeichen + oder – für Nord oder Süd), GG (zweistellige Gradeingabe), . (Punkt!) als Trennsymbol zwischen der Gradzahl und dem Minutenanteil, MM (zweistellige Minutenangabe), Z (Zehntelminuten).

Unsere Breite sei 15° 08,9' S, dann geben wir ein: −15.089 und schließen die Eingabe mit (ENTER) ab. Entsprechend gehen wir bei der Eingabe von Delta vor. Beim Stundenwinkel gibt es kein Vorzeichen. Daher lautet das Format (GGG.MMZ). Das G taucht dreimal auf, da der Stundenwinkel ja dreistellig ist.

Ich glaube, mit diesen Angaben kommen Sie klar, zumal sich bei jedem Programm noch spezielle Hinweise und Anwendungsbeispiele finden und die Eingaben eigentlich auch selbsterklärend sind.

4. Elektronische Navigation

Was ist elektronische Navigation?

Wenn wir als die Hauptaufgaben der Navigation die Ortsbestimmung und die Kursbestimmung ansehen, dann können diese Aufgaben gelöst werden mit Hilfe

- der *terrestrischen Navigation,*
- der *astronomischen Navigation* und
- der *technischen Navigation.*

Die technische Navigation ist dabei der Teil der Navigation, bei dem als unverzichtbare Bestandteile entweder an Bord oder an Bord und an Land (oder im erdnahen Raum) technische Systeme eingesetzt werden. Der Sextant ist zwar ein technisches System, dennoch ist die astronomische Navigation damit nicht Teil der technischen Navigation. Denn prinzipiell könnten wir auch mit ganz primitiven – nichttechnischen – Hilfsmitteln astronomisch navigieren. Andererseits ist aber klar, daß GPS ohne Satelliten oder Satellitenempfänger etwas schwierig zu praktizieren wäre.

Die *elektronische Navigation* kann als Teilgebiet der technischen Navigation angesehen werden. Ihre Bezeichnung leitet sich aus dem amerikanisch/englischen Begriff „electronic navigation" ab. Man versteht darunter die Gebiete der technischen Navigation, in denen elektronische Hilfsmittel eine bestimmende Rolle spielen. In einem umfassenderen Sinn werden zur elektronischen Navigation auch alle elektronischen Hilfsmittel gerechnet, wie zum Beispiel die elektronische Seekarte.

Die Übergänge zwischen der technischen und der elektronischen Navigation sind jedoch fließend, da heute praktisch alle technischen Navigationssysteme ganz wesentlich auch Elektronik enthalten. Für die Praxis sind solche Begriffsbestimmungen und Unterscheidungen aber völlig uninteressant, weshalb wir es bei diesen Betrachtungen auch belassen wollen.

Entwicklung der elektronischen Navigation, Hauptverfahren

Bevor es technische Navigationsverfahren gab, konnten im freien Seeraum nur die Koppelnavigation und die astronomische Navigation eingesetzt werden. Nun wissen wir, daß die Koppelnavigation um so ungenauer wird, je mehr Zeit vergeht. Astronomisch navigieren können wir nur am Tage beziehungsweise in der Dämmerung, und das auch nur, wenn es nicht bewölkt ist.

Durch die immer weiter fortschreitende – vor allem militärtechnische – Entwicklung wurden immer leistungsfähigere und universeller einsetzbare technische Systeme realisiert, die diese Grenzen überwanden.

Von der Vielzahl der heute verfügbaren Verfahren werden wir die im wesentlichen im Zweiten Weltkrieg entwickelten Systeme *Decca, Loran C* und *Radar* besprechen. Ferner das (ebenfalls militärische!) GPS, dann die sozusagen als „Abfallprodukt" der Computertechnik und Bildverarbeitung realisierte *elektronische Seekarte* und schließlich die Kombination verschiedener Systeme zu einer *integrierten Navigationsanlage.*

Dabei werden wir die Ihnen schon aus dem Sportseeschifferkurs bekannten grundlegenden Tatsachen kurz wiederholen und uns die Verfahren und Systeme besonders unter dem Aspekt der weltweiten Navigation anschauen. Einen Schwerpunkt werden wir auch auf die Betrachtung der Möglichkeiten, Grenzen und Probleme der einzelnen Verfahren legen.

Prinzip der Hyperbelnavigation

Betrachten Sie bitte Abb. 57 (S. 92). Sie sehen dort die Sender „A" und „B" sowie ein Fahrzeug „F". Alle Hyperbelnavigationsverfahren bestimmen die *Differenz der Abstände* des Fahrzeuges zu den beiden Sendern. In unserem Beispiel wäre das die Strecke FA (180 sm) minus FB (80 sm) gleich 100 sm.

Welche navigatorische Information ist bei Kenntnis dieses Wertes gegeben? Abb. 58 zeigt, daß es beliebig viele Positionen gibt, für die die Abstandsdifferenz gerade 100 sm beträgt. Wir merken uns:

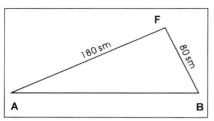

57 *Zwei Sender „A" und „B" eines Hyperbelsystems. Für das Fahrzeug „F" ergibt sich hier eine Abstandsdifferenz von 100 sm.*

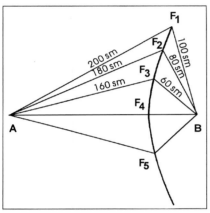

58 *Alle Fahrzeuge mit der Abstandsdifferenz 100 sm stehen auf der eingezeichneten Hyperbel.*

● Alle Beobachter, deren Abstandsdifferenz zu zwei festen Positionen (den Senderstandorten) konstant ist (einen festen Wert hat), stehen auf einer Hyperbel.
● Durch Messen der Abstandsdifferenz ergibt sich eine Hyperbelstandlinie*.

_____
* Während in der Geometrie eine Hyperbel zwei „Äste" aufweist, ist es in der Navigation üblich, einen einzelnen Hyperbelast als „Hyperbel" zu bezeichnen.

Der Grund für dieses Ergebnis liegt in der Geometrie. Dort ist die Hyperbel gerade als „geometrischer Ort" für alle Punkte definiert, deren Abstandsdifferenz zu zwei festen Punkten konstant ist.

Die einzelnen Hyperbelnavigationsverfahren unterscheiden sich vom Prinzip her nur in der Art und Weise, wie die Abstandsdifferenz bestimmt wird.

Decca

Die Bestimmung der Abstandsdifferenz bei Decca

Wir haben eben die Abstände und die Abstandsdifferenz in Seemeilen angegeben. Man könnte statt dessen aber auch *Wellenlängen* (diese könnten auch in Seemeilen gemessen werden) benutzen. Denken Sie dazu einfach an die bekannte Sinuskurve.

Statt der in unserem Beispiel verwendeten Abstandsdifferenz von

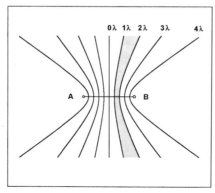

59 *Abstandsdifferenzen können auch in Wellenlängen angegeben werden. Das gerasterte Gebiet zwischen den Nullhyperbeln 1 λ und 2 λ kennzeichnet einen Streifen.*

100 sm könnten wir auch eine Abstandsdifferenz von zum Beispiel 1 Wellenlänge nehmen. Abb. 59 zeigt die zugehörigen Hyperbeln für verschiedene, in Wellenlängen (λ) ausgedrückte Abstandsdifferenzen. Und jetzt kommt der entscheidende Punkt:

Diese Abstandsdifferenzen von 0, 1, 2 Wellenlängen usw. sind gleichbedeutend mit ganz bestimmten gegenseitigen „Verschiebungen" der von den beiden Sendern abgestrahlten und an Bord empfangenen Wellen. Wir wollen statt „Verschiebung" den Fachausdruck *Phasenverschiebung* oder *Phasendifferenz* benutzen. Genau diese Größe wird vom Decca-Navigator gemessen.

Nun wissen wir, daß einer Wellenlänge (einer ganzen Sinuskurve) gerade 360° entsprechen. Mißt der Navigator demnach eine Phasendifferenz von 360°, beträgt die Abstandsdifferenz eine Wellenlänge, und das Schiff steht auf der Hyperbel 1 λ. Werden 720° gemessen, steht man auf der Hyperbel 2 λ und so fort. Wenn aber eine Welle gegenüber der anderen um 0°, 360° oder 720° verschoben ist, so können wir das nicht voneinander unterscheiden. In jedem Fall ist die Phasendifferenz Null. Die Hyperbeln mit dieser Phasendifferenz heißen *Nullhyperbeln*. Das Gebiet zwischen zwei benachbarten Nullhyperbeln wird *Streifen* oder *Lane* genannt. In Abb. 59 ist ein solcher Streifen durch Rasterung hervorgehoben.

Aus der Tatsache, daß zu der Phasendifferenz Null nicht nur *eine* Hyperbel gehört, folgt, daß das Decca-Verfahren *mehrdeutig* ist. In der Regel wird das Schiff nicht gerade auf einer Nullhyperbel stehen. Wenn es sich beispielsweise genau in der Mitte eines Streifens befindet, wird die Phasendifferenz 180° gemessen.

Da es auch im benachbarten Streifen diese Phasendifferenz gibt, gilt die Mehrdeutigkeit also generell.

Decca-Ketten

Mit zwei Sendern kann man nur *eine* Standlinie erhalten. Demnach benötigt man mindestens zwei weitere Sender für eine zweite Standlinie. Bei Decca kombiniert man drei *Senderpaare* für drei Standlinien in einer ganz bestimmten Form miteinander. Drei dieser Sender werden zum sogenannten *Hauptsender* zusammengefaßt. Der Hauptsender arbeitet in dieser dann aus vier Sendern[*]

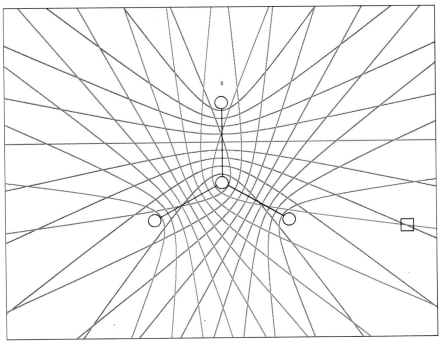

61 *Zu jeder Kombination aus Hauptsender und Nebensender gehört eine Hyperbelschar. Zur Unterscheidung werden die Hyperbeln in der Farbe des jeweiligen Nebensenders gedruckt. Das kleine Quadrat rechts in der Zeichnung kennzeichnet eine Position mit spitzen Schnittwinkeln. Ungünstige Schnittwinkel treten, wie die Zeichnung zeigt, schon in relativ geringen Abständen vom Hauptsender auf.*

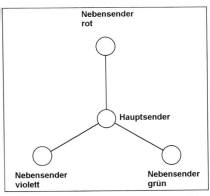

60 *Ein Hauptsender und drei Nebensender bilden eine Decca-Kette.*

bestehenden *Decca-Kette* mit den drei *Nebensendern* zusammen (Abb. 60).

Zu jedem Senderpaar Hauptsender – Nebensender gehört eine bestimmte Anzahl von Nullhyperbeln, eine *Hyperbelschar*. Es ist üblich, die sich ergebenden drei Hyperbelscha-

ren rot, grün und violett zu kennzeichnen. Der jeweilige Nebensender wird daher auch als Nebensender „rot", Nebensender „grün" und Nebensender „violett" bezeichnet (Abb. 60 und 61). Die einzelnen Nullhyperbeln werden nach einem bestimmten System bezeichnet und mit diesen Bezeichnungen farbig in die Seekarte eingedruckt. Dieses System (die sogenannten *Decca-Koordinaten*) werden wir hier aber nicht betrachten, da es nur für die professionelle Seefahrt von Bedeutung ist.

Feinortung und Grobortung

Wir fassen unseren bisherigen Kenntnisstand noch einmal zusammen: Der Decca-Navigator mißt mindestens zwei bestimmte Phasendifferenzen der vom Hauptsender und zwei Nebensendern empfangenen Wellen und wandelt diese in die von uns nicht betrachteten speziellen Decca-Koordinaten um. Diese Koordinaten werden in der Karte aufgesucht, der sich ergebende Schiffsort wird mit einem Kreis und der Uhrzeit gekennzeichnet.

[*] Es gibt auch Decca-Ketten mit einem Hauptsender und nur zwei Nebensendern.

Wegen der schon angesprochenen Mehrdeutigkeit gibt es aber noch Probleme. Diese löst man mit der *Grobortung*. So wird die Methode genannt, mit der man die in der von uns bisher betrachteten *Feinortung* enthaltene Mehrdeutigkeit beseitigt.

Man kann zeigen, daß die *Streifenbreite* (Breite einer Lane) auf der *Basislinie* (das ist die Verbindungslinie Hauptsender – Nebensender) kürzer als eine Seemeile ist. Damit ist es aber schwierig, den zu der Hyperbel gehörenden Streifen zu finden. Der Grundgedanke der Grobortung besteht darin, durch kurzzeitiges Aussenden bestimmter Frequenzen eine spezielle Hyperbelschar mit wesentlich größerer Streifenbreite zu erzeugen. Damit ist dann eine eindeutige Identifizierung der in Frage kommenden Hyperbel beziehungsweise Hyperbeln möglich.

Decca-Koordinaten und geographische Koordinaten

Die Anzeige von Decca-Koordinaten ist nur für professionelle Geräte vorgeschrieben. Diese Anlagen liefern alternativ auch geographische Koordinaten. Geräte in der Sportschiffahrt zeigen nur geographische Koordinaten an.

Bei einigen Geräten muß eine ungefähre Startposition eingegeben werden, wenn die Anlage den Schiffsort finden soll. Neuere Geräte können – allerdings manchmal mit einigem Zeitaufwand – selbsttätig die Startposition finden. Ist diese dem Gerät erst einmal bekannt, zählt es intern einfach wie ein Tacho die Hyperbeln weiter. Auch mit irgendwelchen Grobortungsproblemen werden wir von modernen Anlagen nicht behelligt.

62 *Nordwestspanische Kette mit Genauigkeitskonturen A bis E.*

Bedeckungsbereich einer Decca-Kette

Für das Folgende ist es wichtig zu wissen, daß die Basislänge (Abstand Hauptsender – Nebensender) bei Decca in der Größenordnung von 40 bis 120 sm liegt. Wenn Sie jetzt noch einmal Abb. 61 auf S. 93 betrachten, erkennen Sie, daß die Hyperbeln sich schon in relativ geringem Abstand vom Hauptsender unter spitzen Winkeln schneiden. In Abb. 61 ist ein solcher Fall durch das eingetragene Quadrat gekennzeichnet.

Winkel kleiner als etwa 30° ergeben jedoch unzuverlässige bis unbrauchbare Positionen. Ferner ersehen Sie aus Abb. 61, daß in der Regel nur zwei Hyperbelstandlinien (zwei „Farben") verfügbar sind. Daraus ergibt sich, daß der navigatorisch nutzbare Bereich einer Decca-Kette, der *Bedeckungsbereich,* nur etwa einem Kreis von 200 bis 300 sm Radius um

den Hauptsender entspricht. Abb. 62 zeigt für die nordwestspanische Kette, daß der Bedeckungsbereich tatsächlich einem Kleeblatt ähnelt. Auf die dort eingezeichneten Kurven kommen wir gleich noch zu sprechen.

Möglichkeiten und Grenzen der Decca-Navigation

Unsere Überlegungen zeigen zunächst, daß Decca ein reines *Küstennavigationsverfahren* ist. Wegen des relativ kleinen Bedeckungsbereiches ist es nicht möglich, das Verfahren mit vertretbarem Aufwand weltweit nutzbar zu machen. So kann es wegen der historischen Entwicklung primär in Europa eingesetzt werden, mit Ausnahme fast des gesamten Mittelmeerraums und der äußeren nordwestlichen Gebiete.

Außerhalb Europas finden sich Decca-Ketten in Südafrika, Japan, Pakistan und im Persischen Golf.

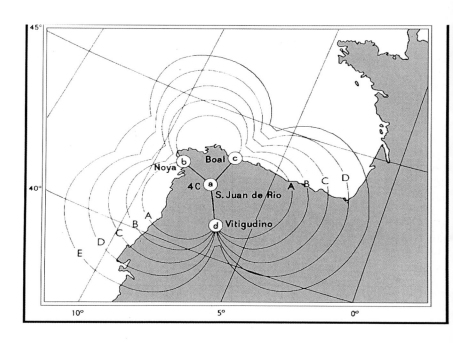

Am Tage ist Decca in der Regel – wenn wir die besprochenen Ausnahmen berücksichtigen – sehr zuverlässig und auch genau. Es kann daher auch in schwierigen Gewässern eingesetzt und hervorragend für die *Wegpunktnavigation* genutzt werden.

In der Dämmerung und nachts ist, wie natürlich auch am Tage, eine alleinige Abstützung der Navigation auf Decca keinesfalls anzuraten. Beispielsweise war eine Strandung in der Großschiffahrt an der Ostküste von England im Gebiet der Well Bank und der Broken Bank (das sind gefährliche, der Küste vorgelagerte Sände) darauf zurückzuführen, daß nachts allein mit Decca (und unsicheren Radarorten von Bohrplattformen) navigiert wurde.

Genauigkeit, spezielle Probleme

Zur Beurteilung eines Navigationsverfahrens gehört auch immer die Diskussion der Genauigkeit.

Es hat sich gezeigt, daß Decca am Tage sehr genau ist. Bei nicht zu großen Abständen vom Hauptsender steht das Schiff dann mit 95 % Wahrscheinlichkeit in einem Kreis, dessen Radius *(Fehlerkreisradius)* etwa 0,05 bis 0,2 sm beträgt. 95 % heißt, von 100 Orten liegen 95 in diesem Kreis und 5 außerhalb. Diese fünf Positionen weisen also einen größeren Fehler auf.

In der Dämmerung und nachts können wesentlich größere Fehler auftreten. Dann breiten sich die Decca-Wellen nämlich nicht nur wie am Tage längs der Erdoberfläche aus *(Bodenwelle)*, sondern auch gespiegelt an der Hochatmosphäre *(Ionosphäre)* als *Raumwelle*. Durch *Überlagerung* von Boden- und Raumwelle am Empfangsort kommt es zu Pro-

blemen. Dann kann es zu Fehlerkreisradien im Bereich von Seemeilen oder zum völligen „Ausstieg" des Gerätes kommen. Mit solchen Schwierigkeiten muß insbesondere am Rande des Bedeckungsbereiches gerechnet werden.

Betrachten Sie dazu noch einmal Abb. 62 auf S. 94. Die dort mit den Buchstaben A bis E bezeichneten Kurven geben Auskunft über Decca-Genauigkeiten in der Dämmerung und nachts. Stehen wir auf Kurve E oder zwischen E und D, ist nachts die Ortung unbrauchbar. In der Dämmerung ist der Fehlerkreisradius immer noch 8 (acht!) sm groß und reduziert sich erst bei D auf 4 sm. Selbst auf der Kontur A haben wir in einer Winternacht noch mit dem Fehlerkreisradius 1,5 sm zu rechnen! Es ist wichtig, sich diese Zahlen einmal in Ruhe anzuschauen, denn selbst im professionellen Bereich bestehen zum Teil etwas euphorische Ansichten über die Genauigkeit von Decca.

Auch starker Niederschlag, das Herannahen einer Kaltfront mit Gewittern kann zum Totalausfall des Decca-Navigators führen. Ferner sind aus der Praxis Schwierigkeiten bei der Decca-Nutzung in Gebieten mit hohen Steilküsten berichtet worden. Wenn die Empfangsverhältnisse kurzzeitig ungünstig werden durch die „Launen" der Ionosphäre, kann es zu einem *lane slip* kommen. Dabei springt der Decca-Navigator „einfach" in einen anderen Streifen (lane). Ob solche wenig schönen „Späße" erkannt werden, ist die Frage.

Manche Geräte können dieses Springen erkennen und geben dann Alarm. Wenn wir mitkoppeln, was eigentlich selbstverständlich sein sollte, werden wir einen größeren Fehler dieser Art ebenfalls bemerken. Diese

unangenehmen Phänomene sind übrigens einer der Gründe, warum im professionellen Bereich die alternative Ausgabe von Decca-Koordinaten vorgeschrieben ist. Durch Vergleich mit der Karte würde ein lane slip sofort auffallen.

Neuere Entwicklungen, Zukunftsaussichten

Wir hatten das Auftreten ungünstiger Schnittwinkel als bestimmenden Einfluß für die Größe des Bedeckungsbereiches erkannt. Wenn in einem bestimmten Seegebiet mehrere Decca-Ketten vorhanden sind, ist es möglich, den insgesamt nutzbaren Bereich zu vergrößern. Ferner kann die Genauigkeit in ungünstigen Gebieten des Bedeckungsbereiches einer Kette gesteigert werden.

Der Schlüssel zu diesen Möglichkeiten liegt in der Kombination von Standlinien unterschiedlicher Ketten. Das, was früher als „Interchain Fixing" manuell gemacht werden konnte, führen moderne Decca-Navigatoren heute selbsttätig aus. Geräte mit dieser Fähigkeit arbeiten dann im *Zweiketten-Betrieb*.

Wegen seiner insgesamt positiven Eigenschaften wurde und wird Decca sowohl im professionellen als auch im Sportschiffahrtsbereich von vielen Schiffen genutzt. Trotzdem sind die Zukunftsaussichten pessimistisch zu beurteilen. Gründe dafür sind finanzielle Probleme im Unterhalt der vielen Sender, vor allem aber die Konkurrenz anderer Verfahren. Das sind Loran C und vor allem GPS. Außerhalb Europas haben schon mehrere Decca-Ketten ihren Betrieb eingestellt, oder sie sind auf Loran C umgestellt worden. Für Europa ist mittelfristig mit einer ähnlichen Entwicklung zu rechnen.

Decca-Navigatoren in der Sportschiffahrt

Zum Abschluß dieses Gebietes sollen zwei Decca-Navigatoren für die Sportschiffahrt vorgestellt werden. Abb. 63 zeigt den für die Cockpitmontage geeigneten APN 4 von Philips. Das sehr kompakte und einfach zu bedienende Gerät liefert unter anderem ständig Position, Fahrt über Grund und Kurs über Grund. Zur Inbetriebnahme braucht nicht mehr die ungefähre Position eingegeben zu werden, da das Gerät selbsttätig die Startposition finden kann.

Integriert ist auch die wichtige Mann-über-Bord-Funktion. Geht ein Crewmitglied über Bord, kann diese Funktion aktiviert werden. Dabei hält das Gerät die augenblickliche Position fest und zeigt ständig Kurs und Distanz zu dieser Position an, was insbesondere nachts oder bei unsichtigem Wetter eine unschätzbare Hilfe sein kann.

Noch wesentlich weitergehende Möglichkeiten bietet der hier nicht abgebildete APN 5 DS. Neben den Standard- weist dieses Gerät noch spezielle Regatta-Funktionen und eine umfangreiche *Routenplanung* mit bis zu 200 Wegpunkten auf. Ferner besitzt es Dateneingänge und Datenausgänge. Damit kann der Navigator Informationen mit anderen Bordgeräten wie Radar, Autopilot, Seekartenplotter usw. austauschen. „DS" steht für Dual System. Damit wird die interessante Möglichkeit gekennzeichnet, durch Anschluß des APN 7 ein Zweifach-Navigationssystem zu realisieren. Das System kann dann wahlweise als Decca- oder als GPS-Navigator betrieben werden.

Loran C

Die Bestimmung der Abstandsdifferenz

Bei Loran C wird die Abstandsdifferenz durch Messung einer *Zeitdifferenz* bestimmt. Dazu läßt man die Loran-Stationen immer nur kurzzeitig arbeiten, im *Impulsbetrieb,* wie der Fachausdruck lautet. Die Impulse werden gleichzeitig von den Sendern abgestrahlt und breiten sich rund um die Antennen in alle Richtungen aus.

Bei „F" – wir verwenden wieder die gleichen Bezeichnungen wie bei Decca – werden die Impulse mit einer von der Abstandsdifferenz FA – FB abhängigen Zeitdifferenz eintreffen.

Wir machen uns die Verhältnisse an einem Beispiel klar. Es sei (Abb. 64) FA = 900 km und FB = 600 km (wir verwenden hier wegen des einfacheren Rechnens Distanzen in km). Dann ist die Abstandsdifferenz 900 km – 600 km = 300 km. Für die Strecke FA benötigt die Welle: *Laufzeit* = 900 km/300 000 km/s = 0,003 s. Das sind 3 Tausendstelsekunden oder 3000 Millionstelsekunden. Statt *Millionstelsekunden* sagen wir einfacher: *Mikrosekunden.* Die Laufzeit für die Strecke FB ergibt sich zu 2000 Mikrosekunden. Die *Laufzeitdifferenz* ist demnach 3000

63 *Decca-Navigator APN 4 von Philips (Dantronik).*

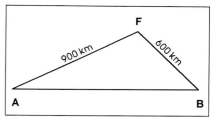

64 *Zwei Sender „A" und „B" einer Loran-Kette und Fahrzeug „F".*

Mikrosekunden – 2000 Mikrosekunden = 1000 Mikrosekunden. Diese wird vom Loran-Empfänger gemessen.

Im Gegensatz zu unserer Beispielrechnung ist in der Realität die Laufzeitdifferenz bekannt und die Abstandsdifferenz gesucht. Der Empfänger multipliziert nun einfach die Zeitdifferenz mit der Lichtgeschwindigkeit und erhält die Abstandsdifferenz. Damit ist wieder eine Hyperbelstandlinie gefunden.

Wir wollen und können uns nicht mit Details des hochkomplexen Loran C auseinandersetzen. Erwähnt sei nur, daß in Wirklichkeit *Impulsgruppen* ausgesendet werden, wobei die Einzelimpulse noch in ganz bestimmter Weise modifiziert werden. Außerdem werden die Impulsgruppen nicht gleichzeitig von den Sendern abgestrahlt. Aus dieser Vorgehensweise resultiert unter anderem, daß Loran C *nicht* mehrdeutig ist. Jeder Hyperbelstandlinie entspricht eine ganz bestimmte Laufzeitdifferenz, die nur dieser Hyperbel zukommt.

Loran-Ketten

Auch bei Loran werden mehrere Sender zu einer *Loran-Kette* zusammengefaßt. Reale Loran-Ketten bestehen aus einem Hauptsender (Master) und drei bis fünf Nebensendern. Betrachten Sie als Beispiel die norwegische Kette mit der Bezeichnung 7970 (Abb. 65). Hier gibt es neben dem auf den Färöer befindlichen Hauptsender (M) vier Nebensender: W auf Sylt, X in Norwegen, Y auf Island und Z auf Jan Mayen. Ähnlich wie bei Decca erwarten wir auch hier für jede Kombination Hauptsender – Nebensender eine Hyperbelschar. Die einzelnen Hyperbeln werden mit der Kettenbezeichnung, dem zu-

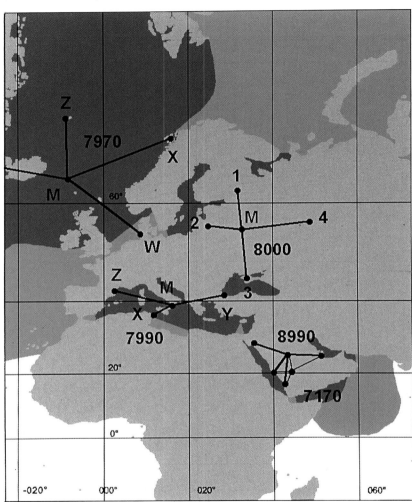

65 *Beispiele für den Bedeckungsbereich von Loran-Ketten. Der Bodenwellenbereich ist dunkelblau, der Raumwellenbereich hellblau gekennzeichnet.*

gehörigen Nebensender und der Laufzeitdifferenz gekennzeichnet und farbig in die Seekarte eingedruckt. Da wir in der Sportschiffahrt mit diesen Bezeichnungen aber nicht konfrontiert werden, betrachten wir die *Loran-Koordinaten* nicht genauer.

Loran-Koordinaten und geographische Koordinaten

Professionelle Geräte müssen neben den geographischen auch noch die Loran-Koordinaten anzeigen können, während wir nur Geräte mit geographischen Koordinaten einsetzen.

Da Loran C nicht mehrdeutig ist, gibt es auch keine Grobortung, wie sie bei Decca erforderlich ist.

Bedeckungsbereich einer Loran-Kette

Wie Sie wissen, ist Loran die Abkürzung von *Long Range Navigation,* was soviel wie Weitbereichsnavigation bedeutet. Der Grund, warum bei Decca die Schnittwinkel der Hyperbeln schon in relativ kurzen Distanzen vom Hauptsender ungünstig werden, ist die kurze Basislänge von nur etwa 80 sm. Genau hier liegt einer der wesentlichen Unterschiede zwischen Loran C und Decca. Wie Sie schon in Abb. 65 auf S. 97 abschätzen konnten, beträgt bei diesem Verfahren die Basislänge etwa 600 bis 800 sm. Als Konsequenz davon können wir mit einem Bedeckungsbereich von rund 800 sm, in günstigen Fällen auch von etwa 1000 sm rechnen.

Abb. 66 zeigt oben die Hyperbeln für eine bestimmte Basislänge und darunter die Hyperbelschar für eine größere Basislänge. Sie erkennen sofort, daß hier erst in größeren Abständen ungünstige Schnittwinkel zu erwarten sind.

Genauigkeit, spezielle Probleme

Die gerade gemachten Zahlenangaben bedürfen noch der Erläuterung. In Abb. 65 auf S. 97 sehen Sie, daß die Gebiete um den Hauptsender verschiedenfarbig dargestellt sind. In den dunkelblauen Bereichen kann man die Bodenwelle empfangen, in den hellblauen dagegen nur die Raumwelle. Wir hatten diese beiden Formen der Wellenausbreitung ja schon bei Decca angetroffen. Eine zuverlässige Navigation ist nur im Bereich der Bodenwelle möglich.

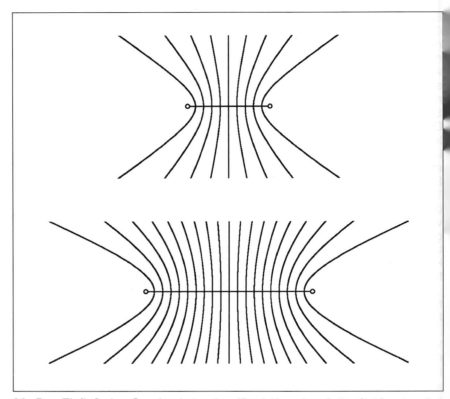

66 *Der Einfluß des Senderabstandes (Basislänge) auf die Größe des Bedeckungsbereiches von Hyperbelsystemen. Bei kleiner Basislänge (oben) laufen die Hyperbeln im Gegensatz zu den Verhältnissen bei großer Basislänge (unten) schon in geringer Entfernung von der Basis stärker auseinander. Damit ergeben sich bei kleinen Basislängen auch bereits bei kleinen Abständen von der Basis spitze Schnittwinkel der Hyperbeln.*

Die Distanz, bis zu der Bodenwellen genutzt werden können, hängt von mehreren Parametern ab, unter anderem von der Sendeleistung und der Leitfähigkeit des Untergrundes, aber auch von der Qualität der Hardware (Loran-Empfänger). Abb. 65 gibt mittlere Verhältnisse wieder.

Theoretisch kann auch die Raumwelle zur Navigation verwendet werden. Das wäre natürlich eine gute Sache, denn die hellblauen Gebiete sind in Abb. 65 sehr ausgedehnt. Real gibt es aber Probleme. Das liegt daran, daß die von den einzelnen Sendern kommenden Raumwellen durch die Spiegelung an der Ionosphäre eine unterschiedliche Wegverlängerung erfahren. Dadurch aber wird die gesuchte Abstandsdifferenz fehlerhaft. Auch durch die zu diesem Zweck verwendeten Korrekturwerte ist der Fehler nur teilweise eliminierbar.

Bei Bodenwellenempfang kann die Genauigkeit (wieder Fehlerkreisradius bei 95 % Wahrscheinlichkeit) mit 0,05 bis 0,3 sm angenommen werden, je nach Abstand von der Basislinie. Bei Raumwellenempfang macht der Fehler mehrere bis viele Seemeilen aus.

Da Loran C wie Decca im Langwellenbereich arbeitet, treten auch ähnliche Phänomene auf, wie eine Beeinflussung durch meteorologische Effekte. Die Abhängigkeit von der Tageszeit dagegen ist (in der Regel) durch eine sehr aufwendige Signalverarbeitungstechnik im Empfänger geringer als bei Decca. Dadurch treten keine so signifikanten Genauigkeitsdifferenzen zwischen Tag und Nacht auf.

Möglichkeiten und Grenzen der Loran-Navigation

Wegen des vergleichsweise großen Gebietes, das von einer einzigen Loran-Kette navigatorisch versorgt wird, sind die Verhältnisse natürlich günstiger als bei Decca. Das gilt vor allem deshalb, weil die erzielbare Genauigkeit vergleichbar ist (abgesehen von den gerade erörterten Tag/Nacht-Differenzen).

Trotzdem geht aber aus Abb. 65 hervor, daß große Seegebiete auch mit Loran nicht vollständig abgedeckt werden können. Zur Zeit (1994) ist Loran immer noch primär im Interessen- und Einflußbereich der USA anzutreffen. So sind die US-Küsten, der Nordatlantik, das Mittelmeer und der Bereich um die arabische Halbinsel gut versorgt.

Aber gerade in letzter Zeit – wir kommen noch darauf zurück – sind auch in anderen Gebieten Loran-Ketten entstanden. So hat Rußland zwei Ketten gebaut, wobei das verwendete, *TCHAIKA* genannte Verfahren

Loran C sehr ähnlich ist. Auch in Indien (als Ersatz für die ursprünglichen Decca-Ketten) sind zwei Ketten gebaut worden, in China eine.

Neuere Entwicklungen, Zukunftsaussichten

Wenn wir die Möglichkeiten und Grenzen von Loran diskutieren, so ist das kaum von der aktuellen Entwicklung zu trennen. Es ist ganz klar zu erkennen, daß Loran C weltweit ausgebaut wird, während die Bedeutung von Decca im gleichen Maße abnimmt (siehe das Beispiel Indien). Von der Logik ist es eigentlich auch einsehbar, daß Loran gegenüber Decca ganz erheblich im Vorteil ist. Denken Sie nur an die große Zahl von Decca-Ketten, die allein für die (noch nicht einmal vollständige) Abdeckung Europas erforderlich sind. Die USA hatten interessanterweise nie eine Decca-Kette installiert. Die jetzige Überlegenheit von Loran C ist damit zu erklären, daß es technisch erst seit einigen Jahren möglich ist, in sehr preisgünstigen Geräten die Systemvorteile des Verfahrens auch auszuschöpfen.

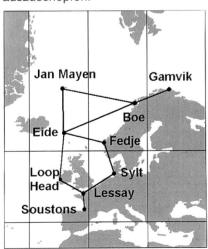

Ein weiterer Grund für den Vormarsch von Loran C ist darin zu sehen, daß man sich im Zeitalter von GPS nicht auf ein einziges – zudem militärisches – Navigationsverfahren abstützen möchte. Daher wird Loran C als unabhängiges technisches Stand-by-Navigationsverfahren angesehen.

Diese Entwicklung ist gerade auch für uns sehr interessant. Wenn Sie nochmals einen Blick auf Abb. 65, S. 97 werfen, sehen Sie, daß unsere „Hausmeere" nicht mehr im Bereich der Bodenwelle von Loran C liegen (Zweikettengeräte können hier allerdings Abhilfe schaffen).

Nun haben Dänemark, Deutschland, Frankreich, Holland, Irland und Norwegen 1992 einen Vertrag geschlossen, der einen Ausbau von Loran C vorsieht. Die auf unserer Abb. 65 eingezeichneten Sender M, X, W und Z der norwegischen Kette werden kombiniert mit zwei weiteren, in Norwegen zu errichtenden Sendern, einem weiteren Sender in Irland und zwei bereits existierenden, bisher nur militärisch genutzten Sendern an der westfranzösischen Küste. Aus diesen Sendern sollen vier Ketten gebildet werden. Abb. 67 zeigt die sich dann ergebenden neuen Senderkombinationen. Diese Ketten werden demnach auch die südliche Nordsee, die westliche Ostsee und ein weiteres großes Gebiet des Atlantiks westlich von Frankreich und Irland sowie das europäische Nordmeer abdecken.

Ideal wäre es natürlich, wenn Loran-Sender der GUS in dieses Netz inte-

67 *So soll die neue Loran-C-Bedeckung nach der Planung der sechs beteiligten Vertragsstaaten für Mittel- und Westeuropa aussehen.*

68 *Zweiketten-Loran-Yachtnaviga-
tor LRX 422 von MLR Electro-
nique (Sailtec).*

griert werden könnten. Denn dann
wäre auch eine entsprechende Bo-
denwellenabdeckung der gesamten
Ostsee möglich. Bisher steht dafür
aber noch kein Termin fest.

Obwohl wir GPS noch nicht behandelt haben, kann man als Fazit feststellen, daß GPS trotz der schon
angesprochenen „Inponderabilien"
wohl die erste Wahl bleiben wird.
Dennoch ist auch Loran C eine interessante Lösung, zumal die Geräte
heute zu einem sehr günstigen Preis
angeboten werden.

**Loran-Navigatoren
in der Sportschiffahrt**

Abb. 68 zeigt das von MLR Electro-
nique gefertigte Gerät LRX 422.
Neben den bei allen neueren
Navigationsgeräten vorhandenen
Funktionen, wie Kurs über Grund,
Fahrt über Grund, Wegpunktnavigation und Mann-über-Bord-Funktion hat dieser Navigator noch eine
bemerkenswerte Besonderheit. Er
ist nämlich in der Lage, im auf S. 95
bei Decca angesprochenen Zweiket-
tenbetrieb zu arbeiten. Damit kann er
beispielsweise auch auf der Ostsee
eingesetzt werden, wo wir ja praktisch nicht mit Loran zur See fahren
können.

In Abb. 69 sehen Sie den Loran/
GPS-Navigator 6400 von Apelco.
Durch Anschluß eines GPS-Sensors
kann das Gerät auch als GPS-Navigator eingesetzt werden. Mit dem
ebenfalls lieferbaren Empfänger für
die Korrektursignale ist sogar DGPS-
Betrieb (S. 105) möglich.

69 *Loran/GPS-Navigator 6400 von Apelco (Nordwest-Funk).*

Übungsaufgaben

1. Aus welchem Grund ist der Bedeckungsbereich einer Decca-Kette relativ klein?

2. Welche Genauigkeiten sind bei Loran zu erwarten?

3. Was bedeutet bei einem Navigationsverfahren die Angabe, der Fehler
betrage 100 m, wenn man sich dabei auf den Fehlerkreisradius und
95 % Wahrscheinlichkeit bezieht?

GPS

Überblick

Das *Global Positioning System* oder *Navstar (Navigation System with Time and Ranging:* Navigationssystem mit Zeit- und Abstandsbestimmung) ist ein von den USA entwickeltes und betriebenes militärisches Navigationssystem. Das Verfahren ist – mit noch zu besprechenden Einschränkungen – auch für zivile Nutzer verfügbar.

Zur Zeit (Frühjahr 1994) befindet es sich noch in der Erprobungsphase. Es stehen bereits 24 funktionstüchtige Satelliten (Testsatelliten und endgültige Satelliten des Typs Block II) zur Verfügung. Damit ist die *Initial Operational Capability (vorläufige operationelle Verfügbarkeit)* erreicht. Davon unterschieden werden muß die *Final Operational Capability (endgültige operationelle Verfügbarkeit).*

Nach Ablauf einer Testphase von etwa sechs bis zwölf Monaten kann also Ende 1994 bis Anfang 1995 mit der tatsächlichen Betriebsbereitschaft gerechnet werden. Dann werden die USA auch die vorgesehenen Bedingungen, wie Verfügbarkeit und Genauigkeit für zivile Nutzer, offiziell erfüllen. Und erst dann ist mit einer behördlichen Zulassung der GPS-Empfänger – bei uns durch das BSH – zu rechnen. Das ist natürlich primär für den professionellen Einsatz von Bedeutung, denn bis dahin dürfen GPS-Navigatoren in der Großschifffahrt nur zu Testzwecken gefahren werden.

Bei GPS unterscheidet man zwischen drei wesentlichen Komponenten: dem Weltraumsegment, dem Bodenkontrollsegment und dem Nutzersegment (Empfängersegment).

Weltraumsegment

Das Weltraumsegment besteht aus 24 Satelliten (21 plus 3 aktive Reservesatelliten). Die Satelliten bewegen sich in nahezu kreisförmigen Bahnen in etwa 20 200 km Höhe um die Erde (Abb. 70). Die Umlaufdauer beträgt fast genau 12 Stunden.

Die Astronomie haben wir jetzt zwar hinter uns, aber vielleicht interessiert es Sie doch, daß die Sterngruppe rechts oberhalb der GPS-Bahnen in Abb. 70 die Plejaden (Siebengestirn) sind.

Anzahl und Bahnen der Satelliten sind so gewählt worden, daß weltweit und jederzeit mindestens vier Satelliten für einen Nutzer verfügbar sind.

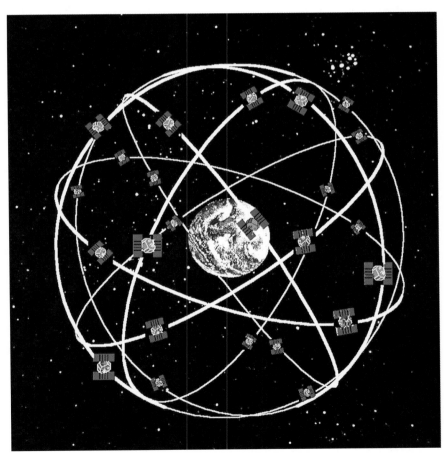

70 *Satelliten-Konfiguration des Global Positioning System (NAVSTAR GPS). 24 Satelliten umkreisen die Erde, jeweils vier auf sechs unterschiedlichen Bahnen. Die Sterngruppe rechts oberhalb der Satellitenbahnen ist das Siebengestirn (Plejaden).*

Bodenkontrollsegment

Die Satelliten müssen ständig kontrolliert und überwacht werden. Ferner müssen die von ihnen gesendeten an die Empfänger übermittelten Daten von Zeit zu Zeit aktualisiert werden.
Zu diesem Zweck betreiben die USA eine Hauptüberwachungs-Station *(Master Control Station)* in Colorado Springs, die alle GPS-Aktivitäten koordiniert, ferner weltweit verteilte Überwachungs-Stationen *(Monitor Stations)* und Bodenkontroll-Stationen *(Ground Control Stations)*.

Nutzer- oder Empfängersegment

Das Empfängersegment besteht aus der Gesamtheit der von den Nutzern eingesetzten GPS-Empfänger. Dazu gehören sowohl die militärischen als auch die zivil genutzten Geräte.

Grundprinzip

Das Grundprinzip ist sehr einfach zu verstehen und besteht in der Messung des Abstandes zwischen Beobachter und Satelliten. Stellen Sie sich vor, der Abstand Empfänger – Satellit betrage 24 000 km. Zur Erinnerung: Die genannte Bahnhöhe von 20 200 km ist der *senkrechte* Abstand der Satelliten von der Erdoberfläche! Die „Schrägentfernung" kann also wesentlich größer sein. Welche navigatorische Information hätten wir dann zur Verfügung? Wir können auch fragen: Wo stehen alle Beobachter, die gerade 24 000 km von diesem Satelliten entfernt sind?
Da wir es hier mit einem dreidimensionalen Problem zu tun haben, ergibt sich keine *Standlinie,* sondern eine *Standfläche.* Die Antwort ist: Die

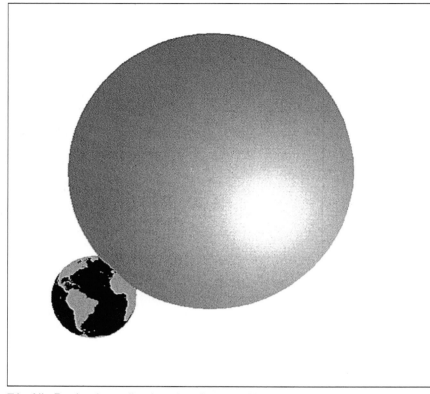

71 *Alle Beobachter, die einen bestimmten Abstand vom Satelliten haben, stehen auf der Oberfläche einer Kugel. Im Mittelpunkt dieser Kugelstandfläche befindet sich der GPS-Satellit. Die grau getönte Kugelstandfläche schneidet die Erde in der für die Seefahrt wesentlichen Standlinie.*

Beobachter stehen auf der Oberfläche einer Kugel mit einem Radius von 24 000 km und dem Satelliten als Mittelpunkt (Abb. 71).
Da wir in der Seefahrt zweidimensional navigieren, ist die für uns in Frage kommende Standlinie der Kreis, den die Kugel aus der Erde ausschneidet (Abb. 72).
Damit die Standlinie besser zu erkennen ist, hat der Computer die Erdkugel für uns gedreht. Der in der Mitte des Kreises zu sehende kleine rote Kreis ist der Bildpunkt des Sa-

telliten. In unserem Beispiel steht der Satellit genau senkrecht über diesem Punkt.
Für eine Ortsbestimmung auf der Erdoberfläche müssen demnach theoretisch die Entfernungen zu mindestens zwei Satelliten bestimmt werden. Einer der beiden Schnittpunkte der Kreisstandlinien ist dann die gesuchte Position. In Abb. 73 steht das Boot nordwestlich von Spanien.
Die Entfernungen werden dadurch bestimmt, daß man die Laufzeit ei-

72 *GPS-Standlinie auf der Erde. Damit die Standlinie besser zu erkennen ist, wurde die Erdkugel gegenüber Abb. 71 gedreht.*

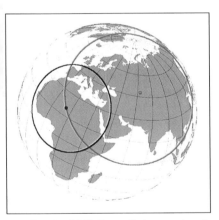

73 *Zwei GPS-Standlinien schneiden sich zweimal und legen im Prinzip die Position fest. In unserem Fall steht das Boot nordwestlich von Spanien.*

nes von den Satelliten ausgesendeten Signals (Code) mißt. Dabei wird in *dem* Augenblick, in welchem der Code den Satelliten verläßt, im Empfänger im Prinzip eine Uhr gestartet, die beim Eintreffen des Signals ge-

stoppt wird. Aus der gemessenen Laufzeit ergibt sich durch Multiplikation mit der Lichtgeschwindigkeit die Distanz zum Satelliten.

Es zeigt sich bei einer genaueren Betrachtung*, daß wegen der Fehler der für die Laufzeitmessung erforderlichen Empfängeruhr für eine zweidimensionale Ortung mindestens *drei* Satelliten erforderlich sind. Da militärische Anwender (Flugzeuge) neben Breite und Länge als dritte „Dimension" die Höhe benötigen, brauchen solche Nutzer mindestens vier Satelliten gleichzeitig.

Genauigkeit, spezielle Probleme der GPS-Navigation

Da GPS, wie schon mehrfach erwähnt, ein militärisches Navigationssystem ist, müssen zwei Genauigkeitsklassen unterschieden werden:
- *der Precise Positioning Service (PPS: Präzisions-Ortsbestimmungs-Dienst) und*
- *der Standard Positioning Service (SPS: Standard-Ortsbestimmungs-Dienst).*

PPS ist nur autorisierten, in der Regel also militärischen Anwendern zugänglich. Er liefert mit speziellen Empfängern eine Genauigkeit (Fehlerkreisradius mit 95 % Wahrscheinlichkeit) von etwa 20 m.

Für uns ist nur der SPS verfügbar mit der sogenannten *Selective Availability (SA: eingeschränkte Verfügbarkeit).* Damit beträgt die vom amerikanischen Verteidigungsministerium (DOD: Department of Defence) zugebilligte Systemgenauigkeit 100 m (wieder Fehlerkreisradius bei 95 % Wahrscheinlichkeit) oder 300 m bei 99,9 % Wahrscheinlichkeit. Unter

---

* Eine detaillierte Betrachtung finden Sie zum Beispiel in Band 102 der Yacht-Bücherei: „GPS – Global Positioning System".

Praxisbedingungen kann von etwa einer Kabellänge (0,1 sm) ausgegangen werden. Selbstverständlich können wir eine solche Genauigkeit nicht als in irgendeiner Form garantiert ansehen! Vor allem gilt das in der noch nicht abgeschlossenen Aufbau- und Erprobungsphase.

> In der Praxis muß immer die Möglichkeit eines unter Umständen erheblich größeren Fehlers einkalkuliert werden.

Wegen der im Vergleich zu bisherigen (in der Sportschiffahrt eingesetzten) Verfahren höheren Genauigkeit spielt bei GPS auch das sogenannte *Kartendatum* eine Rolle. GPS liefert die Position für ein bestimmtes sogenanntes *Referenzellipsoid,* mit dem die Kartographen die Gestalt der Erde nachbilden. Anschaulich ist das eine etwas „plattgedrückte Kugel". Dieses Referenzellipsoid ist bei GPS das *WGS 84.* Wenn der verwendeten Seekarte ein anderes System zugrunde liegt, müssen wir das Gerät darauf umschalten.

Den deutschen Seekarten für die europäischen Gewässer liegt das Kartendatum ED 1950 zugrunde. Dieses weist nur geringe Abweichungen zum WGS 84 auf. Weltweit können jedoch in bestimmten Gebieten Fehler bis zu einer Seemeile auftreten. Abb. 74 (S. 104) zeigt ein Beispiel.

Ein weiteres Problem können *Abschattungen* sein. Signale von GPS-Satelliten können nur „bei freier Sicht" empfangen werden. Sowohl Masten oder in der Großschiffahrt irgendwelche Aufbauten, Kräne usw. oder auch natürliche Hindernisse machen den Empfang von Signalen dieser verdeckten Satelliten unmöglich.

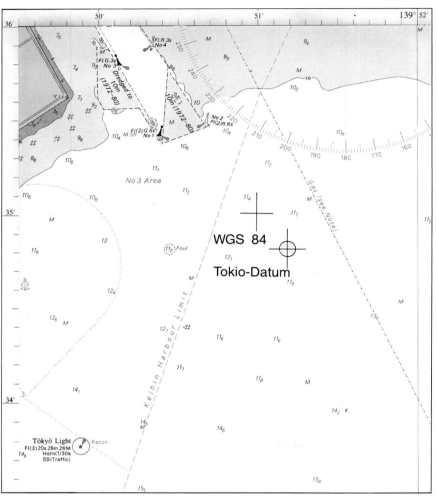

74 *Beispiel für den Einfluß des Kartendatums auf die GPS-Position. Da sich die Karte auf das Tokio-Datum bezieht, muß der Navigator auf dieses Kartendatum eingestellt werden. Bei Verwendung des WGS 84 ergibt sich ein entsprechender Fehler. (Auszug aus British Admiralty Chart 3110. Crown Copyright. Reproduziert mit Genehmigung des Controller of Her Majesty's Stationery Office und des Hydrographic Department, Maritime Safety Agency, Tokio, Japan. Gegenüber dem Original verändert.)*

Möglichkeiten und Grenzen der GPS-Navigation

Wie wir schon im Zusammenhang mit der Hyperbelnavigation besprochen haben, besteht das Hauptproblem von GPS darin, daß die USA das System beliebig manipulieren und im Krisenfall für nicht autorisierte Nutzer unbrauchbar machen können.

Trotzdem aber hat dieses Verfahren eine wahre Revolution der Navigation ausgelöst. Der wesentliche Punkt ist ja, daß GPS weltweit – in der Antarktis, mitten auf dem Atlantik oder in der Sahara – eingesetzt werden kann, und das jederzeit, bei einem Gerätepreis, für den man nicht einmal einen guten Sextanten kaufen kann.

Man muß sich in diesem Zusammenhang vergegenwärtigen, daß wir Seefahrer in der Zukunft nur etwa ein Drittel der Nutzer ausmachen werden. Schon jetzt gibt es zahllose Anwender an Land, von Speditionen über Rettungsdienste bis zum Mountainbiker.

Das bedeutet preisgünstige Geräte mit immer umfangreicheren „Features". Eines dieser „Features" wollen wir wegen seiner besonderen Bedeutung für die Seefahrt noch besprechen.

Wegen der guten Genauigkeit kann der GPS-Navigator aus der Positionsänderung und der zugehörigen *Zeitdifferenz** die Fahrt des Schiffes bestimmen, und zwar die *Fahrt über Grund!* Damit ist eines der unangenehmsten Navigations-Probleme zumindest prinzipiell gelöst. Besondere Bedeutung hat die genaue Kenntnis der Fahrt über Grund zum Beispiel für den Einsatz von Radar im profes-

---

* Alternativ kann auch der Dopplereffekt genutzt werden.

sionellen Bereich. Allerdings zeigen neuere Untersuchungen, daß es bei einem Teil der GPS-Navigatoren mit der Fahrtbestimmung noch Probleme gibt.

Probleme sowohl bei der Positions- als auch bei der Fahrtbestimmung treten vor allem dann auf, wenn sich die genutzte *Satelliten-Konstellation* ändert: Steht von den beispielsweise vier genutzten Satelliten, einer nur noch in geringer Höhe, dann „springt" der Empfänger auf einen anderen, günstigeren Satelliten. Die Satelliten-Anordnung (Konstellation) ändert sich, es tritt ein *Konstellationswechsel* auf.

Neuere Entwicklungen, Zukunftsaussichten

Wünschenswert wäre ein international betriebenes Satelliten-Navigationssystem. Wegen der enormen Kosten ist in naher Zukunft aber wohl nicht damit zu rechnen. Auch die Aussichten des mit GPS vergleichbaren russischen *GLONASS (Global Navigation Satellite System:* weltweit einsetzbares Satelliten-Navigationssystem) sind wegen der großen Probleme der GUS eher skeptisch zu beurteilen. Immerhin aber gibt es seit Herbst 1993 Aktivitäten in Europa, die langfristig eine unabhängige europäische Lösung zum Ziel haben.

Differential GPS (DGPS)

Viele potentielle Interessenten von GPS benötigen eine höhere Genauigkeit, als sie durch die Selective Availability (SA) gegeben ist.

Wenn man einen GPS-Empfänger an einer durch geodätische Messungen genau bekannten Position *(Referenzstation)* betreibt, dann werden normalerweise der GPS-Ort und die geodätisch bekannte Position nicht

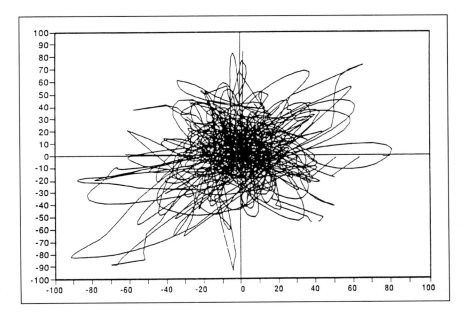

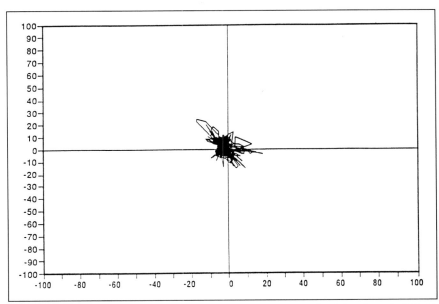

75 *Ergebnis einer 24-Stunden-Registrierung von GPS- (oben) und DGPS-Positionen (unten). Beim Plotten befand sich der Plotstift ständig auf dem Papier. Dadurch ergibt sich als Resultat ein „Wollknäuel". Die Zahlen bedeuten Meter. (Galveston Beacon, Texas, Magnavox.)*

übereinstimmen. Man kann nun ermitteln, welche Korrekturen an die gemessenen Satellitendistanzen angebracht werden müßten, um am Empfangsort identische Positionen zu erhalten. Diese Differenzen zwischen den Distanzen werden als Korrekturen über Funk verbreitet. In geeigneten Empfängern können sie zur Verbesserung der GPS-Orte verwendet werden.

Nach diesen *Differenzen* heißt das Verfahren *Differential GPS* (dabei wird „Differential" englisch ausgesprochen). Das Problem ist die Verbreitung der Korrekturwerte, die natürlich nur für einen begrenzten Bereich gültig sind: Man kann mit einem Radius von etwa 100 bis 250 sm rechnen. Die mit DGPS erzielbare Genauigkeit ist größer als beim PPS. Abb. 75 (S. 105) zeigt ein Beispiel.

Nachdem diese Möglichkeit zunächst primär von privaten Anbietern gebührenpflichtig angeboten wurde, werden inzwischen weltweit schon viele solcher Stationen betrieben. Dabei gibt es zur Zeit mehrere parallele Entwicklungen. Neben lokal nutzbaren Stationen für spezielle Nutzer (von der Feuerwehr bis zur Landwirtschaft) werden DGPS-Referenzstationen vor allem von den Landesvermessungsämtern aufgebaut. Aber auch Hochschulinstitute spielen in diesem Zusammenhang eine bedeutende Rolle, vor allem bei der Untersuchung von Einsatzmöglichkeiten für die Luftfahrt.

Im Bereich der deutschen Seefahrt sind für uns die Aktivitäten des Seezeichenversuchsfeldes in Koblenz als der zuständigen Behörde von besonderem Interesse. Dieses hat zwei DGPS-Stationen errichtet, und zwar in Wustrow (Mecklenburg-Vorpommern) und auf Helgoland. Die Stationen gehen 1994 in Betrieb. Die

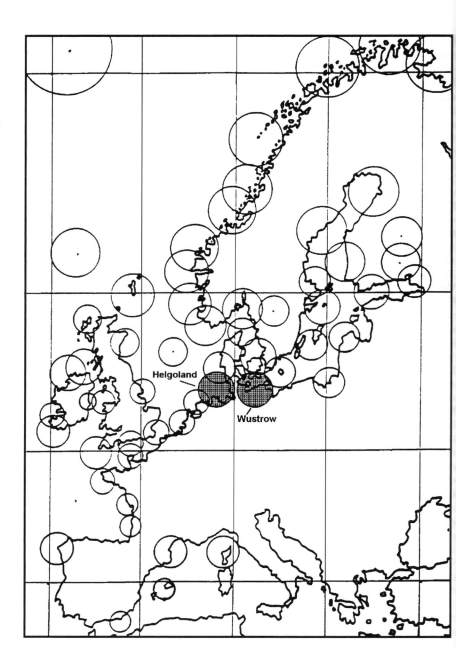

76 *Geplante DGPS-Bedeckung in Westeuropa bei 99,5 % Verfügbarkeit. Die Bedeckungsgebiete von Helgoland und Wustrow sind durch Rasterung hervorgehoben. (Nach DGPS '91 der DGON, verändert.)*

Sender arbeiten im Frequenzbereich der Seefunkfeuer (um 300 kHz) und sollen eine Reichweite von 150 km haben. Angestrebt werden 180 km. Am Rande des Bedeckungsbereiches (also in 150 beziehungsweise 180 km Abstand vom Sender) soll eine Nutzung der Korrektursignale noch in 98 % aller Fälle möglich sein. Die Genauigkeit wird mit 3 bis 5 m angegeben (Fehlerkreisradius mit 95 % Wahrscheinlichkeit). Diese Angabe ist aber wohl mit etwas Vorsicht zu betrachten. Was tatsächlich erreichbar ist, muß erst einmal die Praxis zeigen. Realistischer sind wahrscheinlich 10 m. Abb. 76 zeigt die sich mit den Stationen Wustrow und Helgoland ergebende Bedeckung bei konservativer Einschätzung der Möglichkeiten und einer entsprechend hohen Verfügbarkeit. In der Abbildung können Sie auch die für Westeuropa geplante DGPS-Versorgung erkennen. Der Aufbau der Stationen soll 1994/95 abgeschlossen sein.

Bis dahin sind aber noch etliche Probleme zu lösen. So folgen die Stationen im UK (United Kingdom, Vereinigtes Königreich, Großbritannien) noch nicht dem internationalen Standard für die Korrektursignale.

Längerfristig ist es natürlich auch wenig sinnvoll, für die einzelnen Nutzergruppen mehrere DGPS-Systeme parallel zu betreiben. Hier wird im Laufe der Zeit aber eine Klärung und Konzentration einsetzen. Vor allem dann, wenn GPS wirklich ein Massenprodukt wird und dann vielleicht im Pkw-Bereich eingesetzt wird. Immerhin gibt es allein in Europa (1994) 120 Millionen Pkw, davon allein 36 Millionen in Deutschland! In Japan wird GPS auf Wunsch übrigens schon in Pkws installiert. Die Entwicklung befindet sich offenbar erst am Anfang.

GPS-Empfänger in der Sportschiffahrt

Mit der Vorstellung von GPS-Navigatoren könnte ein ganzes Buch gefüllt werden. Das allein zeigt die überragende Bedeutung, die diesem System auch seitens der Hersteller und der Vertriebsgesellschaften beigemessen wird. Praktisch jeder Anbieter hat mehrere Versionen im Programm. Wenn Sie sich einen GPS-Navigator anschaffen wollen, ist es ratsam, sich erst einmal einen möglichst umfassenden Überblick über das Angebot zu verschaffen. Wir müssen uns hier auf die Betrachtung einiger weniger Beispiele beschränken.

77 *GPS-Navigator APN 8 GPS von Philips (Dantronik).*

Die einzelnen Geräte unterscheiden sich in ihren Grundfunktionen kaum voneinander. Unterschiede liegen vor allem darin, welcher Empfängertyp verwendet wird, ob das Gerät nur fest installiert verwendet werden kann oder auch tragbar, ob es mit anderen Geräten verbunden werden kann, welchen Stromverbrauch es hat, ob es für die Cockpitmontage geeignet ist und wie es mit der Zifferngröße und der Ablesbarkeit des Displays aussieht. Schließlich liegt ein aktueller Unterschied auch darin, ob das Gerät bereits für DGPS vorbereitet ist und zu einer DGPS-Anlage ausgebaut werden kann.

Abb. 77 zeigt als Beispiel aus dem Philips-Programm den APN 8 GPS. Dieser Navigator wurde mit der Zielsetzung einer möglichst einfachen Bedienung entwickelt. Das Gerät kann mit nur fünf Tasten bedient werden, ist spritzwassergeschützt und daher auch für die Cockpitmontage geeignet. Interessant ist auch die besonders kleine und flache Antenne.

Den RS5800 von Shipmate sieht man in Abb. 78. Der Empfänger besitzt ein Grafik-Display, auf dem zum Beispiel der jeweils aktuelle Routenabschnitt mit den gesteuerten Kur-

78 *GPS-Navigator RS5800 GPS (Shipmate Robertson).*

sen und den Wegpunkten angezeigt werden kann. Durch Einblenden eines Buchstabens gibt der Navigator auch Hinweise zur Genauigkeit der jeweils aktuellen Position.

Abb. 79 schließlich zeigt als letztes Beispiel unserer kleinen Auswahl den NAV 5000 DX von Magellan. Das Gerät ist tragbar, wasserdicht und schwimmfähig und besitzt ein Grafik-Display. Darauf können zum Beispiel die in den vergangenen 24 Stunden abgelaufenen Kurse und Distanzen sichtbar gemacht werden. Das Gerät beeindruckt vor allem dadurch, daß es an eine vom Hersteller DBR-Box (Differential Beacon Receiver: Empfänger für Differential-GPS-Signale) genannte Zusatzeinrichtung angeschlossen werden kann und dadurch zu einem echten DGPS-System wird.

79 *GPS-Navigator NAV 5000 DX von Magellan (Ferropilot).*

Übungsaufgaben

1. Warum müssen für die Ortung mit GPS auf See mindestens drei Satelliten gleichzeitig verfügbar sein?

2. Sie ankern in einer teilweise von größeren Erhebungen eingeschlossenen Bucht und wollen die Ankerposition mit GPS überprüfen. Könnte es Probleme dabei geben?

3. Wie bestimmt der GPS-Navigator die Fahrt über Grund?

Radar

Überblick

Radar wird in der Seefahrt sowohl für die Navigation als auch im Bereich der Kollisionsverhütung eingesetzt. In diesem Teil des Buches werden wir uns auf das Gebiet „Radar und Navigation" beschränken. Eine ausführliche Behandlung von „Radar und Kollisionsverhütung" finden Sie im Teil „Schiffahrtsrecht".

Im professionellen Bereich ist Radar (der unverzichtbare Kreiselkompaß wird nur wahrgenommen, wenn er nicht mehr funktioniert) neben dem Satelliten-Navigator und dem Echolot sozusagen die dritte oder vierte tragende Säule der Navigation. In der Großschiffahrt wird heute auf dem Revier und in der Küstennavigation primär nach Radar gefahren. So ist Radar folgerichtig, wie wir noch besprechen werden, eines der zentralen Geräte bei einer integrierten Navigationsanlage. Auch die elektronische Seekarte ist nur im Zusammenspiel mit Radar denkbar.

In der Sportschiffahrt liegen die Verhältnisse aus unterschiedlichsten Gründen anders. Wir wollen diese Gründe jetzt nicht im einzelnen diskutieren. Es ist aber unverkennbar, daß auch in unserem Bereich Radar, nicht zuletzt wegen des heute sehr günstigen Preis-Leistungs-Verhältnisses, immer mehr Anhänger findet.

Grundprinzip

Wir können uns bei der Betrachtung der grundsätzlichen Arbeitsweise auf eine kurze Wiederholung beschränken. Versetzen Sie sich in Gedanken nachts auf den Anleger. Sie halten eine Taschenlampe waagerecht, drehen sich langsam rechts herum und beobachten, was von Ihrer Lampe erfaßt wird. Nacheinander erkennen Sie im Lichtkegel andere Boote, den Molenkopf des Yachthafens und so weiter.

Genauso wird auch der Bereich um das eigene Schiff herum vom *Radar* „abgeleuchtet". Die Radaranlage verwendet statt des sichtbaren Lichtes *elektromagnetische Wellen,* die von der *Radarantenne* (in der Seefahrt *Scanner* genannt) ebenfalls in einem schmalen Kegel *(Antennenkeule)* angestrahlt werden. Ähnlich wie in unserem Beispiel wird das „reflektierte Licht" vom Scanner wieder aufgenommen und im Gerät zur Anzeige gebracht.

Im Gegensatz zu unserer Taschenlampe, die wir ja nicht aus- und eingeschaltet haben, sendet („leuchtet") die Radaranlage immer nur kurzzeitig und strahlt dabei sogenannte *Impulse (Sendeimpulse)* ab. Das ist unter anderem erforderlich, damit das Gerät die Entfernung zu den reflektierenden Objekten feststellen kann. Das von den Zielen reflektierte „Licht" nennen wir die *Echos* oder auch *Echoimpulse*. Die Entfernungsmessung besteht in einer Messung der *Laufzeit* der Sende- und Echoimpulse. Das Gerät startet die Zeitmessung dann, wenn ein Sendeimpuls die Antenne verläßt, und stoppt sie, wenn das Echo eintrifft. Da die Impulse sich mit Lichtgeschwindigkeit (300 000 km/s) ausbreiten, kann aus der gemessenen Zeit und der Geschwindigkeit die Distanz bestimmt werden. In einer Übungsaufgabe

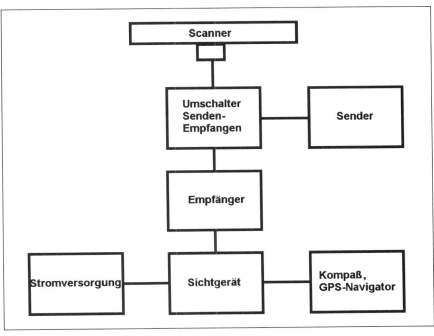

81 *Hauptkomponenten einer Radaranlage.*

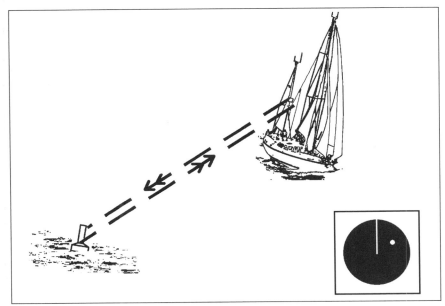

80 *Die Yacht ortet in der SP 070° eine Tonne.*

rechnen wir später noch ein Beispiel (S. 119).

Studieren Sie dazu jetzt noch einmal die Abb. 80, in der die Yacht voraus an Steuerbordseite, etwa in der Seitenpeilung 070°, eine Tonne *ortet*.

Die Hauptkomponenten einer Radaranlage

Abb. 81 zeigt die *Hauptkomponenten* einer *Radaranlage* in einer technisch *Blockschaltbild* genannten Darstellung. Nach unseren gerade angestellten Überlegungen brauchen wir dazu nur noch wenig zu sagen.

Da die Anlage abwechselnd Sendeimpulse abstrahlt und Echoimpulse empfängt, enthält sie einen *Umschalter Senden – Empfangen* (auch *Sende-Empfangs-Umschalter* genannt), der dafür sorgt, daß die Impulse jeweils den richtigen Weg finden.

An moderne Radaranlagen können *Sensoren* wie ein GPS-Navigator und der Kompaß angeschlossen werden. Auf diesen Punkt kommen wir nochmals zurück (S. 118).

Rasterscan-Anlagen

Neuere Anlagen sind als sogenannte *Rasterscan*-Radargeräte ausgeführt.

Wie in vielen anderen Bereichen der Elektronik wird auch bei Radar in großem Umfang *Digitaltechnik* eingesetzt. Das bedeutet, daß das Radarbild (oder auch mehrere aufeinanderfolgende Bilder) digitalisiert in einem Speicher abgelegt und mit dem integrierten Computer beliebig bearbeitet und manipuliert werden kann.

Das hat gegenüber der früheren Technik entscheidende Vorteile. Das Bild kann, ähnlich wie ein Fernsehbild, zeilenweise ausgelesen und auf dem Bildschirm in schnellem Wechsel geschrieben werden. Dadurch wird eine auch bei Tageslicht noch erkennbare Darstellung möglich. Außerdem können in das Radarbild zusätzlich Informationen in alphanumerischer Form aufgenommen werden. Dabei bedeutet *alphanumerisch* eine Ausgabe in Buchstaben und Zahlen. Damit können der eingestellte Bereich, Wegpunkte, Peilungen usw. eingeblendet werden. Entscheidend für die Qualität der Darstellung sind vor allem die Anzahl der Zeilen und Spalten des Bildes, die Zahl der je Sekunde geschriebenen Bilder und die Größe des Bildschirms. Bei von uns noch bezahl-

baren Geräten müssen wir dabei allerdings Kompromisse schließen.

Was alles beeinflußt die Ortung? Die Geometrie setzt eine Grenze

Für die Reichweite eines Radargerätes gibt es zunächst einmal eine naturgegebene Grenze. Betrachten Sie dazu Abb. 82. Da sich Radarwellen in erster Näherung wie sichtbares Licht ausbreiten, können wir unsere Kenntnisse aus der terrestrischen Navigation anwenden. Denken Sie an das Verfahren „Feuer in der Kimm". Ein Ziel muß sich über der *Radarkimm* befinden, sonst kann es nicht* geortet werden.

In der Regel können wir – rein geometrisch! – mit Radar knapp 10 % weiter „sehen", als es der optischen Sicht entspricht. Wer von Ihnen Formeln liebt, kann den Abstand der Radarkimm und den maximal mögli-

---
* Auf Sonderfälle wie *Überreichweiten* und *Unterreichweiten* können wir nicht eingehen.

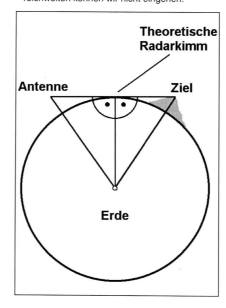

82 *Theoretische Reichweite einer Radaranlage.*

chen Ortungsabstand ausrechnen nach:

$$d \approx 2{,}23 \sqrt{Ah}$$
$$d \approx 2{,}23 \left(\sqrt{Ah} + \sqrt{Oh}\right)$$

Ah ist die Antennenhöhe, Oh die Objekthöhe (Zielhöhe) über der Wasseroberfläche in Metern, die Distanz d ergibt sich in Seemeilen.

Mit Ah = 9 m ist die Radarkimm rund 6,7 sm entfernt, und ein Ziel mit Oh = 25 m könnte frühestens in d = 17,8 sm geortet werden.

Der reale *Ortungsabstand* ist jedoch in der Praxis in der Regel kleiner oder viel kleiner. Das liegt daran, daß neben den geometrischen Verhältnissen vor allem noch folgende Punkte eine erhebliche Rolle spielen:

– *Sendeleistung*
– *Empfängerempfindlichkeit, Antenneneigenschaften*
– *Wetter*
– *Zieleigenschaften*

Sendeleistung und Empfängerempfindlichkeit sowie Antennen-Eigenschaften sind vorgegeben. Eine Verdopplung der Sendeleistung bringt übrigens nur rund 20 % Erhöhung der Reichweite. Die Empfängerempfindlichkeit ist vom technischen Aufwand abhängig.

Für die Praxis sind daher besonders die beiden übrigen Punkte von Wichtigkeit.

Wettereinflüsse

Regen. Im Bereich der Sportschifffahrt werden praktisch ausschließlich sogenannte 3-cm-Radars gefahren. Dabei ist 3 cm (rund) die Länge der verwendeten elektromagnetischen Wellen. Bei dieser Wellenlänge erleiden die Radarimpulse aber bei Niederschlag, und hier besonders bei Regen, massive Verluste. Ein Ziel, das wir sonst vielleicht in 3 sm Abstand orten würden, ist bei starkem Niederschlag nicht mehr zu sehen. Dazu kommt, daß durch den Regen großflächige Anzeigen auf dem Bildschirm erscheinen. Bei entsprechend ausgedehnten Niederschlagsgebieten kann der ganze Bildschirm aufgehellt sein.

Jedes Radargerät besitzt ein Bedienelement, mit dem die Regenanzeige beeinflußt werden kann. Dieses Element wird *FTC* genannt; das ist die Abkürzung von *fast time constant**. Üblich ist auch die Bezeichnung *anticlutter rain (Regenenttrübung).*

Durch Betätigen dieses Bedienelementes kann die Regenanzeige erheblich reduziert werden. Es ist aber ganz wesentlich, sich klarzumachen, *daß die Energieverluste der Impulse beim Durchqueren des Niederschlagsgebietes dadurch nicht aufgehoben werden!*

Seegang. Auch Seegang ruft Echoanzeigen hervor, die *Seegangsreflexe*. Wie sie auf dem Bildschirm erscheinen, hängt ab von der Art des Seeganges, der Antennenhöhe und den elektrischen Eigenschaften unserer Radaranlage.

Seegangsreflexe sind ein außerordentlich unangenehmes Phänomen. Das gilt vor allem auch für den professionellen Bereich. Das Gebiet, in dem Seegangsreflexe erscheinen, wird nämlich um so größer, je höher die Antenne installiert ist und je größer die Sendeleistung wird. In den Reflexen sind kleine, schlecht reflektierende Ziele – das ist unter anderem unser Boot! – unter Umständen nicht erkennbar.

Auch gegen diese Anzeigen kann mit einem bestimmten Bedienelement vorgegangen werden. Es wird *STC*

genannt, von *sensivity time control***. Gebräuchlich ist auch die Bezeichnung *anti-clutter sea (Seegangsenttrübung).*

Dieser „Knopf" heißt in der Seefahrt „Kollisionsknopf", weil bei seiner Betätigung nicht nur die Seegangsreflexe, sondern auch Nutzziele zum Verschwinden gebracht werden können. Er ist daher mit sehr viel Fingerspitzengefühl einzusetzen.

Aufwendige Radarsysteme, zum Beispiel ARPA-Anlagen (*ARPA: automatic radar plotting aid,* automatische Radar-Plothilfe), können durch die schon erwähnten digital arbeitenden Techniken (u. a.) die Anzeige von Regen und Seegangsreflexen selektiv, also ohne Beeinflussung der Nutzziele reduzieren. Da das aber nur mit Einschränkungen funktioniert, sind auch bei solchen Anlagen noch die Elemente FTC und STC vorhanden.

Zieleigenschaften

Wir müssen uns auch hier auf einige charakteristische Punkte beschränken.

Generell reflektieren Ziele aus Metall wesentlich besser als Ziele aus Holz, Kunststoffen oder auch Eis. Ein weiterer wesentlicher Punkt ist, ob die Form und Orientierung des Zieles so sind, daß möglichst viel Energie in Richtung Antenne reflektiert wird. So reflektieren hohe Steilküsten sehr gut, während flache Sandstrände und Wattgebiete kaum erkennbar sind. Ein großer Tanker in Ballast ist ein viel besseres Radarziel als ein kleiner Fischer.

Wichtige Punkte oder Ziele können durch besondere Maßnahmen „radarauffällig" gemacht werden. Durch Verwendung von *Radarreflek-*

toren beispielsweise an Tonnen oder auch an Bord kann der Ortungsabstand beträchtlich vergrößert werden. Neben diesen *passiven Systemen* gibt es auch *aktive Systeme.* Das sind vor allem *Radarbaken (Racons, von radar beacon),* neben den seltenen, nur in Ostasien anzutreffenden *Ramarks.* Diese Baken zeigen in Intervallen von zum Beispiel einer Minute für drei bis fünf Antennenumdrehungen eine bestimmte *Kennung* (einen Morsebuchstaben) auf dem Bildschirm.

Dadurch kann ein mit Racon ausgerüstetes Ziel, sagen wir eine Ansteuerungstonne, auch im dichten Schiffsverkehr sofort von anderen Zielen unterschieden werden. Außerdem ist der Ortungsabstand solcher Racons wesentlich größer als der eines nur passiv reflektierenden Zieles.

Wie wird ein von Radar erfaßtes Objekt auf dem Bildschirm dargestellt?

Grundsätzliches

Blättern Sie schon einmal vor zu den Abbildungen 88, 89 und 91, 92 (S. 116 und 117). Auch bei wohlwollender Betrachtung kann nicht davon die Rede sein, daß das Radarbild ein naturgetreues Abbild der Umgebung ist.

Prägen Sie sich unbedingt ein, daß ein Radarbild einer sorgfältigen Interpretation bedarf! Es gehört sehr viel Erfahrung dazu, dieses Bild zu deuten und für die Navigation und die Kollisionsverhütung sinnvoll und richtig zu nutzen.

In einem Buch können nur Hinweise auf die grundsätzlichen Zusammenhänge gegeben werden und darauf, worauf Sie in der Praxis besonders achten müssen.

---

* Die Bezeichnung bezieht sich auf die technische Realisierung.

** Die Bezeichnung bezieht sich auf die technische Realisierung.

Darstellungsarten

Wir sind bisher stillschweigend von der *Darstellungsart relativ vorausorientiert* ausgegangen. Dabei befindet sich bekanntlich das eigene Schiff in der Mitte* des Bildschirms, der Vorausstrich weist nach oben und markiert die Richtung zum Steven. Peilungen sind (Radar-)Seitenpeilungen. Im Zusammenhang mit der Navigation beschränken wir uns auf diese Art der Darstellung. Die anderen Darstellungsarten werden ausführlich im Teil „Schiffahrtsrecht" behandelt.

Eines der wesentlichen Probleme der relativ vorausorientierten Repräsentation ist vor allem auf einem Sportfahrzeug das durch das Gieren bewirkte „Verschmieren" des Bildes. Abhilfe könnte hier im Prinzip ein *Fluxgate-Kompaß* schaffen, mit dem eine *kursstabilisierte Darstellung* möglich ist.

Darstellung eines Punktzieles

Die Schwierigkeiten, die bei der Abbildung der Realität auf dem Radarbildschirm auftauchen, studieren wir zweckmäßigerweise an einem ganz speziellen Ziel. Dieses Ziel wollen wir *Punktziel* nennen. Es ist das einfachst mögliche Ziel und könnte zum Beispiel eine Tonne sein.

Da die Radarantenne (denken Sie an den „Lichtkegel" der Taschenlampe) nicht beliebig scharf bündelt, wirkt sich das entsprechend auf die Darstellung des Ziels auf dem Bildschirm aus. Geräte auf Sportfahrzeugen haben eine horizontale Bündelung von etwa 2,5 bis 6° und eine vertikale von rund 25°. Sie müssen sich also vorstellen, daß der „Lichtkegel" des Radars diese Abmessungen hat. Geht nun die z. B. 6° breite *Antennenkeule* – das ist der Fachausdruck – über

ein Punktziel hinweg, so beginnt dieses zu reflektieren, wenn die „Vorkante" der Keule auf das Ziel trifft. Die Reflexion ist beendet, wenn die hintere Kante gerade noch das Ziel berührt (Abb. 83).

Die Folge ist, daß das Ziel nicht punktförmig erscheint, sondern im Azimut beziehungsweise in der Peilung auseinandergezogen wird. Wir sagen, es tritt eine *azimutale Verformung* auf. In Abb. 83 können Sie auch erkennen, daß die Verformung um so größer wird, je schlechter die Antenne bündelt, je größer der Bildschirm ist und je weiter vom Bildschirmmittelpunkt entfernt das Ziel angezeigt wird.

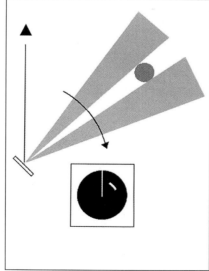

83 *Durch die Keulenbreite kommt es zu einer azimutalen Verformung. Die Abbildung zeigt die Antennenkeule im Augenblick der ersten Berührung (obere Keule) und nachdem sie ganz über das Ziel hinweggelaufen ist (untere Keule). Darunter ist das sich ergebende Radarbild dargestellt.*

Radarimpulse sind nicht unendlich kurz, sondern besitzen eine bestimmte zeitliche Dauer und damit auch eine bestimmte Länge. Die realen Werte liegen zwischen etwa 0,1 Mikrosekunde und 1 bis 2 Mikrosekunden, das sind 30 m oder 300 bis 600 m in Länge*.

Ist der Sendeimpuls 300 m lang, besitzt auch der Echoimpuls diese Länge. Für unser Punktziel bedeutet das: Es wird nicht als Punkt, sondern als ein kleiner Strich auf dem Bildschirm erscheinen (Abb. 84). Wir nennen diesen Effekt *radiale Verformung*. Sie ist um so größer, je länger der Impuls und je kleiner der geschaltete Entfernungsbereich ist. Ferner ist sie um so ausgeprägter, je größer der Bildschirm ist.

In der Realität sind nun beide Effekte, die azimutale und die radiale Verformung, gleichzeitig vorhanden. Es ist jedoch so, daß die azimutale Ver-

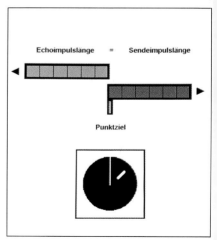

84 *Durch die Länge des Radarimpulses kommt es zu einer radialen Verformung.*

---

* Bei den meisten Anlagen kann das Bild auch dezentriert werden, so daß ein größeres Gebiet nach voraus dargestellt wird.

---

* Sie können die Impulslänge berechnen, indem Sie die Impulsdauer mit der Lichtgeschwindigkeit multiplizieren.

formung in der Praxis eine größere Rolle spielt, da sich die radiale nur bei kleinen und sehr kleinen Entfernungsbereichen (unter einer Seemeile) stärker auswirkt.

Auflösungsvermögen einer Radaranlage

Azimutales Auflösungsvermögen. Unter *Auflösungsvermögen* wollen wir die Fähigkeit des Radars verstehen, bestimmte Einzelheiten der abgebildeten Umgebung darzustellen. Wir knüpfen an die Diskussion über die Punktziel-Abbildung an. Wenn ein Punktziel als ein kleines Kreisbogenstück dargestellt wird, dann sind auch Probleme bei der *azimutalen* oder auch *Peilungsauflösung* zu erwarten.
Betrachten Sie dazu Abb. 85. Die beiden näheren Punktziele werden gerade noch als getrennte Objekte angezeigt, die beiden weiter entfernten dagegen nicht mehr.

Zwei Punktziele in gleichem Abstand, aber unterschiedlicher Peilung müssen sich also in der Peilung mindestens um die Keulenbreite unterscheiden, wenn sie als getrennte Objekte erscheinen sollen. Das gilt nur theoretisch, in der Praxis muß der Peilungsunterschied noch etwas größer sein.

Radiales Auflösungsvermögen. Wie wir gesehen haben, wird ein Punktziel auch in radialer Richtung verformt. Demnach gibt es auch ein *radiales Auflösungsvermögen (Entfernungsauflösung)*. Die Frage ist hier also: Wie groß muß der Unterschied in der Distanz bei gleicher Peilung sein, wenn zwei Punktziele getrennt auf dem Bildschirm erscheinen sollen?
Wir studieren dazu die obere Darstellung in Abb. 86. Die beiden Ziele seien eine halbe Impulslänge voneinander entfernt, das sind drei Kästchen. Der Sendeimpuls ist schon ganz an Ziel 1 vorbeigelaufen und zur Hälfte an Ziel 2. Also ist das Echo von Ziel 1 so lang wie der Sendeimpuls, nämlich sechs Kästchen, während das Echo von Ziel 2 erst drei Kästchen lang ist.
Die beiden Echos stoßen demnach unmittelbar aneinander. Im unteren Teil von Abb. 86 dagegen ist der Sendeimpuls länger, nämlich acht Kästchen. Der Sendeimpuls ist ganz an Ziel 1 vorbeigelaufen und mit fünf Kästchen an Ziel 2. Sie erkennen, daß hier eine Überlappung der Echoimpulse von Ziel 1 und 2 eintritt.

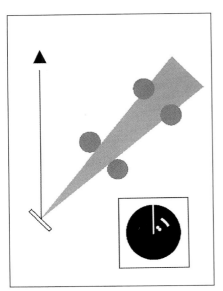

85 *Azimutales Auflösungsvermögen.*

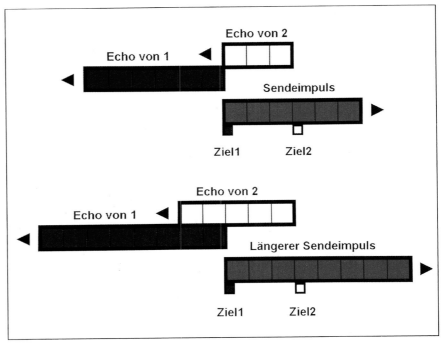

86 *Radiales Auflösungsvermögen.*

> Zwei Punktziele in gleicher Peilung, aber unterschiedlicher Distanz müssen mindestens eine halbe Impulslänge voneinander entfernt sein, wenn sie als getrennte Ziele dargestellt werden sollen. In der Praxis muß die Distanz noch etwas größer sein.

Nahauflösung und toter Bereich.
Unter *Nahauflösung* einer Radaranlage versteht man die Fähigkeit, auch noch ein Ziel in der Nähe der Antenne anzuzeigen. Die Nahauflösung wird als die Distanz angegeben, die das Ziel für eine Anzeige mindestens haben muß.
Diese Distanz ist ungefähr gleich der *Impulslänge*. Sie wird üblicherweise für den kleinsten Meßbereich angegeben, weil dafür auch eine kleine Impulsdauer verwendet wird. Standardwerte liegen bei 0,1 Mikrosekunde, das wären 30 m Nahauflösung.
Wir bemühen nochmals den „Lichtkegel", der ja in der Vertikalen eine Bündelung von etwa 25° aufweist *(vertikale Keulenbreite)*. Insbesondere auf großen Schiffen mit entsprechend großer Antennenhöhe tritt dadurch ein „toter Winkel" unter der Antenne auf oder, fachlich ausgedrückt, ein *toter Bereich*. Auch wegen dieses Effekts sieht uns der Wachoffizier unter Umständen nicht auf dem Radar, wenn wir uns in der Nähe seines Schiffes befinden.
Bevor wir diese Probleme in ihrer Auswirkung auf die Praxis diskutieren, betrachten wir ein weiteres unangenehmes Phänomen: die Störungen des Radarbildes.

87 *Grundprinzip der Ortsbestimmung mit Radar.*

Störungen des Radarbildes, Falschechos

Das ist nun wieder ein wirklich abendfüllendes Thema, das wir nur andiskutieren können.
Es gibt eine ganze Reihe von Ursachen, die zu Störungen und Falschanzeigen führen können. Relativ häufig beobachten wir *Störungen durch fremde Radargeräte*. Sie äußern sich meist in der Anzeige von Spiralarmen (in der Seefahrt „Tortenstücke" genannt), die auf dem Bildschirm von unserem eigenen Fahrzeug ausgehen. Sie ändern bei jedem Antennenumlauf ihr Aussehen und sind relativ harmlos. Moderne Radaranlagen können diese Anzeigen automatisch unterdrücken.
Weit unangenehmer sind Echos, die nicht sofort als *Falschechos* erkannt

werden können. So kann ein Ziel, das in geringeren Distanzen passiert wird, mehrfach angezeigt werden *(Mehrfachechos* und *Nebenkeulenechos)*. Auch durch Reflexion an Masten oder Aufbauten können, vor allem in der Großschiffahrt, sogenannte *indirekte Echos* auftreten. All diesen Echos entspricht ja kein reales Ziel. Sie sind deshalb besonders unangenehm, weil wir sie nicht immer optisch kontrollieren können (Nebelfahrt!).

Navigation mit Radargeräten

Was ergibt sich nun aus unseren Betrachtungen für die Praxis des navigatorischen Einsatzes von Radargeräten?
Im Prinzip ist eine Ortsbestimmung mit Radar sehr simpel. Abb. 87 zeigt

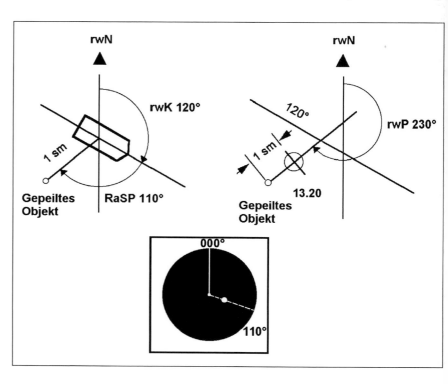

noch einmal das Grundprinzip. Auf dem rwK 120° peilen wir ein Objekt, beispielsweise einen Feuerturm, in der RaSP 110° in der Distanz 1 sm. Die rwP ergibt sich zu: rwP = RaSP + rwK = 110° + 120° = 230°. Wir tragen diese Peilung in die Karte ein, tragen darauf 1 sm ab und erhalten die Position (Abb. 87).

Das kann also nicht das Problem sein. Die Schwierigkeit in der Praxis ist vielmehr: Wie identifiziere ich das Objekt auf dem Bildschirm? Wird es überhaupt angezeigt, und wenn ja, wie sieht es aus? Wird es vielleicht nur alle zwei bis drei Antennenumläufe oder noch seltener auf dem Bildschirm erscheinen, da das Boot stark arbeitet und die Keule trotz ihrer vertikalen Breite von 25° auf der See „herumtanzt" und das Ziel gar nicht erfaßt?

Außerdem müssen wir uns darüber klar sein, daß die erzielbaren Genauigkeiten, vor allem in der Peilung, sehr begrenzt sind. Es müssen Fehler von mehreren Grad einkalkuliert werden, wobei 5°, in ungünstigen Fällen auch noch mehr, durchaus realistisch sind.

Das hört sich alles ziemlich desillusionierend an. Trotzdem ist Radar eine unschätzbare Hilfe. Wenn es plötzlich dicht wird, kommt es nicht so sehr auf 0,5° oder 2 Kabellängen an. Entscheidend ist, ich kann „sehen", wenn auch noch so grob und unvollkommen. Wenn ich nachts einen Ankerplatz ansteuere, zeigt mir mein Radar die nicht befeuerte Tonne, die mir sonst vielleicht zu dem noch gar nicht geplanten „Ende der Seereise" verhilft.

Zum Abschluß noch ein paar Tips und Hinweise. Wie wir schon gesagt haben, erfordern Interpretation und richtiger Gebrauch des Radars viel Erfahrung. Wie verschaffe ich mir diese Erfahrung?

Wann immer es möglich ist, lassen wir das Radar bei *guter Sicht* und *am Tage* mitlaufen. In dieser Situation haben wir die Möglichkeit, Radarbild und Kartenbild beziehungsweise optisches Bild miteinander zu vergleichen. Studieren Sie die Karte auch besonders aus „Radarsicht". Die Karte gibt dazu auch Hilfen, zum Beispiel durch Höhenlinien, mit denen steilere und daher besser reflektierende Gebiete erkannt werden können. Denken Sie daran, daß man mit Radar nicht „um die Ecke" oder um Hindernisse herum blicken kann, machen Sie sich klar, daß es dadurch zu *Abschattungen* kommt. Wenn auch nicht in dem Maße wie der Schornstein auf einem Seeschiff, kann doch auch bei uns, je nach Aufstellungsort des Scanners, ein Mast solche Abschattungen oder einen *Schattensektor* hervorrufen.

Allmählich werden wir auf diese Weise lernen, beispielsweise die beim Landfall zuerst auf dem Bildschirm auftauchenden mehr oder weniger diffusen grünen oder grauen Flecke mit realen Objekten in der Karte zu identifizieren und die Anzeigen auch richtig zu nutzen.

Wie kann das Radarbild in der Praxis aussehen?

Wir wollen unsere theoretischen Überlegungen auch noch durch einige Radarbilder aus der Praxis ergänzen. Die Abb. 88 und 89 (S. 116) zeigen Schirmbildaufnahmen, die auf der zwischen Puttgarden (Fehmarn, Ostsee) und Rödby (Lolland, Dänemark) verkehrenden Fähre aufgenommen wurden. Die Radaranlage war eine professionelle ARPA-Anlage mit einer horizontalen Keulenbreite der Antenne von etwa 0,9° und einer Sendeleistung von 25 kW.

In Abb. 88 ist das Gerät auf 1,5 sm

geschaltet, die Darstellungsart ist relativ vorausorientiert*. Der Abstand der Entfernungsringe voneinander beträgt 0,25 sm. Die Fähre steuert KüG 331°.

Versuchen Sie jetzt einmal, das Radarbild und das Kartenbild (Abb. 90) miteinander zu vergleichen, und orientieren Sie sich dabei an den in Abb. 88 mit den Ziffern 1 bis 4 gekennzeichneten Zielen. Die Tonnen haben Sie sicherlich schnell gefunden. Die „1" in Abb. 88 markiert zum Beispiel die Tonne Puttgarden 1. Wissen Sie auch noch, was die Angabe Q. G bedeutet? Beachten Sie auch, daß in unserer Aufnahme die westliche Mole des Fährhafens nur zum Teil vom Radar erfaßt wird. Die östliche Mole zeigt zudem einen in der Realität nicht vorhandenen Einschnitt.

In Abb. 89 ist ein Bereich von 6 sm geschaltet. Die Ringe haben jetzt einen gegenseitigen Abstand von 1 sm. Unser Kartenausschnitt in Abb. 90 erfaßt nicht den gesamten vom Radar dargestellten Bereich, da Sie sonst in der Karte keine Einzelheiten mehr erkennen könnten. Studieren Sie jetzt besonders die mit „1" und „4" markierten Ziele. „1" zeigt das etwa südwestlich vom Puttgardenriff gelegene Naturschutzgebiet.

Die mit „4" gekennzeichneten Hinweispfeile deuten auf Echos von anderen Fahrzeugen. Sie können hier sehr schön den Effekt der azimutalen Verformung erkennen, denn alle Ziele erscheinen als im Azimut auseinandergezogene kleine Kreisbogenstücke. Die Echos „2" und „3" gehören zu den in unserem Kartenausschnitt nicht mehr abgebildeten

---

* Darstellungsart und Bereich wurden speziell für unsere Aufnahmen so gewählt. Üblicherweise fährt man hier die Darstellungsart relativ Nord und in dieser Situation natürlich auch einen größeren Bereich!

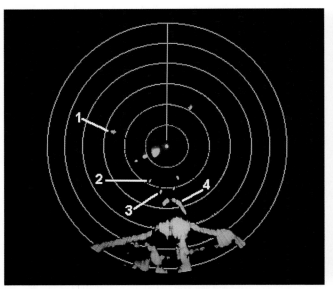

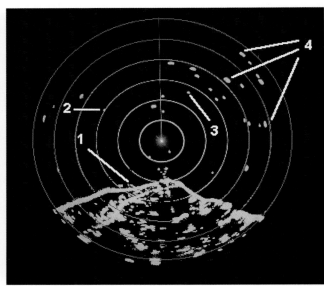

88 *Radarbild der Umgebung von Puttgarden (Fehmarn). Es ist der 1,5-sm-Bereich geschaltet.*

89 *Radarbild der Umgebung von Puttgarden (Fehmarn). Es ist der 6-sm-Bereich geschaltet.*

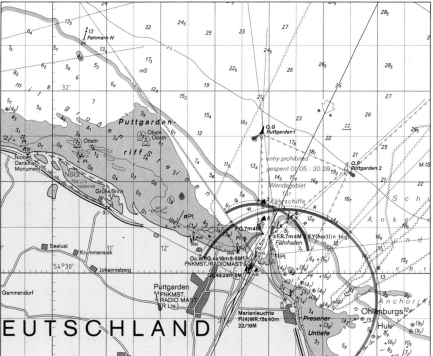

Tonnen 7 und 8 des Kiel-Ostsee-Weges.

Sie haben damit einen Eindruck davon, was eine von uns nicht bezahlbare und auch nicht einsetzbare „Superanlage" leisten kann. Vor allem sehen Sie, daß es auch damit schon erhebliche Differenzen zwischen Kartenbild und Radarbild gibt.

Die Abb. 91 und 92 zeigen Aufnahmen, die vom LCD-Display (Flüssigkristallanzeige) einer Sportschifffahrts-Anlage gemacht wurden*. Das Gerät hatte eine horizontale Keulenbreite von 6°, die Sendeleistung betrug 1 kW. Dabei lag das Boot auf der in Abb. 93 eingetra-

---

* Da der Kontrast von LCD-Displays nicht sehr groß ist, mußten die Fotos auf dem Rechner nachbearbeitet werden. So schön wie hier sind sie im Original leider nicht!

90 *Ausschnitt aus Karte Nr. 31 (Gewässer um Fehmarn, Heiligenhafen bis Dahmeshöved).*

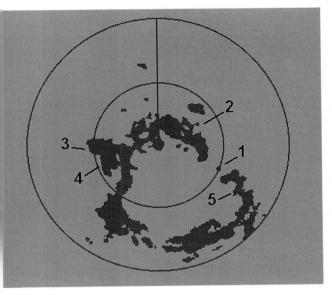

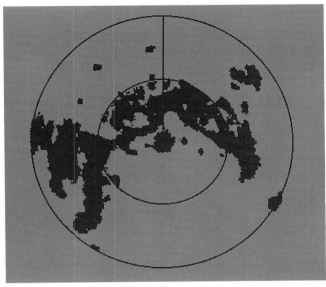

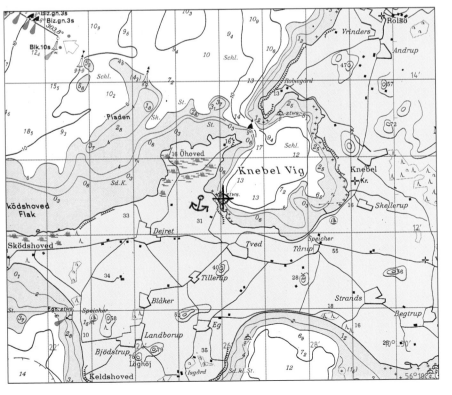

91 *LCD-Radarbild mit Knebel Vig. Der gegenseitige Abstand der Entfernungsringe beträgt 1 sm, der Abstand von der Bildmitte bis zum zweiten Ring also 2 sm. Wegen der Schwierigkeiten beim Abfotografieren mußte das Bild auf dem Computer nachbearbeitet werden. (Foto: H. Kaps)*

92 *Auf diesem Bild ist ein anderer Bereich geschaltet. Jetzt sind die Meßringe nur noch 0,5 sm voneinander entfernt. (Foto: H. Kaps)*

93 *Ausschnitt aus der Karte Nr. 19 (Århus Bugt und Gewässer um Samsö). Die Ankerposition im Westteil der Bucht ist mit Kreuz und Anker gekennzeichnet.*

genen Ankerposition, der Kurs war etwa 265°. Knebel Vig befindet sich rund 9 sm nordöstlich von Århus (Dänemark). Vergleichen Sie insbesondere die in Abb. 91 mit „1" bis „5" markierten Echos mit dem Kartenausschnitt in Abb. 93.

Wahrscheinlich haben Sie erst einmal Probleme, das Radarbild überhaupt in der Karte wiederzufinden. Versuchen Sie, das Bild „im Kopf" um 95° links herum zu drehen, dann ist es nämlich nordorientiert wie die Karte.

Ganz schön schwierig, oder? Ganz so schlimm ist es aber in der Praxis trotzdem nicht, denn Sie müssen bedenken, daß das Bild nicht wie hier sozusagen „aus heiterem Himmel" auf uns herabfällt. Vielmehr haben wir natürlich die Gegend vorher sorgfältig nach Karte studiert, und außerdem können wir uns beim Fahren allmählich an die Anzeige und an die darin auftretenden Veränderungen gewöhnen.

94 *Radargerät Furuno 1721 (Ferropilot).*

Radargeräte in der Sportschiffahrt

Wir stellen aus dem großen Angebot zwei Anlagen vor. Abb. 94 zeigt das Furuno 1721. Das Gerät gehört zur Gruppe der Rastercan-Anlagen und ist mit einer Bildröhre in Elektronenstrahltechnik ausgerüstet (also kein LCD-Display). Bei einer Bildschirmdiagonalen von 7″ (7 Zoll) weist die Anlage die Standardauflösung (VGA: 640 Spalten und 480 Zeilen) im PC-Bereich auf.

Die Anlage wird mit einer von einem Radom geschützten Antenne geliefert und besitzt die horizontale Bündelung 5,7°. Bei höheren Ansprüchen kann man auf die Anlage Furuno 1751 ausweichen. Diese arbeitet mit einer größeren (2′: 2 Fuß) Schlitzantenne und damit

auch mit einer besseren horizontalen Bündelung von 3,5°.

Da diese Radaranlagen über die entsprechenden Anschlüsse (Schnittstellen) und Zusatzeinrichtungen verfügen, können sie zu einer integrierten Anlage ausgebaut werden. So können Navigationsdaten und Kompaßinformationen eingespeist werden. Solche Anlagen werden im folgenden Abschnitt ausführlicher behandelt.

Abb. 95 zeigt das sehr leistungsfähige Rasterscan-Radar Raytheon R40XX. Schon an der größeren Anzahl von Bedienelementen können Sie erkennen, daß die Anlage sehr flexibel an unterschiedliche Situationen angepaßt werden kann und darüber hinaus sehr viele Möglichkeiten besitzt. Das Gerät zeichnet sich unter anderem dadurch aus, daß es durch Anschluß entsprechender „Sensoren" (GPS, Fluxgate-Kompaß) ebenfalls zu einer integrierten Navigationsanlage ausgebaut werden kann. Es kann sogar wie seine „großen Brüder" eine elektronische Plothilfe anbieten. Diese Technik wird hier MARPA – von Mini-ARPA – genannt. Dabei bedeutet ARPA im professionellen Bereich Automatic Radar Plotting Aid (automatische Radar Plothilfe). Wir kommen auf dieses Gerät noch einmal kurz auf S. 122 zurück.

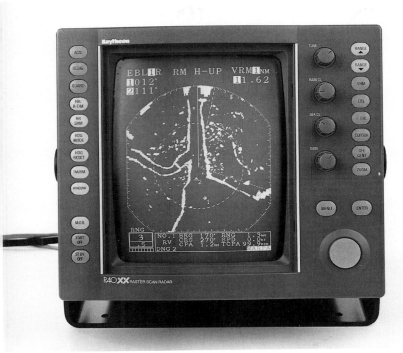

95 *Radargerät Raytheon R40XX (Eissing).*

Übungsaufgaben

1. Die gesamte Laufzeit (Sendeimpuls plus Echoimpuls) betrage 12,35 Mikrosekunden. Wie weit ist das Ziel entfernt?

2. Zwei Tonnen peilen 144° und sind 0,9 und 0,95 sm entfernt, die Impulsdauer beträgt 0,3 Mikrosekunden.
   a) Wie lang sind die Impulse?
   b) Sind die Ziele als getrennte Objekte erkennbar?

3. Ist der Fuß des in Abb. 82 (S. 110) georteten Berges im Radar erkennbar? Welche Schlußfolgerung kann aus dem Ergebnis gezogen werden?

4. Sie passieren in geringem Abstand eine Tonne. Auf dem Bildschirm erhalten Sie in der Radarseitenpeilung 090° in der Distanz 0,04 sm das Echo der Tonne und in der gleichen Peilung in der Distanz 0,08 sm ein weiteres Echo. Sie können optisch kontrollieren, daß sich in dieser Position kein Ziel befindet. Worum handelt es sich?

Integrierte nautische Anlagen und ECDIS

Die Situation in der Großschiffahrt

Auf der Brücke eines Seeschiffes ist im Prinzip eine große Zahl von Informationen aus den verschiedensten Quellen vorhanden. Unter anderem wären da Informationen zu nennen, die den augenblicklichen Fahrzustand betreffen, wie Umdrehungszahl der Maschine, Fahrt, Kurs, Ruderlage, ferner Informationen über den Maschinenbereich, navigatorische Informationen von den verschiedensten Geräten wie Radar, GPS, Loran C, Decca, Echolot und von Kommunikationseinrichtungen (UKW) stammende Informationen, z. B. über andere Fahrzeuge. Dazu kommen Informationen, die als „Hardcopy" in Seekarten, Leuchtfeuerverzeichnissen, Seehandbüchern, Ausdrucken von Wetterkartenschreibern und so fort gespeichert sind.

Diese Informationsfülle bedeutet nicht nur entsprechenden Streß für den ja heute in aller Regel vollkommen auf sich allein gestellten Wachoffizier, sie ist auch gefährlich. Naheliegend ist es demnach, die Informationen zu bündeln und wichtige Daten zu selektieren. Oder allgemein formuliert: Die Informationen müssen aufbereitet (gefiltert) und an zentraler Stelle auf einem oder maximal zwei Displays verfügbar gemacht werden.

Das ist der generelle Ansatz für die *integrierte Navigation (INS: Integrated Navigation System)* und entsprechende *integrierte nautische Anlagen.* Daß dabei große Schwierigkeiten sowohl im Hardware- als auch im erforderlichen Software-Bereich auftreten, kann man erahnen.

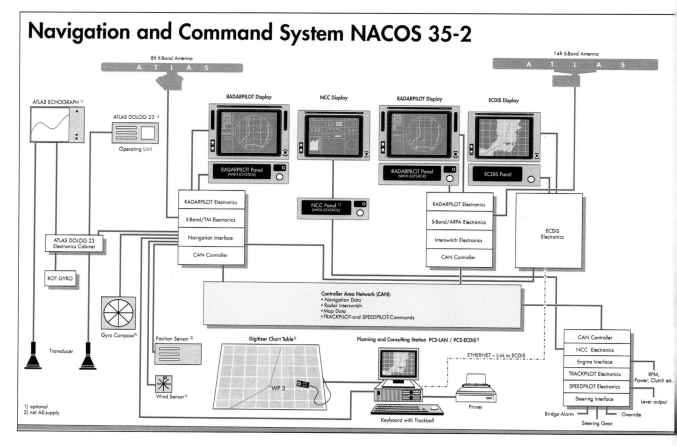

96 Aufbau des Navigation and Command System NACOS 35-2 (Atlas Elektronik). NACOS 35-2 ist eine professionelle integrierte Navigationsanlage, die dem aktuellen Stand der Technik entspricht. Insbesondere ist sie für „one man bridge operation" ausgelegt. In der gezeigten Version ist auch ECDIS integriert. Ein ähnliches System (NACOS 25-2, kein ECDIS) befindet sich auf der derzeit größten Passagierfähre der Welt, der SILJA EUROPA. Die Fähre verkehrt zwischen Stockholm und Helsinki, einem navigatorisch sehr schwierigen Fahrtgebiet.

Die Abb. 96 und 97 sollen einen Eindruck von Aufbau und Möglichkeiten einer solchen Anlage vermitteln.
Noch einen Schritt weiter geht man mit ECDIS. Das ist die Abkürzung von *Electronic Chart Display and Information System*: Nautisches Informationssystem mit elektronischer Seekarte.
Wesentlich an solchen Systemen ist, daß sie nicht nur eine elektronische Karte liefern, sondern auch alle anderen erforderlichen nautischen Informationen, von den letzten NfS

(Nachrichten für Seefahrer) bis zu einer nautischen Warnnachricht. Das Kartenbild kann „gezoomt" werden. Wird der Maßstab größer, erscheinen weitere Details wie Tiefenangaben, Sektoren von Feuern und so weiter. Man kann bestimmte Informationen abrufen, beispielsweise nähere Angaben zu einem Feuer. In der Karte erscheinen ferner der beabsichtigte Kurs *(indented track)* und der tatsächliche Kurs *(true track)* sowie über den Positionssensor (heute primär GPS) die aktuelle Position.

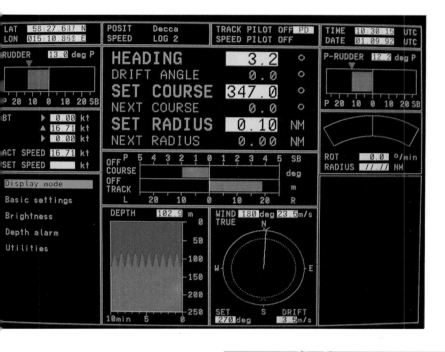

97 *Das in Abb. 96 mit NCC (Navigation Control Console) Display bezeichnete Monitorbild wird hier noch einmal größer dargestellt. Auf dem Bildschirm kann der Wachoffizier sofort alle wesentlichen Informationen erkennen, ohne seinen Platz zum Ablesen mehrerer Anzeigeinstrumente verlassen zu müssen (Atlas Elektronik).*

98 *ECDIS mit überlagertem Radarbild in Nachtdarstellung (Elbe bei Cuxhaven, Atlas Elektronik).*

Außerdem kann ECDIS das Radarbild überlagert werden. Abb. 98 und 99 (S. 122) zeigen Beispiele. Eine Ausrüstungspflicht für solche Systeme im professionellen Bereich ist in absehbarer Zeit nicht zu erwarten. Trotzdem werden sie schon von etlichen Schiffen gefahren. Ein großes Problem ist, daß die traditionellen nautischen Unterlagen (Seekarten usw.) aus Sicherheitsgründen weiterhin gefahren und auch berichtigt werden müssen. Somit besteht für den Reeder kein wirtschaftlicher Anreiz. Hinzu kommt als weitere wesentliche Schwierigkeit, daß die *Datenbankfrage* noch nicht geklärt ist. Die optimale zentrale Lösung ist wegen der dazu erforderlichen Offenlegung aller nationalen kartographischen und der zugehörigen nautischen Informationen nicht realisierbar. Ungeklärt ist auch noch die Frage der Berichtigung der Datenbestände an

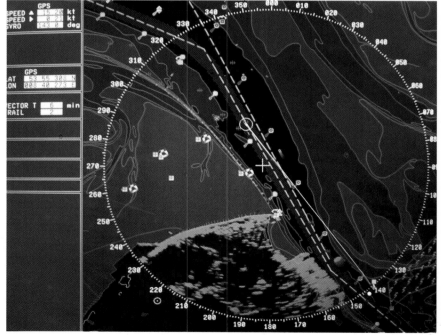

99 *Die Außenweser in Nachtdarstellung mit eingeblendeten Sektoren der Feuer. Am oberen Bildrand das Feuer Alte Weser, etwa in der Mitte unten Mellumplate (Atlas Elektronik).*

Die Situation im Bereich der Sportschiffahrt

Etwas weniger spektakulär (und teu er!) geht es in der Sportschiffahrt zu Wir hatten schon auf S. 118 zwei Ra daranlagen angeschaut, an die be stimmte Sensoren angeschlosse werden konnten. Es handelt sic demnach um einen vergleichbare Ansatz.

Verwandt mit ECDIS, zumindes was die elektronische Karte angeh sind *Videoplotter.* Diese Geräte kör nen auf einem aus Kosten- un Stromversorgungsgründen meis sehr kleinen Display im Prinzip all Seegebiete darstellen, auch in unte schiedlichen Maßstäben. Anschließ bar sind hier ebenfalls Sensoren, a so in der Regel GPS. Auf diese We se können, wie bei dem großen Bru der ECDIS, der beabsichtigte Kur und die Position dargestellt werder Eines der Probleme ist auch hier di Berichtigung beziehungsweise di Aktualisierung. Von Zeit zu Zeit kör nen die Daten durch vom Herstelle angebotene „updates" aktualisie werden. Im übrigen gelten für Vide plotter die gleichen Einschränkur gen, wie wir sie schon bei ECDIS dis kutiert haben.

Integrierte nautische Anlagen un Videoplotter in der Sportschiffah

Das schon auf S. 118 angesproche ne Raytheon-Radar R40XX kann m der Anlage RAYCHART-600 komb niert werden. Dann kann wahlweis das Kartenbild bildschirmfüllend (fu screen) angezeigt werden und zu sätzlich unten rechts das Radarbi oder umgekehrt das Radarbild fu screen und überlagert unten recht die Karte. Ein Beispiel für die erstge nannte Möglichkeit zeigt Abb. 100 Ähnlich wie bei ECDIS mit überlage

Bord. Es ist wahrscheinlich, daß zunächst regionale, allerdings nach internationalen Standards realisierte Lösungen in die Praxis Eingang finden werden.

Auch ohne ECDIS ist die grundsätzliche Schwierigkeit jeder Integration oder Zentralisierung, daß der Ausfall einer Komponente nicht zum Totalausfall des Systems führen darf. Es müssen also die berühmten *Redundanzen* (es sind mehr Informationen vorhanden als erforder-

lich) vorhanden sein. Das aber erhöht zusätzlich die Kosten. Und schließlich können bei integrierten Systemen noch äußerst unangenehme Dinge passieren, wenn der Positionssensor fehlerhafte Orte liefert. Trotz aller Software-Maßnahmen kann das System dann vielleicht eine Steuerbord-Kursänderung mit maximaler Ruderlage einleiten, nur weil Decca oder GPS der Meinung sind, das Schiff sei plötzlich zwei Meilen vom Kurs.

100 *Raytheon R40XX mit einge-blendetem verkleinertem Ra-darbild (Eissing).*

tem Radarbild können auch hier sich bewegende Ziele von stationären unterschieden werden, es sei denn, es wird gerade ein Ankerlieger vom Radar erfaßt.

Abb. 100 zeigt im eingeblendeten verkleinerten Radarbild, daß die ge-wählte Darstellungsart TM N-UP ist. Das bedeutet *true motion* (wahre Be-wegung) und *north up* (nordstabili-siert). Wir wollten im Zusammen-hang mit der Navigation auf diese Möglichkeiten nicht näher eingehen. Klar ist aber, daß sie nur realisierbar sind, wenn der Kurs über einen Kurs-sensor (Fluxgate-Kompaß) und die Fahrt über Grund (GPS) verfügbar sind*.

Abb. 101 zeigt das von Shipmate Robertson hergestellte System Da-

---

* Für Spezialisten: Es ist auch möglich, stationäre Ziele, sogenannte *reference targets,* zu verwenden.

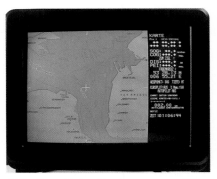

102 *Pan-Color-System von Ship-mate Robertson mit Darstel-lung auf einem 14"-Monitor.*

103 *Zentraleinheit des Systems Pan Color (Shipmate Ro-bertson). Links sind (senkrecht übereinander) Software- und Datenkassette zu erkennen.*

taline Chart. Mit Hilfe einsteckbarer Module können Karten praktisch al-ler Seegebiete geladen werden. Im unteren Teil der Abbildung sehen Sie die Systeme, die an die Anlage an-geschlossen werden können.

Das Pan-Color-System von Ship-mate Robertson kann die Karte und nautische Informationen sogar auf einem 14"-Farbmonitor darstellen, jedenfalls dann, wenn die Stromver-sorgung mitspielt (Abb. 102). Abb. 103 zeigt die zugehörige Zentralein-heit (Controller) mit den links am Gerät erkennbaren Software- und Datenkassetten.

101 *Dataline Chart (Shipmate Robertson). Im unteren Teil der Abbildung sind anschließbare Geräte (SPEED, GPS, AUTOPILOT) zu erkennen.*

Foto: H.-G. Kiesel

Teil II: Schiffahrtsrecht

5. Internationale Regeln zur Verhütung von Zusammenstößen auf See (KVR)

Die Kollisionsverhütungsregeln (KVR) sind internationale Regeln. Sie gelten weltweit. Bevor diese Regeln oder auch Änderungen zu diesen Regeln in Kraft treten können, müssen sie von der *International Maritime Organization* (IMO) beraten und beschlossen werden. Die Vorschriften können erst dann in Kraft treten, wenn sie von der Mehrzahl der Mitgliedstaaten ratifiziert wurden und eine bestimmte Einführungszeit abgelaufen ist.

Die IMO ist eine Unterorganisation der UNO mit Sitz in London, die sich mit allen Problemen der Sicherheit der Seefahrt befaßt und in der (fast) alle Seefahrt treibenden Staaten vertreten sind.

Die Bundesrepublik Deutschland hat diese Regeln durch die *Verordnung zu den Internationalen Regeln von 1972 zur Verhütung von Zusammenstößen auf See* für ihren Zuständigkeitsbereich in Kraft gesetzt. Sie enthalten u. a. zusätzliche Vorschriften, beispielsweise „Grundregeln für das Verhalten im Verkehr" oder „Verantwortlichkeit" (§ 3 und § 4 in SeeSchStrO). Insbesondere sind in § 7 Sicherheitszonen mit einem Abstand von 500 m von allen Anlagen vorgeschrieben, die zur Erforschung oder Ausbeutung von Naturschätzen dienen.

Die KVR gelten auf hoher See und auf allen mit dieser zusammenhängenden, von Seeschiffen befahrbaren Gewässern. Manche Küstengewässer und Seeschiffahrtsstraßen machen es erforderlich, daß die entsprechenden Küstenstaaten zusätzliche oder besondere Regeln erlassen. Ferner können für spezielle Fahrzeuge, wie Kriegsschiffe und Fischereifahrzeuge, zusätzliche Signale oder Abweichungen in der Kennzeichnung zugelassen werden.

Begriffsbestimmungen (Regel 3)

Fahrzeug: Das sind alle Wasserfahrzeuge einschließlich nicht wasserverdrängender Fahrzeuge und Wasserflugzeuge, die zur Beförderung auf dem Wasser eingesetzt werden können. Auch Kajaks und Surfbretter sind Fahrzeuge.

Maschinenfahrzeug: Fahrzeug mit Maschinenantrieb.

Segelfahrzeug: Fahrzeug unter Segel, dessen Maschinenantrieb nicht genutzt wird.

Fischendes Fahrzeug: Fahrzeug, das mit Netzen, Leinen, Schleppnetzen oder Fanggeräten fischt, welche die Manövrierfähigkeit einschränken. Fahrzeuge, die mit Schleppan-

geln (z. B. Motoryachten) oder anderen Fanggeräten fischen, die die Manövrierfähigkeit nicht einschränken, sind keine fischender Fahrzeuge.

Wasserflugzeug: kann auf dem Wasser manövrieren.

Manövrierunfähiges Fahrzeug: Fahrzeug, das wegen außergewöhnlicher Umstände nicht so manövrieren kann, wie es die Regeln vorschreiben, und das daher einem anderen Fahrzeug nicht ausweichen kann. Vorwiegend sind es technische Mängel, wie Fehler in der Antriebs- oder Ruderanlage, die dazu führen, daß ein Schiff manövrierunfähig ist. Weitere Umstände sind jeweils zu berücksichtigen.

So kann unter Umständen eine Doppelschraubenmotoryacht, deren eine Maschine ausgefallen ist, im freier Seeraum, wo auf große Entfernung ausgewichen wird, noch sichere Ausweichmanöver fahren, nicht mehr dagegen, wenn nur begrenzter Manövrierraum zur Verfügung steht. Auch äußere Einwirkungen können ursächlich sein. Ein bei schwerem Wetter beigedreht liegendes Schiff ist manövrierunfähig. Ein bei Flaute treibender Segler ist im Sinne dieser Regel nicht manövrierunfähig, doch da von anderen Fahrzeugen aus die Lage des Seglers möglicherweise nicht klar erkannt wird, könnte die Kennzeichnung als „manövrierunfähig" mit Regel 2 begründet werden. Der Schiffsführer entscheidet, ob sein Schiff unter den gegebenen Umständen manövrierunfähig ist.

Manövrierbehindertes Fahrzeug: Fahrzeug, das durch die Art seines Einsatzes behindert ist, so zu manövrieren, wie es diese Regeln vorschreiben, und das daher einem anderen Fahrzeug nicht ausweichen kann, so z. B.

– ein Fahrzeug, das ein Seezeichen, Unterwasserkabel oder eine Rohrleitung auslegt, versorgt oder aufnimmt;

– ein Fahrzeug, das baggert, Forschungs- oder Vermessungsarbeiten oder Unterwasserarbeiten ausführt;

– ein Fahrzeug in Fahrt, das Versorgungsmanöver ausführt oder mit der Übergabe von Personen, Ausrüstung oder Ladung beschäftigt ist;

– ein Fahrzeug, auf dem Flugzeuge starten oder landen;

– ein Fahrzeug beim Minenräumen;

– ein Fahrzeug während eines Schleppvorgangs, bei dem das schleppende Fahrzeug erheblich behindert ist, vom Kurs abzuweichen.

Man beachte, daß die Verwendung der Begriffe „manövrierunfähig" und „manövrierbehindert" nicht der sprachlichen Bedeutung entspricht.

Tiefgangbehindertes Fahrzeug: Maschinenfahrzeug, das durch seinen Tiefgang im Verhältnis zur vorhandenen Tiefe und Breite des befahrbaren Gewässers erheblich behindert ist, von seinem zu verfolgenden Kurs abzuweichen.

In Fahrt: Ein Fahrzeug ist in Fahrt, wenn es weder vor Anker liegt noch an Land festgemacht ist, noch auf Grund sitzt. Ein Fahrzeug ist in Fahrt, auch wenn es die Maschine gestoppt hat und keine Fahrt durchs Wasser macht.

Länge und Breite: Länge über alles und größte Breite.

In Sicht: Fahrzeuge haben einander nur dann in Sicht, wenn jedes das andere optisch wahrnehmen kann.

Verminderte Sicht: Zustand, bei dem die Sicht durch Nebel, dickes Wetter, Schneefall, heftige Regengüsse, Sandstürme oder ähnliches eingeschränkt ist. Verminderte Sicht besteht, wenn nach Radarinformationen schon vor dem Sichten gehandelt werden muß, um den Nahbereich und damit eine Kollisionsgefahr zu vermeiden. Man sieht sich frei, wenn nach dem Sichten genügend Zeit für ein sicheres Ausweichmanöver bleibt.

Verantwortlichkeit

Regel 2:

a) Diese Regeln befreien ein Fahrzeug, dessen Eigentümer, Kapitän oder Besatzung nicht von den Folgen, die durch unzureichende Einhaltung dieser Regeln oder unzureichende sonstige Vorsichtsmaßnahmen entstehen, welche allgemeine seemännische Praxis oder besondere Umstände des Falles erfordern.

b) Bei der Auslegung und Befolgung dieser Regeln sind stets alle Gefahren der Schiffahrt und des Zusammenstoßes sowie alle besonderen Umstände einschließlich Behinderungen der betroffenen Fahrzeuge gebührend zu berücksichtigen, die zum Abwenden unmittelbarer Gefahr ein Abweichen von diesen Regeln erfordern.

Nach *Abs. a)* wird verlangt, mehr zu tun als nach den Regeln unmittelbar vorgeschrieben, wenn dadurch Gefahren vermieden werden können. Der *seemännischen Praxis* entspricht es, kein höheres Risiko als erforderlich einzugehen. Man soll sich so verhalten, wie erfahrene Seeleute es über einen längeren Zeitraum als richtig erkannt haben. Guter Seemannsbrauch muß mit bestehenden Empfehlungen und Vorschriften übereinstimmen.

Maßnahmen nach Regel 2 a)

– Segelfläche bei auffrischendem Wind rechtzeitig anpassen

– ausreichenden Abstand bei Ausweichmanövern einhalten

– sogenannte Manöver des letzten Augenblicks so frühzeitig fahren, daß Zusammenstöße vermieden werden

– von Ankerliegern ausreichenden Abstand halten und diese bei eigenen Ankermanövern nicht gefährden

– bei kritischen Manövern Maschine klarhalten und einsetzen

– bei Hafenmanövern die Fahrt so weit verringern, daß das Schiff nötigenfalls aufgestoppt werden kann (eventuell auch mit Anker)

Abs. b) verlangt, daß bei einer unmittelbaren Gefahr zum Abwenden dieser Gefahr von den Vorschriften abzuweichen ist. Von einer *unmittelbaren Gefahr* ist auszugehen, wenn ein Schaden ohne eine Gegenmaßnahme nicht vermieden werden kann. Bei gleichzeitiger Kurshalte- und Ausweichpflicht muß z. B. gegen die Kurshaltepflicht verstoßen werden. Eine Maßnahme nach Abs. b) muß jedoch ein Ausnahmefall bleiben.

Lichter und Signale

Die vorgeschriebenen Lichter sind von Sonnenuntergang bis Sonnenaufgang und bei verminderter Sicht zu führen. Sie ermöglichen es, Fahrzeuge bei Nacht zu erkennen und ihre Art zu bestimmen. Sie informieren eingeschränkt über den Kurs eines Fahrzeugs.

Tagsignale sind zwischen Sonnenauf- und Sonnenuntergang zu führen. Sie geben Auskunft über die Art eines Fahrzeugs.

Auf Fahrzeugen unter 20 m Länge dürfen Signalkörper mit geringeren Abmessungen verwendet werden. Körpersignale mit den genannten Abmessungen können mit bloßem Auge erst in einem Abstand von etwa 500 m sicher erkannt werden. Gute seemännische Praxis gebietet: *Fernglas benutzen!*

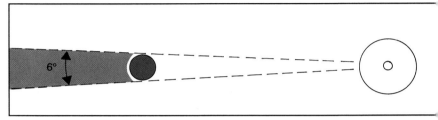

2 *Abdunklung von Rundumlichtern.*

Beschaffenheit der Lichter

Es sind Lichter, die über den ganzen Horizont zu sehen sind (Rundumlichter), und Sektorenlichter vorgeschrieben. Der Ausstrahlungswinkel der Rundumlichter darf nicht mehr als 6° verdeckt sein.

Funkellichter haben 120 oder mehr regelmäßige Lichterscheinungen in der Minute.

Sektorenlichter sind Topplichter, Seitenlichter, Hecklicht und Schlepplicht.

Waagerechte Lichtverteilung

Seitenlichter müssen nach voraus die vorgeschriebene Lichtstärke haben. Von 1° bis 3° zur jeweils anderen Seite muß die Lichtstärke auf nahezu 0 abfallen. Der Überscheinwinkel garantiert, daß man von voraus in der Mittschiffsebene eines breiteren Schiffes beide Seitenlichter sehen kann. Dieser verhältnismäßig kleine Überscheinwinkel wird durch die Abschirmung der Seitenlichter erreicht. Im achterlichen Bereich gilt für den Übergang von Seitenlichter und Topplicht zum Hecklicht, daß die volle Lichtstärke bis zu 5° innerhalb des vorgeschriebenen Ausstrahlungswinkels erhalten bleiben muß. Sie darf bis zu 50 % der Lichtstärke bis zur Grenze des Ausstrahlungswinkels abnehmen und muß 5° außerhalb des Ausstrahlungswinkels 0 erreichen.

Tagsignale	
Ball	Durchmesser mindestens 0,60 m
Kegel	Durchmesser Grundfläche und Höhe mindestens 0,60 m
Zylinder	Durchmesser Grundfläche mindestens 0,60 m, Höhe mindestens 1,20 m
Stundenglas und Rhombus	setzen sich aus jeweils zwei Kegeln zusammen

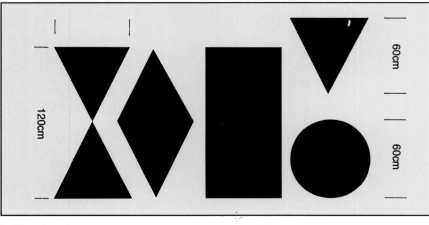

1 *Tagsignale.*

Topplichter	Farbe: weiß
	Sektor: von recht voraus 112,5° nach jeder Seite
Seitenlichter	Farbe: Backbord rot, Steuerbord grün
	Sektor: von recht voraus jeweils 112,5° nach beiden Seiten
Hecklicht	Farbe: weiß
	Sektor: von recht achteraus 67,5° nach beiden Seiten
Schlepplicht	Farbe: gelb
	Sektor: wie Hecklicht

● Segelfahrzeuge

Bis 5° über und unter der Horizontalebene muß die vorgeschriebene Lichtstärke erhalten bleiben; bis 25° über und unter der Horizontalebene müssen mindestens 50 % der vorgeschriebenen Lichtstärke garantiert sein. Da beim Vertrieb kein Unterschied zwischen Laternen für Maschinen- und solchen für Segelfahrzeuge gemacht wird, kann man davon ausgehen, daß alle Laternen beide Auflagen erfüllen. Man muß aber berücksichtigen, daß von einem am Wind mit starker Krängung segelnden Schiff das jeweilige Seitenlicht unter Umständen nur mit weniger als 50 % der vorgeschriebenen Lichtstärke ausgemacht werden kann.

Mindesttragweiten

– Fahrzeuglänge 50 m und mehr: Topplichter 6 sm; Seitenlichter, Hecklicht, Schlepplicht und Rundumlichter 3 sm
– Fahrzeuglänge mehr als 12 m, jedoch weniger als 50 m: Topplicht 5 sm (Fahrzeuglänge unter 20 m: 3 sm); Seitenlichter, Hecklicht, Schlepplicht und Rundumlichter 2 sm

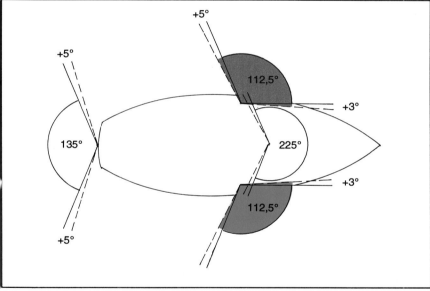

3 *Sektoren der Lichter und Überscheinwinkel.*

Senkrechte Lichtverteilung

● Maschinenfahrzeuge

Bis 5° über und unter der Horizontalebene muß die vorgeschriebene Lichtstärke erhalten bleiben; bis 7,5° über und unter der Horizontalebene müssen mindestens 60 % der vorgeschriebenen Lichtstärke erhalten bleiben.

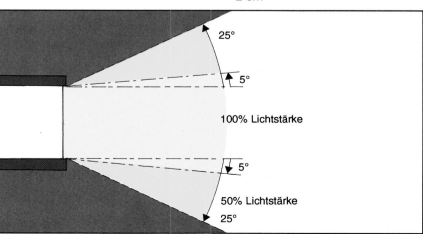

4 *Senkrechte Lichtverteilung.*

– Fahrzeuglänge weniger als 12 m: Topplicht 2 sm; Seitenlichter 1 sm (nach SeeSchStrO 2 sm); Hecklicht und Rundumlichter 2 sm
– schwer erkennbare, teilweise getauchte Fahrzeuge oder Gegenstände, die geschleppt werden: weiße Rundumlichter 3 sm

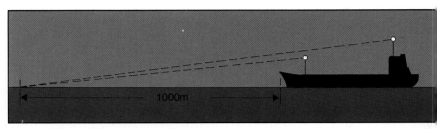

5 *Sichtbarkeit der Topplichter 1000 m vor dem Vorsteven.*

Vorgeschriebene Lichter und Signalkörper

Maschinenfahrzeuge in Fahrt:
– ein Topplicht vorn
– ein Topplicht achterlicher und höher als das vordere; Fahrzeuge unter 50 m Länge können ein solches Licht führen
– Seitenlichter
– Hecklicht

Ein Maschinenfahrzeug von weniger als 12 m Länge darf anstelle von Topplicht und Hecklicht ein weißes Rundumlicht zusätzlich zu den Seitenlichtern führen.

Ein Maschinenfahrzeug von weniger als 7 m Länge, dessen Höchstgeschwindigkeit nicht mehr als 7 kn beträgt, darf ein weißes Rundumlicht und muß, wenn möglich, zusätzlich Seitenlichter führen.

Grundsätzlich sind Topplichter über der Längsachse des Fahrzeugs zu führen. Wenn das nicht möglich ist, kann das Topplicht oder weiße Rundumlicht bei Fahrzeugen unter 12 m Länge außerhalb der Längsachse geführt werden.

Werden zwei Topplichter geführt, so muß der senkrechte Abstand dieser Lichter u. a. so groß sein, daß bei normalen Trimmlagen in 1000 m Abstand vor dem Vorsteven von der Wasseroberfläche aus das hintere Topplicht über dem vorderen und von diesem getrennt gesehen wird. Es kann daher auf einem kleineren Fahrzeug, das sich in weniger als 1000 m Abstand vor einem größeren

Maschinenfahrzeug befindet, möglich sein, daß das vordere Topplicht über dem hinteren gesehen wird. Eine auf Grund der Veränderung der Topplichter vermutete Kursänderung würde falsch wahrgenommen werden.

Auf einem Maschinenfahrzeug von weniger als 20 m Länge können die Seitenlichter in einer Zweifarbenlaterne über Längsachse oder in gleicher Längsachse wie Topplicht bzw. weißes Rundumlicht geführt werden. Auf einem Maschinenfahrzeug von weniger als 20 m, aber mindestens 12 m Länge muß das Topplicht in einer Höhe von mindestens 2,50 m über dem Schandeckel angebracht sein. Das Topplicht muß mindestens 1 m über den Seitenlichtern geführt werden. Auf Maschinenfahrzeugen unter 12 m Länge ist nur dieser Abstand einzuhalten.

Schleppen und Schieben

Schleppende Maschinenfahrzeuge:
● Lichter:
– zwei Topplichter senkrecht übereinander
– drei Topplichter senkrecht übereinander, wenn der Schleppzug vom Heck des schleppenden Fahrzeugs bis zum Ende des Anhangs länger als 200 m ist
– Seitenlichter

– Hecklicht
– Schlepplicht senkrecht über dem Hecklicht
● Tagsignal:
wenn der Schleppzug vom Heck des Schleppers bis zum Heck des Anhangs über 200 m lang ist: Rhombus, wo er am besten zu sehen ist

Schiebende oder längsseits schleppende Maschinenfahrzeuge (ausgenommen: zusammengesetzte Einheit):
● Lichter:
– zwei Topplichter senkrecht übereinander
– Seitenlichter
– Hecklicht

Geschleppte oder geschobene Fahrzeuge:
● Lichter:
– Seitenlichter
– Hecklicht
● Tagsignal:
Wenn der Schleppzug vom Heck des Schleppers bis zum Heck des Anhangs über 200 m lang ist: Rhombus, wo er am besten zu sehen ist.

Schwer erkennbare, teilweise getauchte Fahrzeuge oder entsprechende Gegenstände:
● Lichter:
entsprechend der Länge und Breite ein weißes oder mehrere weiße Rundumlichter

● Tagsignal:

Rhomben am äußersten Ende des geschleppten Gegenstandes, wenn der Schleppzug über 200 m lang ist, weiterer Rhombus, wo er am besten zu sehen ist

Kann aus vertretbaren Gründen ein Anhang nicht ordnungsgemäß gekennzeichnet werden, so müssen alle möglichen Maßnahmen getroffen werden, um den Anhang erkennbar zu machen.

Schleppt ein Fahrzeug, ohne daß es die vorgeschriebenen Lichter führen kann, aus einem vertretbaren Grund, z. B. in einem Notfall, so müssen alle möglichen Maßnahmen getroffen werden, um die Verbindungen zwischen beiden Fahrzeugen erkennbar zu machen, insbesondere durch Anleuchten der Schleppleine.

Sind ein schiebendes und ein geschobenes Fahrzeug zu einer zusammengesetzten Einheit starr miteinander verbunden, so gelten sie als Maschinenfahrzeug.

Segelfahrzeuge in Fahrt und Fahrzeuge unter Ruder:

● Lichter:
– Seitenlichter
– Hecklicht

Auf einem Segelfahrzeug von weniger als 20 m Länge dürfen diese Lichter in einer Dreifarbenlaterne vereinigt werden, die an oder nahe der Mastspitze, dort geführt wird, wo sie am besten gesehen werden kann.

Die Dreifarbenlaterne kann von der Brücke eines größeren Schiffes aus unter Umständen in der Nähe der Kimm gesehen werden. Da der Abstand zu in der Kimm gesehenen Lichtern normalerweise groß ist, kann dieses im Topp gefahrene Licht dazu führen, daß die Abstände von dem Wachoffizier des größeren Schiffes zu groß geschätzt werden.

6 *Hecklichtsektor der Dreifarbenlaterne in der Kimm.*

Bei kritischen Annährungen, insbesondere aus dem Hecklichtbereich, sollten frühzeitig die Segel angeleuchtet werden.

Zusätzlich dürfen unabhängig von der Länge des Fahrzeugs zwei Rundumlichter, das obere rot, das untere grün, an oder nahe der Mastspitze geführt werden, wo sie am besten gesehen werden können. Diese Lichter dürfen nicht zusammen mit der Dreifarbenlaterne geführt werden.

Segelfahrzeuge unter 7 m Länge müssen, wenn möglich, diese Lichter führen, sonst ein weißes Licht rechtzeitig zeigen, um einen Zusammenstoß zu verhüten.

Ein Fahrzeug unter Ruder darf diese Lichter führen, andernfalls muß es ein weißes Licht rechtzeitig zeigen, um einen Zusammenstoß zu verhü-ten.

Fahrzeuge unter Segel, die gleichzeitig mit Maschinenkraft fahren:

● Tagsignal:

Kegel – Spitze unten – dort, wo er am besten zu sehen ist (bei Nacht führt dieses Fahrzeug die Lichter eines Maschinenfahrzeugs)

Fischereifahrzeuge:

Fischende Fahrzeuge in Fahrt oder vor Anker führen nur die hier vorgeschriebenen Lichter und Signale, nicht die eines Ankerliegers.

Man unterscheidet Trawler, die ihr Fanggerät schleppen, und Nichttrawler, deren Fanggerät nicht durch das Wasser bewegt wird. Trawler können mit Grund- oder Höhenschleppnetzen, einzeln oder im Gespann fischen. Nichttrawler können Treibnetze oder auch mit dem Meeresboden verbundene Fanggeräte einsetzen.

Trawler:

● Lichter:
– Grün über Weiß als Rundumlichter
– ein Topplicht achterlicher und höher als das grüne Rundumlicht; Fahrzeuge unter 50 m Länge können dieses Licht führen
– bei Fahrt durchs Wasser zusätzlich Seitenlichter und Hecklicht

● Tagsignal:

Stundenglas; bei einer Fahrzeuglänge unter 20 m kann ein Korb geführt werden

Trawler fischen auch mit Schleppnetzen, die bis eben unter die Wasseroberfläche reichen. Das Fanggeschirr kann sich vom Heck bis 500 m nach hinten erstrecken. Ein ausreichend großer Abstand muß eingehalten werden.

Nichttrawler:

● Lichter:
– Rot über Weiß als Rundumlichter
– reicht das Fanggerät weiter als

Fahrzeuge in Fahrt

Art	gesehen von Bb	von vorn	von Stb	von achtern	Tagsignal
Maschinenfahrzeug					
Maschinenfahrzeug < 50 m					
Schleppzug Länge Heck - Heck > 200 m Schlepper > 50 m					
Schleppzug Länge Heck - Heck < 200 m Schlepper < 50 m					
Segelfahrzeug					
Segelfahrzeug					
Lotsenfahrzeug					
tiefgangbehindertes Fahrzeug					

7 *Lichter und Signale nach KVR.*

Art	in Fahrt, keine Fahrt durchs Wasser	gesehen von Bb	von vorn	von Stb	von achtern	Tagsignal
			in Fahrt, Fahrt durchs Waser machend			
manövrier-unfähiges Fahrzeug						
manövrier-behindertes Fahrzeug						
manövrier-behinderter Schleppzug	Schlepper > 50 m Abstand Heck - Heck > 200 m	Während eines Schleppvorgangs, bei dem nicht vom Kurs abgewichen werden kann				
Minenräumer	1000 m Abstand halten	beim Minenräumen				
Trawler	in Fahrt oder vor Anker keine Fahrt durchs Wasser	Fahrt durchs Wasser machend				
		(>50 m)	(< 50 m)	(> 50 m)		
Nichttrawler Fanggerät < 150 m						
Nichttrawler Fanggerät > 150 m						

8 *Lichter und Signale nach KVR.*

150 m waagerecht ins Wasser: zusätzlich ein weißes Rundumlicht in Richtung des Fanggeräts
– bei Fahrt durchs Wasser zusätzlich Seitenlichter und Hecklicht
● Tagsignal:
wie Trawler; reicht das Fanggerät jedoch weiter als 150 m waagerecht ins Wasser, muß zusätzlich ein Kegel – Spitze oben – in Richtung des Fanggeräts geführt werden.

In der Nähe anderer fischender Fahrzeuge dürfen folgende Signale zusätzlich geführt werden:
– zwei weiße Rundumlichter senkrecht übereinander: Ausbringen der Netze
– ein weißes über einem roten Rundumlicht senkrecht übereinander: Einholen der Netze
– zwei rote Rundumlichter senkrecht übereinander: Netz hakt an Hindernis
– Anleuchten eines anderen, in der Nähe befindlichen Fahrzeugs: Fahrzeuge fischen im Gespann
– zwei gelbe, abwechselnd funkelnde Rundumlichter übereinander: mit Ringwaden fischendes Fahrzeug

Manövrierunfähige Fahrzeuge:
● Lichter:
– zwei rote Rundumlichter senkrecht übereinander
– bei Fahrt durchs Wasser zusätzlich Seitenlichter und Hecklicht
● Tagsignal:
– zwei Bälle senkrecht übereinander

Manövrierbehinderte Fahrzeuge, ausgenommen Minenräumer:
● Lichter:
– drei Rundumlichter rot, weiß, rot senkrecht übereinander
– bei Fahrt durchs Wasser zusätzlich Topplichter, Seitenlichter, Hecklicht

● Tagsignal:
– Ball, Rhombus, Ball senkrecht übereinander
– vor Anker zusätzlich Ankersignale

Fahrzeuge, die seismographische Messungen z. B. für Lagerstättenforschung durchführen, schleppen Meßkabel von 3000 m Länge und mehr, auf die beim Ausweichen Rücksicht zu nehmen ist.

Schleppende Fahrzeuge, die erheblich behindert sind, vom Kurs abzuweichen:
● Kennzeichnung eines schleppenden Fahrzeugs, zusätzlich Lichter:
– Rundumlichter rot, weiß, rot senkrecht übereinander
● Tagsignal:
– Ball, Rhombus, Ball senkrecht übereinander

Manövrierbehinderte Fahrzeuge, die baggern oder Unterwasserarbeiten ausführen, führen, falls eine Behinderung besteht, zusätzlich:
● Lichter:
– zwei rote Rundumlichter senkrecht übereinander auf der Seite, auf der die Behinderung besteht
– zwei grüne Rundumlichter senkrecht übereinander auf der Seite, die für die Vorbeifahrt geeignet ist
● Tagsignale:
– zwei Bälle senkrecht übereinander auf der Seite, auf der die Behinderung besteht
– zwei Rhomben senkrecht übereinander auf der Seite, die für die Vorbeifahrt geeignet ist
Bei Taucherarbeiten kann auf kleinen Fahrzeugen, auf denen die Signale für die Seitenbezeichnung nicht geführt werden können, hierauf verzichtet werden. Statt dessen:
● Lichter:
– drei Rundumlichter übereinander, das obere und untere rot, das mittlere weiß

● Tagsignal:
– die Flagge „A" des Internationaler Signalbuchs

Minenräumer:
● Lichter:
Zusätzlich zu den Lichtern eines Maschinenfahrzeugs in Fahrt oder eines Ankerliegers drei grüne Rundumlichter, eines nahe dem Vormasttopp, zwei darunter an den Enden der vorderen Rah
● Tagsignale:
Bälle anstelle der grünen Rundumlichter
Es ist gefährlich, sich diesen Fahrzeugen auf weniger als 1000 m zu nähern.

Fahrzeuge unter 12 m Länge mit Ausnahme von Taucherfahrzeugen brauchen die hier vorgeschriebenen Lichter nicht zu führen.

Tiefgangbehinderte Fahrzeuge:
● Lichter:
zusätzlich zu den Lichtern eines Maschinenfahrzeugs in Fahrt drei rote Rundumlichter senkrecht übereinander
● Tagsignal:
Zylinder jeweils dort, wo er am besten zu sehen ist

Lotsenfahrzeuge:
● Lichter:
– zwei Rundumlichter Weiß über Rot nahe dem Masttopp
– in Fahrt zusätzlich Seitenlichter und Hecklicht
– vor Anker zusätzlich Lichter des Ankerliegers
● Tagsignal: keine

Fahrzeuge vor Anker:
● Lichter:
– weißes Rundumlicht im vorderen Teil
– weißes Rundumlicht am Heck

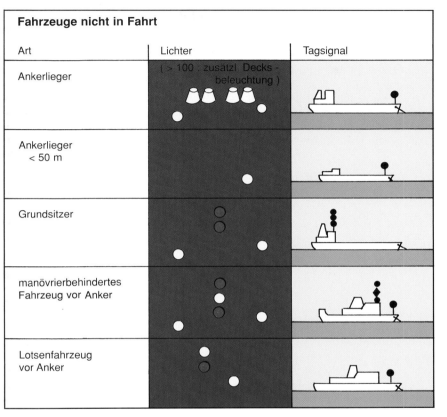

Fahrzeuge nicht in Fahrt

Art	Lichter	Tagsignal
Ankerlieger	(> 100 : zusätzl. Decks - beleuchtung)	
Ankerlieger < 50 m		
Grundsitzer		
manövrierbehindertes Fahrzeug vor Anker		
Lotsenfahrzeug vor Anker		

9 *Lichter und Signale nach KVR.*

niedriger als das vordere, jeweils dort, wo am besten zu sehen
– auf einem Fahrzeug unter 50 m Länge genügt ein weißes Rundumlicht, wo am besten zu sehen
– Decksbeleuchtung darf, sie muß auf Fahrzeugen über 100 m Länge eingeschaltet werden
● Tagsignal:
ein Ball im vorderen Teil des Fahrzeugs
Ein Fahrzeug unter 7 m Länge braucht dort, wo andere Fahrzeuge in der Regel nicht fahren, keine Signale zu führen.

Fahrzeuge auf Grund:
● Lichter:
– Lichter eines Ankerliegers
– zusätzlich zwei rote Rundumlichter senkrecht übereinander, wo am besten zu sehen
● Tagsignal:
drei Bälle senkrecht übereinander, wo am besten zu sehen

Ein Fahrzeug unter 12 m Länge auf Grund braucht diese Signale nicht zu führen.

Wasserflugzeuge:
Wasserflugzeuge müssen Lichter

und Signale führen, die den vorgeschriebenen möglichst ähnlich sind.

Ausrüstung mit Schallsignalgeräten

Fahrzeuge von 12 und mehr Meter Länge müssen mit einer Pfeife und einer Glocke ausgerüstet sein.
Fahrzeuge von 100 und mehr Meter Länge müssen zusätzlich mit einem Gong versehen sein.
Auf Fahrzeugen unter 12 m Länge muß ein Gerät zur Abgabe eines kräftigen Schallsignals vorhanden sein.
Für Pfeifen gelten folgende Vorgaben:

Länge m	Frequenz Hz	Reichweite sm
200 und mehr	70–200	2
75–200	130–350	1,5
weniger als 75	250–700	1
weniger als 20		0,5

Die unsicheren Ausbreitungsbedingungen des Schalls bewirken, daß die Reichweiten unsicher sind.

Grenzkursberechnung

Sektorenlichter ermöglichen es, Kurse abzuschätzen und Grenzkurse zu berechnen.
Beispiel:
Auf dem rwK 040° sehen wir auf einer Motoryacht A folgende Lichter von B in der Seitenpeilung 030°:

Es handelt sich bei B um ein Maschinenfahrzeug in Fahrt unter 50 m Länge von Bb. Dieses Fahrzeug quert offenbar unseren Kurs. Will man die Grenzkurse angeben, ist von dem Bb-Seitenlicht auszugehen. B befindet sich in rwP 070°. Die entgegengesetzte Richtung 250° kann B nicht steuern, da dann beide Seitenlichter zu sehen sein müßten.

Der erste mögliche Kurs wäre der, bei dem unter Berücksichtigung des Überscheinwinkels (3°) das grüne Stb-Licht nicht mehr zu sehen ist. Diese 3° müssen zu den 250° addiert werden; der erste Grenzkurs ist 253°.

Das Seitenlicht bescheint von recht voraus einen Sektor von 112,5° nach Bb. Da bereits 3° berücksichtigt wurden, müssen zu den 253° noch 109,5° addiert werden. Der zweite Grenzkurs ist 2,5° (362,5°–360°).

Im achterlichen Bereich ist ein Übergang von 10° (± 5°) zwischen Seiten-, Topplichtern und Hecklicht vorgesehen. Das Hecklicht könnte schon bei einem von B gesteuerten Kurs von 357,5° auftauchen, und das Bb-Seitenlicht und das Topplicht könnten erst bei einem Kurs von 007,5° verschwinden.

Bei entgegenkommenden Fahrzeugen kann das Überscheinen der Seitenlichter für die Beurteilung der Lage von großer Bedeutung sein. Der achterliche Bereich hat geringere Bedeutung.

Der wahrscheinliche Kurs des gesehenen Fahrzeugs läßt sich nicht genau abschätzen, da die Geschwindigkeit von B nicht bekannt ist.

rwK	040°
SP	+030°
rw P	070°
	± 180°
entg.	250°
ÜschW	+ 3°
1. GK	253°
	+ 109,5°
	362,5°
	– 360°
2. GK	002,5°

Motoryacht A steuert rw 300°. Der Wind weht aus Nord. 30° an Bb (SP 330°) sehen wir folgende Lichter von C:

C ist ein Segler in Fahrt von Stb und befindet sich in rwP 270°. Würde C den entgegengesetzten Kurs steuern, also genau auf uns zuhalten (090°), würden wir Rot und Grün sehen. Der Kurs von C muß 003° nach links, in diesem Fall nach Nord, von 090° abweichen, um nur Grün sehen zu können. Der erste Grenzkurs ist 087°. Von diesen 087° sind 109,5° abzuziehen (über 360°). Der zweite Grenzkurs ist 337,5°.

Bei einem Segelfahrzeug ist die mögliche Höhe am Wind zu berücksichtigen. Wenn man diese mit 45° ansetzt, sind für C Kurse zwischen 045° und 087° möglich.

rwK	300°
SP	+ 330°
	630°
	– 360°
rwP	270°
	± 180°
entg.	90°
ÜschW	– 3°
1. GK	087°
	– 109,5°
2. GK	337,5°

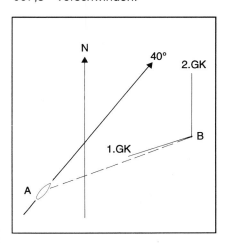

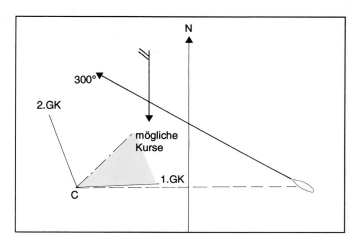

Motoryacht A steuert 210°. Wir sehen recht voraus folgende Lichter von D.

D ist ein Trawler, Fahrt durchs Wasser machend, unter 50 m lang, von voraus. D kann jeweils um 003° nach Bb und Stb vom Gegenkurs abweichen. Die Grenzkurse von D sind 027° und 033°.

rwK	210°
	± 180°
entg.	030°
ÜschW. ±	3°
1. GK	033°
2. GK	027°

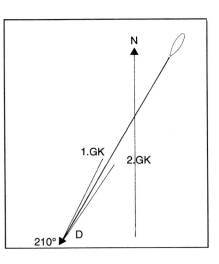

Motoryacht A steuert 140°. In der Seitenpeilung 015° sieht man das weiße Licht eines offenbar mitlaufenden Fahrzeugs E. E ist ein Maschinen- oder Segelfahrzeug in Fahrt (al-

le anderen Fahrzeuge führen zusätzlich Rundumlichter). Die Grenzkurse von E erhalten wir, wenn wir zur Peilung (155°) jeweils 67,5° (1/2 Sektor des Hecklichts) addieren beziehungsweise wenn wir subtrahieren, nämlich 222,5° und 87,5°. Auch hier ist davon auszugehen, daß jeweils in einem Bereich von ±5° Seiten-, Topplichter und Hecklicht zu sehen sein können.

Bei einer Kollisionsgefahr, das heißt, bei stehender Peilung und abnehmendem Abstand, kann E nur einen Kurs nördlich von unserem steuern.

rwk	140°
SP	+ 015°
rwP	155°
	± 67,5°
1. GK	222,5°
2. GK	087,5°

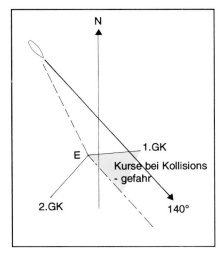

Kurse bei Kollisions-gefahr

Schallsignale bei verminderter Sicht

Bei verminderter Sicht sind Schallsignale vorgeschrieben, die vor gefährlicher Annäherung warnen sollen. Aufgrund der Ausbreitungsbe-

dingungen des Schalls ist die Hörbarkeit eines Schallsignals unsicher, ebenso wie die Richtung, aus der der Schall wahrgenommen wird. Nebelsignale sind auf einem kleineren Schiff schon zu geben, wenn man sich selbst noch gerade „freisehen" kann. Bei einer gefährlichen Annäherung entspricht es guter seemännischer Praxis, Nebelsignale in kürzeren Abständen als vorgeschrieben zu geben.

1 kurzer Ton	•	
1 langer Ton	▬▬▬	
Glockenschlag	🔔	
Rasches Läuten mit der Glocke	🔔	5 s
Gongschlag		

Die folgenden *Nebelsignale* müssen mindestens alle 2 Minuten gegeben werden:
Maschinenfahrzeug:
in Fahrt, Fahrt durchs Wasser machend, ▬

in Fahrt, keine Fahrt durchs Wasser machend und Maschine gestoppt ▬ ▬

Lotsenfahrzeug: wie Maschinenfahrzeug, zusätzlich als Erkennungssignal: ••••

Segelfahrzeug in Fahrt, manövrierunfähiges Fahrzeug in Fahrt, manövrierbehindertes Fahrzeug in Fahrt oder vor Anker, (auch Minenräumer) ▬ • •

fischendes Fahrzeug in Fahrt oder vor Anker,
tiefgangbehindertes Fahrzeug in Fahrt,
schleppendes Fahrzeug, ▬ • •

geschlepptes Fahrzeug: ▬ • • •
(letztes bemanntes Fahrzeug eines Schleppzuges, unmittelbar nach dem Signal des Schleppers zu geben)

Fahrzeug unter 12 m Länge: ein anderes kräftiges Schallsignal

Nebelsignale des Ankerliegers und Grundsitzers müssen mindestens jede Minute gegeben werden.

Ankerlieger < 100 m:

Ankerlieger ≥ 100 m:

auf dem Vorschiff und auf dem Achterschiff anschließend:

zusätzlich bei gefährlicher Annäherung: • ▬ •

Grundsitzer < 100 m :

Grundsitzer ≥ 100 m :

Übungsaufgaben

1. Unter welchen Voraussetzungen ist ein Fahrzeug in Fahrt?

2. Auf einer Segelyacht klemmt das Ruder. Das Schiff kann am Wind durch Veränderung der Segelstellung gesteuert werden. Wie ist es zu kennzeichnen?

3. Prüfen Sie, ob eine Segelyacht manövrierbehindert sein kann!

4. Welche Informationen geben Ihnen die folgenden Lichter?

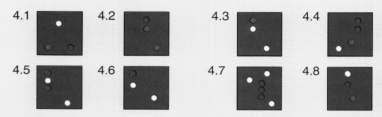

5. Sie steuern rwK 030° und sehen die Lichter entsprechend 4.1 in SP 040°. Zwischen welchen Grenzkursen kann das Fahrzeug steuern?

6. Sie steuern rwK 220° und sehen die Lichter entsprechend 4.2 in SP 330°. Zwischen welchen Grenzkursen kann das Fahrzeug steuern?

7. Sie steuern rwK 165° und sehen das Fahrzeug entsprechend 4.3 in SP 015°. Zwischen welchen Grenzkursen kann das Fahrzeug steuern?

8. Sie steuern rwK 340° und sehen das Fahrzeug entsprechend 4.4 in SP 340°. Das Fahrzeug macht Fahrt durchs Wasser. Zwischen welchen Grenzkursen kann das Fahrzeug steuern?

9. Motoryacht A ist 14 m lang. Welche Lichter und Signalkörper sind mitzuführen?

10. Welche Tagsignale sind von den Fahrzeugen unter 4 gegebenenfalls zu führen?

11. Welche Nebelsignale sind für die Fahrzeuge unter 4 vorgeschrieben?

12. Welche Informationen geben Ihnen die folgenden Tagsignale?

12.1   12.2

Ausweich- und Fahrregeln

Die Ausweich- und Fahrregeln umfassen Vorschriften, die bei allen Sichtverhältnissen zu berücksichtigen sind, ferner die Ausweichregeln, die nur für Fahrzeuge gelten, die einander in Sicht haben, und die Vorschriften für das Fahren bei verminderter Sicht.

Bei allen Sichtverhältnissen sind folgende generellen Vorschriften zu beachten:

Ausguck (Regel 5)

Ein wirksamer Ausguck muß jederzeit sichergestellt sein, ein Ausguck, der durch Sehen, Hören und, falls erforderlich, durch weitere Möglichkeiten garantiert, daß jede Gefahr eines Zusammenstoßes erkannt und die Lage voll überblickt wird. Der Ausguck darf bei Nacht z. B. nicht durch Lichtquellen auf dem eigenen Schiff geblendet werden.

Sichere Geschwindigkeit (Regel 6)

Eine sichere Geschwindigkeit wird sowohl bei guter wie bei verminderter Sicht gefordert. Sie soll sicherstellen, daß das Schiff jeder Ausweichpflicht nachkommen kann und jede Gefährdung des eigenen und anderer Schiffe vermieden wird. Starker Strom und starker Wind erfordern eine gewisse Mindestgeschwindigkeit, um das Schiff sicher manövrieren zu können.

Die traditionelle Forderung, bei verminderter Sicht das Schiff auf halber Sichtweite aufstoppen zu können, läßt sich auf Yachten allgemein erfüllen. Es muß aber auf kleinen Fahrzeugen ohne Radarinformationen Fahrt im Schiff bleiben, um einer auf geringer Entfernung erkannten Kollisionsgefahr begegnen und einem Kollisionspunkt ausweichen zu kön-

nen. Radarinformationen haben bei verminderter Sicht erhebliche Bedeutung für die sichere Geschwindigkeit.

Möglichkeit der Gefahr eines Zusammenstoßes (Regel 7)

Von der Möglichkeit der Gefahr eines Zusammenstoßes ist auszugehen, wenn zwei Fahrzeuge sich gefährlich so weit nähern, daß ein Sicherheitsabstand nicht eingehalten wird. Dieser Sicherheitsabstand hängt von der Größe der Schiffe ab, vom Seegebiet, von der Annäherungsgeschwindigkeit, von den Wetterbedingungen und weiteren, die Gefahr einer Annäherung beeinflussenden Umständen.

Bei Windstärke 5 im freien Seeraum besteht keine Veranlassung, daß sich zwei Yachten von 10 m Länge auf einen geringeren Abstand als 100 m nähern. An einem Wochenende auf einem Flußrevier wird man eine Annäherung auf 10 m in Kauf nehmen müssen. Ein Sicherheitsabstand von 0,5 sm sollte von einer Yacht gegenüber einem 150 m langen, 20 kn schnellen Schiff eingehalten werden.

Die stehende Kompaßpeilung – bei einer Seitenpeilung muß der Kurs anliegen – bedeutet Kollisionsgefahr. Aber auch eine leicht auswandernde Peilung gegenüber einem

größeren Schiff schließt eine Kollision nicht aus. In einer unklaren Situation ist stets von einer Kollisionsgefahr auszugehen. Ein Radargerät informiert vor allem bei verminderter Sicht frühzeitig über die Gefahr eines Zusammenstoßes. Zur Nutzung von Radarinformationen gehört deren Auswertung durch Plotten (s. S. 150) Die Kollisionsgefahr ist ferner vom Abstand der Fahrzeuge abhängig. Nähern sich zwei Segelyachten in stehender Peilung und beträgt ihr Abstand 3 sm, so ist noch nicht von einer Kollisionsgefahr im Sinne dieser Regeln auszugehen. Haben sich aber eine Segelyacht und ein Maschinenfahrzeug (150 m lang, 20 kn) auf diesen Abstand genähert, besteht durchaus Kollisionsgefahr.

Manöver zur Vermeidung von Zusammenstößen. (Regel 8)

Manöver zur Vermeidung eines Zusammenstoßes müssen entschlossen, rechtzeitig und so durchgeführt werden, wie gute seemännische Praxis es erfordert. Hierzu gehört, den Kurs eines anderen Schiffes nicht vor dessen Bug zu kreuzen und den Kurs so weit zu ändern, daß dem Kurshalter die Seite (beziehungsweise das Seitenlicht) gezeigt wird, an der er bleiben soll.

Eine Kursänderung nur nach Radarinformationen zum Meiden des Nah-

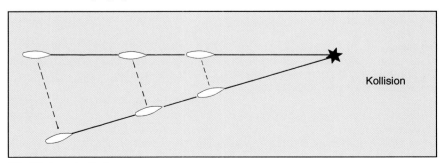

10 *Stehende Peilung.*

bereichs muß auf den Radarbildern der anderen Fahrzeuge erkennbar sein (Kursänderung nicht unter 030°). Mehrere aufeinanderfolgende Kursänderungen müssen vermieden werden.

Das Fahrzeug, dem ausgewichen wird, ist sorgfältig zu beobachten. Es muß geprüft werden, ob das Manöver den gewünschten Erfolg hat. Nötigenfalls muß das Schiff gestoppt werden.

Ein Behinderungsverbot muß sehr frühzeitig bei einem Abstand befolgt werden, bei dem noch keine Kollisionsgefahr besteht. Es kann eine bei dichterer Annäherung entstehende Ausweichpflicht nicht aufheben oder verändern. Das Fahrzeug, das das Behinderungsverbot zu beachten hat, bleibt handlungspflichtig.

Enge Fahrwasser (Regel 9)

Enge Fahrwasser sind seitlich begrenzte Gebiete oder Rinnen, auf die der Schiffsverkehr zumindest zum Teil angewiesen ist. Auf engen Fahrwassern ist so weit wie möglich rechts zu fahren.

Fahrzeuge von weniger als 20 m Länge oder Segelfahrzeuge dürfen die Durchfahrt eines Fahrzeugs, das nur innerhalb des Fahrwassers sicher fahren kann, nicht behindern.

Fischende Fahrzeuge dürfen die Durchfahrt eines im engen Fahrwasser fahrenden Fahrzeugs nicht behindern.

Querende Fahrzeuge dürfen die Durchfahrt eines Fahrzeugs nicht behindern, das nur im Fahrwasser sicher fahren kann.

Ankern im Fahrwasser ist möglichst zu vermeiden.

Beim *Überholen im engen Fahrwasser* sind folgende Fälle zu unterscheiden:

● Zwei kleine Fahrzeuge fahren auf der rechten Fahrwasserseite. Beim Überholen entsteht eine Kollisionsgefahr. Da genügend Raum im Fahrwasser zur Verfügung steht, ist der Überholer ausweichpflichtig. Er muß hierbei den Gegenverkehr beachten.

● Ein größeres Fahrzeug nähert sich in einem Fahrwasser von achtern einem kleineren Fahrzeug. Das kleinere Fahrzeug fährt so weit wie möglich rechts. Das größere Fahrzeug hält sich weiter in der Mitte des Fahrwassers. Bei der Annäherung beider Schiffe entsteht keine Kollisionsgefahr und somit auch keine Ausweichpflicht. Es muß auf beiden Schiffen aufmerksam navigiert werden.

● Ein größeres Schiff nähert sich einem anderen größeren mitlaufenden Schiff in einem Fahrwasser. Überholen ist ohne Mitwirkung des Vordermannes nicht möglich. Für diesen Fall sind, wenn sich beide Fahrzeuge in Sicht haben, folgende Schallsignale vorgesehen:

Überholer:

▬ ▬ ●

Ich beabsichtige, Sie an Ihrer Stb-Seite zu überholen.

▬ ▬ ● ●

Ich beabsichtige, Sie an Ihrer Bb-Seite zu überholen.

Überholter:

▬ ● ▬ ●

Ich stimme zu und unterstütze das Manöver.

● ● ● ● ●

Ich habe Zweifel, ob sicheres Überholen möglich ist.

Der Vordermann muß die Signale beantworten und das Überholmanöver unterstützen.

Bei den üblichen Größen der Sportfahrzeuge kommen auf engen Fahrwassern Überholmanöver, bei denen

eine Yacht Unterstützung anfordern oder gewähren muß, nicht vor. Wenn eine Yacht zu weit in der Mitte des Fahrwassers fährt und dadurch ein nachfolgendes größeres Fahrzeug behindert, wird dieses je nach Abstand, mit folgenden Signalen auf die Einhaltung des Rechtsfahrgebotes hinweisen: ▬▬▬

oder

● ● ● ● ●

Beim Fahren in einem engen Fahrwasser sind vorrangig die jeweiligen regionalen Vorschriften zu berücksichtigen, über die die Seehandbücher Auskunft geben.

Verkehrstrennungsgebiete (Regel 10)

Verkehrstrennungsgebiete vermeiden Annäherungen auf entgegengesetzten oder fast entgegengesetzten Kursen, die ein relativ hohes Kollisionsrisiko darstellen. Verkehrstrennungsgebiete werden von der IMO festgelegt, Seekarten informieren über ihre Lage.

● In einem Verkehrstrennungsgebiet ist in der allgemeinen Verkehrsrichtung zu fahren, so weit wie möglich von der Trennlinie oder Trennzone entfernt, und in der Regel an den Enden ein- oder auszulaufen. Wer von der Seite einläuft, muß dies in möglichst kleinem Winkel tun.

Queren ist möglichst zu vermeiden. Ist ein Fahrzeug zum Queren gezwungen, muß dies im rechten Winkel (durchs Wasser!) geschehen. Wenn möglich, sollte das Queren dort erfolgen, wo die Trennzone durch eine Trennlinie ersetzt wird.

● *Küstenverkehrszonen* dürfen von Fahrzeugen, die den entsprechenden Einbahnweg sicher befahren können, nicht benutzt werden. Fahr-

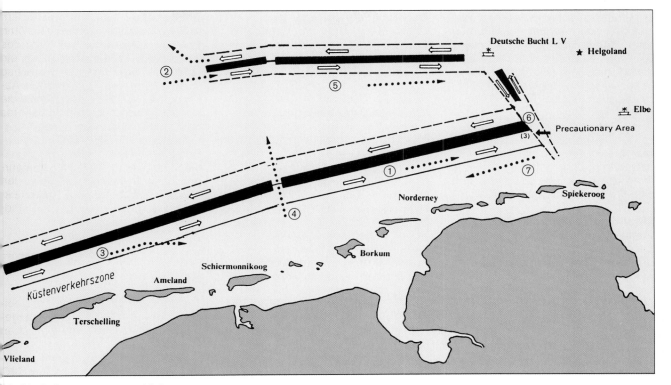

1 *Verkehrstrennungsgebiet.*

① *Von Trennzone bzw. Trennlinie freihalten.*

② *An den Enden ein- bzw. auslaufen.*

③ *Falls erforderlich, seitlich im spitzen Winkel ein- bzw. auslaufen.*

④ *Im rechten Winkel queren, falls erforderlich.*

⑤ *Großen Abstand halten, falls Verkehrstrennungsgebiet nicht genutzt wird.*

⑥ *In „Precautionary Area" mit Vorsicht navigieren.*

⑦ *Fahrzeuge unter 20 m Länge, Segelfahrzeuge, fischende Fahrzeuge und Fahrzeuge auf dem Wege von oder zu einem Ort in der Küstenverkehrszone dürfen die Küstenverkehrszone benutzen.*

zeuge von weniger als 20 m Länge, Segelfahrzeuge und fischende Fahrzeuge dürfen Küstenverkehrszonen jedoch befahren. Ferner dürfen Fahrzeuge auf dem Wege von oder zu einem Ort innerhalb der Küstenverkehrszone oder zum Abwenden unmittelbarer Gefahr die Küstenverkehrszone benutzen.

● *Fahrzeuge unter 20 m Länge oder Segelfahrzeuge* dürfen die sichere Durchfahrt eines Maschinenfahrzeugs auf dem Einbahnweg nicht behindern.

● Außer beim Queren oder beim Einlaufen beziehungsweise Verlassen eines Einbahnweges darf ein Fahrzeug *Trennzonen oder -linien* nur zum Fischen oder in Notfällen

zum Abwenden einer unmittelbaren Gefahr befahren.

● Ein *fischendes Fahrzeug* darf die Durchfahrt eines Fahrzeugs auf dem Einbahnweg nicht behindern.

● *Ankern* ist in einem Verkehrstrennungsgebiet möglichst zu vermeiden.

● Im Bereich des *Zu- und Abgangs* von Verkehrstrennungsgebieten ist mit besonderer Vorsicht zu fahren.

● Ein Fahrzeug, das ein Verkehrstrennungsgebiet nicht benutzt, hat einen möglichst großen Abstand zu halten.

● *Manövrierbehinderte Fahrzeuge,* die ihre Tätigkeit in einem Verkehrstrennungsgebiet ausüben, sind von der Befolgung dieser Regeln befreit.

● Grundsätzlich gewähren Verkehrstrennungsgebiete keinen Vorrang. Nähern sich zwei Fahrzeuge so, daß Kollisionsgefahr besteht, gelten die Ausweichregeln beziehungsweise die Regeln für das Fahren bei verminderter Sicht.

Ausweichen

Die Ausweichregeln sind anzuwenden, wenn Fahrzeuge einander in Sicht haben und sich so nähern, daß eine Kollisionsgefahr besteht.

Verantwortlichkeit der Fahrzeuge untereinander (Regel 18)

Unterschiedliche Fahrzeuge müssen wie folgt ausweichen:

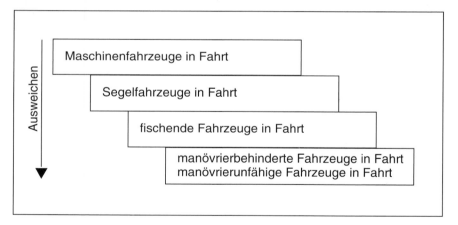

Jedes Fahrzeug, mit Ausnahme eines manövrierunfähigen oder manövrierbehinderten, muß, sofern die Umstände es zulassen, vermeiden, die sichere Durchfahrt eines tiefgangbehinderten Fahrzeugs zu behindern.
Selbstverständlich muß ein in Fahrt befindliches Fahrzeug gefährliche Annäherungen an ein Fahrzeug vermeiden, das nicht in Fahrt ist.

Segelfahrzeuge (Regel 12)
Die KVR verwenden die Begriffe Bb-Bug und Stb-Bug nicht. Es wird unterschieden nach der Seite, von der der Wind kommt.

Wind von verschiedenen Seiten:

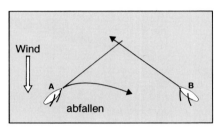

Ausweichen muß das Segelfahrzeug (A), das den Wind von Bb hat.

Wind von der gleichen Seite:

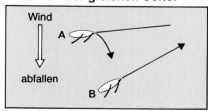

Ausweichen muß das luvwärts stehende Segelfahrzeug (A).

Sonderfälle:
Auf Segelyacht A sieht man an Bb in Luv ein grünes Licht von B (Segelfahrzeug) in stehender Peilung. Da man auf A nicht feststellen kann, ob B den Wind von Bb oder Stb hat, könnte A sowohl ausweichpflichtig als auch kurshaltepflichtig sein. A muß ausweichen. Nach guter seemännischer Praxis soll man mit Rücksicht auf ein mögliches Manöver von B frühzeitig handeln. Am Tage sollte festzustellen sein, welche Seite bei einem Segler Luv ist.

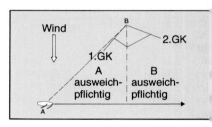

Segelfahrzeug A und Segelfahrzeug B haben den Wind fast von achtern und nähern sich auf leicht kreuzendem Kurs. Luvseite ist im Zweifelsfalle die Seite, die dem gesetzten Großsegel gegenüber liegt. Da beide Fahrzeuge das Großsegel auf der Stb-Seite fahren, ist A als luvwärtiges Segelfahrzeug ausweichpflichtig. Die Ausweichpflicht änderte sich, wenn A halsen würde. Doch wäre dies Manöver ein Verstoß gegen gute seemännische Praxis.

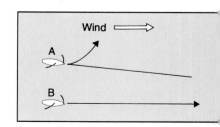

Auf Rahseglern ist die Luvseite die Seite, die dem größten gesetzten Schratsegel (Segel, die aus der Mittschiffsebene gefahren werden) gegenüber liegt.
Segelfahrzeuge geben keine Ausweichsignale.

Überholen (Regel 13)
Ungeachtet der anderen Ausweichregeln ist jedes Fahrzeug beim Überholen ausweichpflichtig. Ein Fahrzeug überholt, wenn es sich einem anderen Fahrzeug aus einer Richtung von mehr als 22,5° achterlicher als querab nähert. Bei Nacht sieht der Überholer das Hecklicht des Überholten. Bei Tag kann er dessen Spiegel oder Querschotten einsehen. Im Zweifelsfall, wenn man z. B. Hecklicht und Seitenlichter gleichzeitig sehen kann, hat man sich als Überholer zu betrachten. Entscheidend ist die Lage der Fahrzeuge beim optischen Sichten. Eine spätere Änderung der Peilung verändert die Ausweichpflicht nicht. Auch Segelfahrzeuge und selbst manövrierunfähige Fahrzeuge müssen beim Überholen ausweichen.

Maschinenfahrzeuge
Maschinenfahrzeuge müssen Ausweichmanöver mit folgenden Signalen anzeigen:
– ein kurzer Ton (•)
  „Ich ändere meinen Kurs nach Stb"
– zwei kurze Töne (••)
  „Ich ändere meinen Kurs nach Bb"
– drei kurze Töne (•••)
  „Ich arbeite rückwärts"
Die Pfeifensignale dürfen durch entsprechende Lichtsignale ergänzt werden, die während der Dauer des Manövers wiederholt werden können. Auch wenn auf diese Signale vielfach verzichtet wird, sollten sie in kritischen Situationen gegeben werden, da sie schon über geplante Maßnahmen informieren, noch bevor ein Manöver erkannt werden kann.
Wenn sich einander nähernde Fahrzeuge in Sicht haben und eines die Maßnahmen des anderen nicht versteht oder Zweifel daran hat, ob das andere zur Vermeidung eines Zusammenstoßes ausreichend manövriert, so muß es mindestens fünf kurze Töne (•••••) geben, die mit einem Lichtsignal gekoppelt sein können.

Entgegengesetzte Kurse (Regel 14)
Wenn sich zwei Maschinenfahrzeuge auf entgegengesetzten oder fast entgegengesetzten Kursen so nähern, daß die Gefahr eines Zusammenstoßes besteht, müssen beide nach Stb ausweichen. Von entgegengesetzten oder fast entgegengesetzten Kursen ist auszugehen, wenn man auf beiden Fahrzeugen voneinander beide Seitenlichter und/ oder die Topplichter beziehungsweise Masten in Linie oder fast in Linie sehen kann.
Unter Berücksichtigung des Überscheinwinkels der Seitenlichter und eines etwa gleich großen Winkels für ungenaues Steuern ist diese Regel für eine Annäherung aus einer Richtung von etwa 6° an Stb bis 6° an Bb anzuwenden. Dieser Winkel vergrößert sich, wenn das Schiff wetterbedingt stark giert. Im Zweifelsfall ist von entgegengesetzten Kursen auszugehen.

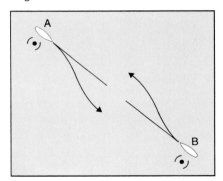

Kreuzende Kurse (Regel 15)
Nähern sich zwei Maschinenfahrzeuge auf kreuzenden Kursen so, daß Kollisionsgefahr besteht, muß dasjenige ausweichen, welches das andere an seiner Stb-Seite hat. Wenn die Umstände es zulassen, muß es vermeiden, den Kurs des

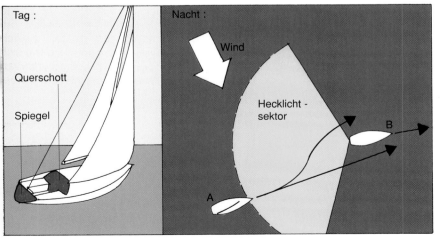

anderen Schiffes vor dessen Bug zu kreuzen.

Wie kann man der Ausweichpflicht nachkommen?

● Kleine Seitenpeilungen:
Kursänderung nach Stb (●), bis man B klar an Bb peilt. Eine Fahrtänderung, auch ein Stoppmanöver, würde zu einer dichten Annäherung führen.

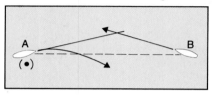

● Große Seitenpeilung:
Kursänderung nach Stb (●), bis man B klar an Bb peilt. Stoppen oder Maschine rückwärts (●●●) ist möglich.

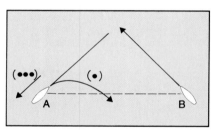

● Kursänderung nach Stb oder Stoppen ist nicht möglich: Kursänderung nach Bb (●●). Der Kurs von B darf nicht vor dessen Bug gekreuzt werden. Durch frühzeitige Vorauspla-

Kurshaltepflicht (Regel 17)

Das nicht ausweichpflichtige Fahrzeug muß Kurs und Geschwindigkeit beibehalten.

Der Kurshalter darf handeln, sobald klar wird, daß der Ausweichpflichtige nicht angemessen nach den Regeln handelt (Manöver des „vorletzten Augenblicks" – Regel 17 a ii). Ein Maschinenfahrzeug darf hierbei, sofern die Umstände es zulassen, gegenüber einem Fahrzeug an seiner Bb-Seite den Kurs nicht nach Bb ändern.

Der Kurshalter muß handeln, wenn ein Zusammenstoß allein durch das Manöver des ausweichpflichtigen Fahrzeugs nicht vermieden werden kann (Manöver des „letzten Augenblicks" – Regel 17 b). Bei Schiffen etwa gleicher Größe ist dieser Abstand für ein noch erfolgreiches Manöver des Kurshalters zu klein, um einen Zusammenstoß sicher zu vermeiden. Er ermöglicht lediglich einem wesentlich kleineren Fahrzeug gegenüber einem größeren ein noch erfolgreiches Manöver.

Der Kurshalter muß während der gesamten Annäherung mit einem Aus-

nung (Fahrt verringern) hätte dieses Manöver vermieden werden können.

weichmanöver des ausweichpflichtigen Fahrzeugs rechnen.

Weitere Maßnahmen auf dem Kurshalter, wenn ein ausweichpflichtiges Fahrzeug seiner Ausweichpflicht nicht nachkommt:

– Lichter des eigenen Schiffes kontrollieren

– Gegner wiederholt auf dessen Ausweichpflicht aufmerksam machen durch mindestens fünf kurze Töne (●●●●●, Regel 34 d), entsprechende Blinke mit dem Scheinwerfer, Anleuchten der Segel. Schießen eines weißen Sternsignals usw.

– Schiff klarmachen zum Manöver (Ruder besetzen, Schoten besetzen usw.)

Anrufe über UKW sind problematisch, wenn das ausweichpflichtige Schiff nicht eindeutig identifiziert werden kann. Ferner ist es fraglich, ob bei mangelhaftem Ausguck das UKW-Gerät abgehört wird.

Der Mindestabstand für ein erfolgreiches Manöver nach Regel 17 muß bei annähernd gleich großen Schiffen etwa 10 bis 12 Schiffslängen betragen. Gegenüber einem größeren Schiff muß er entsprechend größer sein.

Grundsätzlich muß Fahrt im Schiff bleiben. Ein Rückwärtsmanöver ist nur möglich, wenn es gelingt, das Schiff in ausreichender Entfernung vor der Kurslinie des ausweichpflichtigen Fahrzeugs aufzustoppen.

Manöver des Kurshalters
● A und B sind etwa gleich große Maschinenfahrzeuge. B nähert sich aus kleiner Seitenpeilung von Bb, A ändert den Kurs mit hart Stb (●). A kreuzt die Kurslinie von B und entfernt sich etwa rechtwinklig von der Kurslinie. A kann wieder auf Kurs gehen, wenn B hinter dem Heck vorbeigefahren ist.

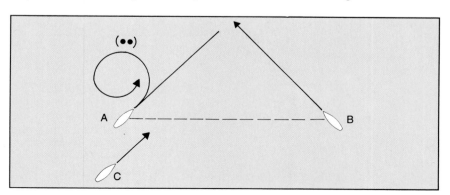

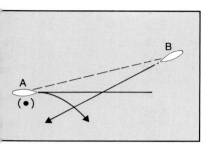

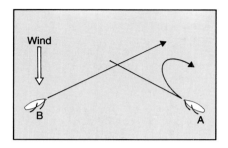

chen. B gegenüber wäre A Kurshalter. A weicht nach Stb aus (●) und kommt erst dann wieder auf den alten Kurs zurück, wenn auch die Lage zu B geklärt ist.

A und B sind etwa gleich große Maschinenfahrzeuge. B nähert sich aus großer Seitenpeilung von Bb, A ändert den Kurs mit hart Stb (●). A kann vor der Kurslinie von B drehen und entfernt sich etwa rechtwinklig von dieser Kurslinie. A kann wieder auf Kurs gehen, wenn B hinter dem Heck vorbeigefahren ist.

Wenn der Kurs von B den Drehkreis von A tangiert – auf A würde man beide Seitenlichter von B direkt achteraus sehen –, muß man den Kurs von B kreuzen.

● Ein kleineres Maschinenfahrzeug A und ein kleineres Segelfahrzeug C nähern sich als Kurshalter einem größeren Maschinenfahrzeug B. A ändert seinen Kurs nach Stb und entfernt sich von der Kurslinie von B. A vermeidet damit einen Zusammenstoß, behindert aber auch ein eventuelles Ausweichmanöver von B nicht.

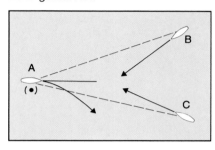

● A, B und C sind Segelfahrzeuge. A ist ausweichpflichtig gegenüber C. A hat den Wind von Bb, C hat ihn von Stb. A ist Kurshalter gegenüber B als leewärtiges Fahrzeug. A wird nach Stb ausweichen und erst dann wie-

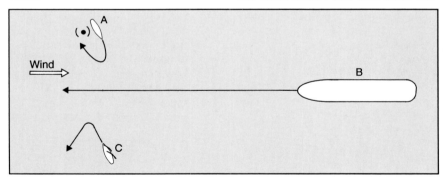

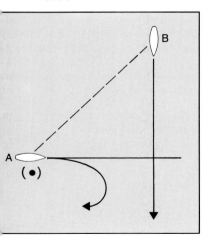

Segelfahrzeuge A und B etwa gleicher Größe nähern sich auf kreuzenden Kursen. A hat den Wind von Stb, B hat ihn von Bb. A muß wenden, entfernt sich von der Kurslinie von B und geht wieder auf Kurs, wenn B hinter dem Heck vorbeigelaufen ist.

Auch C sollte, wenn der Wind es zuläßt, entsprechend manövrieren. Wenn das unter Segel nicht möglich ist, sollte die Maschine zu Hilfe genommen werden.

Gleichzeitige Ausweich- und Kurshaltepflicht

Bei gleichzeitiger Ausweich- und Kurshaltepflicht hat die Ausweichpflicht Vorrang. Beispiele:
● A, B und C sind Maschinenfahrzeuge. A muß gegenüber C ausweichen.

der auf den alten Kurs zurückkehren, wenn sich auch die Lage zu B geklärt hat.

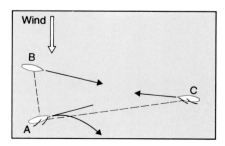

Achtungssignal

Ein langer Ton ist vorgeschrieben, wenn sich Fahrzeuge in einem Fahrwasser Krümmungen oder Abschnitten nähern, die nicht eingesehen werden können. Dieses Signal kann immer gegeben werden, wenn Aufmerksamkeit erregt werden soll.

Übungsaufgaben

1. Segelyacht A (10 m lang) steuert bei nördlichem Wind (Bft 5) rwK 270°. Auf A hat man nacheinander die Lichter folgender Fahrzeuge in jeweils stehender Peilung mit abnehmendem Abstand in Sicht:

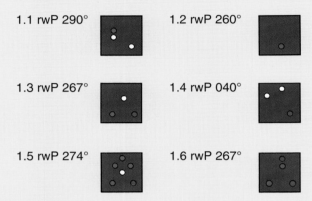

1.1 rwP 290° 1.2 rwP 260°

1.3 rwP 267° 1.4 rwP 040°

1.5 rwP 274° 1.6 rwP 267°

Klären Sie die Ausweichpflicht! Wie werden Sie sich jeweils verhalten?

2. Segelyacht B (12 m lang) steuert bei nördlichem Wind (Bft 4) rwK 080°. Auf B sieht man in rwP 010° ein grünes Licht, recht voraus ein rotes und daneben ein grünes Licht. Die Lichter nähern sich in stehender Peilung.
Klären Sie die Ausweichpflicht! Wie werden Sie sich auf B verhalten?

3. Motoryacht C (15 m lang, 12 kn) steuert rwk 040°. Nacheinander kommen folgende Fahrzeuge auf Kollisionskurs in Sicht:

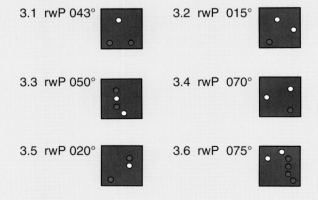

3.1 rwP 043° 3.2 rwP 015°

3.3 rwP 050° 3.4 rwP 070°

3.5 rwP 020° 3.6 rwP 075°

Klären Sie die Ausweichpflicht! Wie werden Sie sich auf C verhalten?

Verhalten von Fahrzeugen bei verminderter Sicht (Regel 19)

Die folgenden Vorschriften gelten für Fahrzeuge, die *einander nicht in Sicht* haben, wenn sie innerhalb oder in der Nähe eines Gebietes mit verminderter Sicht fahren.

Maßnahmen bei Eintritt von verminderter Sicht:

– Mit sicherer Geschwindigkeit fahren. Die Maschine muß für ein sofortiges Manöver bereit sein. (Große Maschinenanlagen können unter Umständen nur auf Manöverfahrt gefahren werden.) Es dürfen keine Segel (Spinnaker) gesetzt sein, die ein Manöver beeinträchtigen können.

– Nebelsignale geben.

– Radargerät, falls vorhanden, einschalten, ständig beobachten und Radarinformationen nutzen. (Radarreflektor!)

– Ausguck der Sicht entsprechend besetzen, unnötige Geräusche vermeiden.

– Lichter bei Tage einschalten.

– Schiffsführer informieren, da verminderte Sicht ein außergewöhnlicher Umstand ist. Bei langer Dauer kann er abgelöst werden, und die Führung des Schiffes kann von einer anderen qualifizierten Person übernommen werden.

– UKW (Kanal 16) überwachen.

– Türen unter Deck, die nach einer Kollision klemmen können, offen fahren. Falls wasserdichte Türen vorhanden sind, müssen diese geschlossen werden. (Fluchtwege müssen vorhanden sein.)

– Rettungswesten anlegen, Rettungsmittel bereithalten.

Regel 19 schreibt in Absatz d) und e) vor, in welcher Weise Radarinformationen zu nutzen sind:

d) Ein Fahrzeug, das ein anderes Fahrzeug lediglich mit Radar ortet, muß ermitteln, ob sich eine Nahbereichslage entwickelt und/oder die Möglichkeit der Gefahr eines Zusammenstoßes besteht. Ist dies der Fall, so muß es frühzeitig Gegenmaßnahmen treffen; ändert es deshalb seinen Kurs, so muß es nach Möglichkeit folgendes vermeiden:

(i) Eine Kursänderung nach Backbord gegenüber einem Fahrzeug vorlicher als querab, außer beim Überholen;

(ii) eine Kursänderung auf ein Fahrzeug zu, das querab oder achterlicher als querab ist.

e) Außer nach einer Feststellung, daß keine Möglichkeit der Gefahr eines Zusammenstoßes besteht, muß jedes Fahrzeug, das anscheinend vorlicher als querab das Nebelsignal eines anderen Fahrzeuges hört oder das eine Nahbereichslage mit einem anderen Fahrzeug vorlicher als querab nicht vermeiden kann, seine Fahrt auf das für die Erhaltung der Steuerfähigkeit geringstmögliche Maß verringern. Erforderlichenfalls muß es jegliche Fahrt wegnehmen und in jedem Fall mit äußerster Vorsicht manövrieren, bis die Gefahr eines Zusammenstoßes vorüber ist.

Nahbereich

Wenn eine Yacht mit einem Radargerät ausgerüstet ist, dann müssen Radarinformationen bei verminderter Sicht genutzt werden, so wie es Regel 19 vorschreibt.

Erhebliche Bedeutung hat der Begriff *Nahbereich*, der zu meiden ist. Die Größe des Nahbereichs ist nicht genau bestimmt. Der als Nahbereich einzuhaltende Abstand muß so groß sein, daß bei einer dichteren Annäherung nach Regel 19 e noch gehandelt werden kann. Hieraus folgt, daß die Größe und die Manövrierfähigkeit des eigenen Fahrzeugs, die Annäherungsgeschwindigkeit, die Qualität der Radarinformation und das Seegebiet zu berücksichtigen sind. Der Nahbereich ist größer anzusetzen als der Bereich der Seegangsstörungen, da beim Meiden des Nahbereichs der Erfolg des Manövers geprüft werden muß, das heißt, die Radarortung des Fahrzeugs muß laufend beobachtet werden.

Die sichere Geschwindigkeit im Nahbereich sollte ein Aufstoppen des Schiffes auf halbe Sichtweite ermöglichen. Sportfahrzeugen ist das problemlos möglich, auch bei geringen Sichtweiten. Bei der Bestimmung des Nahbereichs ist zu berücksichtigen, daß das geortete Schiff groß sein kann und große Abstände einhalten muß. Im freien Seeraum geht man allgemein von einem Nahbereich von zwei Seemeilen aus. In dichter befahrenen Gebieten sollte er nicht wesentlich geringer als eine Seemeile sein.

Wenn Radarortungen eine gefährliche Annäherung zu anderen Fahrzeugen ergeben, muß eine Nahbereichslage vermieden werden. Der Erfolg eines Manövers ist im voraus zu prüfen und nachdem es ausgeführt ist. Aus diesem Grunde muß das Manöver frühzeitig eingeleitet werden. Ein zu kleiner Radarbereich (z. B. 3 sm) darf nicht gewählt werden. Die Maßnahme soll nicht in den Nahbereich anderer Fahrzeuge führen.

147

Eine Bb-Kursänderung ist außer beim Überholen nicht zulässig. Sie darf nicht in ein Seegebiet führen, in das ein anderes Fahrzeug mit einer Stb-Kursänderung laufen würde. Da nach Regel 19 jedes Fahrzeug handeln muß, müssen sich die Manöver einander nähernder Fahrzeuge positiv ergänzen. Die in der Abbildung dargestellte Bb-Kursänderung würde den Erfolg der Stb-Kursänderung des Fahrzeugs B aufheben.

Bei kleinen Seitenpeilungen an Bb und Stb sollte der Nahbereich mit einer Stb-Kursänderung vermieden werden. Bei einer Fahrtreduzierung würde das eigene Schiff in der Nähe der Kurslinie des sich nähernden Schiffes bleiben, wenn dieses nichts unternimmt. Die Kursänderung muß so groß sein (mindestens 30°), daß sie auf den Bildschirmen anderer Schiffe erkannt wird. Bei einer großen Seitenpeilung an Stb kann der Kurs geändert oder, falls das nicht möglich ist, die Fahrt reduziert werden.

Nähert sich ein Schiff aus großer Seitenpeilung an Bb, muß durch Plotten geprüft werden, ob eine Stb-Kursänderung erfolgreich ist. Der Kurs des anderen Schiffes muß in ausreichendem Abstand gekreuzt werden. Wenn das nicht möglich ist, kann nur die Fahrt reduziert werden.

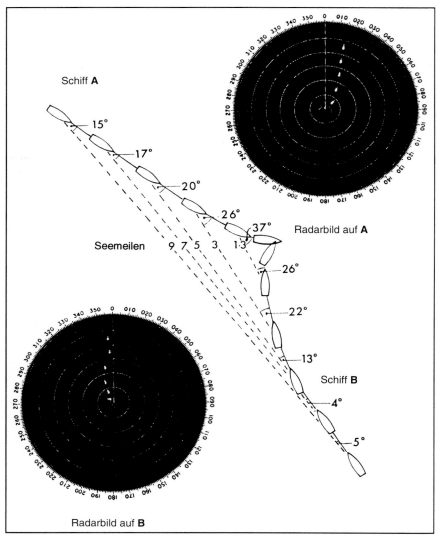

12 *Radarkollision, verursacht durch Bb-Kursänderung des Schiffes A und Stb-Kursänderung des Schiffes B.*

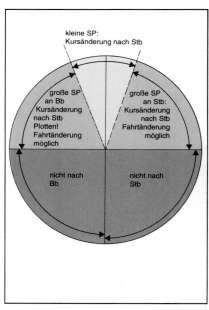

13 *Manöver zum Meiden des Nahbereichs bei Annäherungen aus unterschiedlichen Seitenpeilungen.*

148

Radardarstellungen

Radarbilder können auf verschiedene Arten dargestellt werden:
– relativ vorausbezogen
– relativ nordstabilisiert
– relativ kursstabilisiert
– Off Center
– True motion
– True motion kursstabilisiert
– True motion cd (center display)
Ferner kann bei sogenannten ARPA-Geräten (Automated Radar Plotting Aids) mit Hilfe eines Rechners weiter ausgewertet werden.

Relativ vorausbezogen

Es handelt sich um die einfachste Art der Radardarstellung. Die Vorausanzeige des Radarbildes ist nach vorn beziehungsweise nach oben gerichtet (Seitenpeilung 0°) und entspricht dem Bild von der Umgebung des Schiffes, das man in Vorausrichtung hat. Das eigene Schiff befindet sich im Bildmittelpunkt. Peilungen sind Seitenpeilungen. Alle Ziele bewegen sich relativ zum eigenen Schiff. Kursänderungen und Gieren bewirken, daß sich die Peilungen der Ziele um den Winkel der Abweichung ändern.

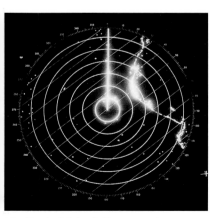

14 *Radarbild relativ vorausbezogen.*

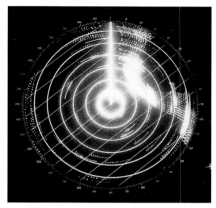

15 *Bei der relativ vorausbezogenen Darstellung ändern alle Objekte ihre Peilung um den Winkel der Kursänderung.*

Es wird hierdurch erschwert, eine Kollisionsgefahr zu erkennen.

Relativ nordstabilisiert

Diese Anzeige setzt voraus, daß das Schiff mit einem Kreiselkompaß ausgerüstet ist und das Radarbild laufend nach Kreiselkompaß-Nord ausgerichtet wird. Die Vorausanzeige zeigt in Richtung des jeweiligen Kurses. Bei Kursänderungen oder beim Gieren des Schiffes bewegt sich nur der Vorausstrich, das Radarbild verändert sich nicht. Das eigene Schiff befindet sich im Bildmittelpunkt. Die Bewegung aller Objekte wird wiederum relativ angezeigt.

Relativ kursstabilisiert

Diese Darstellungsart entspricht jener der relativ nordstabilisierten, nur daß der Vorausstrich in Seitenpeilung 0° zeigt und sich beim Gieren des Schiffes um den Gierwinkel be-

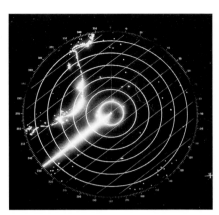

16 *Radarbild relativ nordstabilisiert.*

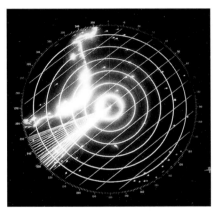

17 *Bei der relativ nordstabilisierten Darstellung ändert sich die Vorausanzeige um den Winkel der Kursänderung.*

wegt. Bei Kursänderungen dreht der Vorausstrich um deren Winkel, ohne daß sich das Radarbild verdreht. Wenn der neue Kurs anliegt, wird er durch Knopfdruck wieder in die 0°-Stellung gebracht.

Off center

Der Beobachtungsraum nach voraus kann erweitert werden, wenn der Bildmittelpunkt, die Eigenschiffsposition, möglichst auf der Kurslinie nach hinten verschoben wird. Diese Verschiebung kann von Hand oder automatisch erfolgen.

True motion (wahre oder absolute Bewegung)

Bei dieser Darstellungsart handelt es sich um ein nordstabilisiertes Bild. Außer dem Kurs wird die Geschwindigkeit des Schiffes benötigt. Das eigene Schiff befindet sich nicht im Bildmittelpunkt, sondern wird in Richtung des jeweiligen Kurses mit der jeweiligen Geschwindigkeit über den Bildschirm bewegt. Alle Objekte bewegen sich auf dem Bildschirm auf ihrem Kurs mit ihrer Geschwindigkeit. Feste Objekte können sofort erkannt werden. Peilungen werden nicht am Bildschirmrand abgelesen, sondern mit einem elektronischen Peilstrahl gemessen.

True motion kursstabilisiert

Diese Darstellungsart entspricht jener der relativ kurstabilisierten, nur daß auch hier das eigene Schiff mit der Eigenfahrt in Vorausrichtung über den Bildschirm bewegt wird.

True motion cd (center display)

Diese Darstellungsart ist nur bei Radargeräten möglich, bei denen zur Bildauswertung Rechner eingesetzt werden. Das eigene Schiff bleibt im Bildmittelpunkt. Das Radarbild wird entsprechend der Bewegung des Schiffes laufend verschoben.

ARPA-Geräte

Diese Geräte gestatten alle Darstellungsarten und ermöglichen durch Rechnereinsatz eine schnelle und umfangreiche Auswertung der Radarinformationen. Kurse und Geschwindigkeiten beobachteter Fahrzeuge können z. B. in Form von Vektoren (relative oder wahre Bewegung) dargestellt und weitere Informationen wie Kurse und Geschwindigkeiten, dichteste Annäherung (CPA – closest point of approach) und Zeit bis zur dichtesten Annäherung (TCPA – time closest point of approach) abgefragt werden. Der Erfolg geplanter Manöver kann getestet werden. Kollisionsgefahr wird durch Alarm angezeigt. Navigationshilfen können auf dem Radarbild ein geblendet werden. Für den sicheren Einsatz dieser Geräte sieht die IMO eine besondere ARPA-Ausbildung vor.

Relative Bewegung

Die relative Bewegung ermöglicht es, Kollisionsgefahren – Objekte nähern sich auf dem Peilstrahl – oder kritische Annäherungen – die dichteste Annäherung (CPA) ist der senkrechte Abstand vom Eigenschiff auf die verlängerte Bewegungsrichtung des Objekts – unmittelbar zu erkennen. Sie birgt die Gefahr, daß diese Bewegung für die wahre gehalten wird, was zu falschen Folgerungen und falschen Manövern führen kann.

Wahre Bewegung

Die wahre Bewegung bietet den besseren Überblick über eine Verkehrslage und gestattet schnelleres und sichereres Planen von Manövern, mit denen kritische Annäherungen vermieden werden sollen.

Radargeräte auf Yachten

Radargeräte auf Yachten werden von den Einbaumöglichkeiten und der Energieversorgung her überwiegend nur Radarbilder relativ vorausbezogen anzeigen.

Die begrenzte Größe der Radarantenne ermöglicht auch nur eine verhältnismäßig breite Bündelung des Sendeimpulses und damit eine begrenzte Genauigkeit der Radarpeilung. Die beobachteten und eventuell geplotteten Ergebnisse erfordern bei geplanten Manövern zusätzliche Sicherheit.

Plotten

Die KVR fordern in Regel 7 b), daß zur sicheren Nutzung von Radarinformationen das Plotten oder ein gleichwertiges systematisches Verfahren zur Überwachung georteter Objekte gehört.

Unter „orten" ist zu verstehen, daß ein Objekt auf dem Radarbild erkannt wird. Peilung und Abstand sind festzustellen. „Plotten" erfordert, daß geprüft wird, ob sich eine Nahbereichslage entwickelt, und daß die zum Meiden des Nahbereichs erforderlichen Informationen beschafft werden. Die relative Bewegung eines georteten Fahrzeugs muß gleichförmig erfolgen, was mit einer Kontrollpeilung geprüft werden sollte. Ändert sich diese Bewegung, ohne daß das eigene Schiff Kurs oder Fahrt geändert hat, ist von einem Manöver des georteten Fahrzeugs auszugehen.

Die zeichnerische Auswertung kann mit Hilfe der Kursdreiecke erfolgen. Möglich ist es auch, Peilung und Abstand in ein Polarkoordinatennetz (Radarspinne, Plotting Sheet) einzutragen. Die Auswertung sollte nordbezogen erfolgen, da so der bessere Überblick und die schnellere Orientierung nach einer Kursänderung möglich sind.

Werden Kursdreiecke benutzt, wählt man als Maßstab 1 sm = 1 cm. Die folgenden Beispiele vernachlässigen den Manöververzug bei einer Kurs- oder Fahrtänderung. Es dauert einen

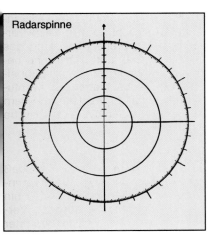

18 *Radarspinne.*

gewissen, mit der Schiffsgröße zunehmenden Zeitraum, bis das Schiff bei einer Kursänderung auf dem neuen Kurs liegt oder bei einer Fahrtänderung die neue Fahrtstufe erreicht hat. Die Verzögerungen führen allgemein zu größeren Annäherungen als nach den Ergebnissen durch Plotten.

Auch bei gewissenhaftem Arbeiten lassen sich Ungenauigkeiten, beispielsweise, wie schon erwähnt, beim Peilen, nicht vermeiden. Plotergebnisse können nur angenäherte Werte sein.

Beispiele

Laut Normung sind die Vektoren der unterschiedlichen Bewegungen wie folgt darzustellen:

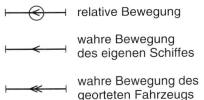

relative Bewegung

wahre Bewegung des eigenen Schiffes

wahre Bewegung des georteten Fahrzeugs

● **Bestimmen der nächsten Annäherung (CPA)**

Motoryacht A steuert 040°, Geschwindigkeit 8 kn.

Ortungen von B:
10.00 SP 030° (rwP 070°), 7,0 sm ab
10.06 SP 028° (rwP 068°), 5,5 sm ab
10.12 SP 024° (rwP 064°), 4,0 sm ab

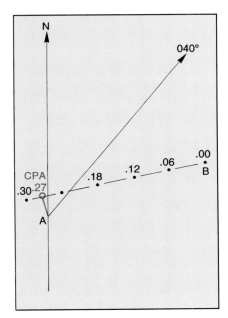

Auswertung:
Die N-Richtung wird festgelegt. In der Position von A wird der Kurs 040° eingezeichnet. Von der Position A aus werden Peilungen und Abstände abgetragen. Die Verbindung der Positionen von 00, 06, 12 ergibt die relative Bewegung des georteten Fahrzeugs B. Der senkrechte Abstand auf die verlängerte relative Bewegung ist die dichteste Annäherung (CPA). Der Zeitpunkt dieser Annäherung (TCPA) wird durch Koppeln gefunden.
Die dichteste Annäherung erfolgt um 10.27 Uhr in einem Abstand von 0,7 sm.

Wenn das Radargerät für die beobachteten Objekte Nachleuchtschleppen anzeigt, kann man diese gedanklich oder mit Hilfe eines Peilstriches verlängern und so zu der gewünschten Information kommen.

● **Bestimmen von Kurs und Fahrt des georteten Fahrzeugs**

Motoryacht A steuert 300°, Geschwindigkeit 10 kn.

Ortungen von B:
11.00 SP 040°(rwP 340°), 7,0 sm ab
11.06 SP 040°(<rwP 340°), 5,0 sm ab

Auswertung:
Die relative Bewegung von B erhält man wie bereits beschrieben. Diese Bewegung setzt sich zusammen aus der Eigenbewegung von A und der Bewegung von B. Will man die wahre Bewegung von B erhalten, muß die relative Bewegung in ihre Anteile zerlegt werden. Würde B z. B. eine Tonne, ein Objekt ohne Eigenbewegung sein, hätte sich dieses Objekt um die von A zurückgelegte Strecke (in 6 min 1 sm) parallel zum Kurs von A nach hinten bewegt.

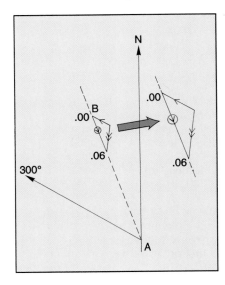

Den Vektor für die Eigenbewegung trägt man entsprechend in .00 an. Da B nicht in dieser Position ist, muß B sich von hier bis zur jetzigen Peilung um .06 bewegt haben. Die Verbindung des Endpunktes des Vektors von A mit der Position um .06 von B ergibt den Vektor und damit Kurs und Geschwindigkeit von B.

Dem Plot entnimmt man als Kurs von B 188° und eine in 6 min zurückgelegte Distanz von 1,4 sm. Die Geschwindigkeit von B beträgt also 14 kn.

Zur Vereinfachung der Koppelrechnung sollte man bei Geschwindigkeiten um 10 kn und darüber beim Plotten in Abständen von 6 min (1/10 Std.) orten, mit einer Kontrollpeilung nach 3 min. Bei geringeren Geschwindigkeiten ist die in dieser Zeit zurückgelegte Distanz zu klein. Hier ist ein Intervall von 12 min mit einer Kontrollpeilung nach 6 min zu empfehlen.

Das oben beschriebene Vektoren- oder Plotdreieck muß jeder Beobachter eines relativ anzeigenden Radargerätes auch ohne zeichnerische Auswertung beherrschen, damit er die auf dem Bildschirm beobachteten Bewegungen richtig einordnen und mit etwas Übung Kurse und Geschwindigkeiten der beobachteten Fahrzeuge abschätzen kann.

● **Auswirkung einer Kursänderung des eigenen Schiffes**

Segelyacht A steuert unter Maschine 130°, Geschwindigkeit 7 kn.

Ortungen von B:
07.30 SP 340° (rwP 110°), 6,8 sm ab
07.42 SP 338° (rwP 108°, 4,2 sm ab
Die relative Bewegung sowie Kurs und Geschwindigkeit von B werden wie beschrieben bestimmt.
B steuert 275°, der Vektor von B für 12 min ist 1,3 sm lang, die Ge-

schwindigkeit von B beträgt etwa 6,5 kn. CPA wird 0,5 sm betragen.

Man plant eine Kursänderung von 40° nach Stb auf 170°. In dem Vektorendreieck wird die Bewegung des eigenen Schiffes um 40° nach rechts gedreht. Die Verbindung des Endpunktes des gedrehten Vektors von A mit der Ortung von B um 07.42 ergibt die neue relative Bewegung von B. CPA von B nach der Kursänderung wird 2 sm groß werden.

● **Auswirkung einer Fahrtänderung des eigenen Schiffes**

Motoryacht A steuert 210°, Geschwindigkeit 12 kn.

Ortungen von B:
06.00 SP 320° (rwP 170°), 7,0 sm ab
06.06 SP 320° (rwP 170°), 5,0 sm ab
Die Auswertung ergibt für B einen Kurs von 315° und eine Geschwindigkeit von 13 kn. Reduziert man die Fahrt auf 6 kn, ist in dem Vektorendreieck der Vektor von A auf 0,6 sm zu verkürzen. Diese 0,6 sm sind vom Endpunkt des Vektors aus anzutragen. Der neuen Relativbewegung entnimmt man, daß B die Kurslinie von A 1,5 sm vor dem Bug kreuzt und daß die nächste Annäherung 1,2 sm betragen wird.

Trueplot

Schneller als mit dem Vektorendreieck kann die wahre Bewegung von georteten Fahrzeugen mit Hilfe des sogenannten Trueplots gefunden werden. Hierbei koppelt man den Weg des eigenen Fahrzeugs mit der im Plotintervall zurückgelegten Distanz weiter und zeichnet von diesen Orten Peilung und Abstand der georteten Fahrzeuge ein. Durch Verbinden der so gefundenen Positionen erhält man Kurs und Geschwindigkeit der georteten Fahrzeuge.
Motoryacht A steuert 260°, Ge-

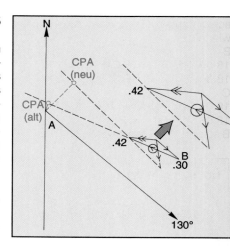

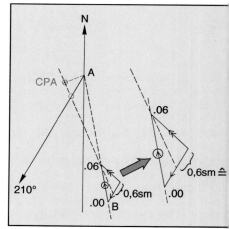

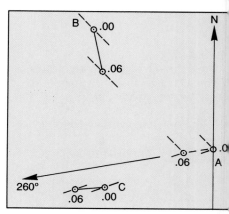

schwindigkeit 10 kn. Auf A ortet man wie folgt:

B
18.00 SP 55° (rwP 315°), 6,0 sm
18.06 SP 55° (rwP 315°), 4,0 sm

C
18.00 SP 350° (rwP 250°) 4,0 sm
18.06 SP 350° (rwP 250°) 4,0 sm
B steuert 167°, Geschwindigkeit 16 kn.

C steuert 250°, Geschwindigkeit 10 kn. C ist ein Mitläufer mit gleichem Kurs und gleicher Geschwindigkeit. Peilung und Abstand ändern sich nicht.
Der Trueplot ermöglicht vor allem bei mehreren georteten Fahrzeugen einen schnelleren und sichereren Überblick über die Verkehrslage.

Notsignale

Notsignale dürfen gegeben werden, wenn man sich in *Seenot* befindet, das heißt, wenn man sich ohne fremde Hilfe aus einer Notlage nicht befreien kann. Nach der *Verordnung zur Sicherung der Seefahrt* ist jeder Schiffsführer verpflichtet, in Seenot befindlichen Menschen sobald wie möglich Hilfe zu leisten und ihnen nach Möglichkeit hiervon Kenntnis zu geben.

Es besteht nur eine Verpflichtung zur Hilfeleistung gegenüber Personen. Eine Hilfspflicht für eine Sache, z. B. ein Schiff in Seenot, ist nicht vorgeschrieben. Der Aufwand, der bei der Rettung von Menschenleben entstanden ist, wird in der Regel nicht vergütet. Wenn die Kosten von den Geretteten leichtfertig verursacht wurden, vor allem, wenn es sich dabei um öffentliche Mittel handelt, kann die Erstattung der Kosten gefordert werden. Werden dagegen Sachwerte aus Seenot gerettet, kann hierfür ein Hilfslohn verlangt werden.

Die KVR führen in Anlage IV die Signale auf, die eine Seenot anzeigen. Sie können einzeln oder mit mehreren Signale zusammen gegeben werden. Es dürfen generell keine Signale verwendet werden, die mit Notsignalen verwechselt werden können.

Übungsaufgaben

1. Von welcher Sichtminderung an sind die Vorschriften für das Fahren bei verminderter Sicht zu befolgen?

2. Welche Maßnahmen sind zu treffen, wenn dichter Nebel eintritt?

3. Welches Verhalten ist vorgeschrieben, wenn man auf einer Segelyacht von Bb voraus einen langen und zwei kurze Töne hört, die offenbar mit einer Pfeife gegeben werden? Die Yacht fährt mit Maschine.

4. Auf einer Motoryacht A (15 m lang, Geschwindigkeit 15 kn) kommt 020° an Bb in 300 m Abstand ein größeres Maschinenfahrzeug B auf kreuzendem Kurs in Sicht. Die Geschwindigkeit von A beträgt 5 kn.
   4.1 Welche Verpflichtungen hat man auf beiden Fahrzeugen?
   4.2 Wie werden Sie sich auf A verhalten?

5. Motoryacht „A" (wie oben) steuert im freien Seeraum 090° und läuft 10 kn. Bei dichtem Nebel ortet man auf A nacheinander folgende Objekte:

   C 18.00 SP 351° (rwP 081°), 6,0 sm
     18.06 SP 349° (rwP 079°), 4,0 sm

   D 18.30 SP 30° (rwP 120°), 5,8 sm
     18.36 SP 30° (rwP 120°), 3,5 sm

   E 18.50 SP 130° (rwP 220°), 3,0 sm
     18.56 SP 130° (rwP 220°), 2,5 sm

   F 19.12 SP 310° (rwP 040°), 5,5 sm
     19.18 SP 312° (rwP 042°), 3,5 sm

   5.1 Bestimmen Sie CPA, TCPA, Kurs und Fahrt der jeweiligen Fahrzeuge! Wenden Sie hierbei das Vektorendreieck und den Trueplot an.
   5.2 Wie werden Sie sich auf A bei weiterer Annäherung jeweils verhalten?

Funksignale

– Morsesignal ●●● ■■ ■■ ●●● (SOS)
  Telegrafiefunk, oder durch andere
  Signalart (Licht, Schall)
– Sprechfunksignal „Mayday"
– Sprechfunk-Alarmzeichen
– Funksignal der Seenotfunkboje
– weitere zugelassene Zeichen, die
  über Funksysteme übermittelt
  werden.

Optische Signale

– Raketen oder Leuchtkugeln mit roten Sternen einzeln oder in kurzen
  Zwischenräumen
– rote Fallschirmleuchtrakete oder
  rote Handfackel (Stern- und Fall-
  schirmsignale sollten durch ein
  zweites Signal in kurzer zeitlicher
  Folge bestätigt werden, damit Beobachter eine Täuschung aus-
  schließen können. Handfackeln
  können erst dann sinnvoll eingesetzt werden, wenn Retter in Sicht
  sind)
– Rauchsignal mit orangefarbenem
  Rauch

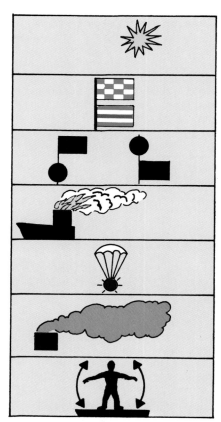

19 *Optische Signale.*

– langsames und wiederholtes He-
  ben und Senken der nach beiden
  Seiten ausgestreckten Arme
– viereckige Flagge, darüber oder
  darunter Ball
– Flammensignal auf dem Fahrzeug,
  z. B. brennende Teer- oder Ölton-
  nen
– Flaggensignal NC nach Internationalem Signalbuch (dieses Signal
  ist schwer auszumachen)

Schallsignale

– Kanonenschüsse oder andere
  Knallsignale in Abständen von etwa einer Minute
– anhaltendes Ertönen eines Nebel-
  signalgerätes

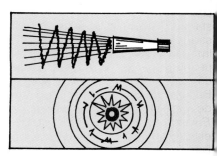

20 *Schallsignale.*

6. Seeschiffahrtsstraßen-Ordnung (SeeSchStrO)

Küstenstaaten können in ihrem Hoheitsgebiet besondere Probleme des Seeverkehrs durch zusätzliche nationale Vorschriften regeln. Für deutsche Seeschiffahrtsstraßen und Küstengewässer ist die Seeschiffahrtsstraßen-Ordnung (SeeSchStrO) erlassen worden. Auf der Ems (bis Papenburg), der Leda und im Emsmündungsgebiet gilt die zwischen der Bundesrepublik und den Niederlanden vereinbarte *Schiffahrtsordnung Emsmündung*, die der SeeSchStrO entspricht.

Die Bekanntmachungen der Wasser- und Schiffahrtsdirektionen (WSD) Nord (Kiel) und Nordwest (Aurich) enthalten Sondervorschriften für die einzelnen Seeschiffahrtsstraßen. Wir finden sie im Anhang zur SeeSchStrO.

Geltungsbereich

Die SeeSchStrO gilt auf deutschen Seeschiffahrtsstraßen, seewärts begrenzt durch die Grenze des Küstenmeeres (seit November 1994 12-sm-Zone, limit of territorial sea). Seitliche Begrenzung auf den Seeschiffahrtsstraßen und innere Abgrenzung im Küstenbereich ist die Küstenlinie bei mittlerem Hochwasser.

Die innere Abgrenzung des Geltungsbereichs auf Seeschiffahrtsstraßen ist im Einzelfall in § 1 der SeeSchStrO festgeschrieben. Wenn die Schiffahrtsstraße als Binnenschiffahrtsstraße weiter schiffbar ist, handelt es sich um die Abgrenzung zum Geltungsbereich der Binnenschiffahrtsstraßen-Ordnung.

Das *Küstenmeer* ist im Bereich der Deutschen Bucht zur Verhinderung von Tankerunfällen erweitert worden. Umgangssprachlich bezeichnet man dieses Gebiet vielfach als „Box" (Abb.).

In diesem Gebiet gelten nur spezielle Vorschriften, unter anderem:
– Kennzeichnung von tiefgehenden Fahrzeugen als manövrierbehinderte Fahrzeuge
– Kennzeichnung von Fahrzeugen mit feuergefährlicher Ladung
– Grundregeln für das Verhalten im Verkehr (§ 3)
– Verantwortlichkeit (§ 4)
– Wahrnehmung von schiffahrtspolizeilichen Aufgaben

Verhalten im Verkehr

§ 3 schreibt ähnlich § 1 der Straßenverkehrsordnung (StVO) Grundregeln für das Verhalten auf Seeschiffahrtsstraßen vor:

(1) Jeder Verkehrsteilnehmer hat sich so zu verhalten, daß die Sicherheit und Leichtigkeit des Verkehrs gerwährleistet ist und daß kein anderer geschädigt, gefährdet oder mehr, als nach den Umständen unvermeidbar, behindert oder belästigt wird. Er hat insbesondere die Vorsichtsmaßregeln zu beachten, die Seemannsbrauch oder besondere Umstände des Falles erfordern.

(2) Zur Abwehr einer unmittelbar drohenden Gefahr müssen unter Berücksichtigung der besonderen Umstände auch dann alle erforderlichen Maßnahmen ergriffen werden, wenn diese ein Abweichen von den Vorschriften dieser Verordnung notwendig machen.

(3) Wer infolge körperlicher oder geistiger Mängel oder des Genusses alkoholischer Getränke oder anderer berauschender Mittel in der sicheren Führung des Fahrzeugs behindert ist, darf ein Fahrzeug nicht führen.

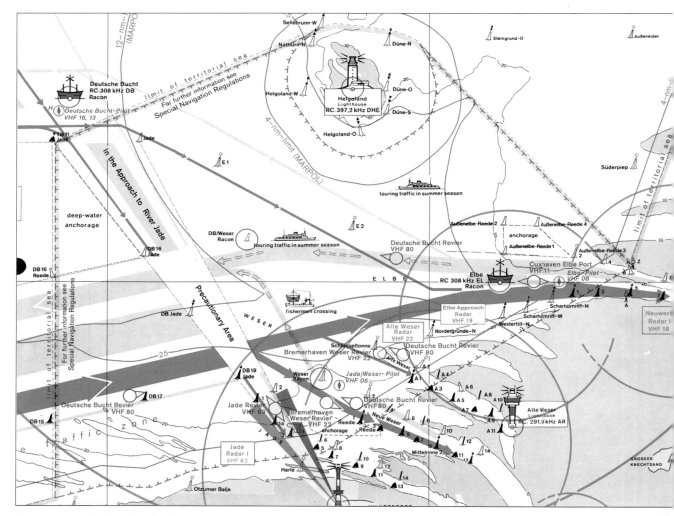

21 *Grenze der SeeSchStrO in der Deutschen Bucht (Auszug aus dem German Bight Passage Planing Guide, herausgegeben vom BSH).* **Achtung:** *Die aufgeführten zuständigen Revierzentralen (Vessel Traffic Centers) werden jetzt englisch bezeichnet: German Bight Traffic, Jade Traffic, Bremerhaven Weser Traffic.*

Die Anmerkungen zu Regel 2 KVR (s. S. 127) treffen auch hier zu. Hinsichtlich des Genusses alkoholischer Getränke ist davon auszugehen, daß die gleichen Vorgaben wie im Straßenverkehr gelten.

Verantwortlichkeit (§ 4)

● Der Fahrzeugführer hat dafür zu sorgen, daß alle Vorschriften, die den Verkehrsablauf, die Ausrüstung, die Lichterführung und das Geben von Signalen betreffen, befolgt werden.

● Auf Sportbooten kann es vorkommen, daß mehrere Besatzungsmitglieder zur Führung qualifiziert sind und glauben, hierzu auch berechtigt zu sein. Der verantwortliche Führer ist in jedem Falle vor Beginn der Reise zu bestimmen.

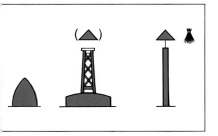

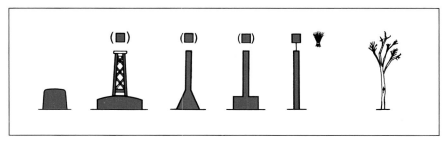

22 *Steuerbordseite des Fahrwassers*
Farbe: grün; Feuer, wenn vor-
handen: grün
Beschriftung, wenn vorhanden:
fortlaufende ungerade Nummer,
von See beginnend.

23 *Backbordseite des Fahrwassers*
Farbe: rot; Feuer, wenn vorhanden: rot
Beschriftung, wenn vorhanden:
fortlaufende gerade Nummer,
von See beginnend.

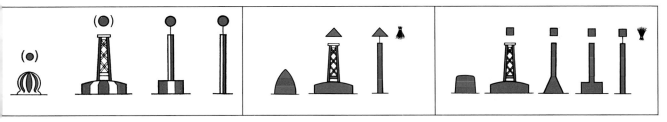

24 *Fahrwassermitte.*
Farbe: rote und weiße senkrech-
te Streifen;
Feuer, wenn vorhanden: weiß
(Glt. oder Ubr.)
Beschriftung, wenn vorhanden:
fortlaufende Buchstaben
und/oder Nummern.

25 *Bezeichnung von abzweigen-*
den/einmündenden Fahrwas-
sern.
Stb-Seite des durchgehen-
den/Bb-Seite des abzweigen-
den/einmündenden Fahrwas-
sers.

26 *Bb-Seite des durchgehenden/*
Stb-Seite des abzweigenden/ein-
mündenden Fahrwassers.

● Werden Fahrzeuge geschleppt, ist der Führer des schleppenden Fahrzeugs üblicherweise für die sichere Führung des Schleppzugs verantwortlich. Andere Regelungen sind möglich. Die Zuständigkeit muß vor Antritt der Schleppreise geklärt werden.

● Ein Schiff zu führen, ist nicht gleichzusetzen mit dem „Steuern" eines Schiffes. Auf kleinen Schiffen kann diese Aufgabe, auf großen Schiffen muß sie delegiert werden.

Der Schiffsführer ist verantwortlich dafür, daß der Rudergänger grundsätzlich steuern kann und daß er die richtigen Kursanweisungen erhält und befolgt.

● Die navigatorische Führung eines Schiffes kann vom Kapitän oder Skipper an einen Wachoffizier oder Wachführer übergeben werden, der für die übertragenen Aufgaben verantwortlich ist.

Begriffe, die für die Sportschiffahrt von Bedeutung sind

Fahrwasser werden durch feste oder schwimmende Seezeichen begrenzt. Soweit sie nicht auf solche Art bezeichnet sind, gilt der für den durchgehenden Verkehr bestimmte Bereich als Fahrwasser.

Steuerbordseite eines Fahrwassers ist die Seite, die bei den von

See einlaufenden Fahrzeugen an Stb liegt. Verbindet ein Fahrwasser zwei Meeresteile, so ist dessen Stb-Seite die Seite, die auf den aus westlicher Richtung kommenden Schiffen (einschließlich Nord, ausschließlich Süd) an Stb liegt. Im Zweifelsfall bezeichnet ein Pfeil in der Seekarte den Verlauf des Fahrwassers.

Reeden sind die zum Ankern bestimmten Teile der Seeschiffahrtsstraße. Nähere Informationen werden von den WSD bekanntgegeben, unter anderem, welche Fahrzeuge jeweils auf einer Reede ankern dürfen.

Schwimmende Geräte sind Kräne, Rammen, Hebefahrzeuge, Bagger usw. Sie werden als manövrierbehinderte Fahrzeuge nach KVR bezeichnet.

Schleppverbände sind eine Zusammenstellung von einem oder mehreren schleppenden Fahrzeugen mit einem oder mehreren geschleppten Fahrzeugen, die keine oder keine betriebsbereite Antriebsanlage besitzen oder in ihrer Manövrierfähigkeit eingeschränkt sind.

Motorsportfahrzeuge, die andere Sportfahrzeuge schleppen, gelten nicht als schleppende Maschinenfahrzeuge; sie führen also keine Schlepplichter.

Schubverbände sind eine starre Verbindung von mehreren Fahrzeugen, von denen mindestens eines mit Maschinenantrieb fortbewegt wird.

Außergewöhnliche Schub- oder Schleppverbände bedürfen besonderer Rücksicht durch die Schiffahrt. Sie werden als manövrierbehindert nach KVR bezeichnet.

Wegerechtschiffe sind Fahrzeuge, die wegen ihres Tiefgangs, ihrer Länge oder anderer Eigenschaften gezwungen sind, den tiefsten Teil des Fahrwassers für sich in An-

spruch zu nehmen. Sie gelten als manövrierbehinderte Fahrzeuge im Sinne der KVR und führen deren Sichtzeichen.

Sportfahrzeuge sind Wasserfahrzeuge, die ausschließlich Sport- und Vergnügungszwecken dienen (nur für NO-Kanal definiert).

Am Tage: von Sonnenaufgang bis Sonnenuntergang.

Bei Nacht: von Sonnenuntergang bis Sonnenaufgang.

Schiffahrtszeichen (§ 5)
Schiffahrtszeichen sind Sichtzeichen und Schallsignale, die Gebote, Verbote, Warnungen oder Hinweise enthalten.

Als Sichtzeichen können verwendet werden:
● Lichter und Lichtsignale
Alle vorgeschriebenen Lichter müssen mindestens 2 sm weit zu sehen sein.
● Körperzeichen
Körperzeichen dürfen durch Einrichtungen ersetzt werden, die aus der Entfernung das Aussehen des vorgeschriebenen Signalkörpers haben.
● Tafelzeichen, eventuell mit Zusatzzeichen
● Flaggenzeichen
Tafeln und Flaggen sollen mindestens 1 m hoch und 1 m breit sein. Auf Fahrzeugen unter 2o m Länge sind geringere Abmessungen zulässig. Als Flaggensignale werden einfarbige Flaggen – rot oder grün – oder die Flaggen des Internationalen Signalbuches verwendet.

Gebotszeichen

Verbotszeichen

Warnungen oder Hinweise (verschieden, meist blau)

 Hier: Ende einer Gebots- oder Gefahrenstelle.

Zusatzinformationen: rechteckige weiße Tafel über dem Schiffahrtszeichen mit Angabe der Entfernung vom Sichtzeichen aus, in der dieses Geltung hat;

dreieckige weiße Tafel neben dem Schiffahrtszeichen; Dreiecksspitze weist in die Richtung, in der das Schiffahrtszeichen gültig ist, eventuell mit Angabe der Länge der Strecke im Dreieck.

rechteckige weiße Tafel unter dem Schiffahrtszeichen mit den erforderlichen Ergänzungen oder Hinweisen.

Fahrzeuge des öffentlichen Dienstes (§ 7)

● Fahrzeuge des öffentlichen Dienstes sind bei der Erfüllung hoheitlicher Aufgaben von den Vorschriften befreit. Wenn hierbei die Sicherheit und die Leichtigkeit des Verkehrs gefährdet werden, führen sie zusätzlich zu den vorgeschriebenen Lichtern ein blaues Funkellicht.

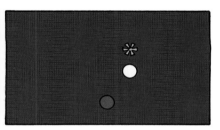

● Zollfahrzeuge führen zusätzlich drei grüne Rundumlichter senkrecht übereinander, am Tage eine viereckige grüne Flagge.

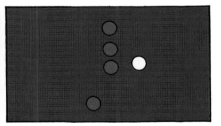

● Fahrzeuge des öffentlichen Dienstes können durch folgende Signale andere Fahrzeuge zum Anhalten auffordern:

– Morsebuchstabe „L" als Licht- oder Schallsignal
– Flagge „L" des Internationalen Signalbuches

● Fahrzeuge der Bundeswehr oder des Bundesgrenzschutzes führen bei Nacht eventuell nicht die vorgeschriebenen Lichter. Wenn von diesen Fahrzeugen ein weißes Sternsignal geschossen und das Achtungssignal gegeben wird, ist ausreichender Abstand zu halten.

Positionslaternen (§ 9)

Für die Lichterführung nach KVR und SeeSchStrO dürfen nur solche Positionslaternen verwendet werden, deren Baumuster vom BSH zugelassen sind. Reparaturen an diesen Laternen dürfen nur von anerkannten Reparaturbetrieben ausgeführt werden.

Kleine Fahrzeuge (§ 10)

● Die Mindesttragweite der Seitenlichter von Fahrzeugen unter 12 m Länge muß abweichend von den KVR 2 sm betragen.
● Fahrzeuge unter Segel von weniger als 12 m Länge und Fahrzeuge unter Ruder müssen, wenn sie die nach KVR vorgeschriebenen Lichter nicht führen können, ein weißes Rundumlicht führen.
● Kann dieser Vorschrift nicht entsprochen werden oder können auf einem Maschinenfahrzeug von weniger als 7 m Länge die nach KVR vorgeschriebenen Lichter nicht geführt werden, so darf in der Zeit, in der Lichterführung vorgeschrieben ist, nur gefahren werden, wenn ein Notstand vorliegt. In dieser Zeit ist eine elektrische Leuchte oder eine gebrauchsfertige Laterne mit weißem Licht mitzuführen und rechtzeitig zu zeigen, um einen Zusammenstoß zu verhüten.
● Auf bekanntgemachten Anker- und Liegestellen brauchen Fahrzeuge unter 12 m Länge nicht die vorgeschriebenen Sichtzeichen zu führen.
● Nichttrawlende offene Fischerboote brauchen nur ein weißes Rundumlicht zu führen.

Maschinenfahrzeuge mit Schlepperhilfe (§ 11)

Ein manövrierfähiges Maschinenfahrzeug mit betriebsklarer Maschine in Fahrt, das von Schleppern unterstützt wird (Bugsieren), führt weiterhin die Lichter eines allein fahrenden Maschinenfahrzeugs.

Schleppen von Schießscheiben (§ 12)

Nähert sich bei Nacht ein Fahrzeug einem Maschinenfahrzeug, das Schießscheiben schleppt, in gefahrdrohender Weise, so schießt der Schlepper ein weißes Sternsignal, gibt einen langen Ton (Achtung) und leuchtet die Scheiben mit dem Scheinwerfer an.

Fähren (§ 13)

Freifahrende Fähren in Fahrt führen die Lichter eines Maschinenfahrzeugs. Zusätzlich sind auf dem Nord-Ostsee-Kanal und auf der Untertrave gelbe Gleichtaktlichter im Topp sowie vorn und hinten auf jeder Seite vorgeschrieben.
● Nicht freifahrende Fähren führen ein grünes über einem weißen Rundumlicht.

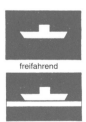
freifahrend

nicht freifahrend

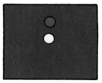
Fähre (nicht freifahrend)

Fahrzeuge, die bestimmte gefährliche Güter befördern (§ 14)

Fahrzeuge, die bestimmte gefährliche Güter befördern, und Tankschiffe, deren Tanks nach dem Löschen nicht gereinigt wurden oder nicht vollständig inertisiert sind, das heißt, in deren Tanks sich unter Umständen ein explosives Gas-Luft-Gemisch befindet, führen zusätzlich ein rotes Rundumlicht und bei Tage die Flagge „B" des Internationalen Signalbuches. Von diesen Fahrzeugen ist der größtmögliche Seitenabstand einzuhalten.

 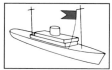

27 *Fahrzeug mit gefährlichen Gütern.*

Schräg oder quer im Fahrwasser liegende Fahrzeuge und Fahrzeuge, die zur Regulierung nautischer Instrumente drehen (§ 15)

● Ein Fahrzeug, das vorübergehend schräg oder quer im Fahrwasser liegt, muß bei der Annäherung anderer Fahrzeuge zusätzlich zu den nach KVR vorgeschriebenen Lichtern (Fahrtlichter oder Ankerlichter) am Heck ein weißes Rundumlicht auf- und nieder bewegen. Es muß einem sich nähernden Fahrzeug so lange sichtbar bleiben, bis die Gefahr des Zusammenstoßes vorüber ist.

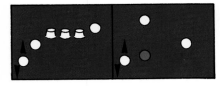

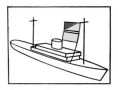

28 *Fahrzeug schräg oder quer im Fahrwasser: vor Anker, in Fahrt, beim Regulieren nautischer Instrumente (nachts). Unten: Tagsignal eines drehenden Fahrzeuges beim Regulieren nautischer Instrumente.*

● Ein zur Regulierung nautischer Instrumente drehendes Fahrzeug zeigt ebenfalls dieses weiße Rundumlicht. Am Tage sind die Flaggen „O" und „Q" des Internationalen Signalbuches zu führen.

Manövrierbehinderte Fahrzeuge, die in einem Fahrwasser baggern oder Unterwasserarbeiten ausführen (§ 17)

● Manövrierbehinderte Fahrzeuge, die in einem Fahrwasser baggern oder Unterwasserarbeiten ausführen, führen Sichtzeichen nach KVR. Wenn auf keiner Seite eine Behinderung besteht, das heißt, wenn jeweils in Fahrtrichtung rechts vorbeigefahren werden muß, sind als Sichtzeichen zwei grüne Lichter oder zwei Rhomben senkrecht übereinander an jeder Seite zu führen.

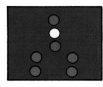

29 *Bagger usw., in Fahrtrichtung rechts vorbeifahren. Schwimmendes Zubehör.*

● Schwimmendes Zubehör eines solchen Fahrzeugs wird durch ein weißes Rundumlicht oder durch eine viereckige rote Tafel gekennzeichnet.

Festgemachte Fahrzeuge, schwimmende Anlagen und außergewöhnliche Schwimmkörper (§ 18)

Festgemachte Fahrzeuge und schwimmende Anlagen brauchen außer auf dem Nord-Ostsee-Kanal keine Lichter zu führen, wenn die Umrisse der Fahrzeuge durch andere Lichtquellen ausreichend und dauernd erkennbar sind. Ist das nicht der Fall, müssen Fahrzeuge von weniger als 50 m Länge mittschiffs an der Fahrwasserseite oder an dem am weitesten zum Fahrwasser reichenden Ende möglichst in Deckshöhe ein weißes Licht führen. Fahrzeuge über 50 m Länge müssen vorn und hinten an der Fahrwasserseite je ein weißes Licht führen.

Sperrung einer Seeschiffahrtsstraße/Behinderungen

Die folgenden Sichtzeichen kennzeichnen Sperrungen der gesamten Seeschiffahrtsstraße oder einer Teilstrecke:

30 *Sperrung einer Seeschiffahrtsstraße: gesamte Strecke.*

Die rot-weiß-rote Tafel kann Durchfahrten unter Brückenbogen oder durch Sperrwerke o. ä. nur in einer Fahrtrichtung sperren. Zwei quadratische, auf der Spitze stehende gelbe Tafeln erlauben die Durchfahrt in nur einer Richtung. Eine quadratische, auf der Spitze stehende gelbe Tafel kennzeichnet die Durchfahrt in bei-

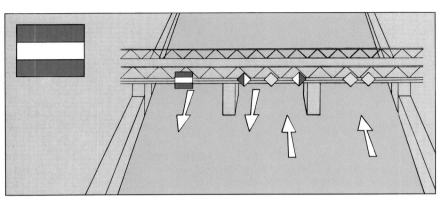

31 *Sperrung einer Teilstrecke.*

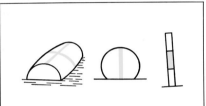

32 *Badegebiet.*

33 *Sperrgebiet.*

Vorübergehende Sperrung: Beginn und Ende.

den Richtungen. Zwei quadratische, auf der Spitze stehende rot-weiße Tafeln bedeuten ein Verbot, die Brückenöffnung außerhalb des begrenzten Raums zu durchfahren (gilt nicht für kleine Fahrzeuge nach § 10).

Die Sperrung der Seeschiffahrtsstraße kann mit folgendem Schallsignal angezeigt werden:

Das Signal für außergewöhnliche Schiffahrtsbehinderungen wird nur

an angekündigten Signalstellen gesetzt und soll zu besonderer Aufmerksamkeit anregen. Da Signalstellen stark reduziert wurden, kündigen die Revierzentralen außergewöhnliche Schiffahrtsbehinderungen über Lageberichte an.
Gelbe Tonnen mit entsprechenden Aufschriften warnen vor Gefahren für die Schiffahrt.

Schall- und Nebelsignale

Nebelsignale (§ 21)

Die SeeSchStrO schreibt für Sonderfälle folgende Nebelsignale vor: Fahrzeuge, die, vor Anker liegend oder auf Grund sitzend, schräg oder quer im Fahrwasser liegen, müssen mindestens jede Minute geben:

weniger als 100 m Länge

mehr als 100 m Länge

Schwimmende Geräte, Fahrzeuge, die am Fahrwasserrand an nicht zum Festmachen bestimmten Stellen oder bei gesunkenen Fahrzeugen oder anderen Schiffahrtshindernissen liegen, sowie Fahrzeuge, die auf dem Nord-Ostsee-Kanal am Fahrwasserrand festgekommen sind, müssen mindestens jede Minute geben:

Bb- Seite des Fahrwassers

Stb-Seite des Fahrwassers

Mitte Fahrwasser

Bugsierte Maschinenfahrzeuge in Fahrt müssen mindestens alle 2 Minuten geben:

▬▬ ● ▬▬ ▬▬

(Die Schlepper geben kein Nebelsignal.) ●

Freifahrende Fähren müssen während der ganzen Überfahrt geben:

Nicht freifahrende Fähren geben während der ganzen Überfahrt dauernde Einzelschläge mit der Glocke:

🔔🔔🔔🔔🔔🔔🔔

Fahrzeuge, die nach der Bekanntmachung der WSD vom Rechtsfahrgebot abweichend links fahren, müssen mindestens jede Minute geben:

▬ ● ● ●

Das Schallsignal für „Linksfahren" wird auch bei guter Sicht gegeben.

Fahrzeuge von weniger als 12 m Länge brauchen die vorgeschriebenen Schallsignale nicht zu geben, müssen aber mindestens alle 2 Minuten ein anderes kräftiges Schallsignal geben.

Achtungssignal (§ 19)

Wenn die Verkehrlage es erfordert, muß ein langer Ton gegeben werden, insbesondere beim Einlaufen in andere Fahrwasser und Häfen, beim Auslaufen aus ihnen sowie aus Schleusen und beim Verlassen von Liege- und Ankerplätzen. Ferner ist das Signal bei dem folgenden Sichtzeichen zu geben:

Es stellt ein Gebot dar, an dieser Stelle das in der zusätzlichen Tafel angegebene Schallsignal zu geben.

Gefahr- und Warnsignale (§ 20)

Gefährdet ein Fahrzeug ein anderes oder wird es durch dieses selbst gefährdet, hat es rechtzeitig folgendes Schallsignal zu geben:

▬ ● ● ● ●
▬ ● ● ● ●

Solche Gefährdungen können unter anderem verursacht werden durch Ausfall der Ruder- und Antriebsanlage oder durch Vertreiben des Ankers. Auf verkehrsgefährdendes Verhalten anderer Fahrzeuge soll mit diesem Signal ebenfalls aufmerksam gemacht werden.

Bleib-weg-Signal (§ 20)

Wenn auf Fahrzeugen gefährliche Güter oder radioaktive Stoffe freiwerden oder freizuwerden drohen, muß das Bleib-weg-Signal gegeben werden, und zwar jede Minute mindestens fünfmal hintereinander mit jeweils 2 Sekunden Pause.

● ▬

Das Bleib-weg-Signal warnt vor einer sich anbahnenden Katastrophe. Es ist kein Signal, mit dem in normale Verkehrsabläufe eingegriffen werden kann. Nach dem Hören des Signals soll man sich von der Gefahrenstelle entfernen; außerdem müssen alle Maßnahmen zum Abwenden der Gefahr getroffen werden, dabei insbesondere:

– nach außen führende, nicht für die Aufrechterhaltung des Schiffsbetriebes erforderliche Öffnungen schließen
– alle nicht für die Sicherheit von Schiff, Besatzung und Ladung erforderlichen Hilfsmaschinen abstellen
– nicht geschützte offene Feuer löschen, insbesondere das Rauchen einstellen
– Geräte mit glühenden oder Funken gebenden Teilen stillegen.

Fahrregeln (§ 22)

● Im Fahrwasser muß so weit wie möglich **rechts gefahren werden**. Kleine Fahrzeuge müssen so nahe wie möglich am Fahrwasserrand (Tonnenstrich) fahren.
● Bei Nacht darf auch dort, wo Tonnen nicht befeuert sind, nicht in Richtfeuerlinien gefahren werden. Richtfeuer müssen rechts offen zu sehen sein.

34 *Richtfeuer voraus:*

Falsch – man befindet sich auf der Richtfeuerlinie.

Richtig – man befindet sich rechts der Richtfeuerlinie.

● Außerhalb des Fahrwassers muß so gefahren werden, daß klar erkennbar ist, daß das Fahrwasser nicht benutzt wird. Hierfür ist genaue Ortskenntnis erforderlich. Eine bestimmte Seite muß nicht eingehalten werden (Ausnahme nach Bekanntmachung der WSD Nordwest: Weser Bremerhaven – Bremen: Fahrzeuge über 12 m Länge müssen auch außerhalb des Fahrwassers rechts fahren).
● Innerhalb von bestimmten Fahrwasserabschnitten können Fahrzeuge, die von der WSD bekanntgemacht sind, die linke Fahrwassersei-

te benutzen. Sportfahrzeuge müssen bei einer Begegnung mit diesen Fahrzeugen rechts fahren.

Überholen (§ 23)

Die Vorschriften der KVR für Überholen in engen Fahrwassern sind zu berücksichtigen.

Das Überholen ist nur gestattet, wenn das Fahrwasser hinreichend Raum gewährt und jede Gefährdung des Gegenverkehrs ausgeschlossen ist. Grundsätzlich soll links überholt werden.

Das Überholen ist verboten
● wenn das vorausfahrende Fahrzeug auf Anforderung nicht das Schallsignal ▬●▬● gegeben hat,
● in der Nähe von nicht frei fahrenden Fähren,
● an engen Stellen und in unübersichtlichen Krümmungen,
● vor und innerhalb von Schleusen, innerhalb von Schleusenvorhäfen und Zufahrten des Nord-Ostsee-Kanals,
● an Stellen, wo das Überholen durch Bekanntmachung verboten ist.

35 *Überholverbot für alle Fahrzeuge.*

36 *Überholverbot für Schleppverbände.*

Begegnen (§ 24)

Beim Begegnen ist auf entgegengesetzten oder fast entgegengesetzten Kursen nach rechts auszuweichen.

Begegnen kann an Engstellen durch Bekanntmachung verboten werden.

37 *Begegnungsverbot an Engstellen.*

Vorfahrt (§ 25)

● Die KVR kennen den Begriff *Vorfahrt* nicht. Fahrzeugen gegenüber, die Vorfahrt haben, sind andere Fahrzeuge, die Vorfahrt gewähren müssen, wartepflichtig. Das Vorfahrtsrecht gilt auch bei verminderter Sicht.

● In einem Fahrwasser fahrende Fahrzeuge haben Vorfahrt gegenüber Fahrzeugen, die
– in das Fahrwasser einlaufen,
– das Fahrwasser queren,
– in dem Fahrwasser drehen,
– ihre Anker- oder Liegeplätze verlassen.
● In einem durchgehenden Fahrwasser fahrende Fahrzeuge haben Vorfahrt vor Fahrzeugen, die aus einem abzweigenden oder einmündenden Fahrwasser einlaufen.
● Nähern sich Fahrzeuge einer Engstelle, die nicht hinreichend Raum für die gleichzeitige Durchfahrt gewährt oder die durch das Sichtzeichen „Begegnungsverbot an Engstellen" gekennzeichnet ist, so hat Vorfahrt
– in Tidegewässern und in tidefreien Gewässern mit Strömung das mit dem Strom fahrende Fahrzeug, bei Stromstillstand das Fahrzeug, das vorher gegen den Strom gefahren ist;
– in tidefreien Gewässern ohne Strömung das Fahrzeug, das grundsätzlich die Stb-Seite des Fahrwassers zu benutzen hat.

Fahrgeschwindigkeit (§ 26)

● Die Fahrgeschwindigkeit muß stets der Verkehrslage und der Beschaffenheit der Seeschiffahrtsstraße angepaßt sein. Das Schiff muß nötigenfalls rechtzeitig aufgestoppt werden können.

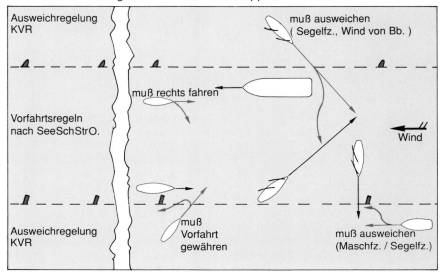

38 *Vorfahrt auf Seeschiffahrtsstraßen.*

● Auf Fahrzeugen über 20 m Länge müssen im Fahrwasser die Buganker klar zum Fallen sein, auch auf kleineren Schiffen sollte ein Anker bereitgehalten werden.

● Wenn der Verkehr durch Sichtzeichen und bei verminderter Sicht zusätzlich durch Schallsignale geregelt wird, so muß das Schiff auch bei kurzfristiger Änderung des gezeigten Sichtzeichens oder des gegebenen Schallsignals aufgestoppt werden können. Wird kein Sichtzeichen gezeigt, so ist aufzustoppen, bis weitere Anweisungen erfolgen.

39 *Zulässige Höchstgeschwindigkeit über Grund: 12 km/h.*

40 *Gebot, eine bestimmte Fahrtrichtung einzuhalten.*

41 *Gebot, einen bestimmten Abstand (in Meter) einzuhalten.*

● Innerhalb von Strecken, die bekanntgemacht werden, darf die angegebene Geschwindigkeit nicht überschritten oder muß eine vorgegebene Fahrtrichtung oder ein bestimmter Abstand eingehalten werden.

● Vor Stellen mit erkennbarem Badebetrieb darf in einem Abstand bis zu 300 m vom Ufer nicht schneller als 8 km/h (4,3 kn) durch das Wasser gefahren werden.

42 *Badebetrieb.*

● Gefährdungen durch Sog oder Wellenschlag müssen vermieden werden, insbesondere beim Vorbeifahren an

– Häfen, Schleusen, Sperrwerken,
– festliegenden Fähren,
– manövrierunfähigen und festgekommenen sowie an manövrierbehinderten Fahrzeugen,
– schwimmenden Geräten und schwimmenden Anlagen,
– außergewöhnlichen Schwimmkörpern, die geschleppt werden,
– Stellen, die durch folgende Sichtzeichen oder durch die Flagge „A" des Internationalen Signalbuches gekennzeichnet sind.

43 *Geschwindigkeitsbeschränkung wegen Gefährdung durch Sog und Wellenschlag.*

Schleppen und Schieben (§ 27)
● Schleppen und Schieben dürfen nur Fahrzeuge, die dafür eingerichtet sind und deren Manövrierfähigkeit gewährleistet ist.
● Sie dürfen nicht mehr Anhänge oder Schubleichter schleppen oder schieben, wie sie sicher führen können.
● Fahrzeuge mit Maschinenantrieb dürfen nicht nebeneinander gekoppelt (längsseits festgemacht) fahren. Ein Maschinenfahrzeug darf ein an-

deres Fahrzeug längsseits dort schleppen, wo es nach den Bekanntmachungen der WSD nicht verboten ist.

Durchfahren von Brücken und Sperrwerken (§ 28)
● Vor und unter Brücken ist Begegnen und Überholen nur gestattet, wenn das ohne Gefährdung möglich ist. Andernfalls ist nach der Vorfahrtsregelung bei Engstellen zu verfahren. Ein wartepflichtiges Fahrzeug muß in ausreichender Entfernung anhalten und darf an Wartedalben, jedoch nicht an Leitwerken und Abweisedalben festmachen.

44 *Gebot, vor beweglichen Brücken, Sperrwerken und Schleusen vor der Tafel anzuhalten, solange die Durchfahrt nicht freigegeben ist.*

● Feste Brücken und bewegliche Brücken in geschlossenem oder teilweise geöffnetem Zustand dürfen von Fahrzeugen nur dann durchfahren werden, wenn die Öffnungen der Brücke in geschlossenem Zustand mit Sicherheit ausreichen. Das Öffnen einer Brücke darf nur verlangt werden, wenn die Durchfahrtshöhe auch nach Niederlegen von Masten, Aufbauten usw. nicht ausreicht oder das Niederlegen mit unverhältnismäßig großen Schwierigkeiten verbunden ist.
● In Sperrwerken und Schleusen und beim Durchfahren von Sperrwerken und Schleusen ist es verboten, zu ankern oder Anker, Ketten oder Trossen schleifen zu lassen.

45 *Signale für bewegliche Brücken, Sperrwerke und Schleusen.*

Aufforderung zum Öffnen:	▬ ▬
Durchfahrt verboten:	🔴 🔴
Freigabe wird vorbereitet:	🔴
Anlage gesperrt:	🔴 🔴
Durchfahrt frei: *Gegenverkehr gesperrt:*	🔴 🔴
Gegenverkehr frei: *(eventuell Vorfahrt beachten)*	⚪ 🔴 🔴
Ausfahrt frei:	🔴
Ausfahrt gesperrt:	🔴

Einlaufen in Schleusen und Auslaufen (§ 29)

● Schleusen dürfen nur von Fahrzeugen durchfahren werden, für die die Abmessungen der Schleuse ausreichen. Solange die Einfahrt nicht freigegeben ist, muß in ausreichendem Abstand angehalten werden. Es darf dabei an Wartedalben, jedoch nicht an Leitwerken oder Abweisedalben festgemacht werden.

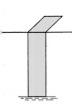

46 *Gebot, in Schleusen anzuhalten, solange die Ausfahrt nicht freigegeben ist.*

● Fahrzeuge haben in der Reihenfolge ihrer Ankunft vor der Schleuse einzulaufen.
● Vor dem Einlaufen in die Schleuse sind Maßnahmen zu treffen, daß das Schiff auch bei Ausfall der Antriebsanlage (durch Leinen) aufgestoppt werden kann.
● Fahrzeuge dürfen erst nach dem vollständigen Öffnen der Schleusentore auslaufen. Grundsätzlich soll in der Reihenfolge des Einlaufens ausgelaufen werden.

Wasserski und Segelsurfen (§ 31)

● Grundsätzlich ist Wasserskilaufen und Surfen im Fahrwasser verboten und außerhalb des Fahrwassers erlaubt. Die Bekanntmachungen der WSD sehen für die einzelnen Seeschiffahrtsstraßen spezielle Regelungen vor, über die man sich zu informieren hat.
● Wasserskiläufer und ihre Zugboote haben allen anderen Fahrzeugen auszuweichen. Bei Begegnung mit anderen Fahrzeugen haben Wasserskiläufer sich im Kielwasser ihrer Zugboote zu halten.
● Auf den freien Wasserflächen darf bei Nacht, bei verminderter Sicht und während der von der Strom- und Schiffahrtspolizeibehörde bekanntgemachten Zeiten nicht Wasserski gelaufen werden.
Die obigen Vorschriften gelten auch für das Fahren mit motorisierten Wasserskiern und sogenannten Wassermotorrädern.

47 *Wasserskilaufen erlaubt.*

Ankern und Festmachen

● Im Fahrwasser darf nicht geankert werden, wohl aber auf Reeden (für bestimmte Fahrzeuge) und außerhalb des Fahrwassers. Außerhalb des Fahrwassers ist das Ankern auf folgenden Wasserflächen verboten:
1. an engen Stellen und unübersichtlichen Krümmungen;
2. im Umkreis von 300 m von schwimmenden Geräten, Wracks und sonstigen Schiffahrtshindernissen und Leitungstrassen sowie an Stellen, die durch gelbe Tonnen mit der Aufschrift „Kabel" oder „Pipeline" gekennzeichnet sind;
3. bei verminderter Sicht in einem Abstand von weniger als 300 m von Hochspannungsleitungen (eine sichere Radarortung wäre sonst nicht möglich);
4. 100 m vor und hinter Sperrwerken;
5. vor Hafeneinfahrten, Anlegestellen, Schleusen und Sielen sowie in den Zufahrten zum Nord-Ostsee-Kanal;
6. innerhalb von Fähr- und Brückenstrecken;
7. an Stellen und innerhalb von Wasserflächen, die bekanntgemacht sind.

48 *Ankerverbot in 300 m Abstand von der Verbindungslinie der Tafeln oder Verlängerung der Peillinie.*

● Der Ankerplatz ist so zu wählen, daß die Schiffahrt im Fahrwasser nicht beeinträchtigt wird.

● Der Gebrauch des Ankers für Manövrierzwecke gilt nicht als Ankern, allerdings darf der Anker nicht eingesetzt werden im Bereich der unter Punkt 2 und 4 bezeichneten Wasserflächen.

● Auf einem in der Nähe eines Fahrwassers vor Anker liegenden Fahrzeug muß ständig Ankerwache gegangen werden. Diese ist nicht erforderlich auf Fahrzeugen unter 12 m Länge auf bekanntgemachten Liegestellen.

Anlegen und Festmachen (§ 33)

● Die Schiffahrt darf durch Anlegen und Festmachen nicht beeinträchtigt werden. Hat ein Fahrzeug mit dem Manöver des Anlegens begonnen, hat die übrige Schiffahrt diesen Umstand zu berücksichtigen und mit Vorsicht zu navigieren.

● Anlegen und Festmachen ist verboten
– an Sperrwerken, Strombauwerken, Leitwerken, Pegeln, festen und schwimmenden Seezeichen,
– an abbrüchigen Stellen am Ufer,
– an Stellen, an denen das Ankern nach den dort aufgeführten Punkten 1 und 5 verboten ist (siehe S. 165),
– innerhalb von Fähr- und Brückenstrecken,
– an Stellen, die bekanntgemacht sind.

49
Festmacheverbot.

50
*Liegeverbot
(ankern, festmachen).*

● Nebeneinander festgemachte Fahrzeuge sind, soweit es möglich ist, an beiden Enden ausreichend am Ufer zu befestigen.

● Festgemachte Fahrzeuge dürfen die Schiffsschraube nur drehen
– probeweise mit geringstmöglicher Kraft,
– unmittelbar vor dem Ablegen,
– wenn andere Fahrzeuge oder Anlagen nicht gefährdet werden.

Umschlag, Bunkern (§ 34)

Außerhalb der Häfen darf Ladungsumschlag einschließlich des Bunkerns nur auf den bekanntgemachten Liegestellen oder Reeden erfolgen.

Vorbeifahren an Fahrzeugen, die bestimmte gefährliche Güter befördern (§ 35)

Von Fahrzeugen, die bestimmte gefährliche Güter befördern, haben andere Fahrzeuge unter Berücksichtigung des Funkenflugs einen ausreichenden Sicherheitsabstand einzuhalten. Diesen Fahrzeugen dürfen sich Fahrzeuge wie Schlepper, Versorgungs- und Tankreinigungsfahrzeuge sowie Fahrzeuge, die am Umschlag beteiligt sind, nur dann nähern, wenn Schornsteine und Auspuffleitungen mit Vorrichtungen versehen sind, die den Funkenflug verhindern.

Verhalten bei Schiffsunfällen (§ 37)

● Bei der Gefahr des Sinkens sind Fahrzeuge möglichst weit aus dem Fahrwasser zu bringen. Nach einem Zusammenstoß sind hierzu auch die Führer eines schwimmfähig gebliebenen Fahrzeugs verpflichtet.

● Wird durch einen Vorfall (Treiben, Sinken, Festkommen, Stranden) die Sicherheit und Leichtigkeit des Verkehrs gefährdet oder beeinträchtigt,

so ist das örtlich zuständige Wasser- und Schiffahrtsamt (WSA) unverzüglich zu unterrichten.

● Der Platz eines gesunkenen Fahrzeugs ist vom Fahrzeugführer unverzüglich behelfsmäßig zu bezeichnen. Nach einem Zusammenstoß ist hierzu auch der Führer eines beteiligten schwimmfähig gebliebenen Fahrzeugs verpflichtet (in der Nähe bleiben, über UKW oder durch Zuruf warnen). Er darf die Fahrt erst nach Genehmigung des örtlich zuständigen WSA fortsetzen.

Ausübung der Fischerei und der Jagd (§ 38)

Grundsätzlich ist das Fischen und Jagen auf Seeschiffahrtsstraßen verboten. Im Einzelfall ist bekanntgemacht, wo und unter welchen Auflagen vor allem Fischen erlaubt ist. Die Schiffahrt darf hierdurch nicht beeinträchtigt werden.

Verminderte Sicht

Die SeeSchStrO sieht keine besonderen Vorschriften bei verminderter Sicht vor, es gelten die Regeln der KVR. Auf engen Fahrwassern können geringe Abstände nicht vermieden werden. Während im freien Seeraum mit Annäherungen aus allen Richtungen zu rechnen ist, werden sich in einem engen Fahrwasser Fahrzeuge überwiegend nur mitlaufend oder entgegengesetzt nähern. Da das Rechtsfahrgebot gilt, dürfte es, wenn die Breite des Fahrwassers und die Größe der Fahrzeuge es zulassen, nicht zu gefährlichen Annäherungen kommen.

Soweit nicht widersprechende Informationen vorliegen (eigene Radarbeobachtung, Radarberatung), kann man darauf vertrauen, daß ein sich näherndes Fahrzeug die rechte Fahrwasserseite einhalten wird.

Sportfahrzeuge müssen bei verminderter Sicht möglichst weit rechts fahren. Es darf auf keinen Fall unter Segeln im Fahrwasser gekreuzt werden. Erscheint die Verkehrslage gefährlich oder ergeben sich navigatorische Probleme, sollte man weit genug außerhalb des Fahrwassers (Lot!) ankern.

Vorschriften für Fahrzeuge, die den Nord-Ostee-Kanal befahren

(Zur Information, nicht Prüfungsinhalt für den Sporthochseeschifferschein)

Die begrenzten Abmessungen des Nord-Ostsee-Kanals lassen für größere Schiffe Begegnungsmanöver auf freier Kanalstrecke nicht zu. Diese müssen in den Weichengebieten stattfinden. Damit Begegnungen auf freier Kanalstrecke vermieden werden, ist es erforderlich, Schiffe entsprechend ihrer Größe in Verkehrsgruppen einzuteilen, den Verkehr zu planen und durch Signale zu lenken. Sportfahrzeuge unterliegen nicht der Verkehrslenkung.

An- und Abmeldung (§ 43)
Auch Sportfahrzeuge müssen bei der Kanaldurchfahrt angemeldet werden. Die Anmeldung und Bezahlung der Kanalgebühren erfolgt für Sportfahrzeuge in Kiel-Holtenau.

Fahrregeln für Sportfahrzeuge (§ 51)
● Sportfahrzeuge dürfen die Zufahrten und den Nord-Ostsee-Kanal lediglich zur Durchfahrt und nicht bei verminderter Sicht befahren. Das gilt nicht für das Aufsuchen der für Sportfahrzeuge zugelassenen Lie-

gestellen im Schleusenvorhafen Kiel-Holtenau und im Binnenhafen Brunsbüttel.
● Sportfahrzeuge müssen ihre Kanaldurchfahrt so einrichten, daß sie vor Ablauf der Tagfahrzeit eine bekanntgemachte Liegestelle für Sportfahrzeuge erreichen können. Die Tagfahrzeiten sind von der WSD bekanntgemacht.
Bei plötzlich auftretender verminderter Sicht dürfen Sportfahrzeuge an geeigneter Stelle auf der Kanalstrecke festmachen, wenn die Sicherheit des Verkehrs durch die Weiterfahrt bis zur nächsten Weiche gefährdet wird. In den Weichengebieten sollen Sportfahrzeuge hinter den Dalben festmachen.
● Das Segeln auf dem Nord-Ostsee-Kanal ist verboten. Sportfahrzeuge mit Maschinenantrieb dürfen zusätzlich Segel setzen. Sie dürfen aber nicht kreuzen.
● Ein motorbetriebenes Sportfahrzeug darf nur ein Sportfahrzeug schleppen, wobei das geschleppte Sportfahrzeug nur eine Länge von weniger als 15 m haben darf.
Die Mindestgeschwindigkeit des Schleppverbandes muß 9 km/h (4,9 kn) betragen.
● Das Signal für das Einlaufen in die Zufahrten sowie in die Schleusenvorhäfen und Schleusen ist für Sportfahrzeuge ein unterbrochenes weißes Licht.

 51 *Einfahren in Schleusen des Nord-Ostsee-Kanals für Sportfahrzeuge erlaubt: ein unterbrochenes weißes Licht.*

Das Signal „Ausfahren aus den Weichen für alle Fahrzeuge verboten" – drei unterbrochene rote Lichter übereinander – gilt auch für Sport-

52 *Ausfahren aus den Weichengebieten für alle Fahrzeuge verboten: drei unterbrochene rote Lichter übereinander.*

fahrzeuge. Die Weiterfahrt wird freigegeben durch das Signal „Ausfahren für alle Fahrzeuge" – ein unterbrochenes grünes Licht –.

Strom- und Schiffahrtspolizei

Strom- und Schiffahrtspolizeibehörden sind die Wasser- und Schiffahrtsdirektionen (WSD) Nord in Kiel und Nordwest in Aurich sowie die ihnen nachgeordneten Wasser- und Schiffahrtsämter (WSA). Den WSA sind Revierzentralen zugeordnet, die folgende Aufgaben wahrnehmen:
– Verkehrsüberwachung mit dem Ziel, kritische Verkehrssituationen rechtzeitig zu erkennen und durch Hinweise oder bei Bedarf durch verkehrsregelnde Maßnahmen zu vermeiden.
– Informationen geben über den Zustand der Schiffahrtsstraße, der Schiffahrtszeichen, über den Verkehr, über die Wetterbedingungen und über sonstige Vorkommnisse.
– Radarberatung auf Anforderung vor allem bei verminderter Sicht, soweit die technischen Möglichkeiten vorhanden sind. Diese Aufgabe wird von den Seelotsen wahrgenommen, die bei verminderter Sicht die Radargeräte in den Revierzentralen besetzen. Sportfahrzeuge können Radarberatung nur erhalten, wenn die Verkehrslage es zuläßt. Zur Identifizierung des Schiffes ist eine genaue Standortangabe erforderlich, wenn Radarberatung angefordert wird. Die je-

weiligen UKW-Kanäle sind den Bekanntmachungen der WSD beziehungsweise dem Nautischen Funkdienst zu entnehmen.

Die Wasserschutzpolizei, der Bundesgrenzschutz und die Zollverwaltung leisten den Strom- und Schiffahrtspolizeibehörden Vollzugshilfe. Die Strom- und Schiffahrtspolizeibehörden können schiffahrtspolizeiliche Verfügungen erlassen, die Vorrang vor den Vorschriften der SeeSchStrO haben.

Schiffahrtspolizeiliche Genehmigungen (§ 57)

Besondere, den Verkehr beeinträchtigende Maßnahmen müssen von den zuständigen WSA genehmigt werden. Im Bereich der Sportschiffahrt gehören dazu:

- wassersportliche Veranstaltungen auf dem Wasser
- sonstige Veranstaltungen auf oder an Seeschiffahrtsstraßen, die die Sicherheit und Leichtigkeit des Verkehrs beeinträchtigen können
- die Bergung von Fahrzeugen, außergewöhnlichen Schwimmkörpern und Gegenständen, soweit dadurch die Sicherheit und Leichtigkeit des Verkehrs beeinträchtigt werden kann.

Verstöße gegen Vorschriften der KVR und SeeSchStrO werden als Ordnungswidrigkeiten geahndet.

Verkehrsregelung im Bereich der Häfen

Die landeseigenen Häfen unterstehen nicht dem Bund. Die SeeSchStrO ist daher nur anzuwenden, wenn in den Hafenordnungen oder Hafengesetzen keine speziellen Vorschriften enthalten sind. Im Hamburger Hafen gelten weitgehend Sondervorschriften.

Übungsaufgaben

1. Welche Informationen geben Ihnen die folgenden Lichter, die Sie auf einer Seeschiffahrtsstraße sehen?

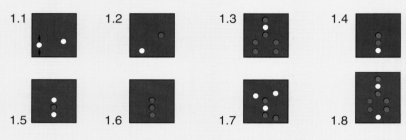

2. Welche Informationen geben Ihnen die folgenden Sichtzeichen, die Sie auf einer Seeschiffahrtsstraße sehen

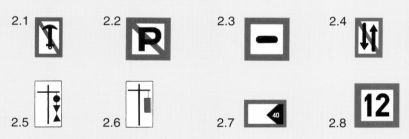

3. Welche Informationen geben Ihnen die folgenden Schall- beziehungsweise Nebelsignale auf einer Seeschiffahrtsstraße?

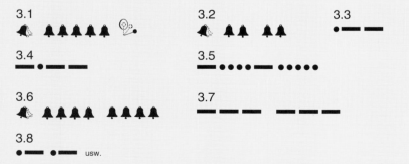

4. Sie laufen mit der Segelyacht A (Länge 10 m) aus einer Hafeneinfahrt in ein Fahrwasser aus.

4.1 Wie verhalten Sie sich beim Auslaufen?

Sie fahren unter Motor mit dem Flutstrom die Seeschiffahrtsstraße aufwärts und nähern sich einer mitlaufenden, langsameren Motoryacht.

4.2 Welche Verpflichtung haben Sie bei weiterer Annäherung?

Nachdem Sie die Segel gesetzt haben, kreuzen Sie mit dem Strom gegen den Wind auf. Ein größeres Maschinenfahrzeug kommt entgegen. Nach der nächsten Wende wird es zu einer dichten Annäherung mit diesem Fahrzeug kommen.

4.3 Wie werden Sie sich jetzt verhalten?

Da der Wind abflaut, beschließt man zu ankern.

4.4 Welche Vorschriften sind bei der Wahl des Ankerplatzes zu berücksichtigen?

5. Motoryacht B (Länge 15 m, Geschwindigkeit bei VV = 16 kn) fährt gegen den Ebbstrom auf einer Seeschiffahrtsstraße. Man schätzt die Sicht auf 300 m.

5.1 Welche Maßnahmen sind auf B zu treffen?

Von voraus hört man folgendes Schallsignal:

5.2 Welche Information gibt dieses Schallsignal?

5.3 Wie wird man sich auf B bei der Weiterfahrt verhalten?

Später bessert sich die Sicht, doch fällt auf B die Maschine aus. B treibt in das Fahrwasser. Ein größeres Maschinenfahrzeug nähert sich gefährlich.

5.4 Wie werden Sie sich jetzt auf B verhalten?

Etwas später kollidiert B mit einer Fahrwassertonne, die durch die Kollision verlöscht. B bleibt schwimmfähig.

5.5 Was müssen Sie veranlassen?

7. Seeunfalluntersuchung – Seeämter

Seeunfälle gefährden die Leichtigkeit und Sicherheit des Verkehrs. Die Ursachen solcher Seeunfälle sollen geklärt und wenn möglich abgestellt werden. Die IMO verpflichtet im Schiffssicherheitsvertrag (SOLAS) alle Mitgliedsstaaten, in ihrem Zuständigkeitsbereich für eine Seeunfalluntersuchung zu sorgen.

Die Bundesrepublik Deutschland hat nach dem *Seeunfalluntersuchungsgesetz* (SeeUG) *Seeämter* und das *Oberseeamt* für diesen Zweck eingerichtet. Die Seeunfalluntersuchung ist dem Verwaltungsrecht zugeordnet, das heißt, die sich aus einer Seeamtsverhandlung ergebenden Folgen für einen Betroffenen sind keine Strafen.

Was sind Seeunfälle?

Seeunfälle im Sinne des SeeUG sind Unfälle auf Seeschiffahrtsstraßen, in den Seehäfen, wenn ein Seeschiff beteiligt ist, auf hoher See und in fremden Hoheitsgewässern, wenn ein deutsches Seeschiff oder der zum Führen eines beteiligten Schiffes Berechtigte Deutscher ist. Auch Sportboote sind Seeschiffe.

Als Seeunfälle gelten erhebliche Gefährdungen von Personen, Schiffen, der Sicherheit des Schiffsverkehrs oder des Zustandes eines Gewässers, ferner, wenn ein Schiff gesunken, aufgegeben oder verschollen ist, ein Schiff einen erheblichen Schaden erlitten oder ein Schiff oder seine Ladung einen erheblichen Schaden verursacht hat oder beim Betrieb eines Schiffes eine Person getötet oder verschollen ist. Auch die unterlassene Hilfs- oder Beistandspflicht gilt als Seeunfall.

Zweck der Untersuchung

Es gilt, die Ursachen und Umstände zu klären, insbesondere,
– ob Mängel des Schiffes, des Schiffsbetriebes oder in der Besetzung des Schiffes vorliegen,
– ob Mängel an den Schiffahrtsstraßen beziehungsweise den zugehörigen Anlagen und Einrichtungen vorliegen,
– ob gegen Verkehrs-, Sicherheitsoder Umweltschutzvorschriften verstoßen wurde,
– ob Fehler in der Führung oder im Betrieb des Schiffes gemacht wurden.
Bei der Untersuchung ist zu prüfen, ob ein Beteiligter fehlerhaft gehandelt hat oder ihm eine Eigenschaft fehlt, die für einen Kapitän, Schiffsführer (auch Sportbootführer) erforderlich ist, auch wenn dies nicht ursächlich für den Unfall ist.

Beteiligte

Beteiligte sind Kapitän, Schiffsführer, Schiffsoffiziere und Lotsen (auch Ausländer) der am Seeunfall beteiligten Schiffe, ferner, falls sie betroffen sind, natürliche und juristische Personen, Vereinigungen und auch Behörden. Zu erwähnen ist, daß auf Sportbooten nicht nur der Schiffsführer (Kapitän, Skipper) sondern auch der Beteiligter ist, der das Schiff zur Zeit des Unfalls geführt hat (z. B. Wachführer).

Vor dem Seeamt

Die Seeunfalluntersuchung ist den Wasser- und Schiffahrts- direktionen (WSD) übertragen worden. Der WSD Nordwest unterstehen die Seeämter Bremen und Emden, der WSD Nord die Seeämter Hamburg, Kiel und Rostock. *Widersprüche* gegen Seeamtsentscheidungen werden vor dem Bundesoberseeamt, gebildet im Geschäftsbereich des Bundesministers für Verkehr, in Hamburg verhandelt.

Seeämter werden mit einem Vorsitzenden, einem ständigen Beisitzer und drei ehrenamtlichen Beisitzern besetzt. Die ehrenamtlichen Beisitzer werden aus der Beisitzerliste von dem Vorsitzenden ausgewählt. Die Liste enthält für alle Unfallbereiche, so auch für die Sportschiffahrt, sachkundige Personen.

Wenn ein Schiff einen Seeunfall erleidet oder verursacht, sind der Reeder (Eigner), Kapitän, Schiffsführer oder Lotse zur Anzeige dieses Unfalls verpflichtet. Zuständig ist das Seeamt, in dessen Bereich sich der Unfall ereignet hat. Seeunfälle im Sportschiffahrtsbereich, die sich außerhalb der örtlichen Zuständigkeit ereignet haben, werden vom Seeamt Emden untersucht. Im Ausland ist auch die nächst erreichbare diplomatische oder konsularische Vertretung der Bundesrepublik zu informieren.

Auf Anforderung sind alle für die Untersuchung wichtigen Unterlagen wie benutzte Seekarten, technische Aufzeichnungen (Kursschreiber), technische Unterlagen (von Bauwerft oder Reparaturbetrieben) zur Verfügung zu stellen. Auf jeden Fall sind sie bis zum Abschluß der Untersuchung aufzubewahren.

Vor dem Seeamt findet eine mündliche Verhandlung statt. Beteiligte sind verpflichtet, zur Verhandlung persönlich zu erscheinen. Beteiligte können einen Rechts- oder Sachbeistand hinzuziehen, bei dem Verdacht der Befangenheit Mitglieder des Seeamtes ablehnen und Akteneinsicht verlangen.

Die Verhandlung vor dem Seeamt ist öffentlich. Der Ablauf wird durch das Verwaltungsverfahrensgesetz geregelt. Beteiligte können die Aussage über Fragen verweigern, deren Beantwortung sie der Gefahr der Entziehung eines Befähigungszeugnisses oder einer Fahrerlaubnis oder, bei Ausländern, eines Fahrverbotes aussetzen würde.

Der Spruch

Das Ergebnis einer Seeamtsverhandlung wird im Spruch zusammengefaßt, der folgendes enthält:

– eine Feststellung über die Ursachen des Seeunfalls und, falls zutreffend,

– die Entscheidung, daß ein fehlerhaftes Verhalten vorliegt

– die Entziehung eines Befähigungszeugnisses oder der Zulassung als Seelotse, eventuell mit der Erlaub-

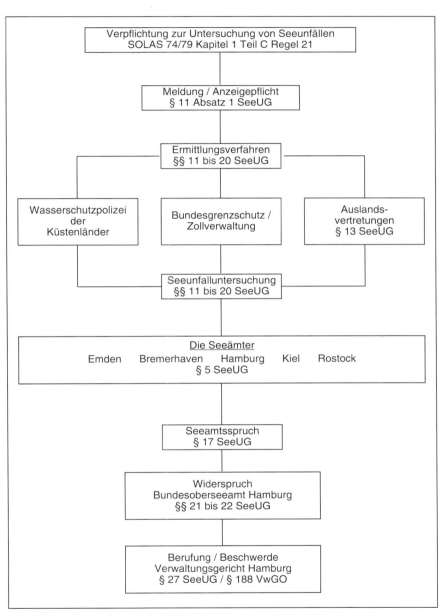

53 *Ablauf der Seeunfalluntersuchung nach dem SeeUG.*

nis, daß ein niedrigeres Befähigungszeugnis ausgestellt wird
– die Entziehung einer Fahrerlaubnis (z. B. für Sportboote)
– die Anordnung eines Fahrverbotes (für Inhaber ausländischer Zeugnisse)

Der Spruch ist schriftlich abzufassen und den Beteiligten zuzustellen. Auf Anforderung erhalten die Beteiligten eine Niederschrift über die mündliche Verhandlung.

Gegen den Spruch des Seeamtes kann innerhalb eines Monats Widerspruch erhoben werden. Der Widerspruch ist beim zuständigen Seeamt schriftlich oder zur Niederschrift einzulegen. Für das Widerspruchsverfahren ist das Bundesoberseeamt zuständig. Es kann den Seeamtsspruch auch zu ungunsten des Widersprechenden ändern, ferner auch Entscheidungen gegen einen durch den Spruch des Seeamtes nicht beschwerten Beteiligten treffen.

Berufung

Gegen die Entscheidung des Oberseeamtes ist eine Berufung oder Beschwerde möglich. Diese wird vor dem Verwaltungsgericht Hamburg als letzte Instanz in diesem Verfahren verhandelt.

Übungsaufgaben

Die deutsche Segelyacht A (Eigner und Führer X) kollidiert auf der Kieler Förde mit der holländischen Segelyacht B (Eigner und Führer Y). X auf A ist der Ausweichpflicht zu spät nachgekommen. B sinkt nach dem Zusammenstoß.

1. Welche Verpflichtungen hat X nach dem SeeUG?

2. Welche Rechte kann er wahrnehmen, wenn er von dem Seeamt Kiel als Beteiligter geladen wird?

3. Welche Folgen können sich aus dieser Seeamtsverhandlung für ihn ergeben?

4. Kann auch Y als Beteiligter von dem Seeamt Kiel geladen werden?

In dem Spruch wird X ein fehlerhaftes Verhalten ausgesprochen. Er ist mit diesem Spruch nicht einverstanden.

5. Welche Möglichkeiten hat er?

6. Unter welchen Voraussetzungen muß das Seeamt eine Fahrerlaubnis entziehen?

8. Umweltschutz

Wir müssen unsere Umwelt schützen, wenn wir Lebensqualität und eventuell sogar Lebensmöglichkeit auf unserer Erde erhalten wollen.

Von einem Sportboot aus kann die Umwelt durch folgende Vorgänge belastet werden:

- Einleiten von Fäkalien und Abwässern
- Einleiten von ölhaltigem Bilgewasser
- Überlaufen von Brennstoff beim Bunkern
- Einleiten von Waschwasser beim Reinigen des Schiffes
- Beseitigen von Abfall (durch Überbordwerfen)

MARPOL-Übereinkommen

Die IMO ist auf internationaler Ebene zuständig für den Umweltschutz auf See. Das *Internationale Übereinkommen zur Verhütung der Meeresverschmutzung durch Schiffe* (MARPOL-Übereinkommen) soll diesen Bereich des Umweltschutzes garantieren. Der Flaggenstaat eines Schiffes ist verpflichtet, die Einhaltung der Vorschriften zu überwachen und Verstöße zu verfolgen. Verstöße können auch von jedem anderen Küstenstaat verfolgt werden.

Das *Helsinki-Übereinkommen* ist als zusätzliche Schutzvorschrift von den Ostsee-Anliegerstaaten vereinbart worden.

Das MARPOL-Übereinkommen ist wie folgt unterteilt:

Anlage I
Regeln zur Verhütung der Verschmutzung durch Öl
Anlage II
Regeln zur Überwachung der Verschmutzung durch als Massengutbeförderte schädliche flüssige Stoffe
Anlage III
Regeln zur Verhütung der Verschmutzung durch Schadstoffe, die auf See in verpackter Form oder in Containern, ortsbeweglichenTanks, Straßentankfahrzeugen oder Eisenbahnkesselwagen befördert werden
Anlage IV
Regeln zur Verhütung der Verschmutzung durch *Schiffsabwässer*
Anlage V
Regeln zur Verhütung der Verschmutzung durch *Schiffsmüll*

Die einzelnen Anlagen nennen Sondergebiete, in denen durch erschwerten oder kaum vorhandenen Wasseraustausch Umweltbelastungen besonders problematisch sind, wie Ostsee, Mittelmeer, Rotes Meer, Golf von Aden, Persischer Golf und, seit Februar 1991, Nordsee.

Für die Sportschiffahrt sind die Anlagen II und III ohne Bedeutung, die Anlage IV ist noch nicht in Kraft, doch gelten für Nord- und Ostsee Sonderregelungen.

Anlage I: (ÖL)

Den Vorschriften der Anlage I unterliegen Öltankschiffe mit einem Bruttoraumgehalt von 150 RT und mehr sowie Schiffe, die keine Öltankschiffe sind, mit einem Bruttoraumgehalt von 400 RT. Sportfahrzeuge fallen somit nicht unter diese Anlage. Doch hat der Flaggenstaat die Verpflichtung, sicherzustellen, daß auf allen Schiffen, für die das Abkommen nicht gilt, Ölverschmutzungen im Sinne des Übereinkommens vermieden werden.

Erlaubt ist, außerhalb von Sondergebieten in mehr als 12 sm vom nächstgelegenen Land ölhaltiges Wasser aus Maschinenraumbilgen außenbords zu pumpen, wenn das Schiff auf einem Kurs fährt und der Ölgehalt des Ausflusses weniger als 100 ppm (parts per million = Anteile pro Million) beträgt. Ölhaltige Gemische mit einer Konzentration von nicht mehr als 15 ppm können eingeleitet werden, soweit es sich nicht um Ladungsrückstände handelt und eine Ölfilteranlage in Betrieb ist. Chemische Stoffe, die wiederum eine Gefahr für die Meeresumwelt darstellen, dürfen nicht zugesetzt werden. Auch in Sondergebieten darf der Ölgehalt des eingeleiteten Wassers nicht mehr als 15 ppm bzw. 100 ppm, wenn das Schiff einen Kurs fährt und 12 sm vom Land entfernt ist, betragen. Über das Filtersystem muß bei höherer Einleitrate der Vorgang unterbrochen werden. Wenn ein Kontrollsystem nicht vorhanden ist, können die geforderten Konzentrationen nicht eingehalten werden. Ölhaltiges Bilgewasser darf dann nur an Auffangstellen in den Häfen abgegeben werden.

Schiffsabwässer

Für das Einleiten von Schiffsabwässern gilt in der Ostsee das Helsinki-Übereinkommen und für die Nordsee die *Verordnung über die Verhütung der Verschmutzung der Nordsee durch Schiffsabwässer*. Diese Vorschriften gelten für Schiffe mit einem Bruttoraumgehalt von 200 RT und mehr oder für Schiffe, die für die Beförderung von 10 und mehr Personen zugelassen oder vorgesehen sind. Die Schiffsbesatzung ist hierbei mitzuzählen. Unter Abwässern ist der Ablauf aus dem Toilettenbereich, aus dem Sanitätsbereich, aus Räumen, in denen sich lebende Tiere befinden, und sonstiges Schmutzwasser zu verstehen, das mit dem vorstehenden gemischt ist.

Auf Schiffen, für die das Abkommen gilt, kann Abwasser in Tanks gesammelt werden, aus denen es in einer mäßigen Rate bei einer Geschwindigkeit von mindestens 4 kn in einem Abstand von mindestens 12 sm vom nächsten Land eingeleitet werden darf. Desinfizierte Abwässer mit zerkleinerten Rückständen können in einem Abstand von 4 sm vom nächsten Land unter sonst gleichen Bedingungen eingeleitet werden. Schiffe können mit Abwasseraufbereitungsanlagen ausgerüstet werden.

Wenn die Abgabe des Abwassers unter obigen Bedingungen nicht möglich ist, muß der Inhalt des Sammeltanks in eine Entsorgungsanlage in einem Hafen entleert werden. Chemische WCs dürfen nicht auf See entsorgt werden. Die neutralisierenden Chemikalien stellen eine zusätzliche Belastung der Meeresumwelt dar. Auch die ordnungsgemäße Entleerung in den Häfen ist nicht unproblematisch, da die Chemikalien, wenn sie in größerem Umfang anfallen, die biologische Klärung beeinträchtigen.

Anlage V: (Müll)

In Sinne der Anlage V sind unter anderem die Ostsee, das Mittelmeer und die Nordsee Sondergebiete. Innerhalb von Sondergebieten ist die Beseitigung von allen Kunststoffgegenständen wie z. B. synthetische Seile, synthetische Fischernetze und Kunststoffmülltüten und von allem sonstigem Müll einschließlich Papiererzeugnissen, Lumpen, Glas, Metall, Steingut, Stauholz, Schalungs- und Verpackungsmaterial verboten. Die Beseitigung von Lebensmittelabfällen hat so weit wie möglich von Land, jedoch auf keinen Fall weniger als 12 sm vom nächstgelegenen Land entfernt zu erfolgen.

Außerhalb von Sondergebieten ist die Beseitigung aller Kunststoffgegenstände ebenfalls verboten. Bei der Beseitigung von Stauholz, Schalungs- und Verpackungsmaterial, das schwimmt, sind 25 sm vom nächstgelegenen Land einzuhalten. 12 sm Mindestabstand sind vorgeschrieben bei Lebensmittelabfällen und sonstigem Müll einschließlich Papiererzeugnissen, Lumpen, Glas, Metall, Flaschen, Steingut und ähnlichem Abfall.

Zerkleinerter Abfall, der ein Sieb mit Öffnungen von höchstens 25 mm passieren kann, erfordert bei der Beseitigung einen Mindestabstand von 3 sm. Bei der Vermischung von Müll gelten die jeweils strengeren Vorschriften.

Die Vertragsstaaten müssen Auffanganlagen für Müll bereitstellen. Das Bundesamt für Seeschiffahrt und Hydrographie (BSH) hat für die Sport- und Kleinschiffahrt die Broschüre „Entsorgungsmöglichkeiten für Öl, Schiffsmüll und Schiffsabwässer" herausgegeben. Sie enthält von 167 Häfen Angaben über Auffanganlagen und kann kostenlos bezogen werden.

Meldepflicht

Wenn Schadstoffe entgegen den Vorschriften eingeleitet oder eingebracht worden sind (auf Sportfahrzeugen Treibstoff), ist der Schiffsführer oder jede sonst verantwortliche Person verpflichtet, dieses Ereignis unverzüglich und ausführlich zu melden.

Die Meldung muß umfassen:
– genaue Bezeichnung der beteiligten Schiffe
– Zeitpunkt, Art und Ort des Ereignisses
– Menge und Art der betroffenen Schadstoffe
– Hilfs- und Bergungsmaßnahmen

Diese Meldungen sind nach Bedarf zu ergänzen und Informationen über die weitere Entwicklung zu geben.

Diese Meldungen müssen auf dem schnellsten Wege mit größtem Vorrang an den nächsten Küstenstaat erfolgen. Für Verschmutzungen im Zuständigkeitsbereich der Bundesrepublik ist die Meldestelle der Zentrale Meldekopf beim Wasser- und Schiffahrtsamt Cuxhaven.

Das Verbot des Einleitens gilt nicht, wenn das Einleiten aus Gründen der Schiffssicherheit oder zur Rettung von Menschenleben auf See erforderlich ist. Befindet sich ein Schiff in den Hoheitsgewässern der Bundesrepublik, sind neben ratifizierten und in Kraft gesetzten internationalen vorrangig die nationalen Vorschriften zu berücksichtigen.

Wasserhaushaltsgesetz

Das Wasserhaushaltsgesetz ist auf jegliches Einbringen und Einleiten von Stoffen in oberirdische Gewässer anzuwenden. Eine Erlaubnis für das Einleiten von Abwässern darf nur erteilt werden, wenn der Schadstoffanteil so gering ist, wie nach dem jeweiligen Stand der Technik möglich. Eine Erlaubnis ist zu versagen, wenn das Wohl der Allgemeinheit oder die öffentliche Wasserversorgung gefährdet ist. Unbehandelte Abwässer oder Abfälle dürfen nach diesem Gesetz nicht eingeleitet werden.

Das Wasserhaushaltsgesetz gestattet den Gemeingebrauch der oberirdischen Gewässer. Das Betreiben von Schiffahrt dort, wo sie zugelassen ist, ist Gemeingebrauch. Zur Schiffahrt gehört, daß Besatzungen an Bord leben. Die hierbei anfallenden Abwässer können im Rahmen des Gemeingebrauchs eingelassen werden; auch kann das zum Reinigen des Schiffes benutzte Wasser eingelassen werden, solange diesem Wasser keine Mittel zugesetzt sind.

Für bestimmte Gewässer können schärfere Bestimmungen (Verbot jeglichen Einleitens) erlassen werden.

Abfallgesetz

Abfälle sind nach dem Abfallgesetz in einer Weise zu entsorgen, die das Wohl der Allgemeinheit nicht beeinträchtigt. Zuständig für die Entsorgung sind Körperschaften des öffentlichen Rechts (Behörden) oder beauftragte Firmen. An Abfälle, die in besonderem Maße gesundheits-, luft- oder wassergefährdend, explosibel oder brennbar sind oder übertragbare Krankheitserreger enthalten oder hervorbringen können (Sondermüll), sind zusätzliche Anforderungen zu stellen. Als Sondermüll sind z. B. die Rückstände eines entfernten Anstrichs, insbesondere eines Unterwasseranstrichs, auch

Farbtöpfe, benutzte Rollen, Pinsel usw. zu sehen.

Altölverordnung

Altöle dürfen nur so entsorgt werden, wie es im Wasserhaushaltsgesetz und der Altölverordnung vorgesehen ist. Vorgeschrieben ist, daß der Handel Altöle zurücknimmt (§ 8 AltölV). Für den Bereich der Binnen- und Seeschiffahrt gilt die Annahmeverpflichtung als erfüllt, wenn der Käufer Einrichtungen zur Bilgeentölung oder Auffanganlagen gemäß MARPOL in Anspruch nimmt.

Es ist davon auszugehen, daß in den Hoheitsgewässern anderer Küstenstaaten ähnlich strenge Bestimmungen gelten.

TA Luft

Die Umwelt wird nicht nur durch Einleitungen in das Wasser, sondern auch durch die Schadstoffbelastung der Atmosphäre bedroht. Im nationalen Bereich schreibt die TA Luft Abgasgrenzwerte für Dieselmotoren seit etwa 15 Jahren vor, für stationäre Anlagen gelten die schärfsten Grenzwerte, doch gelten diese Vorschriften nicht für Schiffsmotoren. Auf Betreiben der Schweiz werden ab 1994 für den Bodensee Abgasgrenzwerte für Anlagen > 100 kW vorgeschrieben. Es ist in Zukunft national wie international mit Maßnahmen zur Reduzierung der Abgasemission von Schiffsdieselmotoren zu rechnen.

Übungsaufgaben

1. Bei der Übernahme einer Charteryacht in einem Mittelmeerhafen stellen Sie fest, daß sich in der Motorraumbilge eine größere Menge veröltes Wasser befindet.
   Unter welchen Bedingungen kann die Bilge gelenzt (leergepumpt) werden?

2. Beim Bunkern in einem deutschen Ostseehafen läuft der Tank über. Etwa 5 Liter Dieselöl fließen in das Hafenbecken.
   Was ist zu veranlassen?

3. Eine Segelyacht macht mit 12 Besatzungsmitgliedern Ausbildungsfahrten in dänischen Gewässern.
   3.1 Welche Auflagen sind hinsichtlich der anfallenden Fäkalien zu berücksichtigen?
   3.2 Wie sind die anfallenden Lebensmittelabfälle zu behandeln?
   3.3 Was hat mit leeren Bierflaschen zu geschehen?

4. Nach einem Ölwechsel in einem deutschen Hafen fallen 3 Liter Altöl, ein gebrauchter Ölfilter und mehrere verölte Lappen an.
   Wie sind diese zu entsorgen?

5. Man hat im Frühjahr den Unterwasseranstrich erneuert.
   Was hat mit den leeren Farbtöpfen und der Farbrolle zu geschehen?

9. Internationales Seerechtsübereinkommen

Die Freiheit der Meere, wie sie zu Beginn des 17. Jahrhunderts von Grotius vertreten wurde, unterliegt nach der 3. UN-Seerechtskonvention gewissen Einschränkungen. Dieses Übereinkommen war bisher von einer nicht ausreichenden Anzahl von Staaten ratifiziert, doch wurde, was die Abgrenzung des Küstenmeeres, die Fischereirechte und das Recht auf Nutzung der Bodenschätze betrifft, weitgehend danach verfahren. Im November 1994 ist das Internationale Seerechtsübereinkommen in Kraft getreten.

Küstengewässer
(Küstenmeer)

Das Übereinkommen sieht für Küsten- oder Territorialgewässer eine Breite von 12 sm vor. Als Basislinie, von der aus die 12 sm gemessen werden, gilt die Niedrigwasserlinie. Die Bundesrepublik Deutschland, die bisher Küstengewässer von drei Seemeilen Breite beansprucht hat (ausgenommen die Box und die Küstengewässer der ehemaligen DDR) hat seit November 1994 das Küstenmeer auf zwölf Seemeilen ausgedehnt.

Landeinwärts der Basislinie liegen die *Inneren Gewässer* wie Buchten, Flüsse bis zum Mündungstrichter und Häfen. Hier kann der Küstenstaat grundsätzlich uneingeschränkt seine Hoheitsrechte wahrnehmen und damit auch die Befugnis zur Regelung aller Schiffahrtsfragen wie Anforderungen an Schiffe, Verkehrsvorschriften, Umweltschutz usw.

Die Küstengewässer gehören zum Hoheitsgebiet des Küstenstaates. Es muß das Recht zur „friedlichen Durchfahrt" (innocent passage) gewährt werden. Die Durchfahrt ist als friedlich anzusehen, solange nicht gegen den Frieden, die guten Sitten oder die Sicherheit des Küstenstaates verstoßen wird.
Untersagt sind:
– Verletzungen der Hoheitsrechte des Küstenstaates
– Einsatz von und Übungen mit Waffen
– Spionage oder Propaganda gegen den Küstenstaat
– Starten oder Landen von Flugzeugen oder Einsatz anderer militärischer Einrichtungen
– illegales Anbordnehmen oder Anlanden von Personen und/oder Waren
– gesetzwidrige Umweltverschmutzung
– Fischerei jeglicher Art
– Forschung oder Vermessung
– Behinderung der Kommunikation oder anderer Einrichtungen des Küstenstaates
– jegliche andere Aktivität, die nicht im Zusammenhang mit der Durchfahrt steht
Der Küstenstaat kann in Übereinstimmung mit internationalem Recht Vorschriften erlassen
– zur Sicherung der Navigation und zur Regelung des Schiffsverkehrs,
– zum Schutz der navigatorischen Hilfsmittel und Einrichtungen,
– zum Schutz von Kabeln und Pipelines,

– zum Schutz der Fischerei,
– zum Schutz gegen und zur Vorbeugung von Umweltverschmutzung,
– zur Regelung der maritimen Forschung und hydrographischen Beobachtungen und Vermessungen,
– zur Verhütung von Verstößen gegen Zoll-, Steuer-, Einreise- und Gesundheitsvorschriften des Küstenstaates.
Schiffe müssen bei der friedlichen Durchfahrt die Internationalen Regeln zur Verhütung von Zusammenstößen auf See befolgen. Für spezielle Schiffe oder unter besonderen Umständen kann der Küstenstaat bestimmtes Verhalten, Routen oder Verkehrstrennungsgebiete vorschreiben.
Für besondere, während der Durchfahrt erbrachte Leistungen kann der Küstenstaat Vergütungen verlangen.

Anschlußzone

An die Territorialgewässer schließt sich die Anschlußzone an, die von der Basislinie, von der aus die Territorialgewässer gemessen werden, eine Breite von 24 sm hat. In dieser Anschlußzone, also auch außerhalb der Küstengewässer, hat der Küstenstaat das Recht, vorbeugend gegen Verstöße gegen Zoll-, Steuer-, Einreise- und Gesundheitsvorschriften tätig zu werden oder in seinem Hoheitsgebiet begangene Verstöße gegen obige Vorschriften zu verfolgen.

Ausschließliche Wirtschaftszone

Die ausschließliche Wirtschaftszone hat von der Basislinie aus eine Breite von 200 sm. In dieser Zone hat der Küstenstaat das alleinige Recht, die lebenden und nicht lebenden Meeres- und Bodenschätze zu erforschen und zu nutzen. Nur für die Nutzung der Bodenschätze ist der Festlandssockel, falls er weiter als 200 sm reicht, einzubeziehen. Auch anderweitige Nutzung, wie z. B. Energiegewinnung durch Wasser, Strom oder Wind, ist dem Küstenstaat vorbehalten. Er entscheidet über die Errichtung künstlicher Inseln oder ähnlichem, über wissenschaftliche maritime Forschung und über den Schutz und die Erhaltung der maritimen Umwelt. Er nimmt weiter die nach dieser Konvention vorgesehenen Rechte und Pflichten wahr.

Zum Schutz künstlicher Inseln oder Bauwerke ist eine Sicherheitszone von 500 m vorgesehen, die nicht befahren werden darf. Die Bauwerke haben aber keine eigenen Territorialgewässer. Das Befahren oder Überfliegen der ausschließlichen Wirtschaftszone soll, abgesehen von den nach der Konvention zulässigen Maßnahmen, nicht beschränkt werden.

Hohe See

Der Bereich außerhalb der ausschließlichen Wirtschaftszone ist die hohe See. Hier bestehen keine Hoheitsrechte eines Küstenstaates, sondern es gelten insbesondere die Freiheit der Schiffahrt, die Freiheit des Überflugs und die Freiheit, unterseeische Kabel und Rohrleitungen zu verlegen.

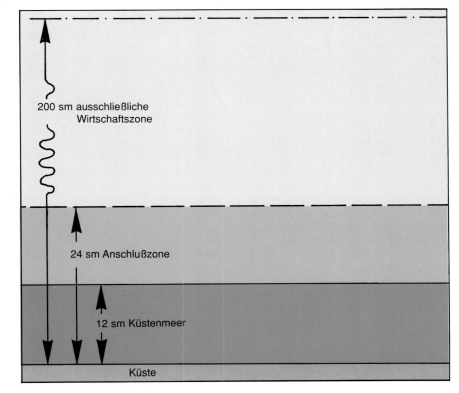

200 sm ausschließliche Wirtschaftszone

24 sm Anschlußzone

12 sm Küstenmeer

Küste

10. Recht des Schiffes

Die Flagge, die ein Schiff führt, bedeutet, daß das Schiff dem Recht und dem Schutz des Flaggenstaates untersteht. Auf einem deutschen Schiff gilt auf der hohen See das Recht der Bundesrepublik Deutschland mit gewissen Einschränkungen, so z. B. bei der Verfolgung von Piraterie, Sklavenhandel und Drogenhandel. Es sind ferner auf den in das Internationale Schiffsregister eingetragenen Seeschiffen Arbeitsverhältnisse nach ausländischem Recht möglich.

Kriegsschiffe und andere einem Staat gehörende und im Staatsdienst ausschließlich für andere als Handelszwecke genutzte Fahrzeuge (z. B. Zollkreuzer, Küstenwachfahrzeuge) genießen auf hoher See vollständige Immunität.

Der Flaggenstaat muß ein Schiffsregister führen. Ein Schiff darf seine Flagge nur wechseln, wenn der Eigentümer und damit auch das Schiffsregister wechselt. Der Flaggenstaat übt die Kontrolle über Kapitän, Offiziere und Besatzungen in verwaltungsmäßigen, technischen und sozialen Angelegenheiten aus. Er muß alle erforderlichen Maßnahmen ergreifen, die die Sicherheit auf See gewährleisten und garantieren, daß die ratifizierten, das Schiff betreffenden internationalen Übereinkommen (Schiffssicherheit – SOLAS, Meeresumweltschutz – MARPOL, Verhütung von Kollisionen – KVR usw.) befolgt werden. Der Flaggenstaat ist ferner verpflichtet, Seeunfälle offiziell untersuchen zu lassen.

Schiffs- und Flaggenzertifikat

Das Flaggenrechtsgesetz schreibt vor, daß Schiffe über 15 m Länge registriert werden müssen, wenn der Eigentümer Deutscher mit Wohnsitz im Geltungsbereich des Grundgesetzes ist. Diese Schiffe erhalten ein Schiffszertifikat, das von dem für den Heimathafen zuständigen Amtsgericht, bei dem das Schiffsregister geführt wird, ausgestellt wird. Das Ergebnis der Vermessung muß in Form des Schiffsmeßbriefes vorliegen. Das Schiffszertifikat bescheinigt das Eigentum am Schiff und das Recht zur Führung der Flagge der Bundesrepublik Deutschland.

Schiffen unter 15 m Länge kann auf Verlangen ein Flaggenzertifikat ausgestellt werden. Hierfür ist das Bundesamt für Seeschiffahrt und Hydrographie (BSH) zuständig. Der Antrag ist vom Eigentümer zu stellen. Als Identitätsmerkmale sind anzugeben:
– Rumpflänge vom äußersten Punkt des Vorstevens bis zum äußersten Punkt des Hinterstevens
– Baunummer oder Bootsnummer, falls am Boot fest angebracht
– Motornummer
– sonstige für die Identität wesentliche Merkmale

Als Unterscheidungssignal wird das Rufzeichen übernommen. Flaggenzertifikate werden nach spätestens acht Jahren ungültig, wenn die Gültigkeit nicht rechtzeitig verlängert wurde.

BUNDESREPUBLIK DEUTSCHLAND
RÉPUBLIQUE FÉDÉRALE D'ALLEMAGNE
FEDERAL REPUBLIC OF GERMANY

FLAGGENZERTIFIKAT
CERTIFICAT DE PAVILLON
FLAG CERTIFICATE

Schiffe über 15 m Länge müssen den Namen an jeder Seite vorn und Namen und Heimathafen am Heck gut sichtbar und fest angebracht führen. Bei einer Schiffslänge unter 15 m genügen der Name des Heimathafens am Heck sowie der Schiffsname, ebenfalls gut sichtbar und fest angebracht.

Schiffe mit Ausnahme von Kriegsschiffen und Staatsschiffen unterstehen in fremden Hoheitsgewässern und Häfen dem Recht des Gastlandes. Auf einem Schiff hier begangene Straftaten werden vom Küstenstaat verfolgt,

11. Drogen

– wenn dessen Interessen betroffen sind,
– wenn der Friede des Küstenstaates oder die Ordnung der Küstengewässer gestört ist,
– wenn unerlaubter Drogenhandel zu unterbinden ist,
– wenn durch den Kapitän oder durch die diplomatische oder konsularische Vertretung um Unterstützung gebeten wurde.

Arbeitsrechtliche oder privatrechtliche Probleme an Bord eines Schiffes interessieren den Küstenstaat nicht. Wenn aber Forderungen an das Schiff bestehen, die nicht beglichen werden, kann zur Durchsetzung dieser Forderungen ein Schiff mit Arrest belegt werden. Versucht sich ein Schiff der Verfolgung oder Durchsetzung eines Rechts des Küstenstaates durch Flucht zu entziehen, so hat der Küstenstaat das Recht der Nacheile. Dieses Recht endet, wenn das Schiff das Küstenmeer seines Flaggenstaates oder eines dritten Staates erreicht.

Ein wachsendes Problem in der Seeschiffahrt – die Sportschiffahrt ist in den betroffenen Regionen wie z. B. der Karibik nicht ausgenommen – ist der illegale Transport oder auch Schmuggel von Rauschgift. Die Drogenkartelle bieten Besatzungsmitgliedern finanzielle Anreize, setzen, wenn möglich, aber auch Druckmittel ein, damit Personen entsprechend tätig werden. Wer einmal zugestimmt hat, hat zukünftig kaum die Möglichkeit, sich weiteren Aufträgen zu entziehen. Drogenschmuggel wird durchweg mit hohen Strafen geahndet.

Nach der *Single Convention on Narcotic Drugs*, dem *Wiener Suchtabkommen*, dem die Bundesrepublik 1993 zugestimmt hat, und nach dem Seerechtsübereinkommen darf ein Staat ein Schiff unter fremder Flagge auf der hohen See wegen unerlaubter Beförderung von Drogen nur dann kontrollieren, wenn der Flaggenstaat des Schiffes bei begründetem Verdacht um Unterstützung ersucht beziehungsweise vorher ausdrücklich zugestimmt hat. Erweist sich der Verdacht als gerechtfertigt, kann der kontrollierende Staat das Schiff festhalten.

In der Bundesrepublik Deutschland ist für die Erteilung der entsprechenden Durchsuchungsgenehmigung nach Seeaufgabengesetz das Bundeskriminalamt zuständig. Die Genehmigung darf nur dann erteilt werden, wenn der untersuchende Staat zusichert, den Grundsatz der Verhältnismäßigkeit zu wahren und bei unbegründetem Tatverdacht Schadenersatz zu leisten.

In seinen Küstengewässern kann der Küstenstaat von seinem Hoheitsrecht Gebrauch machen und bei begründetem Verdacht ein Schiff stoppen und überprüfen.

Der Schiffsführer muß den zuständigen Behörden im allgemeinen beim Einklarieren garantieren, daß keine unerlaubten Drogen an Bord sind.

12. Einschleicher

13. Piraterie

Ein wachsendes Problem sind im Zusammenhang mit der international zunehmenden Immigration blinde Passagiere (stow aways), die sich im Abgangshafen an Bord schleichen und hoffen, illegal im Bestimmungshafen wieder von Bord gehen zu können. Da es kaum möglich ist, während der ganzen Reise versteckt zu bleiben, geben sie sich nach dem Auslaufen, wenn es für eine Rückkehr oder ein Absetzen zu spät ist, zu erkennen.

Auf einem Schiff unter deutscher Flagge findet deutsches Recht Anwendung, insbesondere was das Strafrecht, das Ausländerrecht und das Asylrecht betrifft. Wer in Deutschland als blinder Passagier ohne Einreisegenehmigung (z. B. Visum) an Land geht, macht sich strafbar.

Einschleicher unterstehen an Bord dem Hausrecht des Kapitäns, dessen Anordnungen sie, soweit Ordnung und Sicherheit betroffen sind, zu befolgen haben. Sie müssen untergebracht und verpflegt werden. Sie sollten nicht beschäftigt werden, und sie dürfen nicht, solange sie keine unmittelbare Gefahr darstellen, eingeschlossen werden. Papiere und Effekten sind sicherzustellen und die Behörden des Abgangs- und Bestimmungshafens zu informieren. Im Bestimmungshafen werden die blinden Passagiere üblicherweise von den Behörden von Bord geholt und in das Herkunftsland zurückgeflogen. Mit den Kosten für Bewachung und Transport wird das Schiff belastet. Nach den in der Sportschiffahrt üblichen Policen werden diese Kosten, die recht hoch sein können, nicht von den Versicherern gedeckt. Sollte der Einschleicher keine Papiere haben und sollte sich das Herkunftsland nicht bereiterklären, ihn aufzunehmen, muß er eventuell auf der Ausreise wieder mitgenommen werden, oder er wird in den Flaggenstaat des Schiffes befördert, wo man versuchen wird, die Identität festzustellen und ihn dann zurückzubefördern, alles auf Kosten des Schiffes.

Da das *Internationale Übereinkommen über Maßnahmen gegen das Einschleicherwesen* von 1957 nicht von einer ausreichenden Anzahl von Staaten ratifiziert wurde, gibt es keine einheitliche Regelung.

Man kann sich gegen Einschleicher und die damit verbundenen Kosten schützen, wenn man das Schiff vor dem Auslaufen gründlich durchsucht. Auf einer Yacht ist das ohne Probleme möglich. Werden hierbei fremde Personen entdeckt, sind sie sofort an Land zu schicken. Unter Umständen sollte die Polizei hinzugezogen werden.

Vorsicht ist auch geboten, wenn man Mitsegler z. B. Hand gegen Koje auf einen längeren Törn mitnimmt. Es muß geprüft werden, ob Personalpapiere und, wenn erforderlich, ein Visum für das Bestimmungsland vorhanden sind.

Wer glaubt, Piraterie gehöre der Vergangenheit an, wird durch sich häufende Berichte in der Presse eines Schlechteren belehrt. Die heutigen Piraten benutzen leichte, sehr schnelle Boote, sind gut bewaffnet und entern auf Reede vor Anker liegende Schiffe, gehen aber auch durchaus auf in Fahrt befindlichen längsseits. Sie überfallen Schiffe bei Nacht. Damit Hilfe nicht herbeigerufen werden kann, werden häufig Funkanlagen zerstört.

Wenn sie an der Ladung des Schiffes interessiert sind, sind sie im allgemeinen recht gut informiert. Lohnt sich der Raub von Ladung nicht oder ist er zu problematisch, sind Bargeld aus der Schiffskasse und Bargeld und Wertgegenstände der Besatzung ihre Beute. Widerstand ist, wenn Piraten schon an Bord sind, zwecklos und endet häufig mit dem Tod des sich Widersetzenden, weil Waffen rigoros eingesetzt werden.

Auf großen Schiffen fährt man in gefährdeten Gebieten bei Nacht mit eingeschalteter Decksbeleuchtung, damit Annäherungen aus dem Dunkel heraus bemerkt werden. Falls Radaranzeigen unbeleuchteter Fahrzeuge ausgemacht werden, wird versucht, Annäherungen an diese Objekte zu vermeiden und Überwachungsbehörden zu informieren. Als gefährlich geltende Reeden werden bei Nacht verlassen. Gefährliche Gebiete sind ostasiatische Gewässer, vor allem die Malakkastraße, die westafrikanische Küste

14. Weltweites Seenot- und Sicherheitsfunksystem

und teilweise Mittel- und Südamerika. Die betroffenen Küstenstaaten versuchen, durch verstärkten Marineeinsatz das Unwesen unter Kontrolle zu bringen.

Das Seerechtsübereinkommen verpflichtet alle Staaten, bei der Bekämpfung der Seeräuberei zusammenzuarbeiten. Jeder Staat kann auf hoher See ein Seeräuberfahrzeug aufbringen, die Personen festnehmen, aburteilen und das Fahrzeug sowie Vermögenswerte in Beschlag nehmen.

Auf Yachten bleibt als wirksame Vorbeugung nur, Informationen über gefährdete Gebiete einzuholen und diese Gebiete zu meiden. Einem Piratenfahrzeug zu entkommen, ist kaum möglich, und Gegenwehr ist zwecklos.

Die IMO hat ein neues Sicherheitssystem (SAR-Convention) eingeführt, das bis 1999 das gegenwärtige System ablösen soll.

Das neue System GMDSS (Global Maritime Distress and Safety System) bietet folgende Vorteile:

● Jedes Schiff ist mit mindestens zwei unabhängig voneinander arbeitenden Alarmierungssystemen ausgerüstet.
● Paralleler Gebrauch des terrestrischen (UKW, GW und KW) und des Satellitenfunkdienstes (geostationäre und polumlaufende Satelliten) ist möglich.
● Die Alarmierung Schiff – Küstenfunkstelle – RCC (Rescue Coordination Center) oder Schiff – Küsten-Erde-Funkstelle – RCC erfolgt schnell und sicher.
● Seenot- und andere wichtige Meldungen werden ohne Hörwache empfangen.
● Not- und Not-Relay-Meldungen werden bei allen Seefunkstellen automatisch gespeichert und ausgedruckt.
● Die Seenotboje EPIRB (Inmarsat-E und/ oder COSPAS/SARSAT) wird freischwimmend oder manuell aktiviert.
● Rückmeldung an alle für die Suche in Frage kommenden Schiffe und SAR-Einheiten durch Gruppenruf (EGC), Navtex bzw. Aerea call ist möglich. Die Suchschiffe nehmen dann Kontakt (Telefonie oder Telex) zum Havaristen und/oder zum RCC auf.

● Für die Rettungsmittel sind 9-GHz-Radartransponder (SART, homing) und tragbare UKW-Geräte an Bord. (Ein Radartransponder markiert durch eine Reihe von Punkten deutlich die Position eines Überlebensfahrzeuges oder Havaristen auf dem Radarbild eines Suchschiffes.)
● Da für die zukünftige Seenotalarmierung und Kommunikation Funktelegrafie nicht mehr erforderlich ist, erübrigt sich auch der hierfür speziell ausgebildete Funkoffizier.

Die Funkausrüstung richtet sich nach dem Einsatzgebiet des Schiffes:

– Seegebiet A 1: Sprechfunk-Reichweite (ca. 20 – 30 sm) einer UKW-küstenfunkstelle mit DSC (digital selective calling)
– Seegebiet A 2: Sprechfunk-Reichweite (ca. 150 sm) einer GW-Küstenfunkstelle mit DSC.
– Seegebiet A 3: Bedeckungsgebiet geostationärer Satelliten (ca 70°S bis 70°N).
– Seegebiet A 4: Gebiete außerhalb A1 bis A3.

Die Gebiete A1 und A2 werden von der Verwaltung eines Landes festgelegt und sind deshalb nicht in allen Ländern gleich.

DSC ermöglicht, daß Anrufe nicht mehr wie bisher auf UKW, z. B. auf Kanal 16, erfolgen, sondern über einen bestimmten Code, ähnlich wie beim Telefonieren, mit dem das Gerät zu editieren ist und der dann nur das Gerät des gewünschten Gesprächspartners anspricht. Dieser wird durch akustische Signale informiert. Im UKW-Bereich ist der Kanal 70 für Seenot- und Routinemeldungen vorgesehen. Eine Hörwache ist nicht mehr erforderlich. Durch Gruppenruf können auch mehrere Fahrzeuge angesprochen werden.

Im Notfall informiert das DSC-Gerät über den Sender mit einem speziell vorher vorbereiteten und editierten Code über die Küstenfunkstellen das zuständige RCC (z. B. RCC Bremen, die Leitstelle der Deutschen Gesellschaft zur Rettung Schiffbrüchiger) und in der Nähe befindliche Schiffe. Im Seegebiet A3 wird das zuständige RCC über die Küsten-Erde-Funkstelle angesprochen, wenn Satellitenfunk an Bord ist.

GMDSS ermöglicht, Notmeldungen editiert zu senden und zu empfangen. Empfangene Notmeldungen werden unlöschbar (bis zu 19) gespeichert. Dringlichkeits- und Sicherheitsmeldungen werden per DSC angekündigt und auf Kanal 16 beziehungsweise auf 2182 kHz mit Sprechfunk ausgesendet. Wiederholung der Notmeldung, Bestätigung sowie der gesamte Notfunkverkehr erfolgen auf der Notfrequenz Kanal 16 oder auf 2182 kHz.

Im allgemeinen Funkverkehr lassen sich Routinerufe editieren, speichern und empfangen. In besonderen Speichern können wichtige Informationen abgelegt werden. Rufe, die eine Antwort erfordern, können automatisch beantwortet werden.

Ausrüstungspflicht

Ausrüstungspflichtig sind alle Schiffe ab 300 BRT und alle Fahrgastschiffe auf internationalen Reisen. Eine Ausrüstungspflicht für Sportfahrzeuge besteht nicht. Wenn Yachten mit Funkanlagen ausgerüstet werden, müßte die Ausrüstung dem jeweiligen Fahrtgebiet entsprechen. Bei Fahrten über die Grenzen des Seegebietes A2 hinaus kann die Ausrüstung aus GW/KW-DSC oder Satellitenfunk (nicht Seegebiet A4) bestehen. Wählt man Satellitenfunk, kann man zwischen der preiswerten und kleinen Std-C-Anlage (nur Telexbeziehungsweise Fax-Meldungen) oder der großen (und teuren) Std-A-Anlage wählen. Mit Std-A (ab 1995 Std-B) kann man Telefonie, Telex und Daten übermitteln.

Funkausrüstung	Seegebiete				
	A1	A2	A3	A3	A4
			ohne	mit Sat-Com-Anlage	
UKW-Sprechfunktelefon	x	x	x	x	x
UKW-DSC-Controller und UKW-Wachempfänger	x	x	x	x	x
Navtex-Empfänger	x	x	x	x	x
EPIRB	x	x	x	x	x
Radar-Transponder	x	x	x	x	x
UKW-Handsprechgerät	x	x	x	x	x
Wachempfänger 2182 kHz	x	x	x	x	x
GW-Sprechfunkanlage		x		x	
GW-DSC-Controller und Wachempfänger		x		x	
GW-KW-Sprechfunkanlage			x		x
GW-KW-DSC-Controller und Scan-Empfänger			x		x
EGC-Empfänger (oder zus. Std-C-Gerät)			x	x	x
INMARSAT A oder Std-C				x	

Für die Ausübung des Funkdienstes nach GMDSS ist das *Allgemeine Betriebszeugnis für Funker* Voraussetzung. Inhaber des Allgemeinen Sprechfunkzeugnisses können eine Zusatzprüfung machen. Im Seegebiet A1 genügt das *Beschränkt gültige Betriebszeugnis für Funker* I oder II. Auch dieses Zeugnis ist durch eine Zusatzprüfung zu erwerben, wenn man das UKW-Sprechfunkzeugnis vorweisen kann.

Foto: Fridtjof Gunkel

Teil III: Wetterkunde

15. Das planetarische Windsystem

Annäherungen an das bodennahe planetarische Windsystem

Die Kenntnisse der allgemeinen planetarischen Zirkulation sind ein wichtiger Schlüssel für das Verstehen vieler meteorologischer und ozeanographischer Erscheinungen. Speziell für die Seefahrt sind hier zu nennen:
– die Lage der Druckzentren und die Großwetterlagen,
– vorherrschende Winde und deren Beständigkeit,
– die Steuerung der Tiefdruckgebiete und der tropischen Orkane,
– die Lage der intertropischen Konvergenzzone und die Monsune,
– der Antrieb der Meeresströmungen,
– die jahreszeitliche Wanderung aller genannten Erscheinungen.

Die allgemeine bodennahe planetarische Zirkulation läßt sich in mehreren Näherungsformen darstellen.

1. In der ersten Näherung treten die bekannten Wind- und Druckgürtel auf, die breitenparallel verlaufen.
2. Gestützt auf Messungen und Jahresmittel zerfallen die Druckgürtel in einzelne umfangreiche Druckgebilde. Es treten in der zweiten Näherung die bekannten Druckzentren, wie z. B. das Islandtief, auf.
3. Durch Mittelbildung über Jahreszeiten, wie Sommer und Winter, liegt eine dritte Näherung vor. Es beginnen die Druckzentren zu wandern, und es bilden sich einzelne charakteristische Windgebiete. Dieses Zirkulationsmodell entspricht ungefähr dem, was um 1900 bekannt war und sich mit den Überlieferungen für die Routen der großen Segelschiffe deckt.
4. Die heutige Klimanavigation richtet sich nach Monatskarten (Abb. 56). In ihnen erfolgt die Mittelbildung für viele meteorologische und ozeanographische Parameter für jeden Monat des Jahres. Dabei gelten die Mittel immer für Fünf-Grad-Quadratfelder. Dies wäre eine vierte Näherung.
5. Als fünfte Näherung sollten tatsächlich eingetretene Großwetterlagen angesehen werden. Solche Beispiele finden sich auf den Rückseiten der Monatskarten des BSH (Bundesamt für Seeschiffahrt und Hydrographie). Es stellen sich über einem Ozean immer wieder ähnliche Großwetterlagen ein. Allerdings ist die Vielfalt der Wetterabläufe am Boden unübersehbar groß.

Einen guten Überblick von den mittleren Druckverteilungen und den entsprechenden Windverhältnissen geben die Abb. 1 für den Januar und die Abb. 2 für den Juli.
Man erkennt dort
– die **polare Hochdruckzone** zwischen 70° und 90° Breite,
– die **subpolare Tiefdruckzone** zwischen 50° und 70° Breite, nordatlantische Zyklone (Islandtief) und die nordpazifische Zyklone (Alëutentief), die südpazifische und südatlantische Zyklone,
– den **subtropischen Hochdruckgürtel** um 25° bis 40° Nord und 25° bis 35° Süd, nordatlantische Antizyklone (Azorenhoch, Bermudahoch), nordamerikanische und nordpazifische Antizyklone, nordasiatische Antizyklone (sibirische Hochs) südatlantische und südpazifische Antizyklone, südindoozeanische Antizyklone,
– die **äquatoriale Tiefdruckrinne** mit der intertropischen Konvergenzzone bei 10°–15° Nord im Nordsommer und 5° S im Nordwinter.

Diese Druckverteilungen haben folgende Gleichgewichtswinde ausgelöst:
– die Passate zwischen subtropischem Hochdruckgürtel und äquatorialer Tiefdruckrinne,
– westliche Winde zwischen 30°–60° Breite (Westwindzone der gemäßigten Breiten),
– östliche Winde polwärts von 60° Breite (polare Ostwinde).

Als Besonderheit bildet sich im Nordsommer über den Kontinenten die asiatische Zyklone (Monsuntief) und die amerikanische Zyklone (Arizonatief).

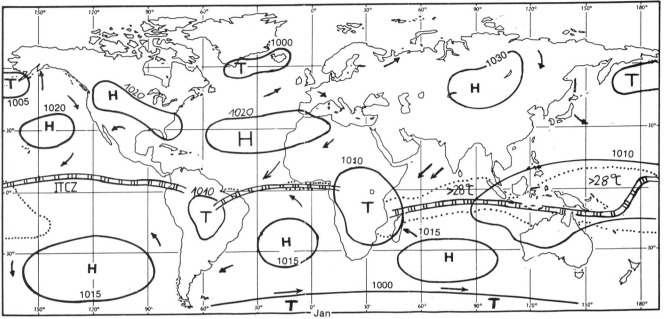

1 *Die mittlere Luftdruckverteilung und die bodennahe Strömung im Januar.*

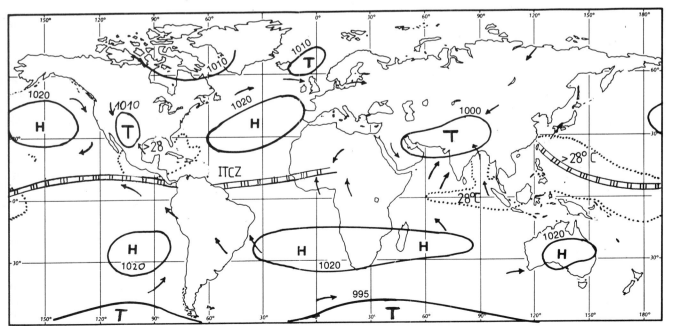

2 *Die mittlere Luftdruckverteilung und die bodennahe Strömung im Juli.*

Die äquatoriale Tiefdruckrinne

In den äquatorialen Breiten zieht sich um die ganze Erde ein Tiefdruckgürtel, der zwischen den Passaten der Nord- und Südhalbkugel liegt. Die Luft, die in diese Zone von beiden Seiten einströmt, muß über eine Aufwärtsbewegung abtransportiert werden. Ist in der Luft viel Feuchtigkeit, dann entstehen dort die Quell- und Gewitterwolken (Cumulo congestus, Cumulonimben).

Große Gewitterwolken (Cb) haben ein Einzugsgebiet für die von ihnen benötigte feuchte Luft und sind räumlich abgegrenzt. Die Cumulonimben zeichnen sich durch eine charakteristische Länge von 10 km aus. Findet eine Anhäufung von Wolken statt, in denen große vertikale Wärmetransporte vorkommen, dann werden solche ausgedehnten Wolkenansammlungen cloud cluster genannt. Sie haben eine charakteristische Länge von einigen hundert Kilometern. Cloud cluster mit heftigen Gewittern treten in der äquatorialen Tiefdruckrinne auf, aber auch an den Trögen in der Passatströmung (s. easterly waves). Die cluster werden mittels Satelliten beobachtet. Sie liegen allerdings oft unter einem geschlossenen Cirrusschirm von hochreichenden Amboßwolken. In den Wetterberichten werden die cloud cluster gemeldet wie nachfolgender Text zeigt.

TROPICAL ATLANTIC...
ITCZ-RELATED CLOUDS/CONVECTION WERE CENTERED ALONG 7N11W – 9N23W – 5N42W – 11N61W. SCATTERED STRONG THUNDERSTORMS HAVE ERUPTED IN A 2–3 DEGREE DIAMETER CLUSTER CENTERED NEAR 9N23W... TOPS TO 53 000 FT. SCATTERED SHOWERS AND WIDELY SCATTERED STRONG THUNDERSTORMS IN CLUSTERS WERE FOUND ELSEWHERE WITHIN 1–2 DEGREES EITHER SIDE OF THE AXIS EAST OF 27W. WIDELY SCATTERED SHOWERS AND ISOLATED MODERATE-STRONG THUNDERSTORMS WERE FOUND WITHIN 1 DEGREE EITHER SIDE OF THE SAME AXIS FROM 30W–37W AND 59W–61W. ISOLATED WEAK-MODERATE CONVECTION CHARACTERIZED THE ITCZ ELSEWHERE WITHIN 2–3 DEGREES EITHER SIDE OF THE AFOREMENTIONED AXIS.

Innerhalb der äquatorialen Tiefdruckrinne wird der unterschiedlich weite Bereich, an dem die Passate der Nord- und Südhemisphäre zusammenstoßen bzw. konvergieren, als intertropische Konvergenzzone (ITCZ) bezeichnet und mit einer Doppellinie und Querstrichen (Abb. 50) gekennzeichnet. Das Wetter dort entspricht dem der äquatorialen Tiefdruckrinne.

Mit dem Sonnenstand verlagert sich die ITCZ. In Abb. 1 und 2 ist dieses eingezeichnet. Dabei folgen ihr die Passate, so daß diese auch den mathematischen Äquator überströmen. Tritt der Passat von der Süd- auf die Nordhalbkugel, entsteht dort eine schmale Zone bodennaher äquatorialer Westwinde.

Auch die Regenzeiten sind mit der Wanderung der ITCZ verbunden.

Die Passate

Der Passat kann als Ausgleichsströmung zwischen den Roßbreiten der Nord- und Südhalbkugel und der äquatorialen Tiefdruckrinne angesehen werden. Insofern ist seine generelle Richtung Nordost (Nordhalbkugel) bzw. Südost (Südhalbkugel). Es gibt aber auch Gebiete mit mehr östlichen Winden. Die Passatzone wandert saisonbedingt. In den jeweiligen Sommern der Nord- bzw. Südhemisphäre reicht sie bis zu 30° N oder 30° S. In den Wintern jedoch nur bis zu 25° N und 25° S. Diese Passatgrenzen sind in den Monatskarten eingezeichnet. Dort finden sich auch Angaben über Stärke und Richtung sowie Beständigkeit.

Der Passat beginnt im Bereich des Subtropenhochs, wo Absinkbewegungen herrschen (dynamisches Hoch). Wenn der Wind zur äquatorialen Tiefdruckrinne strömt, muß diese Luft eine größere Fläche einnehmen, da sich der Erdumfang zum Äquator hin vergrößert. Diese vergrößerte Fläche erzeugt wiederum eine Absinkbewegung der Luft, was eine stabile Luftschichtung zur Folge hat. Obwohl überall warmes Wasser vorhanden ist, stellt das Passatgebiet eine wolken- und niederschlagsarme Trockenzone dar. Unter diesen Bedingungen führt die Feuchte nur zur Bildung der typischen Passatbewölkung: flache Cumuli (-humilis) und Stratocumuli ohne nennenswerte Niederschläge. Stößt der Passat allerdings auf ein Hindernis, so fallen ergiebige Stauniederschläge aus der aufsteigenden Luft. Typisch sind z. B. dafür die Luvseiten der Inseln unter dem Wind (südliche Kleine Antillen) oder auch Hawaii.

In der Auslaufzone des Passats kann dieser „einschlafen". Es treten dort vereinzelte hochreichende Cumulo

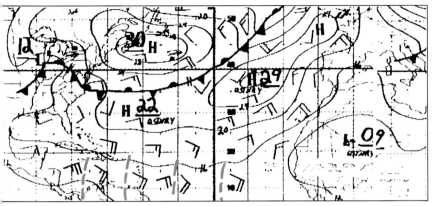

Tropische Wellen (easterly waves). Erkennbar an den gestrichelten Linien in der unteren linken Hälfte der Karte.

congestus und Cumulonimben auf mit Gewitter und Niederschlägen. Manchmal endet er auch in einer schmalen ITCZ.

Eine Besonderheit in der Passatströmung sind die *easterly waves*. Betrachtet man den Passat genauer, so geht er häufig in einen mehr östlichen Wind über. Insbesondere in der Höhe herrschen Ostwinde (Abb. 4), der sogenannte Urpassat. Dieses breitenparallele Windband beginnt manchmal zu schwingen, und zwar mit Ausschlägen nach Nord und Süd. Die Wellenlänge beträgt um die 15 bis 30 Längengrade, gemessen von Rücken zu Rücken. Die Wellen verlagern sich mit einer Geschwindigkeit um die 12 kn nach Westen. Im Bereich der Tröge bilden sich ungefähr meridional angeordnete breite Bänder mit geschlossener, hochreichender Quellbewölkung mit heftigen Schauern.

Im Isobarenbild der Bodenkarte schiebt sich der tiefe Druck nach Norden, während sich Hochdruckrücken nach Süden ausdehnen. In amerikanischen Wetterkarten ist die Trogachse durch eine gestrichelte Linie gekennzeichnet (Abb. 3).

TROPICAL WEATHER OUTLOOK
NATIONAL WEATHER SERVICE MIAMI FL
530 AM EDT SUN AUG 22 1993
...CORRECTED TO ADD FINAL STATEMENT...
FOR THE NORTH ATLANTIC... CARIBBEAN
SEA AND THE GULF OF MEXICO...
AN AREA OF DISTURBED WEATHER

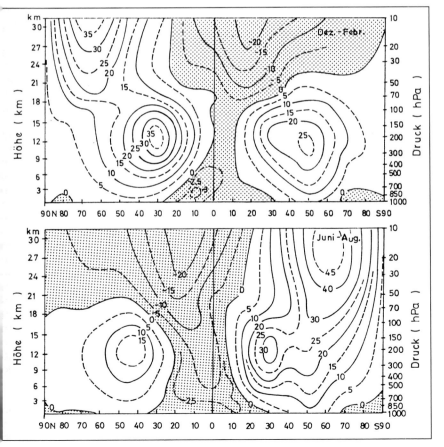

4 *Die mittlere zonale (breitenparallele) Windkomponente (in m/s) im Nordwinter Dezember – Februar (oben) und Nordsommer Juni – August (unten) in einem vertikalen längenparallelen Schnitt. Der Ostwindbereich ist punktiert.*

LOCATED ABOUT 800 MILES TO THE EAST OF THE NORTHERN LEEWARD ISLANDS IS ASSOCIATED WITH A TROPICAL WAVE WHICH IS MOVING WESTWARD AT 10 TO 15 MPH. THIS SYSTEM HAS SOME POTENTIAL FOR DEVELOPMENT OVER THE NEXT FEW DAYS.

ANOTHER TROPICAL WAVE IS LOCATED OVER THE FAR EASTERN ATLANTIC... JUST TO THE SOUTH-SOUTHWEST OF THE CAPE VERDE ISLANDS. SATELLITE IMAGES SHOW THAT THE CLOUDINESS ASSOCIATED WITH THIS SYSTEM IS FAIRLY WELL ORGANIZED. HOWEVER THERE IS RELATIVELY LITTLE ASSOCIATED THUNDERSTORM ACTIVITY AT THIS TIME. DEVELOPMENT... IF ANY... IS LIKELY TO BE SLOW AS THE WAVE CONTINUES MOVING WESTWARD AT ABOUT 15 MPH.

ELSEWHERE... TROPICAL STORM FORMATION IS NOT EXPECTED THROUGH MONDAY.

5 *Bodenanalyse mit Stromlinien (Symbole s. Abb. 50).*

Vergessen wird immer, daß in niederen Breiten die Druckgegensätze gering sind. Es gibt dort wenige Isobaren, und die Anhaltspunkte für Winde sind gering. Aus diesem Grund veröffentlichen die pazifischen amerikanischen Wetterstationen Karten mit Stromlinien, aus denen die Bodenströmungen ersichtlich werden (Abb. 5). Die Symbole für diese Karte befinden sich in Abb. 50.

Der subtropische Hochdruckgürtel

Der subtropische Hochdruckgürtel befindet sich auf der Nord- und Südhalbkugel. Der nördliche Gürtel wird auch Roßbreiten genannt. Dieser Name hat mehrere Erklärungen. In den sehr niederschlagsarmen Gebieten wurde das Wasser bei den häufigen Flauten so knapp, daß die Spanier auf ihren Karavellen die Pferde opfern mußten. Nach einer anderen Erklärung wünschte man sich Pferde vor die Schiffe gespannt, um so durch das Flautengebiet gezogen zu werden.

Im Englischen wird der subtropische Hochdruckgürtel von den Winden aus gesehen und *variables* (umlaufende Winde) genannt, also ein Gebiet mit schwachen Winden ohne bestimmte Richtungen.

Der Hochdruckgürtel zerfällt in einzelne Zellen. Wenn ohne Motorhilfe dieses Gebiet durchquert werden soll, müssen die Monatskarten genau studiert werden, um an den Rändern der Hochdruckzellen eine Route zu finden.

Die Westwindzone

Das Wetter wird bei der Navigation in den Randmeeren Nordsee, Ostsee und Mittelmeer meist für kurzfristige Törns wahrgenommen. Man konzentriert sich auf die nächsten Fronten und das nächste Tief. Beim Befahren eines Ozeans allerdings sind die Routen und Zeiten länger. Dort sollte das Wetter aus einer anderen Sicht betrachtet werden. Die einzelnen Hoch- und Tiefdruckgebiete sind eingebettet in eine zweite Zirkulation. Diese besteht aus einem breiten Ringstrom, der manchmal ungefähr breitenparallel um die Erde von West nach Ost strömt (Abb. 6). Breitenparallele Bewegungen werden zonale Strömungen genannt. In Abb. 4 ist diese Strömung in einem meridionalen Schnitt erkennbar. Am deutlichsten werden die zonalen Strömungen in den Höhenwetterkarten abgebildet.

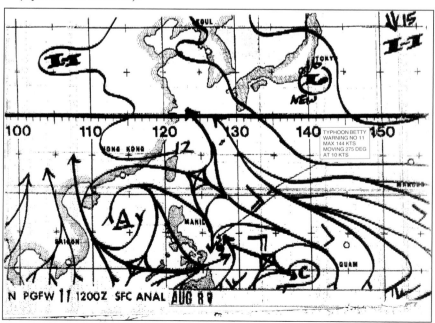

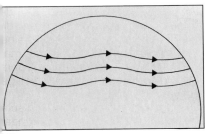

6 *Starke westliche Höhenströmung (zonale, wie die Breiten verlaufende Strömung).*

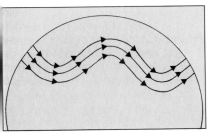

7 *Entwicklung von planetarischen Wellen in der Höhenströmung.*

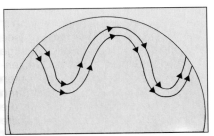

8 *Ausbildung von ausgeprägten Höhenrücken und Höhentrögen.*

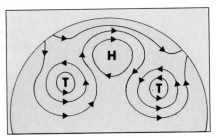

9 *Abschnürung von Höhentiefs und Höhenhochs.*

Sich neu bildende und kleinere Tiefdruckgebilde schwimmen wie Korken in der zonalen Strömung in der bekannten Richtung von West nach Ost. Meist beginnt das Stromband zu schwingen, und es bilden sich planetarische Wellen (Abb. 7). Die Zugrichtung mitbewegter kleiner Druckgebilde wird mehr nach Südosten und Nordosten gehen. Es entstehen Höhentröge und Höhenrücken. Unter diesen liegen die größeren Bodentiefs und -hochs. Dehnt sich eine solche Welle nach Süden aus, folgt ihr das darunterliegende Bodentief ebenfalls nach Süden.

An der Vorder- und Rückseite der Tröge formt sich eine zu den Längengraden parallele Strömung, die als meridionale Strömung bezeichnet wird (Abb. 8). Kleinere Tiefdruckgebiete ziehen jetzt mehr von Nord nach Süd bzw. umgekehrt.

In der Höhenströmung entwickeln sich schließlich abgeschlossene Höhentiefs und Höhenhochs (Abb. 9), die sich schließlich auffüllen, und die planetarischen Wellen bilden sich zurück.

Als Beispiel soll die Wetterlage Abb. 10 und 11 vom 31.1.90 dienen. Ein umfangreicher Höhentrog reicht weit in den Nordatlantik hinein. Unter ihm findet sich ein ausgedehntes Tiefdrucksystem. Um sich eine bessere Vorstellung von dieser Lage zu machen, ist in Abb. 12 vom 4.2.90 der mit ihr verbundene Seegang abgebildet. Die Abbildung 13 zeigt den Seegang vier Tage später, wobei es sich um die signifikante Wellenhöhe handelt, die von höheren Wellen noch überschritten werden kann.

Die obige Wetterlage wurde zum einen gewählt, weil sie einen Eindruck von der Gewalt eines großen atlantischen Sturms zeigt und zum anderen zur Geduld mahnen soll. Herr-

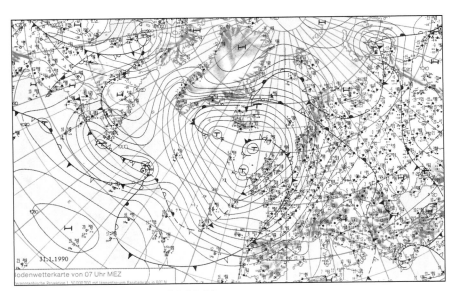

10 *Bodenwetterkarte vom 31.01.90.*

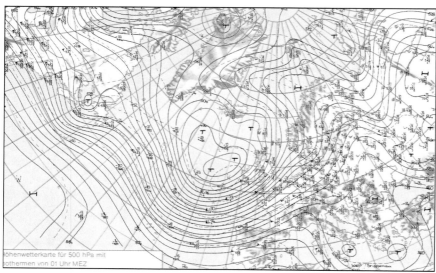

11 *Höhenwetterkarte vom 31.01.90.*

schen Bedingungen wie am 31.1.90 und soll die Biskaya und die portugiesische Küste befahren werden, dann ist es ratsam, lieber einen gemütlichen Hafen an der französischen Kanalküste aufzusuchen und 10 Tage abzuwarten.

Die Westwindzone der Südhalbkugel

wird auch *Roaring Forties* genannt. Sie ist geprägt von einer ausgesprochen zonalen Strömung. Auf Abb. 14 läßt sich dies deutlich erkennen. Am Rande der Strömung zieht in kurzen Abständen ein Tief nach dem anderen auf die Südspitze von Afrika zu. Dort liegt das Kap der Guten Hoff-

nung. In wochenlangen, mehrfachen Anläufen ist früher oft versucht worden, dieses Kap zu umrunden. Da ohne Wetterkarten zur Zeit der Großsegler jeder gescheiterte Versuch als Schicksal empfunden wurde, blieb nur die Hoffnung.

Anmerkung zu Höhenwetterkarten
Wer einen Wetterkartenschreiber besitzt, wird fortlaufend auf Höhenwetterkarten stoßen. Die Linien (Isohypsen) geben die Lage (Topographie) einer 500-hPa-Fläche an. Abb. 11 läßt sich wie eine Hallenradrennbahn vorstellen. Dort sind Höhenangaben (geopotentielle Dekameter) zu finden, die viele über die Erde verteilte Wetterballons beim Messen von 500 hPa erreicht haben. Die Zahlenangaben in den Höhenwetterkarten lassen sich in guter Näherung als Dekameter oder Zahl mal 10 in Metern lesen, während die Linien als Stromlinien interpretiert werden können. In der Höhe von 500 hPa befindet sich die Hälfte der Masse der Atmosphäre.

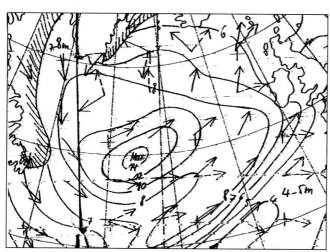

12 *Seegang vom 4. Februar 1990.*

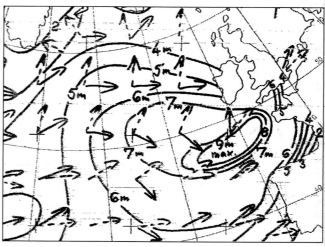

13 *Seegangsvorhersage für den 8. Februar 1990.*

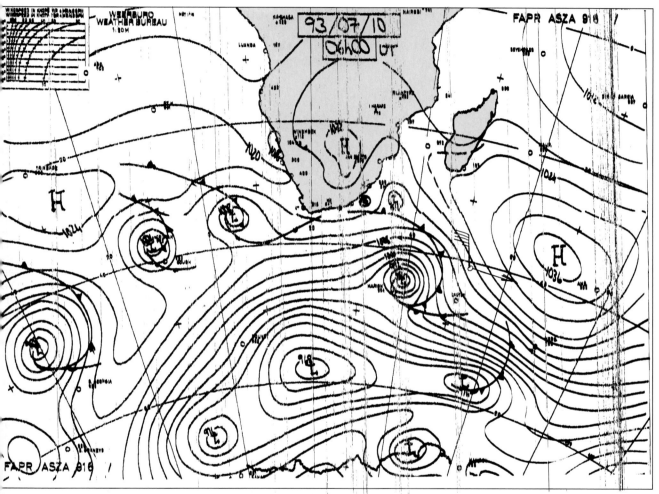

4 *Roaring Fourties am Kap der Guten Hoffnung.*

Die Monsune

Die Land- und Seewinde sind an der Küste allgemein bekannt. Sie unterliegen einem Tagesrhythmus. Analog kann man sich den Monsun vorstellen, nur in viel größeren Dimensionen. Im Sommer erwärmen sich Teile des Kontinents südlich von 30° N und nördlich von 30° S stärker als die Ozeane. Dorthin, wo es am wärmsten ist, wandert die ITCZ (Abb. 1 und 2). Ihr folgen die Winde, die natürlich von der Corioliskraft abgelenkt werden. So entsteht im Nordsommer der Südwest-Monsun und im Nordwinter mit der Verlagerung der ITCZ äquatorwärts der Nordost-Monsun als generelle Strömung auf der Nordhalbkugel. Auf der Südhalbkugel bildet sich im Winter der Nordwest-Monsun und im Sommer der Südost-Monsun. Die Winde wechseln ihre Richtung halbjährlich um 180°. Dies gilt als Kriterium für eine monsunale Strömung.

Der Monsun tritt an vielen Stellen der Erde auf mit Windstärken von 4 bis 5 Bft. Höhere Windstärken wehen im Südchinesischen Meer durch den Nordost-Monsun (5 bis 6 Bft) im November bis Januar. Im Nordindischen Ozean werden von Juni bis August im Südwest-Monsun sogar Windstärken von mehr als 6 Bft beobachtet.

Übungsaufgaben

1. Beschreiben Sie, wie durch 5 Näherungen das planetarische, bodennahe Windsystem dargestellt werden kann.

2. Skizzieren Sie in erster Näherung die bekannten breitenparallel verlaufenden Wind- und Druckgürtel. Wie heißen dort die Winde?

3. In welchen Druckzentren zerfallen die breitenparallelen Druckgürtel?

4. Was ist die ITCZ und wie wird sie in den Wetterkarten symbolisch dargestellt?

5. Innerhalb welcher Längengrade wandert die ITCZ im Südsommer nicht auf die Südhalbkugel?

6. Welche Auswirkungen hat das Wandern des ITCZ?

7. Im Niederdeutschen wird eine Gruppe, eine Anhäufung mehrerer Teile Kluster (engl. cluster) genannt. Was bedeutet dieses Wort in den Wetterberichten?

8. Wodurch entsteht die typische Passatbewölkung?

9. Wie werden Wellen in der Passatströmung genannt und welche Symbole wendet man für diese in amerikanischen Wetterkarten an?

10. Erläutern Sie die Stromlinienkarte Abb. 5.

11. Die Windverhältnisse am Boden werden von einer zweiten Strömung in der Höhe überlagert. Welche Formen kann diese Höhenströmung annehmen?

12. Wie kann – vereinfacht gesehen – die Höhenströmung Bodendruckgebilde steuern bzw. stationär werden lassen?

13. Skizzieren Sie eine monsunale Lage für die Nord- und Südhalbkugel, so daß die Winddrehung um 180° erkennbar wird. (Anmerkung: Die ITCZ geht über Indien in dem Monsuntief auf.)

16. Meeresströmungen

Triftströme

Weht Wind über eine Wasseroberfläche, so wird auf diese eine Schubkraft ausgeübt. Es entsteht eine Strömung. Diese Oberflächenströmung wird Trift (oder Drift) genannt. Theoretische und einige empirische Untersuchungen haben ergeben, daß die Triftströmung 45° nach rechts, auf der Nordhalbkugel und in Windrichtung geschaut, setzt. Die Stromgeschwindigkeit v (Strom) läßt sich errechnen nach

$$v \text{ (Strom)} = 0{,}0126 \cdot u \text{ (Wind)} / \sqrt{\sin \varphi}$$

φ = Breite, u (Wind) = Windgeschwindigkeit

Setzt man in die Formel Werte für mittlere Breiten ein, dann ergibt sich eine Triftgeschwindigkeit von ungefähr 1,5 % von der Windgeschwindigkeit.

Auf der Südhalbkugel setzt der Strom 45° nach links in Windrichtung geschaut. Angemerkt sei, daß auch Eis nicht in Windrichtung, sondern unter einem etwas geringeren Winkel analog zum Strom treibt. Die Triftgeschwindigkeit des Eises ist allerdings etwas größer.

Oberflächen-Meeresströme

Wie die Klimadaten für die Meteorologie sind auch die Daten für die Meeresströme ein Werk vieler Generationen. In Abb. 15 sind die Meeresströme aufgezeichnet worden aus den Versetzungen von Schiffen. Betrachtet man die Karte, sind in den Ozeanen riesige Stromwirbel zu erkennen. Im Nordatlantik lassen sich gut zwei Wirbel ausmachen: der große und der kleine Stromring.

Der große Stromring besteht aus dem Nordostatlantischen Strom, dem Portugalstrom, dem Kanarenstrom, dem Nordäquatorialstrom, dem Antillenstrom, dem Floridastrom und dem Golfstrom. Der kleine Stromring setzt sich zusammen aus dem Nordostatlantischen Strom, dem Norwegenstrom, dem Irminger Strom, dem Ostgrönlandstrom, dem Labradorstrom.

Auf diese Weise lassen sich für alle Ozeane, bis auf den Nordindik, Stromringe konstruieren. Auf der Südhalbkugel ist allerdings die Drehrichtung entgegengesetzt zu der der Nordhalbkugel. Die kalten Ströme befinden sich immer auf der Ostseite der Ozeane, also an der Westseite der Kontinente.

Der Antrieb für die Oberflächen-Meeresströme ist das planetarische Windsystem. Stetige Winde schieben die Wassermassen auf der Nordhalbkugel, in Windrichtung geschaut, nach rechts und bauen dort einen Wasserberg auf, entsprechend den Ausführungen des letzten Kapitels. Irgendwann stellt sich eine Schräge ein, bei der die Wassermassen vom Berg abfließen. Dies geschieht unter dem Einfluß der Corioliskraft rechtwinklig nach rechts auf der Nordhalbkugel. (Die gleichen Verhältnisse sind vom geostrophischen Wind bekannt: Hoch = Wasserberg, Tief = Umgebung, Windrichtung rechtwinklig nach rechts vom Hoch zum Tief geschaut, Nordhalbkugel.)

Insofern nähern sich im Endeffekt die Strömungsrichtungen des Wassers und der Winde. Diese etwas umständlich erscheinende Erklärung ist allerdings die Grundlage zum Verständnis der äquatorialen Gegenströme. Es stellt sich immer wieder die Frage, warum zwischen den nach Westen setzenden äquatorialen Nord- und Südströmen ein schmaler Strom nach Osten geht. Dieses rührt daher, daß die Passate über den Äquator hinwegwehen, einen Wasserberg aufbauen, an dessen anderer Leeseite sich die ITCZ befindet, also kaum Wind weht. In diesem Bereich läuft das Wasser nach rechts auf der Nordhalbkugel bzw. nach links auf der Südhalbkugel ab. In beiden Fällen entsteht ein nach Osten setzender äquatorialer Gegenstrom.

Bei Bewegungen der Wasseroberfläche muß stets an die starke Abhängigkeit dieser Strömung von der momentanen Windrichtung und -stärke gedacht werden. Besonders deutlich wird dieses Verhältnis im Indischen Ozean nördlich des Äqua-

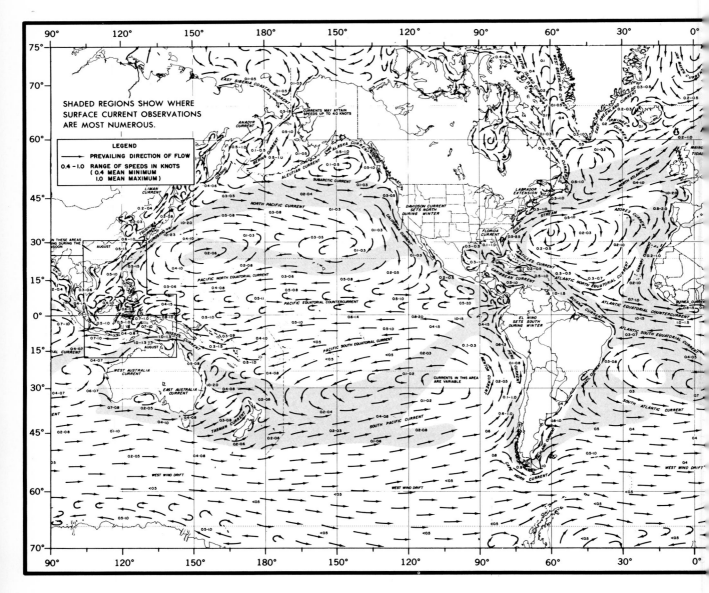

15 *Meeresströmungen, abgeleitet von Schiffsabtriften. (Aus:* Pilot Chart of the North Atlantic Ocean, *May 1974).*

tors. Dort wechselt halbjährlich der Wind um 180°. Im Januar weht der Nordost-Monsun, und die Meeresströmung setzt nach Westen. Im Juli herrscht der Südwest-Monsun, und die Strömung geht nach Osten (Abb. 16).

Insofern gelten die Stromangaben in den Monatskarten dann besonders gut, wenn auch die tatsächlichen Winde mit denen in der Karte annähernd übereinstimmen.

Das Wort Meeresstrom wird häufig mit der Vorstellung eines großen

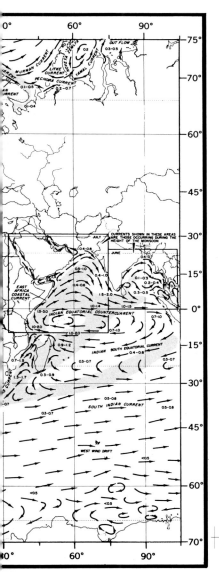

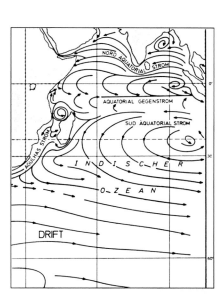

lich verlagert. Die Mäander können starke Schleifen bilden. Diese entwickeln sich zu abgeschlossenen Wirbeln, lösen sich vom Golfstrom und wandern eigenständig weiter (Abb. 17).

16 *Meeresströmung im Indischen Ozean im Januar, Februar und März. Es zeigt sich der Richtungswechsel der Strömung um 180° im Nordindik gegenüber Abb. 15.*

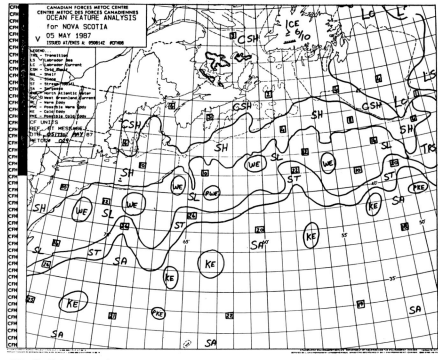

breiten Flußlaufs verbunden, der sich genau eingrenzen und bestimmen läßt. Aus dieser Sicht könnte man beispielsweise auf dem Golfstrom wie auf dem Rhein fahren. Der Golfstrom ist aber ein mäandrierendes Band, das sich südlich und nörd-

17 *Golfstromanalyse.*

Es können warme Wirbel (WE = warm eddies, antizyklonale Zirkulation, Nordhalbkugel) und kalte Wirbel (CE = cold eddies, zyklonale Zirkulation, Nordhalbkugel) beobachtet werden. Die Stromgeschwindigkeit in den Wirbeln wurde schon höher gemessen als in dem Golfstrom selbst.

BRKZCZC NE15
UNCLAS
SXNT 1 KWBC 011803
GULFSTREAM WALL BULLETIN. THE LINE DESCRIBED BY THE FOLLOWING SEQUENCE OF POINTS REPRESENTS THE WEST WALL OF THE GULF STREAM:
LATEST SATELLITE DATA: JUN 01, 1992
24.5./80.8 24.8/80.4 25.4/80.0 27.6./79.8
27.7/80.0 29.0/80.0 29.2/79.8 31.1/79.8
32.0/79.0 32.3/78.2 32.6/76.8 33.3/76.3
35.1/75.3 36.2/74.2 37.4/72.2 38.1/71.0
38.2/70.0 38.1/68.5 38.9/68.1 39.2/67.0
39.1/66.3 38.4/65.0.
THE MAXIMUM GULFSTREAM CURRENT LIES 3 TO 30 MILES SEAWARD OF THIS LINE.
LOCATION AND SIZE OF EDDIES:
WARM EDDIES ROTATE CLOCKWISE

COLD EDDIES ROTATE COUNTERCLOCKWISE
VERIFIED EDDIES ARE OBSERVED 0–3 DAYS AGO
ESTIMATED EDDIES ARE OBSERVED 4–7 DAYS AGO
POSSIBLE EDDIES ARE OBSERVED GREATER THAN 7 DAYS AGO OR THEIR POSITIONS ARE UNCERTAIN
VERIFIED WARM EDDIES: NONE DETECTED

ESTIMATED WARM EDDIES: NONE DETECTED
POSSIBLE WARM EDDIES: 39.4/70.5
60 NM DIAM
VERIFIED COLD EDDIES: 36.2/66.3
110 NM DIAM   36.3/69.6
65 NM DIAM
ESTIMATED COLD EDDIES: 34.1/68.7
70 NM DIAM
POSSIBLE COLD EDDIES: NONE DETECTED

Übungsaufgaben

1. Wie groß ist der Driftstrom im Mittelmeer auf 40° N bei 25 kn Windgeschwindigkeit?

2. Zu Abb. 15: Wie wird in Deutschland der Peru current bezeichnet? Welchen Strom findet man in Deutschland anstelle des Azores current?

3. Welche Ströme bilden die großen Stromringe in allen Ozeanen, ausgenommen der Nordindische Ozean?

4. Wie kann die Entstehung von äquatorialen Gegenströmen erklärt werden?

5. Beschreiben Sie eine Karte (Abb. 17) des Golfstromes.

6. Wann stimmen die Stromangaben in den Monatskarten besonders gut?

17. Tropische Wirbelstürme

Eigenschaften von tropischen Wirbelstürmen

Eine der Ursachen für verheerende Naturkatastrophen sind die tropischen Wirbelstürme. Als Hurrikan, Taifun oder Cyclon haben sie schon Tausende von Menschenleben gefordert, riesige wirtschaftliche Schäden angerichtet und ganze Landstriche verwüstet. Denkt man in diesem Zusammenhang an die Seefahrt, so sind allerdings deren Verluste durch tropische Wirbelstürme sehr gering. Das mag daran liegen, daß alle Seeleute sich mit ihnen auseinandersetzen und sie in der Navigation berücksichtigen.

Die Entwicklung eines tropischen Wirbelsturms

Die Entwicklung eines Wirbelsturms soll in vier Stadien beschrieben werden (s. Abb. 18):

Stadium I
Im Bereich eines schwachen Tiefdrucksystems auf See kommt es zu vermehrter Cumulusbildung. Dies ist ein Grund für die Beobachtung der Wolken (cloud cluster).

18 *Entwicklungsstadien eines tropischen Wirbelsturmes (nach E. Palmén und C. W. Newtow).*

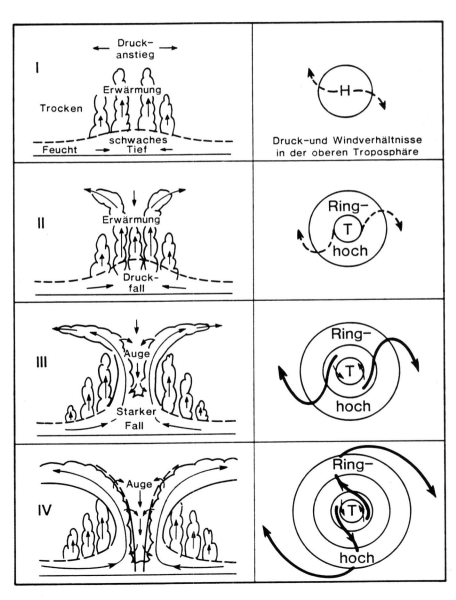

Stadium II

Die nachströmende Luft verstärkt eine Drehung im Sinne eines Tiefs, so daß ein zyklonaler Wirbel anwächst.

Stadium III

Das ständige Freisetzen von Kondensationswärme verstärkt die Vertikalbewegung und den Druckfall am Boden. Es bildet sich ein streng geordneter Wirbel um eine zentrale Achse. Fliehkraft und Druckgradientkraft halten sich dort das Gleichgewicht. An der Achse entsteht Unterdruck.

Stadium IV

Der Unterdruck an der Achse mit absteigender Luft setzt sich von oben nach unten bis zum Boden fort, und das Auge des Wirbelsturms formt sich (Abb. 19). Im Endzustand seiner Entwicklung ist der Wirbelsturm für eine begrenzte Zeit ein sich aus sich selbst heraus erhaltendes (thermodynamisches) System.

Bei tropischen Wirbelstürmen wird in den riesigen „heißen Wolkentürmen" (Abb. 20) Wärme freigesetzt, und es entsteht eine starke Rotationsbewegung. Um solche Abläufe zu verdeutlichen, gibt es in der Meteorologie eine beliebte Methode, die darin besteht, die Vorgänge mit denen in einer Verbrennungskraftmaschine zu vergleichen (s. Tabelle).

Vergleich eines tropischen Wirbelsturms mit einer Wärmekraftmaschine

Prinzip	Wärmekraftmaschine	Tropischer Wirbelsturm
1. Energievorrat	Kraftstoff	Feuchte Luft (sog. latente Wärme)
2. Starter	Batterie Preßluft	Geeignete Windanordnung
3. Umwandlung von latenter in fühlbare Wärme	Verbrennung und Druckerhöhung	Freiwerdende Kondensationswärme
4. Geordnete Bewegung	Oszillierende Bewegung des Kolbens und Umwandlung in rotierende Bewegung	Corioliskraft leitet Zirkulation ein, bis Luftdruckgradient und Fliehkraft eine Rotationsbewegung ermöglichen
5. Kühlsystem	Kühlung über Trägermedien	Abführen von Luft in der Höhe

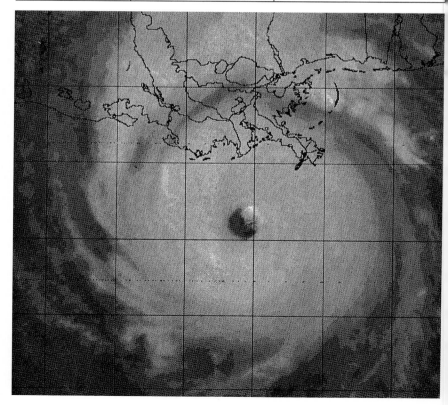

19 *Der Hurrikan „Andrew" vor dem Mississippi-Delta am 25.08.92 mit Winden von 120 kn. Deutlich zu erkennen, in der Mitte das Auge des Wirbelsturmes. (Aus: Mariners Weather Log, Fall 1992).*

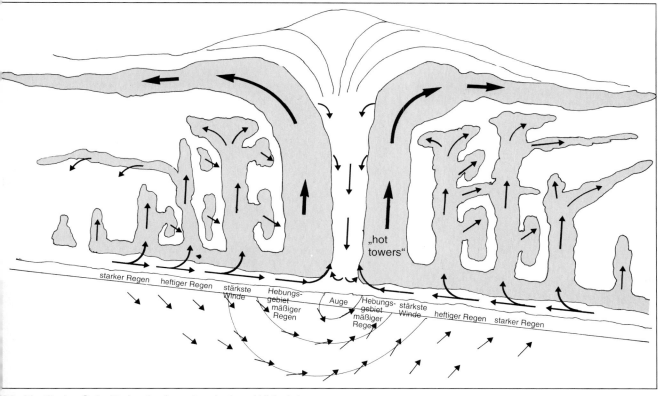

20 *Vertikaler Schnitt durch einen tropischen Wirbelsturm.*

Der Energievorrat eines tropischen Wirbelsturms besteht in der angesaugten feuchten Luft, die bei Kondensation Wärme für Aufwärtsbewegungen freisetzt. Um die Wucht solcher Orkane zu mildern, wird versucht, die Kraftstoffzufuhr abzustellen, das heißt, die feuchte Luft wird mit Chemikalien oder Trockeneis besät, um eine Kondensation in Zentrumsnähe zu verhindern.

Die Startmechanismen sind noch unklar. Notwendige, aber nicht hinreichende Bedingungen für das Entstehen von tropischen Zyklonen sind folgende:

– Die Wassertemperatur muß mindestens 27°C betragen. In Abb. 1 ist diese Isotherme eingezeichnet.
– Es muß die Corioliskraft wirken, das heißt, tropische Orkane entstehen in Breiten höher als 5°.
– Heftige Regenschauer in Verbindung mit irgendeiner tropischen Störung sind erforderlich, z. B. ITCZ, easterly wave, cloud cluster.
– Spezielle Windanordnungen in verschiedenen Höhen.
– Luftdruck von weniger als 1004 hPa, der unter dem normalen Luftdruck in niederen Breiten liegt.

Die Umwandlung von latenter (verborgener) in fühlbare Wärme durch Kondensation bringt in tropischen Wirbelstürmen nur eine Temperaturerhöhung von ungefähr 15°C gegenüber der Umgebung. Aus dieser geringen Temperaturdifferenz entstehen die gewaltigen Winde. Natürlich verringert sich die Wärmemenge, wenn der tropische Wirbelsturm über Land oder über kaltes Wasser zieht. Dort schwächt er sich ab. Das Kühlsystem erkennt man an einem Ring mit hohem Luftdruck um das Auge herum (Abb. 18, Stadium IV). Dort fließt die Luft nach allen Seiten ab. Im Satellitenbild zeigt sich eine Wölbung im Wolkenschirm.

Merkmale von tropischen Wirbelstürmen (TW)

Die nachfolgende Aufzählung soll einen Eindruck von verschiedenen Merkmalen eines tropischen Wirbelsturms vermitteln. Die angegebenen Werte sind nur Orientierungsdaten und ändern sich.

1. Die Luftdruckkurve hat eine trichterförmige Ausbildung (Abb. 21) bei TW.

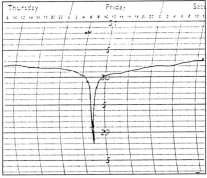

21 *Luftdruckkurve beim Durchqueren eines tropischen Wirbelsturms.*

2. In TW ist ein minimaler Kerndruck von 873 hPa gemessen worden.
3. TW haben runde (Idealform) bis elliptisch geformte Isobaren.
4. TW besitzen keine Fronten.
5. Der Wind weht bei TW im Gegenuhrzeigersinn (links herum) auf der Nordhalbkugel und im Uhrzeigersinn (rechts herum) auf der Südhalbkugel.
6. Die stärksten Winde findet man auf der rechten Hälfte (Nordhalbkugel), in Zugrichtung des TW geschaut, und auf der linken Hälfte auf der Südhalbkugel, da sich dort Zuggeschwindigkeit und vom Druckfeld herrührende Windgeschwindigkeit addieren.

7. Starkwinde unter 8 Bft (< 34 kn) findet man auf einem Radius von 100–200 sm um das Zentrum in Breiten unter 20°. In höheren Breiten verdoppeln sich die Radien.
8. Sturmstärke unter 12 Bft (< 64 kn) erreichen die Winde in einer Entfernung um die 80 sm von dem Zentrum.
9. Es wurden extreme Windstärken um 200 kn beobachtet.
10. Die Böigkeit der Winde ist extrem.
11. Der Wind strömt spiralförmig in einen TW ein und rast um das Zentrum herum ringförmig.
12. Es bildet sich eine windschwache Zone um das Zentrum mit einem Durchmesser von 10–40 sm. Sie wird als das Auge des TW bezeichnet und ist manchmal im Satellitenbild zu sehen (Abb. 19).

13. Von außen kommend nimmt die Intensität der Niederschläge ständig zu bis zu dem Ring mit den stärksten Winden. Die Sicht geht dabei auf Null zurück.
14. Die Winde von Orkanstärke schließen sich an das Auge an und liegen in einem Radius von 5–20 sm.
15. Wird in den Wetterberichten nur ein Kerndruck genannt, läßt sich die maximale Windgeschwindigkeit nach folgender Formel abschätzen:

$$v\,(max) = c \cdot \sqrt{p\,(Rand) - p\,(Kern)} \text{ in kn}$$

c = fester Wert =
14 (nach Takahashi)
16 (nach Fletcher)
p (Rand) = 1013 oder allgemeiner Druck in der Umgebung des TW in hPa
p (Kern) = gemeldeter Druck im Kern in hPa

Geographische Verbreitung und Klassifizierung

International festgelegte Bezeichungen für tropische Wirbelstürme

Tropisches Tief	tropical depression	< 34 kn
Tropischer Sturm	tropical storm	34 bis < 64 kn
Hurrikan oder	hurricane or	
Taifun	typhoon	≧ 64 kn

Als Beispiel für eine genauere Aufschlüsselung der Windstärken können die Bezeichnungen aus dem Südwestindischen Ozean gelten.

Weak tropical depression	< 34 kn
moderate tropical depression	34 kn – < 48 kn
severe tropical depression	48 kn – < 64 kn
tropical cyclone	64 kn – < 90 kn
intense tropical cyclone	90 kn – < 115 kn
very intense tropical cyclone	≧ 115 kn

Es gibt optische Wind- und Sturmwarnsignale, die international geregelt sind. Es treten allerdings Abweichungen von diesen in einzelnen Ländern auf. Insofern ist es ratsam, sich an Ort und Stelle darüber zu informieren.

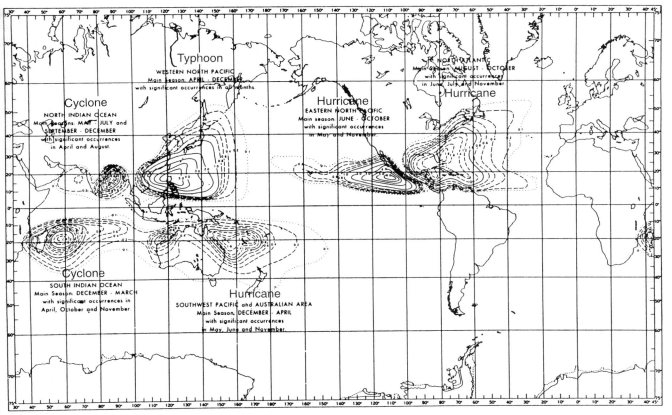

22 *Bezeichnung und mittlere jährliche Anzahl von tropischen Wirbelstürmen und deren Hauptsaison. (Aus: WMO – Nr. 528).*

Zyklonenbahnen

Vorausgeschickt werden sollen zwei grundsätzliche Verhaltensweisen von tropischen Zyklonen.

Zyklonale rotierende Wirbel auf der sich drehenden Erde haben immer eine Poltendenz, das heißt, daß tropische Wirbelstürme nach Norden auf der Nordhalbkugel und nach Süden auf der Südhalbkugel streben. Dies gilt auch für Tiefdruckgebiete.

Zum anderen schwimmen die tropischen Wirbelstürme mit in der allgemeinen zirkumpolaren Grundströ-

mung. In den Entstehungsgebieten herrscht eine Grundströmung nach Westen (Abb. 4), also werden dort die tropischen Wirbelstürme nach Westen wandern. Aufgrund der Poltendenz erreichen sie höhere Breiten und geraten dort in eine Grundströmung nach Osten (Abb. 4), die sie mitnimmt. Im Idealfall würde so eine Parabelbahn entstehen, die nach Osten offen ist (Abb. 23).

Traditionell heißt der nördliche Teil der Parabel der polare Ast und der südliche der äquatoriale Ast. Dazwischen liegt der Scheitel.

Die Zuggeschwindigkeit steigt nach der Bildung eines tropischen Wirbelsturms im Bereich des äquatorialen Astes auf 12,5 kn. Nach Passieren des Scheitels wächst sie auf dem polaren Ast weiter. Sie kann über 30 kn erreichen. Um den Scheitel herum kann es zu einem „Trödelstadium" kommen.

Ein Beispiel für wirklich durchlaufende Bahnen ist in Abb. 24 zu finden. Umfangreiche, hochreichende Hochdruckgebiete werden von den beschriebenen Grundströmungen flankiert. Daher umrunden tropische

203

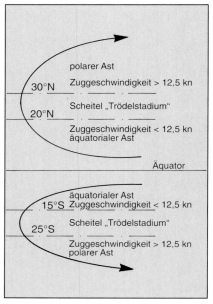

23 *Idealisierte, parabelförmige Zugbahn von tropischen Wirbelstürmen.*

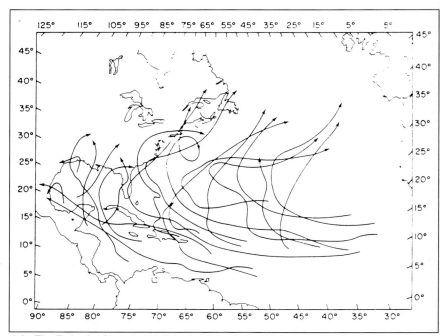

24 *Ein Beispiel für tatsächlich durchlaufene Wirbelsturmbahnen.*

Orkane diese Hochs. Legt sich allerdings ein umfangreiches Hoch
blockierend vor einen Wirbelsturm,
so weicht dieser mit der allgemeinen
Strömung aus.
Die ersten Wirbelstürme im Jahr erhalten oft eine leicht breitenparallele
Zugrichtung, während mit der Erwär-
mung der Ozeane die tropischen
Wirbelstürme immer stärker eine pa-
rabelähnliche Bahn auf das offene
Meer vollziehen.

25 *Statistische Betrachtung der
Verlagerung von tropischen Wirbelstürmen im Nordwest-Pazifik
in 5°-Quadratfeldern für Juli.
(Aus:* Sailing Directions Planning Guide for the Northpacific
Ocean, *Pub. No. 152, published
by the Defense Mapping Agency,
Hydrographic Center).*

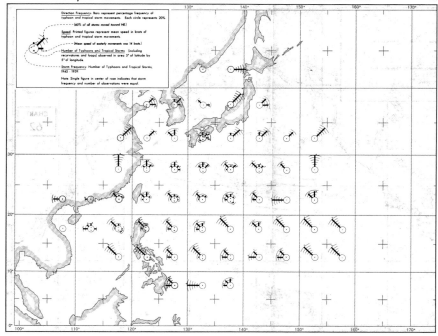

Es hat wenig Sinn, Regeln für die Verlagerung von tropischen Orkanen anhand von Wetterkarten aufzustellen. Wer Wetterkarten empfängt, empfängt natürlich auch Vorhersagen für die künftige Verlagerung. Den amtlichen Vorhersagen liegen viele Informationen zugrunde, die über Bildfunk (Fax) für die eigene Auswertung nicht erreichbar sind.

Informativ ist die Darstellung der Zugrichtungen in den 5°-Quadratfeldern aus den Sailing Directions – Planning Guide (Abb. 25).

Treten zwei tropische Wirbelstürme auf und nähern sie sich, dann beginnen sie um ihren gemeinsamen Schwerpunkt zu rotieren. Eine ähnliche Erscheinung kennt man bei nicht zu großen außertropischen Zyklonen.

Tropische Zyklonen, die höhere Breiten erreicht haben, können sich in außertropische Zyklonen umwandeln, Fronten einfangen und als Westwetter-Zyklonen unter der Bezeichnung ex „Name" weiterziehen.

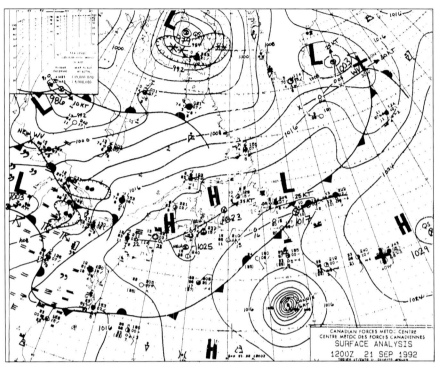

26 *Wetterlage mit Hurrikan als anschauliches Beispiel zur Warnung im Klartext vom 21.09.92.*

Beispiel einer Hurrikan-Warnung

DE WLO
0818 092192
= MIATCMAT5
TTAA00 KNHC 210819
HURRICANE BONNIE MARINE ADVISORY
NUMBER 15
NATIONAL WEATHER SERVICE MIAMI FL
0900Z MON SEP 21 1992
HURRICANE CENTER LOCATED NEAR 37.3N 53.5W AT 21/0900Z POSITION ACCURATE WITHIN 15 NM

PRESENT MOVEMENT TOWARD THE EAST NORTHEAST OR 70 DEGREES AT 6 KT

ESTIMATED MINIMUM CENTRAL PRESSURE 977 MB
MAX SUSTAINED WINDS 80 KT WITH

GUSTS TO 95 KT
64 KT ... 20NE 20SE 20SW 20NW
50 KT ... 50NE 50SE 50SW 50NW
34 KT ... 125NE 125SE 125SW 125NW
12 FT SEAS 125NE 125SE 125SW 125NW
ALL QUADRANT RADII IN NAUTICAL MILES

REPEAT ... CENTER LOCATED NEAR 37.3N 53.5W AT 21/0900Z AT 21/0600Z CENTER WAS LOCATED NEAR 37.2N 53.8W

FORECAST VALID 21/1800Z 37.6N 52.4W
MAX WIND 80 KT ... GUSTS 95 KT
50 KT ... 50NE 50SE 50SW 50NW
34 KT ... 125NE 125SE 125SW 125NW

FORECAST VALID 22/0600Z 37.7N 51.4W
MAX WIND 75 KT ... GUSTS 90 KT
50 KT ... 50E 50SE 50SW 50NW
34 KT ... 125NE 125SE 125SW 125NW

FORECAST VALID 22/1800Z 37.4N 50.7W
MAX WIND 75 KT ... GUSTS 90 KT
50 KT ... 50NE 50SE 50SW 50NW
34 KT ... 125NE 125SE 125SW 125NW

REQUEST FOR 3 HOURLY SHIP REPORTS WITHIN 300 MILES OF 37.3N 53.5W
EXTENDED OUTLOOK ... USE FOR GUIDANCE ONLY ... ERRORS MAY BE LARGE

OUTLOOK VALID 23/0600Z 37.0N 50.3W
MAX WIND 70 KT...GUSTS 85 KT
50 KT ... 50NE 50SE 50SW 50NW

OUTLOOK VALID 24/0600Z 36.0N 50.5W
MAX WIND 65 KT ... GUSTS 80 KT
50 KT ... 50NE 50SE 50SW 50NW

NEXT ADVISORY AT 21/1500Z

Übungsaufgaben

1. Skizzieren Sie vier Entwicklungsstadien von tropischen Wirbelstürmen.

2. Welche Folgerungen lassen sich für die Navigation aus den notwendigen Bedingungen für tropische Wirbelstürme ziehen?

3. Man vergleiche den prinzipiellen Aufbau eines Autos mit dem eines tropischen Wirbelsturms.

4. Zählen Sie mindestens 10 Merkmale von tropischen Wirbelstürmen auf.

5. Der Taifun IDA ist mit einem Kerndruck von 873 mb (heute hPa) gemeldet worden (am 23.9.58 auf 18° N und 135° E). Welche Windgeschwindigkeit nach Fletcher wäre dort zu erwarten?

6. Wie lauten die internationalen festgelegten Bezeichnungen für tropische Wirbelstürme, und welches sind die zugeordneten Geschwindigkeiten?

7. Welche Ursachen zwingen im idealisierten Fall einen tropischen Wirbelsturm, eine Parabelbahn zu durchlaufen?

8. Wie heißen die einzelnen Bahnabschnitte der Idealbahn und welche Zuggeschwindigkeiten sind dort anzutreffen?

9. Wozu eignet sich in der Navigation im konkreten Einzelfall die Vorstellung einer Parabelbahn nicht?

10. Was ist von Vorhersageregeln für die Verlagerung von tropischen Wirbelstürmen, wie sie in manchen nautischen Büchern zu finden sind, zu halten?

Verhalten in wirbelsturmgefährdeten Gebieten

1. Die einfachste Methode, allen Problemen mit tropischen Wirbelstürmen aus dem Wege zu gehen, ist, sich von diesen fernzuhalten. Das läßt sich dadurch erreichen, indem zum einen nur wirbelsturmfreie Gebiete aufgesucht werden oder zum anderen ein Gebiet nur außerhalb der Wirbelsturmsaison befahren wird. So verlegen beispielsweise große geschäftlich genutzte Privatyachten in der Karibik mit der Hurrikan-Saison ihre Liegeplätze immer weiter nach Süden, um Hurrikan-Einflüssen zu entgehen.

2. Befindet man sich in von Hurrikanen gefährdeten Gebieten, sind **eigene Beobachtungen** dringend erforderlich, auch wenn man der Überzeugung ist, daß heutzutage die Entstehung eines tropischen Wirbelsturms im Nordatlantik nicht unentdeckt bleibt und von den Wetterdiensten gemeldet wird. Auch treten in den Zeiten zwischen den Warnungen häufig unerwartete Bahn- und Geschwindigkeitsänderungen auf.

Deshalb sollten folgende Beobachtungen zu erhöter Wachsamkeit führen:

- Eine Dünung ohne erkennbare Ursachen. Sie kann dem Sturmzentrum bis zu 1000 sm vorauseilen und als Richtungshinweis für das Zentrum gelten.
- Unregelmäßigkeiten in der Luftdruckanzeige bzw. -registrierung, und zwar wenn beim Luftdruck ein Tagesmittel auftritt, das rund 8 hPa (oder mehr) unter dem Monatsmittel liegt (das Monatsmittel für die eigene Position entnimmt man den Monatskarten),

  der 24stündige Druckfall folgende Beträge überschreitet:

Geographische Breite:	10°N	20°N	30°N
24stündiger Druckfall:	1,5hPa	3hPa	6hPa

- Eine Änderung im Erscheinungsbild des Himmels, wie ungewöhnliche Klarheit, zarte Cirruswolken, die sich zu Schleiern verdichten, damit verbundene Höfe um Sonne und Mond, auffallende Verfärbung des Himmels ins Violette; Konvergenzrichtung von streifenförmig angeordneten Cirren deuten auf das Zentrum hin; Auftauchen von dunklem, scharf abgegrenztem Gewölk, wobei an der dunkelsten Stelle das Zentrum vermutet werden kann; sporadischer Niederschlag geht in Dauerregen über und wird strömend.
- Länger anhaltendes Anwachsen der Windgeschwindigkeit oder Änderung der Richtung des Passats, verbunden mit unregelmäßigem Verhalten im Luftdruck.
- Starke atmosphärische Störungen im Funkverkehr. Hurrikane haben aufgrund ihrer Wolkenstruktur (Cumulonimbus) heftige Gewittertätigkeit mit den entsprechenden Funkstörungen, deren Richtung auch mit dem Funkpeiler ermittelt werden kann.

Tropische Orkannavigation

Übersicht über die tropische Orkannavigation

Die Navigation im Bereich tropischer Wirbelstürme läßt sich auf drei unterschiedliche Zustände eingrenzen, wenn man von der Schiffsgeschwindigkeit und den Abständen des Schiffes zum Wirbelsturm ausgeht (s. Tabelle unten).

Navigation in der Nähe eines tropischen Wirbelsturms

In der Nähe eines tropischen Wirbelsturms kann das Schiff überallhin ausweichen, und seine Geschwindigkeit wird nicht durch Einflüsse des Orkans verringert. Der Abstand vom Schiff zum Orkan ist groß. Das Schiff wird also dem Orkan weitläufig ausweichen und dazu die Wettervorhersage einbeziehen. Je langsamer ein Schiff ist, um so wichtiger werden die Wetterinformationen. Dabei muß an folgendes gedacht werden:
Alle Angaben über vorausgesagte

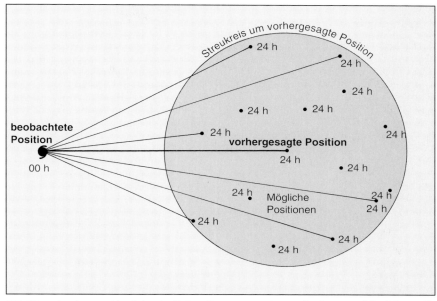

27 Streukreis, um Unsicherheit des Prognoseortes aufzufangen (Verfahren 1).

Zuggeschwindigkeiten und Verlagerungsrichtungen oder zu erwartende Positionen eines tropischen Wirbelsturms sind mit Fehlern behaftet.
Damit ergibt sich die Frage: Wie kann die Unsicherheit in der Wetterprognose bei der Navigation berücksichtigt werden? Eine Antwort auf diese Frage können die nachfolgenden drei Verfahren liefern.

1. Niemand ist imstande, die genaue Position von tropischen Wirbelstürmen vorherzusagen. Die tatsächlich eingenommenen Orte des Orkans werden in der Nähe des prognostizierten Ortes liegen. Im Idealfall, bei sehr guten Prognosen, würden sie in ein Kreisgebiet um den vorhergesagten Ort fallen. Dort wird der Orkan dann erwartet. Die Größe dieses **Streukreises** entspricht der Unsicherheit in der Prognose (Abbildungen 27 und 28).

2. Werden Zugrichtungen vorhergesagt, muß man sich darüber im klaren sein, daß der wirkliche Orkan nach beiden Seiten davon abweichen kann. Die vorhergesagte Zuggeschwindigkeit kann durch Multiplikation mit der Zeit zu einer Distanz umgerechnet werden. Dadurch läßt sich ein **Streusektor** (Abb. 29) konstruieren, in dem der Orkan erwartet wird.

1. Navigation in der Nähe eines tropischen Wirbelsturmes	Schiff kann mit hoher Geschwindigkeit überall hinlaufen. Es hat volle Bewegungsfreiheit. Großer Abstand Schiff – Orkan	Schiff umfährt Orkan weiträumig
2. Navigation im äußeren Einflußbereich eines tropischen Wirbelsturmes	Schiffsgeschwindigkeit ist vom Orkan beeinträchtigt. Geringer Abstand Schiff – Orkan	Schiff versucht größtmöglichen Abstand zum Zentrum des Orkans zu erlangen
3. Navigation im inneren Einflußbereich eines tropischen Wirbelsturmes	Schiff macht kaum noch Fahrt. Es wird vom Orkan überrollt	Abwettern

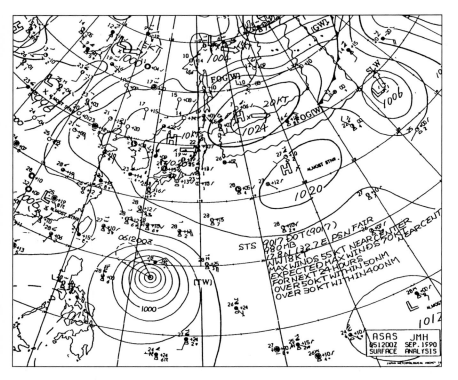

28 *Ein Beispiel zur Unsicherheit des Prognoseortes.*

3. Statt für die zukünftige Lage des Wirbelsturms ein Streugebiet zu konstruieren, kann auch die vorhergesagte Zuggeschwindigkeit verändert werden. Es läß sich vorstellen, daß die tatsächliche Zuggeschwindigkeit gegenüber der prognostizierten größer oder kleiner ist oder in der Richtung nach beiden Seiten abweicht. Dieses Verfahren, in der die **Zuggeschwindigkeit mit einem Streugebiet** versehen wird (Abb. 30), ist vom Autor angeregt worden. Auch auf diese Weise läßt sich die Unsicherheit in der Prognose berücksichtigen.

Alle drei Verfahren haben ihre Berechtigung und sollen im Folgenden genauer dargestellt werden.

Zu Verfahren 1: Konstruktion eines Gefahrengebietes

Werden in den Wetterberichten die Positionen in 24 h, 48 h und 72 h des tropischen Orkans genannt, dann lassen sich diese in die Karte einzeichnen. Nun konstruiert man um die Positionen das im Wetterbericht angegebene Windfeld. Die Unsicherheit in der Wetterprognose wird durch einen zweiten Kreis mit dem mittleren Fehler in der Vorhersage versehen (Abb. 31). Tangenten verbinden die Kreise um die 00-h und 24-h-Position. Für das Streufeld in

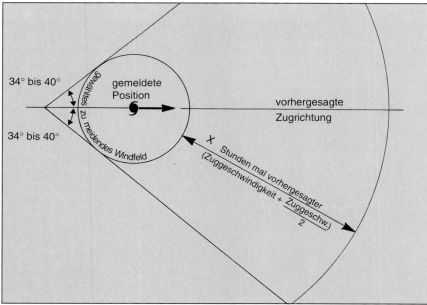

29 *Streusektor, um die Unsicherheit des Prognoseortes aufzufangen (Verfahren 2).*

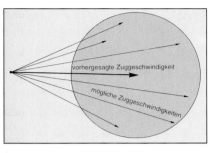

30 *Streukreis, um die Unsicherheit der prognostizierten Zuggeschwindigkeit aufzufangen (Verfahren 3).*

31 *Konstruktion eines Gefahrengebietes mit einem Streukreis um den Prognoseort für 24 h (nach Verfahren 1).*

der Vorhersage für 48 h kann der Fehler der 24-h-Vorhersage verdoppelt werden. In der Arbeit von J. D. Jarrell und T. L. Tsui (Mariners Weather Log, Winter 1989) werden, als mittlerer Fehler in der Vorhersage für 24 h im Nordpazifik 135 sm angegeben. Dies kann auf den Nordatlantik übertragen werden (Abb. 32). Auch eine Verdoppelung des Fehlers für die 48-h-Vorhersage ist gerechtfertigt (Abb. 33).

Zu Verfahren 2: Konstruktion eines Gefahrengebietes
Wird eine Zuggeschwindigkeit für den tropischen Orkan vorhergesagt, dann läßt sich mittels Tangenten ein Streusektor an das Windfeld konstruieren. Da die Schiffe der Sportschiffahrt mit geringeren Geschwindigkeiten laufen als die der Berufsschiffahrt, gibt die in der Abb. 34 dargestellte Version etwas mehr Sicherheit als die im Handbuch des Nordatlantiks (BSH, Nr. 2057) veröffentlichte.

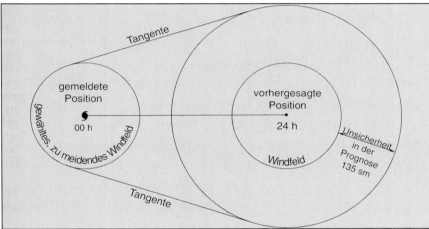

32 *Geographische Verteilung des durchschnittlichen Vorhersagefehlers für den 24stündigen Prognoseort (Angaben in Seemeilen).*

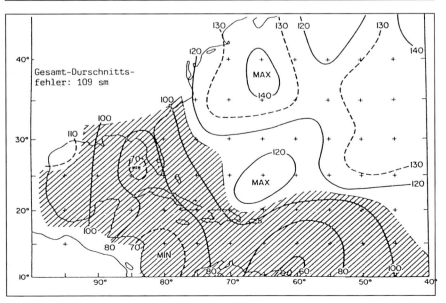

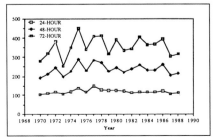

33 *Jährlicher mittlerer Vorhersagefehler für alle tropischen Wirbelstürme im westlichen Nordpazifik. (Aus: Seaways, May 1990).*

34 *Konstruktion eines Gefahrengebietes mit Streusektor für eine Prognose von 24 h (nach Verfahren 2).*

In den beiden bisher vorgestellten Verfahren ist stets ein Gefahrengebiet konstruiert worden, das aus einem Windfeld und einer Unsicherheit in der Wetterprognose besteht. Das Windfeld sollte nach den Angaben in der Wetterprognose konstruiert werden. Dabei darf man nicht übersehen, daß in den Gebieten von tropischen Orkanen mit 30 kn Wind schon Wellenhöhen von 9 m möglich sind.

Zu Verfahren 3: Konstruktion von Ausweichkursen

Das nun folgende Verfahren ist kompliziert und nicht unbedingt übersichtlich für einen Ungeübten. Es hat allerdings den Vorteil, daß es unter anderem Lösungen für das Kreuzen einer Orkanbahn liefert, was ausführlicher mit Beispielen zu diesem Verfahren im nächsten Kapitel gezeigt wird.

Das Plottverfahren (Abb. 35) ist aus einer Treffpunktaufgabe abgeleitet worden. Der Gegner, sprich der Orkan, bewegt sich mit einer Geschwindigkeit, die streut. Er bekommt einen Nahbereich, sprich ein zu meidendes Windfeld. Der Fehler der vorhergesagten Geschwindigkeit VO sollte durch einen Streukreis von VO/2 aufgefangen werden. Dadurch kann eine Sicherheit um die 90 % angenommen werden.

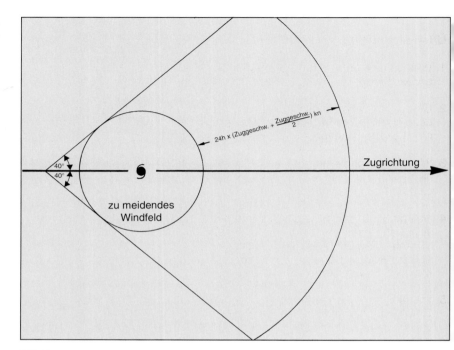

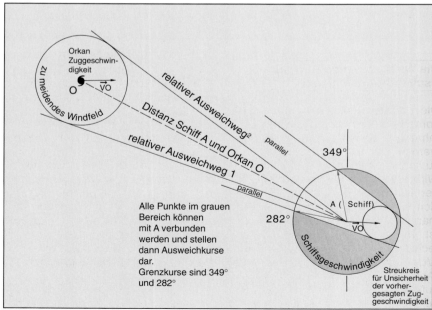

35 *Konstruktion von Ausweichkursen mit Streukreis VO/2 um die Zuggeschwindigkeit (nach Verfahren 3).*

Übungsaufgaben

1. Was sollte man in wirbelsturmgefährdeten Gebieten aufmerksam beobachten?

2. Um die Situation eines Schiffes zu einem tropischen Wirbelsturm zu bezeichnen, sind drei abstrakte Bereiche definiert worden. Wodurch sind diese gekennzeichnet?

3. Worin besteht die grundlegende Schwierigkeit bei der Navigation in der Nähe eines tropischen Orkans und welche drei Möglichkeiten gibt es, diese zu berücksichtigen?

4. Navigation in der Nähe eines tropischen Wirbelsturms: Wählen Sie eine Wirbelsturmposition und -geschwindigkeit (Betrag und Richtung). Versehen Sie diese mit einem auszumanövrierenden Windfeld von z. B. 150 sm Radius. Konstruieren Sie dann ein Gefahrengebiet mittels Streukreisen für 48 h (Verfahren 1).

5. Mit den gleichen Werten der Aufgabe 4 konstruieren Sie einen Gefahrensektor mittels Tangenten (Verfahren 2).

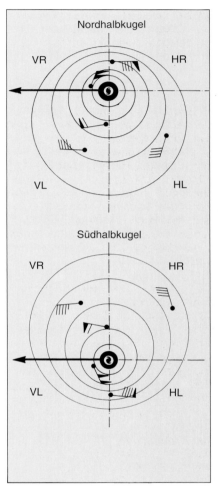

36 *Einteilung eines tropischen Wirbelsturms in Quadranten.*

Die Wahl von wetternavigatorischen Ausweichkursen

Die nach den Methoden aus dem vorherigen Kapitel festgelegten Gefahrengebiete sollen ausmanövriert werden. Um einen geeigneten Kurs zu finden, sollte man den tropischen Wirbelsturm aus dem Gesichtspunkt der Navigation betrachten. Er läßt sich in Quadrante aufteilen. Schaut man in Zugrichtung, so liegt ein Viertel vorne rechts (VR) und hinten rechts (HR) sowie eines vorne links (VL) und eines hinten links (HL) (Abb. 36). Das vordere rechte Viertel auf der Nordhalbkugel bzw. das vordere linke Viertel auf der Südhalbkugel wird das gefährliche Viertel genannt. Dafür gibt es drei Gründe:

– Das Viertel liegt auf der Seite mit den stärksten Winden. Dort addieren sich Wind- und Zuggeschwindigkeiten.
– In dem Viertel baut sich die höchste See auf und läuft dem Orkangebiet voraus (Abb. 37). Dadurch können die Schiffsgeschwindigkeiten reduziert werden.
– Aufgrund der Windrichtung wird das Schiff auf die Orkanbahn gedrückt und dann unter Umständen von dem Orkanzentrum überrannt. Insofern ist die Navigation bestrebt, besonders das gefährliche Viertel zu meiden.
Wichtig ist weiterhin, daß kein Kurs gewählt wird, der zwischen Orkan und Küste führt. Ein tropischer Orkan schleppt aufgrund seines Unter-

druckes einen Wasserberg mit. Dieser und die Winde sowie die Küstengestalt können extreme Stromversetzungen hervorrufen. Auch steigt der Wasserspiegel. Es sind Sturmfluthöhen von 1–6 m über normal gemessen worden.
Notwendig ist bei allen Ausweichmanövern, daß sie in enger Verbindung mit Seekarten und aktuellen Wetterkarten erfolgen. Etwas genau-

er soll das Problem des Kreuzens von Orkanbahnen im nächsten Kapitel beleuchtet werden.

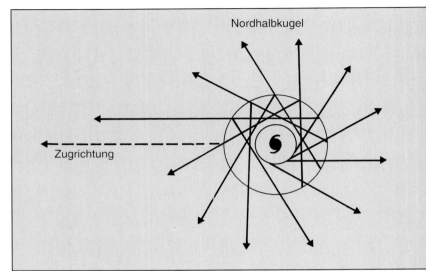

37 *Seegang in einem tropischen Wirbelsturm. Die Pfeile geben die Laufrichtung an. Kreuzsee herrscht in einem inneren Bereich und auch im Auge.*

38 *Route des Segelschulschiffes PAMIR und des Hurrikans „Carrie". (Aus: Nachdruck der „Entscheidungen des Bundesoberseeamtes der Bundesrepublik Deutschland").*

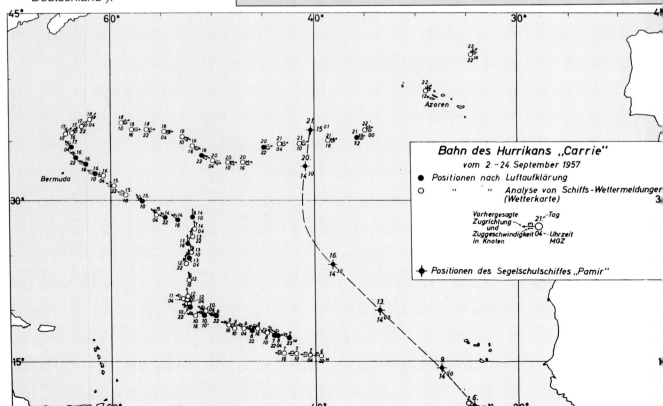

Bermuda

Azoren

Bahn des Hurrikans „Carrie"
vom 2. – 24. September 1957
● Positionen nach Luftaufklärung
○ " " Analyse von Schiffs-Wettermeldungen (Wetterkarte)

Vorhergesagte Zugrichtung und Zuggeschwindigkeit in Knoten

Tag
Uhrzeit MGZ

✦ Positionen des Segelschulschiffes „Pamir"

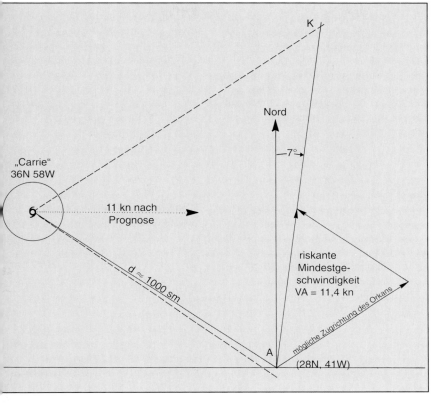

39 *Beispiel zum Kreuzen einer tropischen Orkanbahn*
Das Segelschulschiff PAMIR *und der Hurrikan „Carrie" befinden sich in den nebenstehend eingezeichneten Positionen am 18. Sept. 1957 um 16 Uhr. Das Schulschiff beabsichtigt, einen Kurs von rw 7° zu segeln. Der Hurrikan zieht nach der Vorhersage mit 11 kn nach Osten. Um die Unsicherheit bei der Richtungsangabe zu berücksichtigen, ist ein Streubereich gestrichelt eingezeichnet worden. Zöge der Orkan auf der nördlichen Begrenzungslinie des Streugebiets, dann könnte es dort an der Stelle K zu einem Zusammentreffen mit dem Segelschiff kommen. Welche Geschwindigkeit muß ein Schiff in diesem Falle laufen? Diese wäre dann auch die etwas riskante Mindestgeschwindigkeit, um die Orkanbahn zu kreuzen und das Streugebiet zu queren.*
(Maßstab zum Nachzeichnen
   50 sm ≙ 1 cm
   1 kn ≙ 1 cm)
Lösung: VA (Geschwindigkeitsabschätzung) = 11,4 kn.

Kreuzen von Orkanbahnen

Es gibt heutzutage keine verbindliche Lehrmeinung, ob die Bahn vor einem tropischen Orkan gekreuzt werden darf oder nicht. Dies Problem ist von sehr vielen Faktoren abhängig: Abstand Orkan zum Schiff, Zuggeschwindigkeit und Zugrichtung des Orkans, Schiffsgeschwindigkeit, meteorologische Situation und Güte der Vorhersage. Es lassen sich noch weitere Faktoren aufzählen.
Nirgends ist jedoch irgend etwas vermerkt, was als „Navigation in die Orkan-Abhängigkeit" bezeichnet werden kann. Sie tritt häufig beim Kreuzen der Orkanbahn für langsame Schiffe auf. Ausgelöst wurden die folgenden Überlegungen durch den Untergang des Segelschulschiffs PAMIR, der als Beispiel hier herangezogen wird.
Die PAMIR bewegt sich auf dem traditionellen Seglerweg im Nordatlantik nach Norden (Abb. 38). Der Hurrikan „Carrie" schlägt am 18. September einen östlichen Kurs ein. Beide sind nahezu 1000 sm voneinander entfernt. Man müßte in dieser Situation eigentlich davon ausgehen, daß der Segler noch volle Bewegungsfreiheit hat. Um die Unsicherheit in der vorhergesagten Zugrichtung zu berücksichtigen, ist in Abb. 39 nach beiden Seiten in Winkel von 34° (s. Navigation in der Nähe von TW) abgetragen worden. Dadurch entsteht ein Streugebiet, in dem der Orkan sich aufhalten müßte. Würde der Orkan auf der nördlichen Begrenzung mit seinen 11 kn entlangziehen und das Schiff einen Kurs rw 7° steuern, träfen beide in dem Punkt K zusammen. Damit das Zusammentreffen auch zur gleichen Zeit erfolgt, müßte der Segler 11,4 kn machen (Abb. 39). Dies ist eine grobe Abschätzung. Sie lehrt aber, daß ein Schiff, um solch ein Streugebiet, hier eine Orkanbahn, zu queren, weitaus

mehr als 11,4 kn laufen muß, denn hier ist weder das Windfeld des Orkans noch eine Reduzierung der Schiffsgeschwindigkeit durch die See bei Annäherung des Orkans berücksichtigt worden. Die PAMIR lief um die 6 kn. Mit jeder Seemeile nach Norden kam sie in eine größere Abhängigkeit von dem Orkan. Ein Schiff mit geringer Geschwindigkeit kann sich von einem Gegner, der mit großer Geschwindigkeit auf dieses zuhält und um die Bahn streut, nicht freimachen. Dadurch entsteht ein unkalkulierbares Risiko.

Aus dem Beispiel lassen sich folgende Lehren ziehen: Langsame Schiffe sollten nie vor einem tropischen Wirbelsturm die Bahn kreuzen.

Ein wesentlicher Grund für obige Aussage liegt darin, daß durch das Bahnkreuzen sich oft der Abstand vom Schiff zum Orkan verringert. Daraus kann abgeleitet werden: Langsame Schiffe sollten stets so navigieren, daß der Abstand vom Schiff zum Orkan nicht unnötig verkleinert wird. Weiterhin sollten Ausweichmanöver so gewählt werden, daß sie in Gebiete führen, die für tropische Wirbelstürme ungünstig sind. Dies hieße im obigen Beispiel, daß ein Schiff mit östlichem Kurs in den Bereich des Kanarenstroms laufen könnte, wo aufgrund des kalten Wassers schlechte Lebensbedingungen für den Orkan vorhanden sind.

Die Situation der PAMIR ist durch das Plottverfahren für Ausweichkurse mittels Streuvektor aus der prognostizierten Zuggeschwindigkeit nochmals durchgespielt worden in nachfolgendem Beispiel mit Abb. 40. Angemerkt sei, daß mit der PAMIR hier keiner Schuldfrage nachgegangen werden soll. Das Schiff hätte, wenn nicht zusätzliche Probleme aufgetaucht wären, den Orkan überstehen können.

Beispielaufgabe Teil 1:
Navigation in der Nähe eines tropischen Orkans mittels Streuung der Zuggeschwindigkeit.

Die Situation entspricht ungefähr jener Lage, in der sich am 18.9.57 um 16.00 Uhr die PAMIR befand, als der Orkan erkennbar nach Osten geschwenkt war.
Welche Kurse kann ein „**schnelles**" Schiff steuern, um den Orkan auszumanövrieren?
Gegeben: Schiffsgeschwindigkeit („schnell") VA = 18 kn
Das Schiff beabsichtigt nach Norden zu fahren
Orkan-Zuggeschwindigkeit
VO = 11 kn
Orkan-Zugrichtung KO = rw 91°
Orkan-Lage vom Schiff aus
PO = rw 298°
Orkan in einer Entfernung von
AO = 1000 sm
Von Ihnen ist das zu meidende Windfeld festgelegt worden mit dem Radius RWO = 150 sm
Der Unsicherheit in der Wetterprognose soll durch eine Streuung von VO/2 vorgebeugt werden.
(Maßstab zum Nachvollziehen
50 sm ≙ 1 cm
   1 kn ≙ 1 cm)

Beispielaufgabe Teil 2:
Navigation in der Nähe eines tropischen Orkans mittels Streuung der Zuggeschwindigkeit

Die Situation entspricht ungefähr jener Lage, in der sich am 18.9.57 um 16.00 Uhr die PAMIR befand, als der Orkan erkennbar nach Osten geschwenkt war.
Welche Kurse kann ein „**langsames**" Schiff steuern, um den Orkan auszumanövrieren?
Gegeben: Schiffsgeschwindigkeit („langsam") VA = 6 kn

40 *Lösung Teil 1:*
Alle Kurse, die in das graue Feld fallen! Den sinnvollsten wählen! Bei einem beabsichtigten Nordkurs müßte mindestens 15 kn gelaufen werden.

Das Schiff beabsichtigt nach Norden zu fahren
Orkan-Zuggeschwindigkeit
VO = 11 kn
Orkan-Zugrichtung KO = rw 91°
Orkan-Lage vom Schiff aus
PO = rw 298°
Orkan in einer Entfernung von
AO = 1000 sm
Von Ihnen ist das zu meidende Windfeld festgelegt worden mit dem Radius RWO = 150 sm.
Der Unsicherheit in der Wetterprognose soll durch eine Streuung von VO/2 vorgebeugt werden.
(Maßstab zum Nachvollziehen
50 sm ≙ 1 cm
   5 kn ≙ 1 cm)

40 *Lösung Teil 2:*
Alle Kurse, die in das graue Feld fallen! Ein Kreuzen der Orkanbahn ist nicht möglich. Höchstens beidrehen und abwarten.

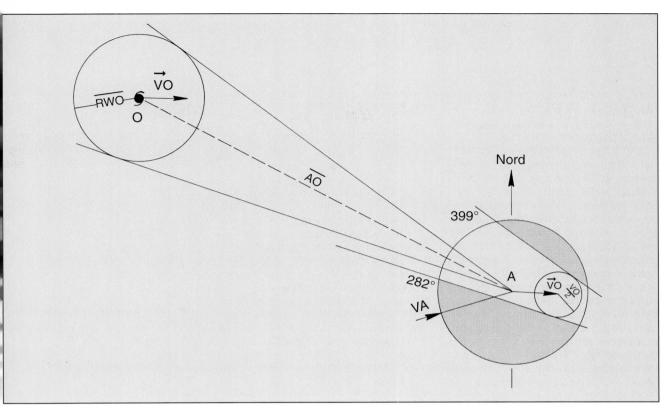

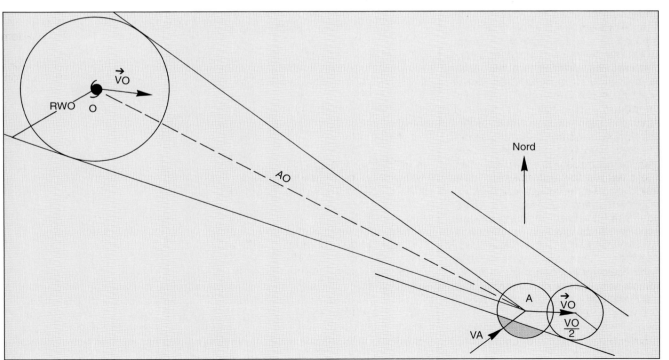

Navigation im äußeren Einflußbereich eines tropischen Wirbelsturms

Ist durch unvorhergesehene Umstände ein Schiff einem tropischen Wirbelsturm zu nahe gekommen und ist seine Bewegungsfreiheit bereits beeinträchtigt, indem beispielsweise die Schiffsgeschwindigkeit nicht mehr gehalten werden kann, so kommt es darauf an, einen möglichst großen Abstand vom Zentrum mit seinen orkanartigen Winden zu erzielen. In der Navigation gibt es ein Verfahren, das den kleinsten Abstand eines schnellen Schiffes beim Überholen von einem langsameren bestimmt. Der kleinste Passierabstand wird CPA (point of closest approach) genannt. Das langsamere Schiff könnte nun seinen Kurs ändern und dadurch den Passierabstand vergrößern, während das schnellere Schiff seine Geschwindigkeit beibehält. Es gibt dann allerdings nur einen Kurs, der einen maximalen Passierabstand erzielt. Dieser maximal mögliche Passierabstand soll mit CPAmax bezeichnet werden.

Ersetzt man das schnellere Schiff durch einen schnell ziehenden tropischen Orkan und ändert den Kurs des langsameren Schiffes so, daß ein maximaler Passierabstand entsteht, gibt es nur eine Lösung (Abb. 41), dem Zentrum so weit wie möglich fernzubleiben. Im allgemeinen soll der Ausweichkurs so gewählt werden, daß er auf der gegenüberliegenden Seite vom Sturmzentrum liegt. Den größtmöglichen Passierabstand erzielt ein Kurs rechtwinklig zur Relativgeschwindigkeit.

Beispiel für die Navigation in dem *äußeren Einflußbereich* eines tropischen Orkans. Einem tropischen Orkan ist ein Schiff durch nicht vorhersehbare Umstände zu nahe gekommen. Es kommt nun bei der Navigation vorzugsweise darauf an, einen maximalen Abstand vom Zentrum zu gewinnen.

Ausgegangen wird von folgender Situation:

Orkan Zugrichtung	KO = rw 80°
Orkan Zuggeschwindigkeit	VO = 12,5 kn
Orkanlage vom Schiff aus	PO = rw 270°
Orkan in einer Entfernung von	AO = 200 sm
Noch mögliche Schiffsgeschwindigkeit	VA = 5 kn
Maßstab 25 sm ≙ 1 cm	
Nordhalbkugel 2,5 kn ≙ 1 cm	

a) Welcher Kurs KCPAmax müßte gesteuert werden, um den größtmöglichen Passierabstand CPAmax zu erhalten?

b) In welchem Abstand CPAmax wird das Orkanzentrum passiert?

c) In welcher Zeitspanne TCPAmax ist die größte Annäherung zu erwarten?

$$TCPAmax = \frac{DOR \text{ (relative Distanz)}}{VOR \text{ (relative Geschwindigkeit)}}$$

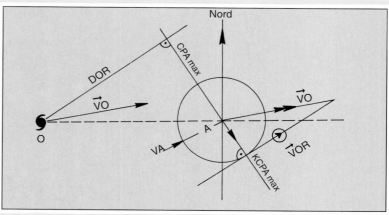

41 *Lösung: a) KCPAmax = 146°*
b) CPAmax = 113 sm
c) TCPAmax = 14,8 h

Navigation im inneren Einflußbereich eines tropischen Wirbelsturms

Ein Schiff ist in den inneren Einflußbereich eines tropischen Wirbel-
turms gekommen, wenn es aufgrund der hohen Seen kaum noch
Fahrt macht und der Orkan darüber
hinwegzieht.
In diesem Fall kommt es zum einen
darauf an, festzustellen, in welchen
Quadranten des Orkans sich das
Schiff befindet. Das läßt sich aus der
Kombination von zwei Kriterien, der
Druckänderung Δp und der Wind-
richtungsänderung Δd feststellen
und aus folgender Tabelle ablesen:

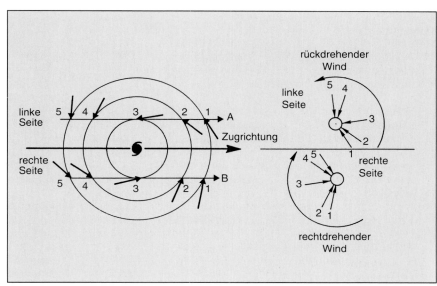

42 Ein Orkan zieht über die kaum noch Fahrt machenden Schiffe A und B. Dabei beobachtet A rück-drehenden Wind und B rechtdre-henden.

Nordhalbkugel	VR	VL	HR	HL	Auf der Achse vorn	hinten
Druckänderung Δp	fallend	fallend	steigend	steigend	p fallend	p steigend
Windrichtungs-änderung Δd	recht-drehend	rück-drehend	recht-drehend	rück-drehend	Wind gleich-bleibend zunehmend	Wind gleich-bleibend abnehmend
Südhalbkugel	VR	VL	HR	HL	Auf der Achse vorn	hinten
Druckänderung Δp	fallend	fallend	steigend	steigend	p fallend	p steigend
Windrichtungs-änderung Δd	recht-drehend	rück-drehend	recht-drehend	rück-drehend	Wind gleich-bleibend zunehmend	Wind gleich-bleibend abnehmend

In Abb. 42 ist die Aussage der Tabelle nochmals veranschaulicht.

Zum anderen sollte das Schiff so ge-
führt werden, daß es sich stets vom
Zentrum entfernt, wenn noch etwas
Fahrt gemacht wird. Dazu muß der
Wind auf der Nordhalbkugel von
Steuerbord einfallen und auf der
Südhalbkugel von Backbord *(Regel
von Schubart,* Abb. 43).

Es sollte stets versucht werden, einen aus dem tropischen Wirbelsturm
hinausführenden Kurs einzuhalten.
Wird noch irgendwie Fahrt gemacht,
so kann mit dem Wind gelaufen werden, wobei gleichzeitig Abstand von
der Zugbahn erzielt werden sollte.

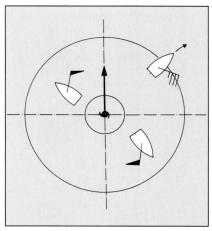

43 Günstigster Einfallswinkel des Windes nach der Schubart-Re-gel (Nordhalbkugel).

Übungsaufgabe

1. Aus dem Gesichtspunkt der Navigation wird ein tropischer Wirbelsturm in Quadrante aufgeteilt. Welche Überlegungen liegen dem zugrunde?

2. Stellen Sie gedanklich ein Schiff in verschiedene Positionen vor das Gefahrengebiet der Aufgaben 4 und 5 und diskutieren Sie mögliche Ausweichkurse.

3. In der Nähe eines Hurrikans befindet sich ein Schiff, das ohne Geschwindigkeitsverlust jeden Kurs steuern kann.

   Einer Hurrikan-Warnung entnehmen Sie (NH):
   Orkan Zugrichtung   KO = rw 10°
   Orkan-Zuggeschwindigkeit   VO = 12 kn
   Orkan-Lage vom Schiff aus   PO = rw 218°
   Orkan in einer Entfernung von   AO = 650 sm

   Von Ihnen ist das zu meidende Windfeld festgelegt worden mit dem Radius RWO = 150 sm. Das Schiff läuft VA = 6 kn auf dem beabsichtigten Kurs von 240°. Der Unsicherheit in der Wetterprognose soll durch eine Streuung von VO/2 vorgebeugt werden.

   a) Welche Ausweichkurse stehen dem Schiff zur Verfügung?
   (Maßstab: 50 sm $\cong$ 1 cm, 2 kn $\cong$ 1 cm)
   b) Begründen Sie Ihre Kurswahl.

4. In der Beispielaufgabe 39 vergrößere man den Winkel des Streusektors auf 40° und plotte die Aufgabe unter diesen Bedingungen. Welche Geschwindigkeit müßte der Segler mindestens haben, um dieses Gefahrengebiet zu queren?

5. Ein Schiff ist durch unglückliche Umstände in den inneren Einflußbereich eines tropischen Wirbelsturms gekommen. Wie läßt sich feststellen, in welchem Quadranten es sich befindet?

6. Wie lautet die Schubart-Regel?

7. Im äußeren Einflußbereich eines Orkans befindet sich ein Schiff, wenn es bei der Navigation nur noch darauf ankommt, Abstand vom Zentrum zu halten.

   Ausgegangen wird von folgender Situation:
   Orkan Zugrichtung   KO = rw 108°
   Orkan Zuggeschwindigkeit   VO = 13 kn
   Orkanlage vom Schiff aus   PO = rw 272°
   Orkan in einer Entfernung von   AO = 320 sm
   Noch mögliche
   Schiffsgeschwindigkeit   VA = 6 kn
   Maßstab 40 sm $\cong$ 1 cm
   Nordhalbkugel 2 kn $\cong$ 1 cm

   a) Welcher Kurs KCPAmax müßte gesteuert werden, um den größtmöglichen Abstand CPAmax zu erhalten?

   b) In welchem Abstand CPAmax wird das Orkanzentrum passiert?

   c) In welchem Zeitpunkt ist die größte Annäherung zu erwarten – TCPAmax?

18. Seewetter-Informationen

Informationsquellen

Es ist ratsam, als wichtigste weltweite Informationsquelle über Wetter-, Eisfunk-, Faksimile-Sendungen, über internationale Wetterschlüssel und für allgemeine Hinweise folgende Ausgabe des Bundesamtes für Seeschiffahrt und Hydrographie zu nutzen:
Nautischer Funkdienst Band III
Wetter- und Eisfunk (Band Nr. 2152)
Die International Maritime Organization (IMO) entwarf das Global Maritime Distress and Safety System (GMDSS). Das Ziel von GMDSS ist, ein Not- und Sicherheits-Kommunikationssystem weltweit bereitzustellen. Innerhalb dieses Systems werden MSI (Maritime Safety Information) verbreitet. Das sind Wetter-, Navigations-, Sturm-, Not-, Dringlichkeits- und ähnliche Meldungen, die über NAVTEX (terrestrisch) oder SafetyNET (Satellit) laufen.
Dazu gehört eine bestimmte Funkausrüstung für Schiffe ab 300 BRT und für alle Fahrgastschiffe auf internationalen Reisen, die vorgeschrieben ist, wenn nachfolgende Seegebiete befahren werden.
Gebiet A 1:
bis ca. 20 sm von der Küste
Gebiet A 2:
bis ca. 100 sm von der Küste
Gebiet A 3:
ca. 70°N bis 70°S
Gebiet A 4:
außerhalb A 1 bis A 3 (Polargebiete)

Die einzelnen Geräte der Funkausrüstung sind in der nachfolgenden Tabelle zusammengestellt.

Funkausrüstung	Seegebiete					Wetterinformationen
	A 1	A 2	A 3 ohne	A 3 mit	A 4	
			SAT-Com-Anlage			
UKW-Sprechfunk-Telefonie-Anlage	x	x	x	x	x	x
UKW-DSC-Controller und UKW-Wachempfänger	x	x	x	x	x	Ankündigung
Navtex-Empfänger	x	x	x	x	x	Klartext gedruckt
			Nur in NAVTEX-Gebieten			
EPIRB 406 MHz oder 1,6 GHz	x	x	x	x	x	
SART Radar-Transponder	x	x	x	x	x	
UKW-Handsprechgeräte	x	x	x	x	x	
Wachempfänger 2182 kHz	x	x	x	x	x	
GW-Sprechfunk-Anlage		x		x		x
GW-DSC-Controller und Wachempfänger		x		x		Ankündigung
GW-KW-Sprechfunk-Anlage			x		x	Klartext gesprochen Morsefunk Funkfernschreibdienst (Telex direkt, Sitor)
GW-KW-DSC-Controller und Scan-Empfänger			x		x	Ankündigung
EGC-Empfänger (oder zus. Std-C-Gerät)	x	x	x	x	x	automatische Aufnahme
			in Nicht-NAVTEX-Gebieten			
INMARSAT A- od. Std-C				x		Telex, Telefonie

Aus dieser Zusammenstellung ist ersichtlich, auf wie vielen Wegen Wetterinformationen verbreitet werden. Dazu ist die rechte Spalte angefügt worden. Für Morsefunk und Funkfernschreibdienst sind Dekoder erforderlich. Wetterkartenschreiber gehören nicht zur Pflichtausrüstung. Auch wenn das System für die Berufsschiffahrt ausgelegt ist, werden in der Sportschiffahrt schon alle Gerätetypen einzeln eingesetzt. Dies gilt auch für INMARSAT-Geräte. Um die METAREA-Bereiche zu verdeutlichen, sei Abb. 44 als Ergänzung zum Funkdienst Band III angefügt.

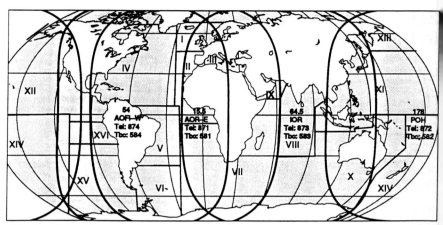

44 Bereiche für den Wetterfunk über Satelliten. (Aus: Mariners Weather Log).

45 Beispiel für einen Vordruck aus dem meteorologischen Tagebuch zur Wetterbeobachtung.

Zeichen und Symbole in Bodenwetterkarten

Das Stationsmodell

Die Zeichen und Symbole in Bodenwetterkarten lassen sich in zwei Gruppen mit verschiedenen Ursprüngen einteilen. Als erstes seien die Stationseintragungen in den Bodenwetterkarten genannt. Diese Eintragungen sind entschlüsselte Wettermeldungen, die von den Wetterdiensten gesammelt und über Fernmeldenetze verbreitet wurden. Sie stammen aus den Wetterbeobachtungen von einem Ort oder von einem Schiff (Obs genannt).

Der Schlüssel heißt FM13 – VIII SHIP für die Bodenwettermeldungen einer Seestation oder FM12 – VIII SYNOP für eine Landstation.

Im deutschen Funkfernschreibdienst (Offenbach/Pinneberg) werden diese verschlüsselten Wettermeldungen fortlaufend zwischen den Seewetterberichten ausgestrahlt.

Um solch eine Wettermeldung als Zahlkolonne zu lesen, benötigt man einen Schlüssel für FM12 bzw. FM13. Dieser findet sich im *Nautischen Funkdienst* Band III oder in der Schlüsseltafel für die Eintragungen von Wetterbeobachtungen auf See. Das Schema ist erkennbar an dem Ausschnitt aus dem Meteorologischen Tagebuch in Abb. 45.

Die Wettermeldung als Zahlenkolonne wird in der Bodenwetterkarte in Form eines Stationsmodells dargestellt. Um dies zu verstehen, muß bekannt sein:

die Anordnung im Stationsmodell (Abb. 46),

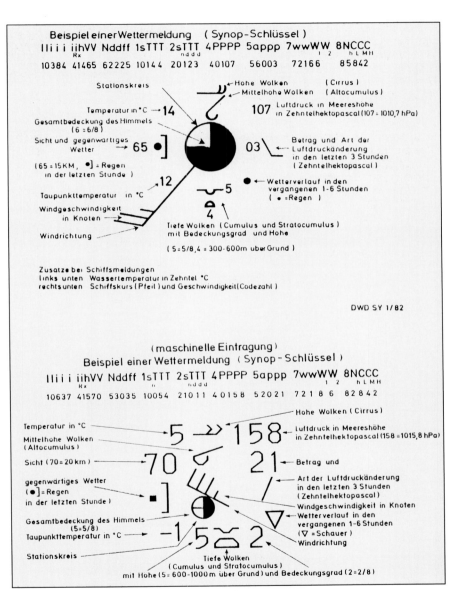

46 *Stationsmodell auf der Bodenwetterkarte.*

47 *Symboltafel.*

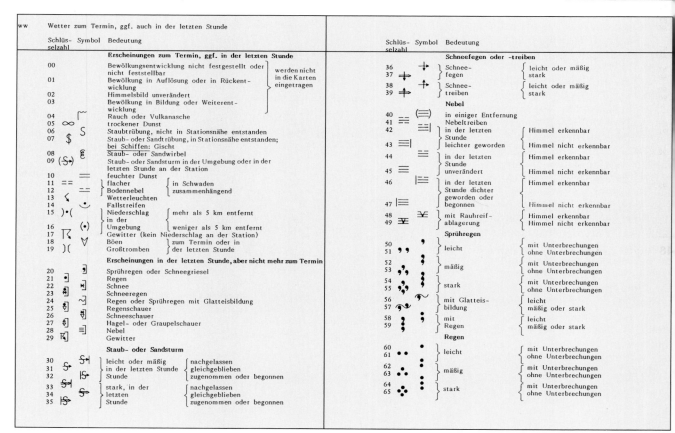

die Symbole des Stationsmodells (s. Tafel Abb. 47).

Aus der Symboltafel sind speziell die Elemente wie Wetter zur Beobachtungszeit (ww), der Wetterverlauf in den letzten 6 Stunden (WW) und die Sicht (VV) herausgenommen und beschrieben worden (Abb. 48).

ww	0	1	2	3	4	5	6	7	8	9		N	C_L	C_M	C_H	C	WW₁₂	a	E	E'
00											0									
10											1									
20											2									
30											3									
40											4									
50											5									
60											6									
70											7									
80											8									
90											9									

*) Abweichung von WMO-Symbolen 11: ☰ und 12: ☰

**) Abweichung von WMO-Symbol ⊕ ⊕ gilt auch für METAR-Eintragung

---

ww Wetter zum Termin, ggf. auch in der letzten Stunde

Schlüs- Symbol Bedeutung
selzahl

Erscheinungen zum Termin, ggf. in der letzten Stunde

00	Bewölkungsentwicklung nicht festgestellt oder nicht feststellbar	werden nicht in die Karten eingetragen
01	Bewölkung in Auflösung oder in Rückentwicklung	
02	Himmelsbild unverändert	
03	Bewölkung in Bildung oder Weiterentwicklung	

04 Rauch oder Vulkanasche
05 trockener Dunst
06 Staubtrübung, nicht in Stationsnähe entstanden
07 Staub- oder Sandtrübung, in Stationsnähe entstanden; bei Schiffen: Gischt
08 Staub- oder Sandwirbel
09 Staub- oder Sandsturm in der Umgebung oder in der letzten Stunde an der Station
10 feuchter Dunst
11 flacher } in Schwaden
12 Bodennebel } zusammenhängend
13 Wetterleuchten
14 Fallstreifen
15 Niederschlag } mehr als 5 km entfernt
16 in der
17 Umgebung } weniger als 5 km entfernt
  Gewitter (kein Niederschlag an der Station)
18 Böen } zum Termin oder in
19 Großtromben } der letzten Stunde

Erscheinungen in der letzten Stunde, aber nicht mehr zum Termin

20 Sprühregen oder Schneegriesel
21 Regen
22 Schnee
23 Schneeregen
24 Regen oder Sprühregen mit Glatteisbildung
25 Regenschauer
26 Schneeschauer
27 Hagel- oder Graupelschauer
28 Nebel
29 Gewitter

Staub- oder Sandsturm

30 leicht oder mäßig } nachgelassen
31 in der letzten Stunde } gleichgeblieben
32 Stunde } zugenommen oder begonnen
33 stark, in der } nachgelassen
34 letzten } gleichgeblieben
35 Stunde } zugenommen oder begonnen

Schlüs- Symbol Bedeutung
selzahl

Schneefegen oder -treiben

36 Schnee- } leicht oder mäßig
37 fegen } stark
38 Schnee- } leicht oder mäßig
39 treiben } stark

Nebel

40 in einiger Entfernung
41 Nebeltreiben
42 in der letzten } Himmel erkennbar
43 Stunde leichter geworden } Himmel nicht erkennbar
44 in der letzten } Himmel erkennbar
45 Stunde unverändert } Himmel nicht erkennbar
46 in der letzten } Himmel erkennbar
47 Stunde dichter geworden oder begonnen } Himmel nicht erkennbar
48 mit Rauhreif- } Himmel erkennbar
49 ablagerung } Himmel nicht erkennbar

Sprühregen

50 leicht } mit Unterbrechungen
51 } ohne Unterbrechungen
52 mäßig } mit Unterbrechungen
53 } ohne Unterbrechungen
54 stark } mit Unterbrechungen
55 } ohne Unterbrechungen
56 mit Glatteis- } leicht
57 bildung } mäßig oder stark
58 mit } leicht
59 Regen } mäßig oder stark

Regen

60 leicht } mit Unterbrechungen
61 } ohne Unterbrechungen
62 mäßig } mit Unterbrechungen
63 } ohne Unterbrechungen
64 stark } mit Unterbrechungen
65 } ohne Unterbrechungen

Schlüsselzahl	Symbol	Bedeutung		
66		mit Glatteis-	leicht	
67		bildung	mäßig oder stark	
68		mit Schnee	leicht	
69		oder Sprühregen mit Schnee	mäßig oder stark	

Niederschlag in fester Form: Schnee, usw.

Schlüsselzahl	Symbol	Bedeutung	
70		leicht	mit Unterbrechungen
71			ohne Unterbrechungen
72		mäßig	mit Unterbrechungen
73			ohne Unterbrechungen
74		stark	mit Unterbrechungen
75			ohne Unterbrechungen
76		Eisnadeln (Polarschnee)	
77		Schneegriesel	
78		einzelne sternähnliche Schneekristalle	
79		Eiskörner (Eisregen)	

Schauerniederschlag

Schlüsselzahl	Symbol	Bedeutung	
80		Regen-	leicht
81		schauer	mäßig oder stark
82			sehr stark
83		Schnee-	leicht
84		regen- schauer	mäßig oder stark
85		Schnee-	leicht
86		schauer	mäßig oder stark
87		Graupel-	leicht
88		schauer	mäßig oder stark
89		Hagel-	leicht
90		schauer	mäßig oder stark

Gewitter in der letzten Stunde, zum Termin fällt

Schlüsselzahl	Symbol	Bedeutung	
91		Regen	leicht
92			mäßig oder stark
93		Schnee oder Schneeregen	leicht
		Graupel oder Hagel	

Schlüsselzahl	Symbol	Bedeutung	
94		Schnee oder Schneeregen	mäßig oder stark
		Graupel oder Hagel	

Gewitter zum Termin

Schlüsselzahl	Symbol	Bedeutung	
95		leicht oder mäßig	mit Regen mit Schnee
96		leicht oder mäßig	mit Hagel oder Graupel
97		stark	mit Regen mit Schnee
98		stark	mit Staub- oder Sandsturm
99			mit Hagel oder Graupel

W_1, W_2 = Wetterverlauf

Schlüsselzahl	Symbol	Bedeutung	
0		höchstens halb bedeckt ($\leqslant 4/8$)	werden nicht in die Karten eingetragen
1		teils halb bedeckt oder weniger, teils mehr als halb bedeckt ($\leqslant 4/8$)	
2		mehr als halb bedeckt ($> 4/8$)	
3		Staub- oder Sandsturm	
		Schneetreiben	
4		Nebel oder dichter trockener Dunst oder Rauch (mit Sicht unter 1 km)	
5		Sprühregen	
6		Regen	
7		Schnee oder Schneeregen	
8		Schauer	
9		Gewitter	

VV Sichtweite in Kilometern (km):

1. Verschlüsselung der Sichtweite, hauptsächlich bei Schiffen:

Schlüsselzahl		Sichtweite (km)
90	unter	0.05
91		0.05
92		0.2
93		0.5
94		1.0
95		2
96		4
97		10
98		20
99		50 und mehr

2. Verschlüsselung der Seitweite bei den meisten Landstationen:

Schlüsselzahl		Sichtweite (km)
00	unter	0.1
01		0.1
usw. bis		
50		5.0
56		6
usw. bis		
80		30
81		35
usw. bis		
88		70
89	über	70

48 *Schlüsselzahlen und Symbole.*

Die Analyse

Die Zeichen und Symbole für die Bodenanalyse sind weltweit bis auf einige Abweichungen vereinheitlicht (Abb. 49). Bei den Fronten zeigen die Dreiecke und Halbkreise in deren Zugrichtung. Werden farbige Linien verwendet, so muß über Umwege die Zugrichtung ermittelt werden.
Ärgerlich sind solche Unterschiede, wie z. B. bei der tropischen Depression in den amerikanischen und kanadischen Wetterkarten (Abb. 50) und manche Abkürzungen. Weiterhin sind in der Abbildung Symbole für die in Europa nicht üblichen Strömungskarten dargestellt.

Das Zeichnen von Bodenwetterkarten mittels Analysenschlüssel

Eine gezeichnete Wetterkarte läßt sich in Punkte auflösen. Jeder Punkt bekommt eine Ortsbestimmung und eine Kennung, ob dieser Punkt zu einer Front, einer Isobare usw. gehört. Dann werden die Punkte nach einem bestimmten Schema verschlüsselt und durch Funk verbreitet. Der Schlüssel heißt: *Internationaler Schlüssel zur Übermittlung von Analysen und Vorhersagen nach FM 46 – IV und FM 45 – IV.* Mit ihm kann jeder Punkt in einen Kartenunterdruck übertragen und anschließend zu einer Wetterkarte verbunden werden. Dies ist ähnlich der aus der Kindheit bekannten Methode: malen nach Zahlen.

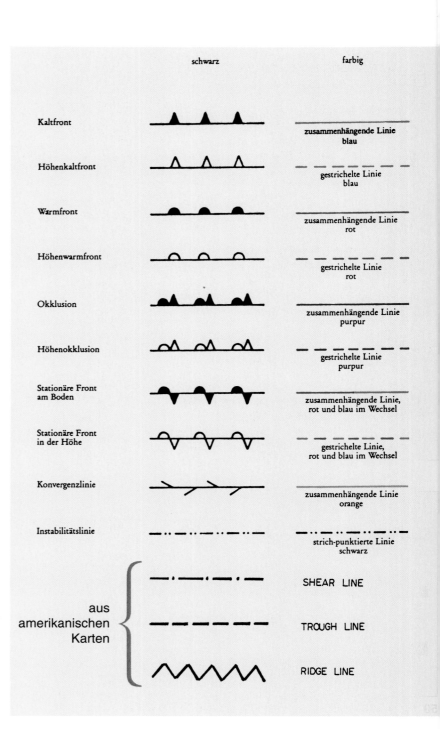

49 *Symbole der Analyse.*

Zum Zeichnen werden benötigt:
– der Analysenschlüssel,
– eine verschlüsselte Analyse,
– eine leere Bordwetterkarte für das betreffende Gebiet.
Hierzu ist als Beispiel ein Ausschnitt aus einer umfangreichen Analyse bearbeitet worden.

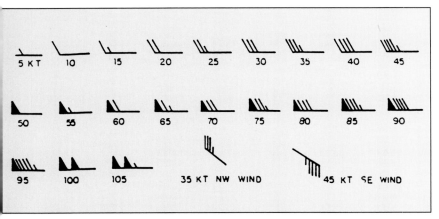

50 *Symbole aus amerikanischen und kanadischen Wetterkarten.*

Analysenschlüssel nach FM46
(vollständiger Schlüssel im *Nautischen Funkdienst* Band III)

10001	3388	$OYYG_cG_c$	= Einleitungsgruppen

10001	Kennung für Analysensendung	
33388	Kennung für Ortsbestimmung nach Form	$QL_aL_aL_oL_o$
0	Kennung für Tages- und Zeitgruppe	
YY	Monatstag	
G_cG_c	Kartentermin in UTC	

99900	Kennung für Analysenabschnitt mit Druckgebilden	
$8P_tP_cPP$	$QL_aL_aL_oL_o$ $md_sd_sf_sf_s$	= Gruppen der Druckgebilde

8	Kennung für Druckgebilde	
P_t	Art des Druckgebildes:	

0 = Tiefkomplex	5 = Hoch
1 = Tief	6 = gradientschwaches Gebiet
2 = Randtief (Tiefausläufer mit eigenem Kern)	7 = Hochdruckrücken
3 = Tiefdrucktrog	8 = Sattel (Hochdruckbrücke)
4 = Welle (Neubildung)	9 = tropischer Wirbelsturm

P_c Charakter des Druckgebildes:

0 = keine Angabe	5 = in Bildung oder vermutlich vorhanden
1 = T auffüllend, H abschwächend	6 = auffüllend oder abschwächend, aber nicht verschwindend
2 = wenig Änderung	7 = allgemeiner Druckanstieg
3 = T vertiefend, H verstärkend	8 = allgemeiner Druckfall
4 = komplex (zusammengesetzt)	9 = genaue Lage zweifelhaft

PP	Luftdruck in mb (Zehner u. Einer)
Q	Erdoktant

Nordhalbkugel	Südhalbkugel
0 = 0° − 90°W	5 = 0° − 90°W
1 = 90° − 180°W	6 = 90° − 180°W
2 = 180° − 90°O	7 = 180° − 90°O
3 = 90° − 0°O	8 = 90° − 0°O

L_aL_a	Breitengrad } Zehner und Einer
L_oL_o	Längengrad
m	Angaben über Verlagerung von Druckgebilden, Fronten usw.:

0 = keine Angaben	5 = schwenkt nach links
1 = stationär	6 = wird rückläufig
2 = geringe Änderung	7 = wird schneller
3 = wird stationär	8 = schwenkt nach rechts
4 = wird langsamer	9 = wird vermutlich rückläufig

d_sd_s	Richtung, in die sich System oder Front bewegt, in Zehnergraden
f_sf_s	Verlagerungsgeschwindigkeit in Knoten

99911	Kenngruppe für Analysenabschnitt mit Fronten	
$66F_tF_iF_c$	$QL_aL_aL_oL_o$ usw. .... $md_sd_sf_sf_s$	= Gruppen für die Fronten

66	Kennung der Fronten
F_t	Art der Front:

0 = quasistationäre Front am Boden	5 = Höhenkaltfront
1 = quasistationäre Front in der Höhe	6 = Okklusion
2 = Warmfront am Boden	7 = Instabilitätslinie
3 = Höhenwarmfront	8 = intertropische Front
4 = Kaltfront	9 = Konvergenzlinie

F_i Intensität der Front:

0 = keine Angabe	5 = mäßig; wenig Änderung
1 = schwach; abschwächend	6 = mäßig; verstärkend
2 = schwach; wenig Änderung	7 = stark; abschwächend
3 = schwach; verstärkend	8 = stark; wenig Änderung
4 = mäßig; abschwächend	9 = stark; verstärkend

F_c Charakter der Front:

0 = keine Angabe	5 = vermutlich in Bildung
1 = Wetterwirksamkeit abschächend	6 = wenig bewegend
2 = Wetterwirksamkeit gleichbleibend	7 = mit Wellen
3 = Wetterwirksamkeit verstärkend	8 = keine scharfe Bodenfront
4 = intertropische Front	9 = Lage zweifelhaft

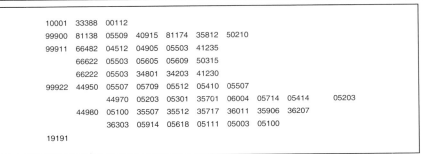

99922	Kenngruppe für Analysenabschnitt mit Isobaren	
44PPP	QL$_a$L$_a$L$_o$L$_o$ .... QL$_a$L$_a$L$_o$L$_o$	= Gruppe der Isobaren
44	Kennung für Isobaren	
PPP	Luftdruckwert einer Isobare in mb (Hunderte, Zehner u. Einer)	
99955	Kenngruppe für Analysenabschnitt mit tropischen Erscheinungen	
55T$_t$T$_i$T$_c$	555PP QL$_a$L$_a$L$_o$L$_o$ usw. .... md$_s$d$_s$f$_s$f$_s$	= Gruppen für Tropen-Erscheinungen
	Näheres hierüber im Nautischen Funkdienst, Teil III	
19191	Schlußgruppe	

51 *Analyse nach FM 45:*
a) Analysenschlüssel

```
10001  33388  00112
99900  81138  05509  40915  81174  35812  50210
99911  66482  04512  04905  05503  41235
       66622  05503  05605  05609  50315
       66222  05503  34801  34203  41230
99922  44950  05507  05709  05512  05410  05507
       44970  05203  05301  35701  06004  05714  05414       05203
       44980  05100  35507  35512  35717  36011  35906  36207
       36303  05914  05618  05111  05003  05100

19191
```

◀ *b) Beispiel einer verschlüsselten Analyse*

◀ *c) Entschlüsselte und gezeichnete Analyse.*

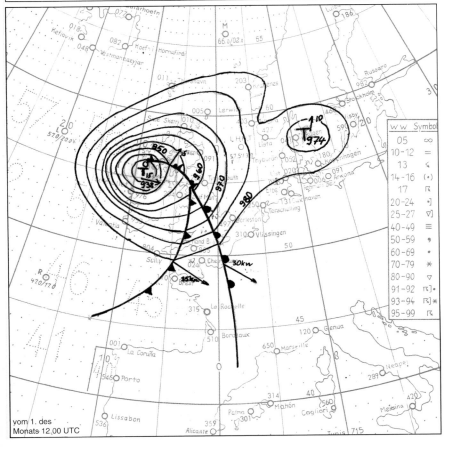

vom 1. des
Monats 12,00 UTC

Anleitung zum Zeichnen nach FM46

1. Kartenunterdruck mit Datum und Kartentermin beschriften.
2. In feinen und kleinen, vorläufigen Buchstaben die Druckgebilde mit H und T gemäß den Ortsangaben eintragen und mit Druckangaben versehen.
3. In Farbe – rot, blau, violett – die Ortsangaben für Warm-, Kalt- und Okklusionsfronten verbinden.
4. Jeweils für eine Isobare alle Ortsangaben punktieren und sofort auszeichnen mit Knicken an den Fronten vom tiefen Druck wegzeigend. Man beschrifte sie und zeichne die weiteren Isobaren.
5. Fehlende Isobaren von 5 zu 5 hPa eigenständig vervollständigen.
6. Angabe von Druckgebilden durch fette Buchstaben ersetzen und Dreiecke oder Halbkreise an die Fronten anbringen.
7. Verlagerungsangaben einzeichnen.

Eis-Information

Eis behindert die Schiffahrt nicht nur in der Ostsee und gelegentlich in der Nordsee, sondern etliche Großkreise gehen durch nicht eisfreie Gebiete.

Es lassen sich Meereis und im Meer vorkommendes Landeis, vorzugsweise Eisberge, unterscheiden. Dabei ist daran zu denken, daß Eisberge immer dann auf den Schiffahrtswegen auftauchen, wenn das Meereis geschmolzen ist und sie freikommen. So driften die Eisberge bis in die Sommermonate der jeweiligen Halbkugel auf das offene Meer hinaus. Abb. 52 zeigt einige außergewöhnliche Beobachtungen von Eisbergen.

Für Nord- und Ostsee gibt es einen speziellen Eisschlüssel. Über Fax werden genau geplottete Eiskarten verbreitet. Der Klartext einer solchen Eiskarte ist hier als Beispiel abgedruckt. Abb. 53 ist aus England. Man erkennt auf ihr die Eisberggrenze bei Neufundland und die Wassertemperaturen des Nordatlantiks. Im *Nautischen Funkdienst* Band III ist der Eisfunk aufgeführt mit verschiedenen Schlüsseln und einer umfangreichen Definition für Eisbezeichnungen.

52 *Meeresströmungen, maximale Ausdehnung von Gletschereis und außergewöhnliche Beobachtungen von Eisbergen. (Aus: K. Stübing, Eisberge im Nordatlantik, Seewart Heft 3/74).*

ICE ICE ICE ICE ICE ICE ICE ICE ICE ICE
Date: 24.7.1992   Time: 16:04:42
CQ CQ CQ DE NIK NIK INTERNATIONAL ICE BULLETIN 241218UTC
SUBJ: INTERNATIONAL ICE PATROL (IIP) BULLETIN
1. 241200Z JUL 92 INTERNATIONAL ICE PATROL (IIP) BULLETIN. REPORT POSITION AND TIME OF ALL ICE-SIGHTED TO COMINTICEPAT VIA CG COMMUNICATIONS STATION NMF, NMN AND ANY CANADIAN COAST GUARD RADIO STATION. ALL SHIPS ARE REQUESTED TO MAKE UNCLASSIFIED SEA SURFACE TEMPERATURE AND WEATHER REPORTS TO COMINTICEPAT EVERY SIX HOURS WHEN WITHIN THE LATITUDES 40N AND 52N AND LONGITUDES 39W AND 57W. IT IS NOT NECESSARY TO MAKE THESE REPORTS IF A ROUTINE WEATHER REPORT IS MADE TO METEO WASHINGTON DC. ALL MARINERS ARE URGED TO USE EXTREME CAUTION WHEN TRANSITING NEAR THE GRAND BANKS SINCE ICE MAY BE IN THE AREA.
2. THE ICEBERG, GROWLER, AND RADAR TARGET POSITIONS ARE BASED ON ESTIMATED DRIFT. DATE OF SIGHTING IS IN PARENTHESIS FOLLOWING THE POSITION. ALL DATES ARE JULY UNLESS OTHERWISE INDICATED.
3. ESTIMATED LIMIT OF ALL KNOWN ICE: FROM THE NEWFOUNDLAND COAST NEAR 4645N 5612W (GALLANTRY HEAD) TO 4140N 5455W TO 4215N 5000W TO

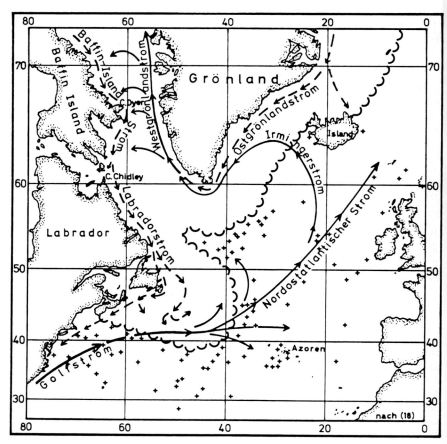

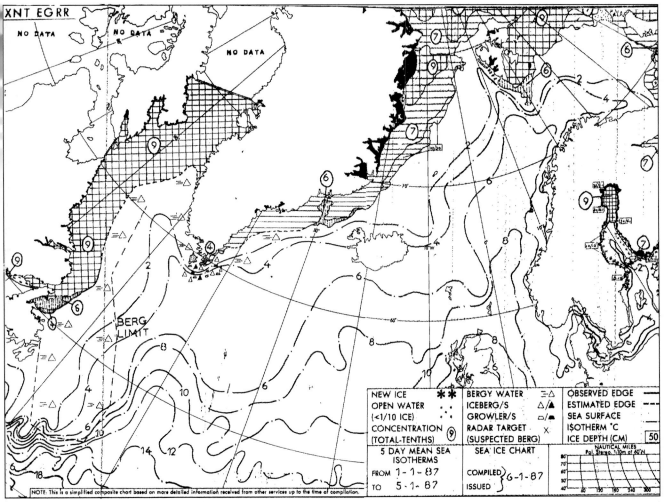

53 *Eiskarte von Bracknell Meteo. Die geschätzte Eisberggrenze (gestrichelte Linie) südlich von Neufundland liegt bei 44°N. Dies entspricht ungefähr der jährlichen, mittleren, maximalen Grenze.*

4415N 4415W TO 4845N 4210W TO 5400N 5000W TO 5700N 5300W THEN NORTHWARD. THE ICEBERG LIMIT NORTH OF 52N IS DERIVED FROM ENVIRONMENT CANADA ICE CENTER OTTAWA.
4. ESTIMATED LIMIT OF SEA ICE: NO SEA ICE SOUTH OF 52N.

5. SOUTHERN AND EASTERN MOST BERGS ESTIMATED AT: 4158N 5452W(22), 4235N 5009W(22), 4349N 4833W(23), 4351N 4822W(23), 4356N, 4838W(23), 4723N 4359W(13), 4811N 4309W(18), 4909N 4303W(23).

6. RADAR TARGETS: THE FOLLOWING RADAR TARGET IS OUTSIDE THE LIMITS OF ALL KNOWN ICE: 4302N 4552W(21)
7. THERE ARE SCATTERED ICEBERGS AND GROWLERS NORTH OF 4400N AND WEST OF 4400W WITHIN THE ESTIMATED LIMITS OF ALL KNOWN ICE. BT

Übungsaufgaben

1. Mit welcher Funkausrüstung kann man Wetterinformationen empfangen?

2. Wählen Sie einige Schiffsmeldungen aus einer Bodenwetterkarte und beschreiben Sie das örtliche Wetter dort anhand des Stationsmodells.

3. Was bedeuten die Druckangaben im Stationsmodell?

4. Zeichnen Sie nachfolgende Bodenwetterkarte (Auszug) in eine Bordwetterkarte:

10001	33388	00212					
99900	81157	35602	10000				
99911	66641	34511	35615	35911	36003	35702	50410
99922	44960	35801	35502	35604	35801		
	44980	35615	36510	36703	06204	05606	05100	35107
		35615					
	44990	35015	36121	37109	07101	06508	06010	05105
		04900	35105				
	44990	34409	34508	34407	34409		
	44995	34705	34711	34611	34506	34309	34918
	44000	34416	34208	34303	34502	05009	05916	06316
		06912	07411	37804	37425	36526	35627
19191							

5. Wo findet man eine umfassende Darstellung von Eisinformation mit Begriffserklärungen?

19. Meteorologische Navigation

Einteilung der meteorologischen Navigation

Jeder wünscht sich für den Zeitraum, in dem er sich auf See befindet, die Wetterverhältnisse im voraus zu kennen. Nun muß natürlich die Dauer der Reise in Einklang mit der Möglichkeit der Wettervorhersage gebracht werden. Man spricht von einer Wetter-, Witterungs- und Klimanavigation. Diesen Begriffen lassen sich aus der Meteorologie in etwa die Vorhersagebereiche Kurzfrist-, Mittelfrist- und Langfristvorhersage zuordnen (s. Tabelle).

Mit Hilfe dieser Wetterprognosen soll in der meteorologischen Navigation die günstigste Route ermittelt werden. Was allerdings die günstigste Route, die optimale Route ist, hängt nicht nur vom Wetter oder Klima ab, sondern auch von der geographischen Entfernung (Beispiel s. Abb. 54), der Eisgrenze des Meereises, der Eisgrenze der Eisberge (Beispiel Abb. 53), starken Meeresströmungen, dem Auftreten gefährlicher Wellen, von ausgesprochenen Nebelgebieten, von möglichen Vereisungslagen, von Wirbelstürmen und natürlich von den Eigenschaften des Schiffes und den persönlichen Vorlieben.

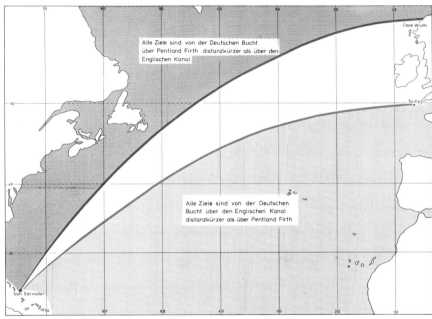

Alle Ziele sind von der Deutschen Bucht über Pentland Firth distanzkürzer als über den Englischen Kanal

Alle Ziele sind von der Deutschen Bucht über den Englischen Kanal distanzkürzer als über Pentland Firth

54 *Vergleich der Reiseentfernungen von der Deutschen Bucht. (Aus: Prospekt des Seewetteramtes Hamburg zur meteorologischen Routenberatung).*

Meteorologische Navigation	Betrachteter Zeitraum	Vorhersagebereich
	0 – 2 Stunden	Nowcasting
Wetternavigation	0 – 12 Stunden	Kürzestfristvorhersage
	0 – 72 Stunden	Kurzfristvorhersage
Witterungsnavigation	72 Stunden bis zu 10 Tagen	Mittelfristvorhersage
Klimanavigation	über 10 Tage	Langfristvorhersage

Witterungsnavigation

Ideal ist eine meteorologische Routenplanung, wenn die ganze bevorstehende Reise mit Wetterprognosen abgedeckt ist. Legt man für eine Atlantiküberquerung von der Deutschen Bucht zur Floridastraße 4200 sm zugrunde und geht von einer Wetterprognose von derzeit 8 Tagen aus, dann läge dieser Idealfall für ein 22 kn laufendes Schiff vor (8 · 24 h · 22 sm/h = 4224 sm). Es würde auch reichen, wenn das Wetter durch die wechselhaften gemäßigten Breiten vom Englischen Kanal bis zur Nordgrenze des Passats durch Prognosen abzuschätzen ist. Das wäre bereits für ein 5 kn schnelles Schiff möglich, je nach Jahreszeit und Route. So vorzugehen ist durchaus zulässig, da bei einer direkten Atlantiküberquerung durch den ersten Teil der Route der zweite Teil in der Regel vorgegeben ist.

Ein langsames Schiff würde immerhin mit den heutigen Prognosen um die 1000 sm meteorologisch überblicken, was in etwa der Route Kanalausgang bis zu den Azoren entspricht (5 kn · 24 h · 8 = 960 sm). Für solch eine 8tägige Route gibt es bis zu 192 h:

55 *Die zeitschnellste Route von A (Abfahrtsort) nach B (Zielort) ist gestrichelt dargestellt. Der Großkreis verbindet A und B als Gerade, was in Wetterkarten als stereographische Projektionen in guter Näherung möglich ist. Die Isochronen sind für 24, 48 und 72 h eingezeichnet. Nördlich des Großkreises könnte Sturm herrschen, südlich davon könnten günstige Winde wehen.*

1. Bodendruckverteilungen für den Nordatlantik,
2. Windkarten mit Richtungs- und Stärkeangaben,
3. Seegangskarten.

Die Auswertung dieser Karten kann auf zwei Weisen erfolgen: Die einfachste Methode besteht darin, die Schlechtwettergebiete herauszusuchen und die Kurse so zu wählen, daß jene umfahren werden, beziehungsweise es werden die Gebiete mit den günstigsten Winden gewählt. Dabei ist darauf zu achten, daß der ungefähre Standort des Schiffes auch zeitlich mit den Prognosen übereinstimmt.

Die zweite Methode läuft über aufwendige Rechenverfahren. Die mittelfristigen Vorhersagedaten und bekannte Schiffsdaten werden benutzt, um sogenannte Isochronen (time front) zu konstruieren. Diese Linien verbinden Orte, die ein Schiff auf unterschiedlichen Routen zu einem bestimmten Ziel nach gleicher Zeit erreicht haben wird. Die zurückgelegten Distanzen nach z. B. 12, 24, 36, … h hängen dann nur von der Schiffsgeschwindigkeit bei verschiedenen Wetterverhältnissen auf den unterschiedlichen Routen ab. Vom Ziel aus wird der nächstgelegene Punkt der letzten Isochrone mittels Kreis gesucht, von dort aus wieder der nächstgelegene Punkt der vorvorletzten Isochrone usw. Die Verbindungslinie der so gefundenen Punkte ergibt die optimale Route.

Der theoretische Hintergrund für solche Verfahren beruht auf Modellen zur Optimierung, hier z. B. auf Ent-

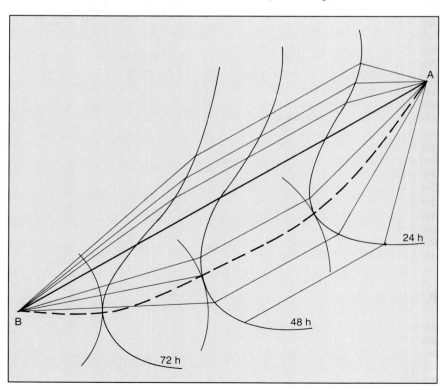

scheidungsbäumen. Zur Vereinfachung werden jedoch „parallel verlaufende" Routen nach beiden Seiten zum Großkreis gewählt, die z. B. unter 15° vom Abfahrtsort starten können. So etwas läßt sich auch ohne Computer zeichnen (Abb. 55). In der Regel wird auf diese Weise die zeitschnellste Route konstruiert.

Für die Zukunft werden sogenannte bordgestützte Routenoptimierungssysteme entwickelt. Das Schiff empfängt Wetter- bzw. Seegangsvorhersagen über Satellit, und der Rechner an Bord bestimmt eine optimale Schiffsroute. Angewandt wurde diese Methode schon auf Hochseeregatten.

Dies ist der Stand der Wissenschaft und Technik. Für alle Weltmeere gibt es schon Wind- und Seegangsprognosen bis zu 10 Tagen (Zentrum für mittelfristige Wetterprognosen in Reading, England). Leider veröffentlichen die europäischen staatlichen Wetterdienste keine Mittelfristprognosen über Faximile mehr. Sie sind bestrebt, diesen Bereich kommerziell zu nutzen. Im Rahmen der angeführten Zeiten und Distanzen sind meteorologische Informationen nur gegen zwei Gebühren – für Wetterinformationen und für Übermittlung – erhältlich.

Ein Hinweis: Unter der Faxankündigung von Northwood über die Vorhersage bedeutsamer Wettererscheinungen verbirgt sich u. a. eine Prognose von 96 h und 120 h mit Bodenwindangaben und Fronten.

Klimanavigation

Jeder, der eine Ozeanüberquerung plant, denkt sofort an die alten Seglerrouten. Dies waren aus der Erfahrung abgeleitete Routen, die eigentlich sehr spät durch systematische

Untersuchung über die Winde der Meere ergänzt wurden (ab 1850). Hier handelt es sich um eine echte Klimanavigation, da viele Generationen von Kapitänen mit ihrem Wissen und ihren Schiffstagebüchern dazu beitrugen. Die Wind- und Strombeobachtungen sind weiter vervollständigt worden, und heute liegen uns von allen Seegebieten monatliche Mittelwerte für Fünf-Grad-Quadrate vor. Die in diesen Feldern beobachteten Häufigkeiten der dort auftretenden Windstärken und Richtungen sind auf acht Hauptwindrichtungen verteilt worden. Die Häufigkeit ist an der Länge des Pfeiles zu erkennen und mittels einer Prozentskala genauer abzulesen. Abbildung 56 zeigt solche Windrosen oder auch Windsterne.

In den Monatskarten findet man u. a. auch die mittleren Stromgeschwindigkeiten und -richtungen und die Nord- und Südgrenze des Passates

für jeden Monat sowie Eisgrenzen und Nebel. Aus den englischen *Admiral Routeing Charts* lassen sich nicht nur die mittleren Windgeschwindigkeiten, sondern auch verschiedene Windstärkebereiche ablesen, wie z. B. die Sturmhäufigkeit. In den amerikanischen *Pilot Charts* finden sich dafür kleine Extrakarten.

Mit diesen Monatskarten kann jeder seine eigene Segelroute festlegen und versuchen zu optimieren. Es brauchen ja nur die Routen zum Zielhafen eingezeichnet zu werden, sowie, je nach den Gegebenheiten, Alternativrouten. Dann wird auf allen Routen das jeweilige Etmal, oder halbe Etmal bei schnellen Schiffen, entsprechend der jeweiligen mittleren Breite von 5° zu 5° abgetragen. Die Etmale errechnen sich, wie schnell das Schiff bei der mittleren Windstärke auf verschiedenen Kursen zum Wind segelt.

Bei Motorschiffen muß die Ge-

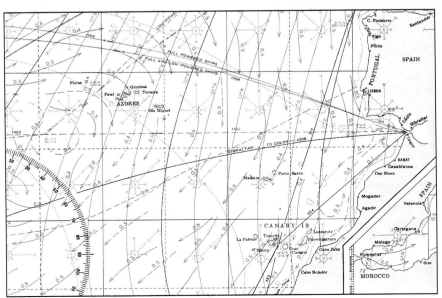

56 *Auszug aus einer Monatskarte im Bereich der Azoren vom Juli.*

57 *Ein Beispiel für Klimarouten aus einem Prospekt des Seewetteramtes Hamburg. Beispiel einer Reise von Helgoland nach Cape Cod mit einem Tourensegler, Reisebeginn im Oktober. Die einzelnen Ziffern geben die mittlere Position des Schiffes nach jeweils 24 Stunden an.*

Reise	Distanz	Zeitdauer	mittl. Geschwindigkeit
1	4137 sm	37,3 Tage	4,8 kn
2	4228 sm	38,5 Tage	4,6 kn
3	4195 sm	38,8 Tage	4,5 kn
4	4511 sm	36,5 Tage	5,1 kn
5	5265 sm	40,2 Tage	5,5 kn
6	6124 sm	43,4 Tage	5,9 kn.

schwindigkeit in Abhängigkeit von der Seegangshöhe bekannt sein, und zwar bei vorlicher, seitlicher (dwars) und achterlicher See. Die Seegangshöhen zu den Windstärken aus den Monatskarten kann man der unten stehenden Tabelle entnehmen. Es sind empirische Werte für den Nordatlantik unterhalb von 50° Nord. Je nach Einfallsrichtung des Windes beziehungsweise Laufrichtung der See läßt sich die Schiffsge-

schwindigkeit bestimmen und damit das Etmal. So läßt sich auf verschiedenen Routen die günstigste in der Klimakarte suchen.

Die folgende Tabelle zeigt die Beziehung zwischen beobachteten Wellenhöhen und Windgeschwindigkeiten, gemittelt aus 7 Seegebieten im Bereich von 50° N bis 30° S des Atlantischen Ozeans (s. *Handbuch des Atlantischen Ozeans* Nr. 2057 Abb. A 1.7.3.c).

Windgeschwindigkeit in kn	5	10	20	30	40
Wellenhöhe in m	0,5	1,0	2,0	3,0	4,0

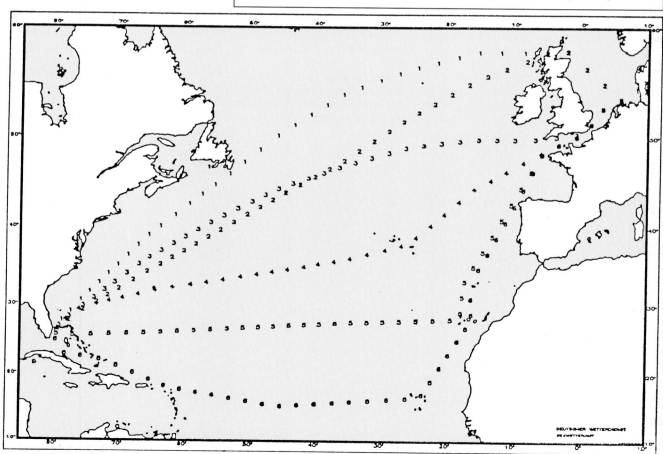

Das verblüffende Ergebnis für diese Region sagt in sehr guter Näherung aus:
Wellenhöhe = Windgeschwindigkeit in kn geteilt durch zehn.
Es sollten hier allerdings die Spannweiten der signifikanten Wellenhöhe berücksichtigt werden und eine obere Grenze der Windgeschwindigkeit von 44 kn.
Es lassen sich auch Kombinationen aus gesegelten und mit dem Motor zurückgelegten Strecken zusammenstellen. Einbezogen werden sollte in einer Klimaroute auch der Strom. Man kann dessen Geschwindigkeitskomponente in Richtung des Kurses zur Schiffsgeschwindigkeit addieren. Je langsamer ein Schiff ist,

um so größer ist natürlich der Stromanteil an der Geschwindigkeit.
Das Seewetteramt hat sich der Planung transatlantischer Segeltörns angenommen und bietet in Zukunft Törns für alle Weltmeere an. Dem Prospekt *Klimarouten* ist die Abb. 57 entnommen.
Gegenwärtig sind dem Autor keine Beurteilungen für die Güte der Klimarouten bekannt. Um einen Eindruck von der Aussagekraft eines Windsterns zu haben, ist in Abb. 58 die Windrose für die Nordsee abgedruckt, von dessen Wetter jeder eine ungefähre Vorstellung hat. Diesen Stern vergleiche man mit einem Windstern aus dem Bereich der Azoren (Abb. 56). Man betrachte auch die Wetterlage im Kapitel „Westwindzone". Jede zeitliche Kalkulation für eine Klimanavigation dürfte unter jenen Bedingungen mißlingen. Trotzdem muß gesagt werden, es gibt nichts Besseres für lange Törns.

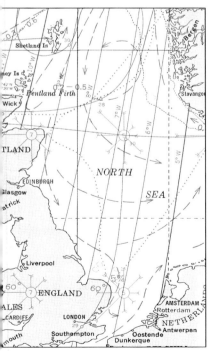

58 *Darstellung des Windsterns für Juli in der Nordsee in Monatskarten.*

Wetternavigation

Die Wetternavigation beschäftigt sich mit Maßnahmen, die in den Kurzfristbereich der Vorhersage fallen, das heißt, die einen Zeitraum von bis zu 72 h benötigen. Dazu gehören Maßnahmen
– im äußeren und inneren Einflußbereich eines tropischen Wirbelsturms,
– im Bereich der Westwetterzyklonen und Starkwindgebiete,
– zur Vermeidung von bestimmten Seegangsgebieten,
– zur Nutzung von Meeresströmungen,
– zur Vermeidung von Gebieten mit Nebel,

– zur Vermeidung von Gebieten mit Treibeis und Eisbergen,
– zur Vermeidung von Gebieten mit Vereisungsgefahr.
Diese Aufzählung läßt deutlich die Schwierigkeiten der Wetternavigation erkennen, insbesondere dann, wenn es sich um große, bewegliche Schlechtwettergebiete handelt, auf die ein meist mit geringer Geschwindigkeit laufendes Schiff reagieren soll. So gesehen ist schon viel erreicht, wenn mit der meteorologischen Navigation durch geeignete Kurse Gefahren abgeschwächt werden. Dazu ist in jedem Fall eine genaue und kontinuierliche Kenntnis der Wetterlage erforderlich.
Der Informationsgehalt der Wettermeldungen ist sehr unterschiedlich. Insofern sind Kenntnisse über eine Wetterlage nur mit viel Umsicht zu erlangen, wie sich aus nachfolgendem Vergleich zeigt. Die Abb. 59 ist eine Vorhersage für Montag, den 1.11.93. Der Klartext des deutschen Küstenwetterberichts gilt für die gleiche Zeit.

NNNN
ZCZC 213
FQEW 40 EDZW 301200
EUROPAEISCHER KUESTEN-WETTERBERICHT VOM 30.10.1993 VON SONNABEND BIS MONTAG.
WETTERLAGE UND ENTWICKLUNG STURMTIEF 988 SUEDLICH VON SPITZBERGEN VERTIEFEND, LANGSAM OSTZIEHEND. HOCH 1038 NORDOSTPOLEN ETWAS SUEDOSTVERLAGERND. HOCH 1035 SCHOTTLAND OSTWANDERND, MORGEN MITTAG SUEDNORWEGEN. UMFANGREICHES STURMTIEF 983 NORDWESTLICH VON MADEIRA ABSCHWAECHEND, ETWAS NORDZIEHEND. STURMTIEF 983 VOR SUEDWESTGROENLAND ABSCHWAECHEND, NORDZIEHEND. TEILTIEF 1005 SUEDOSTGROENLAND VERTIEFEND, NORDOSTZIEHEND.

VORHERSAGE BIS SONNTAG FRUEH SUEDLICH IRLAND
OESTLICHE WINDE UM 5, STRICHWEISE

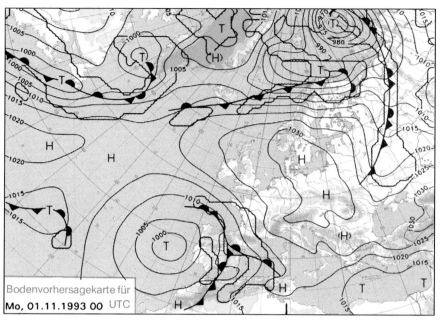

Bodenvorhersagekarte für
Mo, 01.11.1993 00 UTC

59 *Bodenvorhersagekarte für den 1.11.93 als Vergleich zum Klartext.*

DIESIG.
BISKAYA
OESTLICHE WINDE 5 BIS 6, ETWAS ZU-
NEHMEND, STRICHWEISE DIESIG, KUE-
STENNEBELFELDER.
FINISTERRE
OESTLICHE WINDE 7 BIS 8, STRICHWEISE
DIESIG.
WESTLICH PORTUGAL
SUEDOSTÅ BIS SUED 5 BIS 6, SUEDTEIL
STRICHWEISE 6 BIS 7.
WESTLICH GIBRALTAR
SUEDOST BIS OST 6 BIS 7, SCHAUER-
BOEN, SONST GUTE SICHT.
STRECKE GIBRALTAR BIS TUNIS
OESTLICHE WINDE 5 BIS 6, ETWAS AB-
NEHMEND, STRASSE VON GIBRALTAR
OST 6 BIS 7, STRICHWEISE DIESIG.
STRECKE TUNIS BIS KRETA
OST BIS NORDOST 5 BIS 6, MITTLERE
SICHT.
STRECKE SUEDLICH KRETA BIS PORT
SAID
NORDOST BIS NORD 4 BIS 5, ETWAS AB-
NEHMEND.

AUSSICHTEN BIS MONTAG FRUEH
SUEDLICH IRLAND
OESTLICHE WINDE 5 BIS 6.

BISKAYA
OESTLICHE WINDE 6, STRICHWEISE 6
BIS 7.
FINISTERRE
OESTLICHE WINDE UM 7.
WESTLICH PORTUGAL
SUEDOST 5 BIS 7.
WESTLICH GIBRALTAR
SUEDLICHE WINDE 5 BIS 6, SPAETER ET-
WAS ZUNEHMEND.
STRECKE GIBRALTAR BIS TUNIS
SUEDLICHE WINDE UM 4.
STRECKE TUNIS BIS SUEDLICH KRETA
OESTLICHE WINDE UM 4.
STRECKE SUEDLICH KRETA BIS PORT
SAID
NORDOST BIS NORD 5 BIS 6, PORT SAID
NORDWEST UM 4.
SEEWETTERAMT =

Viele werden den Klartext einer Wettervorhersage für die Atlantikküste
einer Faxkarte vorziehen. Soll allerdings eine Entscheidung für eine
Route zu den Azoren gefällt werden,
ist die Faxkarte im Vorteil.
Nachfolgend ist ein vollständiger

Wetterbericht vom Nordatlantik aus
den USA abgedruckt. Dabei gilt der
eine Teil für den Norden von 32° N
und der andere für den Süden von
32° N. Er beschreibt aber das Wetter
nur westlich von 35° W. Östlich dieses Längengrades müssen andere
Berichte eingeholt werden. Interessant ist der Aufbau. Natürlich kann er
in einen Kartenunterdruck eingezeichnet werden. Die Abb. 60 veranschaulicht die beschriebene Wetterlage.

DE WLO
0939 061292
= NFDHSFAT 1
TTAA00 KNFD 120939

HIGH SEAS FORECAST NATIONAL WEA-
THER SERVICE WASHINGTON D.C.
1000 UTC FRI JUN 12 1992
NORTH ATLANTIC NORTH OF 32N TO 65N
WEST OF 35W
FORECAST VALID 1800 UTC SAT JUN 13
1992
WARNINGS.
GALE 56N 43W 988 MB AT 0600 UTC MO-
VING NE 15 KTS AND WEAKENING.
WITHIN 450 NM OF CENTER WIND 25 TO 40
KT SEAS 12 TO 22 FT. FORECAST LOW E
OF AREA.
GALE 43N 49W 1002 MB AT 0600 UTC MO-
VING NE 20 KT. FORECAST GALE 51N 37W
1002 MB. WITHIN 500 NM SE SEMICIRCLE
WINDS 25 TO 40 KTS SEAS 10 TO 20 FT.

SYNOPSIS AND FORECASTS.
LOW 35N 57W 1008 MB AT 0600 UTC MO-
VING ENE 20 KT. FORECAST LOW 43N 48W
1008 MB. WINDS 20 TO 30 KT SEAS 8 TO 15
FT WITHIN 200 NM OF
CENTER IN SE SEMICIRCLE.
HIGH 41N 77W 1021 MB AT 0600 UTC MO-
VING ESE 20 KT. FORECAST HIGH 39N 63W
1021 MB.
AREAS OF PATCHY DENSE FOG REDU-
CING VSBY BELOW 1 NM BETWEEN 44N
TO 62N E OF 50W.
ATLC 3N TO 32N W OF 35W INCLUDING CA-
RIBBEAN SEA AND GULF OF MEXICO. FO-
RECAST VALID 1800 UTC SAT JUN 13.

WARNINGS.
NONE.

SYNOPSIS AND FORECAST.
ATLC RIDGE 32N35W 27N65W 25N80W AT

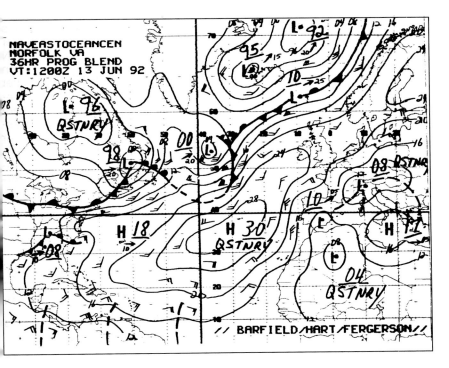

DERSTORMS WERE FOUND ALONG THE SOUTHERN COASTLINE OF THE BAY OF CAMPECHE. ISOLATED SHOWERS AND THUNDERSTORMS WERE NOTED OVER COASTAL WATERS OF THE FLORIDA PAN-HANDLE SOUTHWARD TO 28N. THIS ACTIVITY WAS MOVING EAST AT 10–15 KNOTS.

CARIBBEAN SEA...
NUMEROUS SHOWERS AND STRONG THUNDERSTORMS...WITH CLOUD TOPS ABOVE 50 000 FEET... WERE FOUND SOUTH OF 11N EAST OF 78W OVER THE GULF OF URABA TO INLAND COLOMBIA. SCATTERED SHOWERS AND MODERATE-STRONG THUNDERSTORMS WERE FOUND SOUTH OF 13N BETWEEN 78W–82W. ISOLATED SHOWERS AND THUNDERSTORMS EXTENDED WEST-WARD FROM THIS AREA TO THE COAST OF CENTRAL AMERICA. WIDELY SCATTE-RED SHOWERS AND ISOLATED THUNDER-STORMS WERE FOUND FROM 15N–20N BETWEEN 70W–80W. ISOLATED CONVEC-TION DOTTED THE REMAINDER OF THE CARIBBEAN.

SUBTROPICAL ATLANTIC...
SCATTERED SHOWERS AND MODERATE-STRONG THUNDERSTORMS WERE LOCA-TED NORTH OF 29N BETWEEN 74W–78W. SCATTERED SHOWERS AND ISOLATED THUNDERSTORMS WERE LOCATED NORTH OF 28N BETWEEN 60W–74W. ALL ACTIVITY WAS ASSOCIATED WITH THE 1013 MB LOW AND FRONTAL BOUNDARY.

TROPICAL ATLANTIC...
THE AXIS OF ITCZ-RELATED CLOUDS/CONVECTION WAS ALONG 9N13W 4N29W 7N40W 11N61W. SCATTE-RED SHOWERS AND MODERATE/ISOLA-TED STRONG THUNDERSTORMS WERE LOCATED 1–2 DEGREES EITHER SIDE OF THE AXIS EAST OF 22W...AND BETWEEN 28W–45W. WIDELY SCATTERED SHOW-ERS AND THUNDERSTORMS WERE WEST OF AN 8N49W 16N54W LINE ACROSS THE LESSER ANTILLES. ISOLATED MODERATE THUNDERSTORMS WERE LOCATED 1–2 DEGREES EITHER SIDE OF THE AXIS BET-WEEN 22W–28W. ISOLATED WEAK-MODE-RATE CONVECTION WAS POSSIBLE ELSE-WHERE SOUTH OF 8N.
TRABERT
NNNN

0600 UTC FRI JUN 12. FORECAST RIDGE STATIONARY. ATLC STATIONARY FRONT 32N63W 30N81W AT 0600 UTC FRI JUN 12. FORECAST FRONT N OF AREA. ATLC BET-WEEN FRONT AND RIDGE E OF 60W N OF 30N WIND SW 15 TO 20 KT. ATLC S OF 22N E OF 60W WIND NE TO E 15 TO 20 KT SEAS TO 8 FT. REMAINDER OF ATLC WIND LESS THAN 20 KT.
CARIBBEAN S OF 15N W OF 75W WIND E TO NE 20 KT. CARIBBEAN E OF 75W WIND E TO SE 20 KT SEAS TO 8 FT. REMAINDER OF CARIBBEAN WIND LESS THAN 20 KT. GULF OF MEXICO WIND LESS THAN 20 KT.

BWS
NNNN
DE WLO
1152 061292
= MIATWDATA
TTAA00 KNHC 121151
TROPICAL WEATHER DISCUSSION
NATIONAL WEATHER SERVICE MIAMI FL
805 AM EDT FRI JUN 12 1992

ATLANTIC OCEAN SOUTH OF 32N TO THE EQUATOR...THE CARIBBEAN SEA...AND THE GULF OF MEXICO.

SURFACE SYNOPTIC ANALYSIS 12/0600 UTC...
...1013 MB LOW WAS CENTERED NEAR 31N81W. A WARM FRONT EXTENDED FROM THE LOW TO 29N72W...BECO-MING A COLD FRONT TO BEYOND 32N63W. WARM FRONT WAS DRIFTING NORTH. COLD FRONT WAS MOVING SOUTHEAST 5–10 KNOTS.
...1015 MB HIGH WAS CENTERED NEAR 26N85W.
...HIGH PRESSURE DOMINATED THE AT-LANTIC NORTH OF 15N EAST OF 65W...WITH A RIDGE ALONG 25N68W 32N45W.
...TROPICAL WAVES WERE LOCATED SOUTH OF 15N ALONG 18W/19W...33W...48W...58W...70W AND 81W...MOVING WEST 10–15 KT.

INTERPRETATION OF SATELLITE IMA-GERY THROUGH 12/1101 UTC...
GULF OF MEXICO...MESOSCALE FEA-TURES...
WIDELY SCATTERED SHOWERS AND ISO-LATED THUNDERSTORMS WERE OBSER-VED FROM 23N–25N EAST OF 85W TO THE FLORIDA KEYS. A FEW MODERATE THUN-

Übungsaufgaben

1. Welche Vorhersagezeiträume und Navigationsarten verbindet die meteorologische Navigation?

2. Welche meteorologischen und ozeanographischen (hydrometeorologische) Faktoren beeinflussen eine Routenwahl?

3. Die Witterungsnavigation nutzt den jeweiligen Stand der angewandten Wissenschaft. Welche Informationen hält diese bereit?

4. Worin liegt der praktische Nutzen einer Witterungsnavigation?

5. Auf welche Unterlagen baut die Klimanavigation auf?

6. Was für Angaben finden sich in den Monatskarten?

7. Windgeschwindigkeit und Seegangshöhe sind im allgemeinen nicht linear abhängig, wie es die Tabelle auf Seite 234 vermuten läßt. Unter welchen Bedingungen gilt die Tabelle?

8. Warum kann trotz aller klimatischen Unterlagen nicht auf aktuelle Wetterberichte verzichtet werden?

9. Was ist die Aufgabe der Wetternavigation?

10. Welche grundlegenden Unterschiede bestehen zwischen den Wetterberichten im Klartext und als Faximile?

11. Versuchen Sie die Klartext-Wetterberichte aus diesem Teil des Buches in gezeichnete Wetterkarten umzusetzen. Benötigt wird dabei die Bordwetterkarte Nr. 4 des Nordatlantischen Ozeans. Sie reicht bis zum Äquator.

Anhang

Lösung der Übungsaufgaben

Seite 15:
1. 45,5°, −73,24666667°, 126,1883333°.
2. 75° 15', 27° 11,7', −110° 15,8'.
3. 08 h 00 min, 07 h 42 min 59 s.

Seite 20:
1. a) und b).
2. Die Anzahl Seemeilen, die auf einem bestimmten Kurs von E nach W (bzw. W nach E) gutgemacht wird.
3. b).
4. $\varphi_b = 51° 11,0'$ N, $\lambda_b = 018° 34,0'$ W.
5. $\varphi_b = 27° 26,4'$ S, $\lambda_b = 169° 36,1'$ E.
6. KüG = 150°, d = 135,1 sm.
7. a).

Seite 24:
1. b).
2. a) 5827,3 sm.
   b) 5586,1 sm.
   c) 17 h 14 min.
   d) $\varphi_s = 45° 32,8'$ S, $\lambda_s = 155° 41,0'$ W.
   e) 110°.
   f) 42° 53,2' S.

Seite 29:
1. Sirius, −1,6.
2. b).
3. Arcturus.
4. Etwas „rechts" neben dem „Himmels–W" (Cassiopeia) vorbei zum Pegasus. Sirrah ist dann der linke obere Stern des von Algenib, Markab, Scheat und Sirrah gebildeten Quadrates. Sirrah gehört aber nicht mehr zum Pegasus, sondern zur Andromeda.

Seite 33:
1. Höhe (h) und Azimut (Az).
2. b).
3. Greenwicher Stundenwinkel (Grt) und Abweichung (δ) oder auch Ortsstundenwinkel (t) und Abweichung (δ).
4. Rechts herum, im Uhrzeigersinn.
5. Links herum, entgegen den Uhrzeigersinn.
6. $\beta = 0°$.

Seite 35:
1. Alle sichtbaren Gestirne bewegen sich parallel zum wahren Horizont und gehen nicht auf und auch nicht unter.
2. Alle Gestirne gehen senkrecht auf und unter. Das gilt auch für die Sonne, die daher am Äquator schnell über dem wahren Horizont und damit auch über der Kimm erscheint bzw. darunter verschwindet. Angenähert gilt das auch für niedrige Breiten.
3. Die Sonne steht dann nördlich des wahren Horizonts und bewegt sich im Laufe eines Tages parallel dazu. Die geringfügige Änderung der Abweichung im Laufe eines Tages kann dabei vernachlässigt werden.

Seite 37:
1. S. Abb. 24, S. 36.
2. S. S. 37.

Seite 42:
1. S. S. 38.
2. S. S. 39.
3. a) Ib = +3'.
   b) r = 16'. Nautisches Jahrbuch: 16,1'.
   c) Es ist genau beobachtet worden.

Seite 45:
1. b), c).
2. a).

Seite 46:
1. Gb = −3,8', h = 56° 04,7'.
2. Gb = 12,2' + 0,0', h = 68° 20,2'.
3. HP = 0,2', Gb = −7,1' + 0,2', h = 11° 35,1'.
4. HP = 55,7', Gb = 55,6' − 0,6', h = 32° 13,0'.

Seite 52:
1. c).
2. WOZ.
3. UT1 = 10.15, MOZ = 19.15.
4. UT1 = 11.14.18.
5. UT1 = 02.56, Datum: 15. November.
6. „B" müßte nach Passieren des Meridians 180° E/W Donnerstag, den 13. Juli rechnen. Wegen der im Text schon angesprochenen Tagebuch-Doppelseite ist das aber nicht zweckmäßig. Daher wird nach Mitternacht Freitag, der 14. Juli gerechnet, und damit geht der Donnerstag verloren.

Seite 54:
1. Std = −01 min 12 s.
2. UTC = 16.47.22, Datum: 25. April.
3. UTC = 04.22.52, Datum: 15. Februar.

Seite 56:
1. Grt $\odot$ = 332° 44,3', $\delta_{\odot}$ = 21° 56,8' N.
2. Grt $\male$ = 021° 05,3', $\delta_{\male}$ = 16° 55,1' N.
3. Grt $\mathbb{C}$ = 302° 36,8', $\delta_{\mathbb{C}}$ = 20° 29,8' N.
4. * 41, Grt Υ = 312° 26,7', Grt * = 146° 40,2' (360° subtrahiert!),
   δ = 61° 48,2' N.

Seite 57:
1. t $\odot$ = 007° 57,3' (360° subtrahiert),
   $t_{\male}$ = 223° 36,3' (vorher 360° addieren).
2. t Υ = 030° 45,8'.

Seite 64:
Sirrah: t* = 293° 29,5', h_b = 36° 23,4',
   h_r = 36° 25,5', Δh = −2,1', Az = 085°.
Atair: t* = 358° 16,3', h_b = 50° 52,8',
   h_r = 50° 55,9', Δh = −3,1', Az = 177°.
φ_b = 47° 55,9' N, λ_b = 046° 50,6' W,
BV: 320°, 3,8 sm.

Seite 68:
Sirrah: λ_r = 047° 14,8' W, tΥ = 295°, h_b = 36° 23,4',
   h_r = 36° 08,0', Δh = +15,4', Az = 085°.
Atair: λ_r = 046° 37,7' W, tΥ = 296°, h_b = 50° 52,8',
   h_r = 50° 49,0', Δh = + 3,8', Az = 178°.
Correction for Precession and Nutation ist für 1989 Null
φ_b = 47° 56' N, λ_b = 046° 51' W,
BV: 320°, 4 sm.

Seite 70:
Sonne: t $\odot$ = 326° 42,1', h_b = 57° 17,0',
   h_r = 57° 19,9', Δh = −2,9', Az = 087°.

Mond: t$_{\mathbb{C}}$ = 044° 20,9', h_b = 33° 55,6',
   h_r = 33° 52,8', Δh = +2,8', Az = 308°.
φ_b = 15° 18,3' S, λ_b = 063° 44,0' E,
BV: 284°, 3,0 sm.

Seite 71:
1. Beobachtung: t $\odot$ = 302° 50,8', h_b = 23° 05,1',
   h_r = 23° 02,3', Δh = +2,8', Az = 058°.
2. Beobachtung: t $\odot$ = 344° 06,3', h_b = 49° 59,5',
   h_r = 50° 01,9', Δh = −2,4', Az = 023°.
φ_b = 14° 58,0' S, λ_b = 029° 22,8' W,
BV: 130°, 8,6 sm.

Seite 72:
1. Beobachtung: λ_r = 029° 41,8' W, t $\odot$ = 303°, h_b = 23° 05,1', h_r = 23° 01,0', Δh = +4,1', Az = 058°.
2. Beobachtung: λ_r = 029° 36,0' W, t $\odot$ = 344°, h_b = 49° 59,5', h_r = 49° 53,0', Δh = +6,5', Az = 023°.
φ_b = 14° 58,5' S, λ_b = 029° 21,5' W,
BV: 128°, 10 sm.
Wegen des relativ kleinen Schnittwinkels der Standlinien und wegen der geringeren Genauigkeit der HO-Tafeln ergeben sich in diesem Falle kleine Abweichungen gegenüber der Rechnerlösung.

Seite 75:
a) φ_k 27° 34,4' N λ_k 068° 29,6' W.
b) ZZ 11.40.
c) Ka_r = 83° 56,2'.
d) $\Delta \varphi$ = 3,2' N.
In der Praxis wäre die Kulmination in diesem Fall schwierig zu beobachten.

Seite 77:
$\curlyvee$ = 115° 29,4', Berichtigungen: −7,8' (1), −0,2'
(2), + 0,2' (3), h$_b$ = 48° 15,1'.
a) φ = 48° 07,3' N.
b) Δφ = 3,7' S.
c) Sextanteinstellung: 48° 19'.

Seite 85:
1. S. S. 81.
2. 0,9 x 15" = 13,5" oder rund 0,2'.
3. Die real beobachteten Höhen sind 1' größer als die tatsächlich verwendeten. Dadurch sind auch sämtliche Δh um 1' größer. Alle Standlinien müßten daher um 1' parallel verschoben werden.
4. Die Beobachtungen sind ungünstig, da der wahrscheinliche Schiffsort auch außerhalb des Fehlerdreiecks liegen kann.
5. 06.02 MOZ.

Seite 89:
1. HO-Lösung: λ$_r$ = 140° 08,4' W, t $\odot$ = 309°, Az = 128°.
   a) Abl = −3°.
   b) rwK = 163°.
Taschenrechnerlösung: t $\odot$ = 309° 21,4'. Az,
   Abl und rwK wie bei HO-Lösung.
2. HO-Lösung: λ$_r$ = 063° 24,9' E, t $\odot$ = 276°, Az = 067°.
   a) Abl = 0°.
   b) rwK = 246°.
Taschenrechnerlösung: δ$_\odot$ = 21°51,1'N, Az,
   Abl und rwK wie bei HO-Lösung.
3. a) Abl = +11°.
   b) rwK = 130°.

Seite 100:
1. Wegen der relativ kurzen Basislänge kommt es schon in geringeren Entfernungen zu spitzen Schnittwinkeln der Hyperbeln.

2. Bei Bodenwellenempfang ist der Radius des Fehlerkreises, in dem man mit 95 % Wahrscheinlichkeit steht, etwa 0,05 bis 0,3 sm.

3. Bei 95 von 100 Orten steht das Schiff in einem Kreis mit dem Radius 100 m.

Seite 108:
1. Weil die Uhr im GPS-Empfänger nur Quarzgenauigkeit besitzt.

2. Es könnte sein, daß durch Abschattungen nicht genügend Satelliten verfügbar sind.

3. Da die GPS-Empfänger etwa alle zwei bis drei Sekunden eine Position zur Verfügung haben, kann aus der Positionsänderung und der abgelaufenen Zeit die Fahrt über Grund berechnet werden. Da die Orte wegen der enthaltenen Fehler streuen, läßt man das Gerät einen Mittelwert, zum Beispiel über 10 oder 30 Sekunden, bestimmen.

Seite 119:
1. Distanz = Gesamtlaufzeit x Lichtgeschwindigkeit/2. Durch 2 muß dividiert werden, da die Strecke Schiff – Ziel zweimal durchlaufen wird. Es ergibt sich: 12,35/1 000 000 x 300 000/2 = 1,8525 km oder rund 1 sm.

2. a) 0,3/1 000 000 x 300 000 = 0,09 km = 90 m.
   b) Die Ziele sind 0,05 sm oder rund 93 m voneinander entfernt. Die theoretische Grenze für eine getrennte Anzeige ist halbe Impulslänge, in unserem Beispiel 45 m. Die Ziele müßten daher getrennt angezeigt werden.

3. Nein. Bei Objekten, die zuerst in der (Radar-)kimm geortet werden, wird demnach nicht der nächstgelegene, sondern der in der Radarkimm befindliche Teil auf dem Bildschirm angezeigt.

4. Um ein Mehrfachecho, hier ein Doppelecho. Es kommt dadurch zustande, daß ein Teil der Echoenergie (des Echoimpulses) nochmals am Schiff reflektiert wird, zum Ziel läuft, dort abermals reflektiert und erst dann vom Scanner aufgenommen wird. Wegen des damit doppelten Weges erfolgt die Anzeige auch in der doppelten Distanz und in der gleichen Peilung wie das „richtige" Echo.

Seite 138:
1. Ein Fahrzeug ist in Fahrt, wenn es weder auf dem Grund festsitzt noch vor Anker liegt, noch an Land festgemacht ist.

2. Die Segelyacht ist manövrierunfähig. Wenn sie länger als 12 m ist, ist sie bei Nacht mit zwei roten Rundumlichtern zu kennzeichnen, die senkrecht übereinander dort zu setzen sind, wo sie am besten gesehen werden können. Da das Fahrzeug Fahrt durch das Wasser macht, sind zusätzlich Seitenlichter und das Hecklicht zu führen. Bei Tage sind zwei Bälle senkrecht übereinander dort zu führen, wo man sie am besten sehen kann. Wenn die Yacht unter 12 m lang ist, brauchen die roten Rundumlichter und Bälle nicht geführt zu werden.

3. Da üblicherweise von Segelyachten keine der Tätigkeiten ausgeübt werden, die unter dem Begriff „manövrierbehindert" aufgeführt sind (Ausnahme: Begleitung von Sporttauchern) kann sie nicht manövrierbehindert sein.

4.1 Maschinenfahrzeug in Fahrt unter 50 m Länge von vorn.

4.2 Segelfahrzeug in Fahrt von Stb.

4.3 Trawlendes Fahrzeug, Fahrt durchs Wasser machend, von achtern.

4.4 Manövrierunfähiges Fahrzeug in Fahrt, Fahrt durchs Wasser machend; man sieht gleichzeitig Hecklicht und Stb-Seitenlicht.

4.5 Manövrierbehindertes Fahrzeug in Fahrt, Fahrt durchs Wasser machend, von achtern; oder manövrierbehindertes Fahrzeug vor Anker unter 50 m Länge.

4.6 Nichttrawlender Fischer ohne Fahrt durchs Wasser, dessen Fanggerät sich weiter als 150 m in Richtung des unteren weißen Lichts erstreckt; oder nichttrawlender Fischer von achtern, Fahrt durchs Wasser machend, Fanggerät kürzer als 150 m.

4.7 Tiefgangbehindertes Maschinenfahrzeug von Bb in Fahrt.

4.8 Lotsenfahrzeug in Fahrt von Stb.

5. Grenzkurse: 247° bis 253°

6.   007 bis 257,5°

7.   112,5° bis 247,5°

8.   022,5 bis 032,5°, der Überscheinwinkel zwischen Hecklicht und Seitenlichtern beträgt 10°.

9. Lichter: Topplicht, Seitenlichter (doppelfarbige Laterne), Hecklicht, 2 rote Rundumlichter, Ankerlicht, Signalkörper: 3 Bälle.

10. zu 4.3: Stundenglas, wenn Fahrzeug ≥ 20 m lang, sonst genügt Korb.
zu 4.4: 2 Bälle senkrecht übereinander, wo am besten zu sehen.

zu 4.5: Ball, Rhombus, Ball, senkrecht übereinander, wo am besten zu sehen.
zu 4.6: Wenn keine Fahrt durchs Wasser, Stundenglas oder Korb (4.3), Kegel, Spitze oben, in Richtung des Fanggerätes; wenn Fahrt durchs Wasser wie 4.3.
zu 4.7: Zylinder, wo am besten zu sehen.

11. zu 4.1: Mindestens alle 2 Minuten:
in Fahrt mit Fahrt durchs Wasser ein langer Ton, in Fahrt ohne FdW und mit gestoppter Maschine, zwei lange Töne.
zu 4.2 bis 4.7: Mindestens alle 2 Minuten ein langer Ton, gefolgt von zwei kurzen Tönen.
zu 4.8: Wie 4.1, Zusatzsignal 4 kurze Töne.

12.1 Fahrzeug auf Grund

12.2 Minenräumer in Fahrt, 1000 m Abstand halten.

Seite 146:

1.1 A ist ausweichpflichtig als Überholer. Auf A ändert man den Kurs nach Stb auf 300° und geht wieder auf den alten Kurs zurück, wenn man in ausreichendem Abstand hinter dem Heck des Trawlers vorbeigefahren ist.

1.2 Es nähern sich zwei Segelyachten mit Wind von verschiedenen Seiten. A hat den Wind von Stb und ist Kurshalter. Auf A ist das andere Fahrzeug laufend zu beobachten. Sollte es seiner Ausweichpflicht nicht nachkommen, aufmerksam machen mit ● ● ● ● ● und bei weiterer Annäherung Manöver nach Regel 17.

1.3 Es nähert sich ein Maschinenfahrzeug. A ist als Segelfahrzeug gegenüber dem Maschinenfahrzeug Kurshalter. Verhalten wie unter 1.2.

1.4 Das Maschinenfahrzeug unter 1.4 ist Überholer. A ist Kurshalter. Verhalten wie unter 1.2.

1.5 A ist als Segelfahrzeug gegenüber dem Minenräumer ausweichpflichtig. Auf A kann man den Kurs nach Bb oder Stb ändern. In diesem Fall fällt man auf A ab und muß von dem Minenräumer mindestens 1000 m Abstand halten.

1.6 Es nähern sich zwei Segelfahrzeuge mit Wind von verschiedenen Seiten. A hat den Wind von Stb und ist Kurshalter. Verhalten wie unter 1.2.

2. Das Segelfahrzeug in rw 010° ist gegenüber B als luvwärtiges Fahrzeug ausweichpflichtig. Der Fall, daß dieses Fahrzeug den Wind von Stb hat, ist bei nördlichem Wind und einer Peilung von rw 010° nicht möglich. Das Fahrzeug könnte sich nicht in stehender Peilung nähern.

B muß gegenüber diesen Fahrzeug Kurs und Geschwindigkeit beibehalten. Gegenüber dem entgegenkommenden Segelfahrzeug muß B als Segelfahrzeug mit Wind von Bb ausweichen. Die Ausweichpflicht hat Vorrang vor der Kurshaltepflicht. Mit Rücksicht auf das nördlich befindliche Fahrzeug wird man auf B abfallen. Wenn das entgegenkommende Fahrzeug achteraus ist, ist vor der Rückkehr auf den alten Kurs zu prüfen, ob das mitlaufende Fahrzeug gefährdet wird.

3.1 Beide Maschinenfahrzeuge nähern sich auf entgegengesetzten Kursen und müssen nach Stb ausweichen. Auf C ändert man den Kurs um 010° nach Stb und zeigt diese Kursänderung mit einem kurzen Ton (●) an. Wenn das entgegenkommende Fahrzeug an Bb achteraus ist, steuert man wieder 040°.

3.2 C ist Kurshalter als Maschinenfahrzeug, das ein anderes Maschinenfahrzeug auf Kollisionskurs an seiner Bb-Seite hat. Verhalten wie unter 1.2; falls als Manöver nach Regel 17 eine Kursänderung geplant wird, soll nach Stb geändert werden.

3.3 C ist ausweichpflichtig als Überholer. Auf C ändert man den Kurs um 020° nach Stb (●) und geht wieder auf Kurs, wenn das manövrierbehinderte Fahrzeug in ausreichendem Abstand überholt wurde.

3.4 C ist ausweichpflichtig als Maschinenfahrzeug, das ein anderes Maschinenfahrzeug auf Kollisionskurs an seiner Stb-Seite hat. Auf A ändert man den Kurs auf 080° (●) und geht in ausreichendem Abstand hinter dem Heck des Fahrzeugs wieder auf Kurs.

3.5 C ist ausweichpflichtig als Maschinenfahrzeug gegenüber einem fischenden Fahrzeug (Trawler). Auf A ändert man den Kurs auf etwa 010° (● ●) und hält einen ausreichenden Abstand vom Heck des Trawlers ein, bevor man wieder auf Kurs geht.

3.6 C nähert sich einem Tiefwasserweg und darf das tiefgangbehinderte Fahrzeug nicht behindern. Auf C ändert man, bevor es zu einer Kollisionsgefahr gekommen ist, den Kurs nach Stb auf 085° (●). Man steuert wieder den Kurs 040°, wenn man in ausreichendem Abstand an dem Fahrzeug vorbeigefahren ist.

Seite 153:

1. Die Sicht ist vermindert, wenn die Sichtweite keine sicheren Ausweichmanöver mehr zuläßt. Auf kleineren Fahrzeugen ist der größere Raumbedarf für Manöver größerer Fahrzeuge zu berücksichtigen.

2. Sichere Geschwindigkeit, Nebelsignale, Radar, Radarreflektor, Ausguck, unnötige Geräusche vermeiden, Lichter bei Tag, Schiffsführer informieren, Türen unter Deck öffnen, UKW überwachen, Rettungswesten anlegen, Rettungsmittel bereithalten.

3. Fahrt bis an die Grenze der Steuerfähigkeit verringern, mit äußerster Vorsicht manövrieren, keine Kursänderung aufgrund der gehörten Signale, eigene Nebelsignale in kürzeren Abständen geben.

4.1 Da man einander sieht, gelten die Ausweichregeln. Das Maschinenfahrzeug B ist ausweichpflichtig. A muß unmittelbar nach dem Sichten so manövrieren, wie es zum Vermeiden eines Zusammenstoßes am dienlichsten ist (Regel 17 b – „Manöver des letzten Augenblicks").

4.2 Wenn man vor dem Kollisionspunkt aufstoppen kann, voll zurück (● ● ●); ist eine Kursänderung möglich, hart Stb (●).

5. C1. CPA 0,4 sm, TCPA 18.18, rwK 260°, Geschwindigkeit 10 kn.
   2. Kursänderung 18.06 um mindestens 40° nach Stb.

   D1. CPA 0 sm TCPA 18.45, rwK 320°, Geschwindigkeit 15 kn.
   2. Kursänderung 18.36 um mindestens 60° nach Stb.

   E1. CPA 0 sm, TCPA 19.26, rwK 73°, Geschwindigkeit 14 kn.
   2. Stopp um 18.56, E vorbeifahren lassen. Sollte E nach Stb ändern (Radarbeobachtung) – weiterfahren.

   F1. CPA 0,3 sm, TCPA 19.28, rwK 186°, Geschwindigkeit 16 kn.
   2. Stopp um 19.18, F vorbeifahren lassen. Sollte F nach Stb ändern (Radarbeobachtung) – weiterfahren.

Seite 168:

1.1 Ankerlieger ≤ als 50 m Länge, schräg oder quer im Fahrwasser.

1.2 Fahrzeug mit feuergefährlicher Ladung in Fahrt von hinten.

1.3 Schwimmendes Gerät, auf das Rücksicht zu nehmen ist, in der Mitte des Fahrwassers; es ist in Fahrtrichtung rechts vorbeizufahren.

1.4 Sperrung der Seeschiffahrtsstraße.

1.5 Schutzbedürftige Anlage, Sog und Wellenschlag vermeiden.

1.6 Außergewöhnliche Schiffahrtsbehinderung.

1.7 Wegerechtschiff oder manövrierunfähiges Fahrzeug von Bb in Fahrt, Fahrt durchs Wasser machend.

1.8 Manövrierbehindertes Fahrzeug von achtern in Fahrt, Fahrt durchs Wasser machend (wahrscheinlich Saugbagger), die beiden grünen Lichter kennzeichnen die Passierseite. Rücksicht.

2.1 Ankerverbot (300 m vor und hinter dem Sichtzeichen).

2.2 Liegeverbot.

2.3 Anhalten vor beweglichen Brücken, Schleusen, Sperrwerken, bis die Durchfahrt freigegeben ist.

2.4 Begegnungsverbot an Engstellen (Vorfahrt beachten).

2.5 Sperrung der Seeschiffahrtsstraße.

2.6 Schutzbedürftige Anlage.

2.7 Einhalten eines Fahrabstandes (40 m).

2.8 Geschwindigkeitsbeschränkung (12 km/h).

3.1 Fahrzeug vor Anker oder auf Grund, schräg oder quer im Fahrwasser, ≤ 100 m.

3.2 Schwimmendes Gerät (Bagger) an der Bb-Seite des Fahrwassers, auf das Rücksicht zu nehmen ist.

3.3 Freifahrende Fähre.

3.4 Bugsiertes Maschinenfahrzeug.

3.5 Allgemeines Gefahr- und Warnsignal.

3.6 Schwimmendes Gerät (Bagger) in der Mitte des Fahrwassers, auf das Rücksicht zu nehmen ist. Es ist in Fahrtrichtung rechts vorbeizufahren.

3.7 Sperrung der Seeschiffahrtsstraße.

3.8 Bleib-weg-Signal.

4.1 Falls das Fahrwasser nicht einzusehen ist, ist ein langer Ton (Achtung) zu geben. Beim Auslaufen ist rechts zu fahren, jedoch so, daß das Fahrwasser möglichst früh eingesehen werden kann. Dem Fahrwasser folgende Fahrzeuge haben Vorfahrt.

4.2 Man ist als Überholer ausweichpflichtig.

4.3 Das Maschinenfahrzeug hat, da es dem Fahrwasserverlauf folgt, Vorfahrt. Man muß in ausreichendem Abstand wenden.

4.4 Der Ankerplatz muß außerhalb des Fahrwassers liegen. Folgende Ankerverbote sind zu beachten:
- an engen Stellen und unübersichtlichen Krümmungen
- im Umkreis von 300 m von schwimmenden Geräten, Leitungstrassen und Ankerverbotszeichen
- 100 m vor und hinter Sperrwerken
- vor Hafeneinfahrten, Anlegestellen, Schleusen und Sielen
- innerhalb von Fähr- und Brückenstrecken

- bei verminderter Sicht in einem Abstand von weniger als 300 m von Hochspannungsleitungen
- innerhalb von Bereichen, die von der Strom- und Schiffahrtspolizeibehörde bekanntgegeben worden sind.

5.1 Sichere Geschwindigkeit (rechts fahren), Nebelsignale, Ausguck, Radar (falls vorhanden, an Radarberatung teilnehmen), Radarreflektor, Lichter bei Tag.

5.2 Schwimmendes Gerät an der Stb-Seite des Fahrwassers, auf das Rücksicht zu nehmen ist.

5.3 Falls durch dieses Gerät eine Engstelle im Fahrwasser entstanden ist, hat der Gegenverkehr Vorfahrt. Wenn das Fahrwasser frei ist, in ausreichendem Abstand vorbeifahren, ohne Sog und Wellenschlag zu verursachen.

5.4 Gefahr- und Warnsignal geben ▬●●●● ▬●●●● (Information über UKW an andere Fahrzeuge und Revierzentrale), Kennzeichnung als manövrierunfähiges Fahrzeug.

5.5 Das örtlich zuständige Wasser- und Schiffahrtsamt (Revierzentrale) ist zu informieren.

Seite 172:

1. X ist verpflichtet, den Seeunfall bei dem zuständigen Seeamt (Kiel) anzuzeigen und auf Anforderung für die Untersuchung wichtige Unterlagen (z. B. Seekarten) zur Verfügung zu stellen.

2. X kann einen Rechts- oder Sachbeistand hinzuziehen, er kann Akteneinsicht verlangen und bei dem Verdacht der Befangenheit Mitglieder des Seeamtes ablehnen.

3. Im Spruch des Seeamtes kann ihm ein fehlerhaftes Verhalten ausgesprochen oder die Fahrerlaubnis entzogen werden.

4. Auch ein ausländischer Beteiligter kann vor ein deutsches Seeamt geladen werden.

5. Er kann innerhalb eines Monats schriftlich oder mündlich zur Niederschrift beim zuständigen Seeamt Widerspruch einlegen.

6. Eine Fahrerlaubnis ist zu entziehen, wenn ihm eine Eigenschaft fehlt, die für einen Schiffsführer erforderlich ist.

Seite 175:

1. Da ohne Entöler ein zulässiges Mischungsverhältnis nicht eingehalten werden kann, kann die Bilge nicht leergepumpt werden. Das ölhaltige Wasser muß sachgerecht entsorgt werden.

2. Die zuständige Stelle, in diesem Fall Hafenbehörde, informieren. Versuchen, die Ausbreitung durch aufsaugendes Material zu verhindern.

3.1 Da das Schiff für die Beförderung von mehr als 10 Personen vorgesehen ist, muß das Abwasser in einem Tank gesammelt und entweder an Land entsorgt oder in einer mäßigen Rate bei einer Geschwindigkeit von mindestens 4 kn in einem Abstand von mindestens 12 sm vom nächsten Land eingeleitet werden. Wenn das Abwasser desinfiziert ist und die Rückstände zerkleinert sind, genügt ein Mindestabstand von Land von 4 sm.

3.2 Lebensmittelabfälle sollten in Müllbehälter in Häfen entsorgt werden. Sie dürfen auf See keinesfalls weniger als 12 sm vom nächstgelegenen Land entfernt beseitigt werden.

3.3 Leere Bierflaschen dürfen nur an Land entsorgt werden.

4. Altöl kann an den Handel zurückgegeben beziehungsweise in entsprechenden Auffanganlagen in den Häfen entsorgt werden. Ölfilter und ölige Lappen sind im Hafen zu entsorgen.

5. Leere Farbtöpfe und gebrauchte Farbrollen sind als Sondermüll zu entsorgen.

eite 194

1. s. Seite 186.
2. Vereinfachte planetarische Zirkulation.

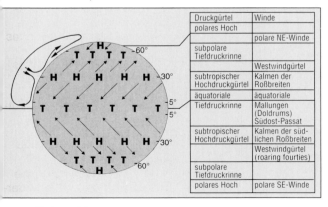

Druckgürtel	Winde
polares Hoch	
	polare NE-Winde
subpolare Tiefdruckrinne	
	Westwindgürtel
subtropischer Hochdruckgürtel	Kalmen der Roßbreiten
äquatoriale Tiefdruckrinne	äquatoriale
	Mallungen (Doldrums) Südost-Passat
subtropischer Hochdruckgürtel	Kalmen der südlichen Roßbreiten
	Westwindgürtel (roaring fourties)
subpolare Tiefdruckrinne	
polares Hoch	polare SE-Winde

3. s. Seite 186.
4. s. Seite 188 und Tafel für Symbole Seite 225.
5. Im Nordatlantik von Afrika bis 35° West, im Pazifik von Südamerika bis 170° West.
6. Das Wandern der ITCZ ist mit den Regenzeiten verbunden.

7. s. Seite 188.
8. s. Seite 188.
9. Tropische Wellen bzw. easterly waves, Symbole s. Seite 189 mit Abbildung 3.
10. In den Tropen sind die Druckunterschiede über viele Breitengrade so gering, daß keine Fünferisobaren gezeichnet werden können. Hier lassen sich Stromlinien ziehen, die die Windverhältnisse besser wiedergeben können. Die Symbole dazu finden sich auf Seite 225.
11. Eine schematische Darstellung der Höhenströmung stellen die Abbildungen 6 bis 9 auf Seite 191 dar.
12. s. Seite 190/191 Westwindzone.
13. Monsune gehören zu den sogenannten terrestrischen Winden, wie der Land- und Seewind. Nordsommer-Monsun mit indischem Monsuntief. Südsommer-Monsun über Teilen von Indonesien und Nordaustralien.

Seite 198

1. v ≈ 0,4 kn.
2. Der Peru current wird in Deutschland als Humboldtstrom bezeichnet. Statt vom Azores current wird meist vom Portugalstrom gesprochen.
3. s. Abbildung 15, Seite 196.
   Beispiel für den Südatlantik:
   Südäqatorialstrom,
   Brasilstrom,
   Falklandstrom,
   Westwindtrift,
   Benguelastrom.
4. s. Seite 195.
5. s. Seite 197 und Abbildung 17.
6. s. Seite 196.

Seite 206

1. s. Seite 199.
2. Sind die notwendigen Bedingungen nicht erfüllt, ist in jenen Gebieten auch nicht mit dem Auftreten von tropischen Wirbelstürmen zu rechnen.
3. s. Tabelle Seite 200.
4. s. Seite 202.
5. v (nach Fletcher) = 189,3 kn, v (gemessen) = 192 kn.
6. s. Seite 202.
7. s. Seite 203.
8. s. Seite 204, Abbildung 23.

9. s. Seite 204, Abbildung 24. Bei der Navigation im Hinblick auf einen bestimmten tropischen Wirbelsturm ist nicht darauf zu hoffen, daß dieser eine Parabelbahn durchläuft.
10. Die Vorhersagefehler der Wetterdienste sind nicht unerheblich, s. Abbildung 32, 33. Vorhersageregeln für den Bordbetrieb aufzustellen ist unmöglich, allenfalls lassen sich einfache Verlagerungstendenzen angeben.

Seite 211
1. s. Seite 206.
2. s. Tabelle Seite 207.
3. bis 5. s. Seite 207, 208 und die Abb. 27, 29, 30.

4. Abb. 31 erweitert auf 48 h.

5. Abb. 34 erweitert auf 48 h.

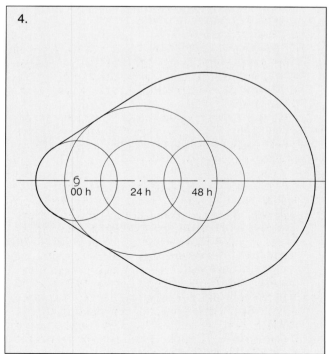

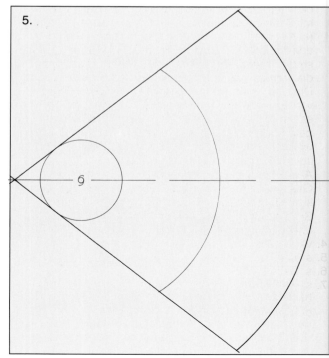

Seite 218

1. s. Abbildung 36 und Seite 211.
2. Zur Lösung müssen folgende Feststellungen getroffen werden:
   Wo liegt die Zugbahn? Wo ist die gefährliche Hälfte bzw. das gefährliche Viertel des Orkans? Wie steht das Schiff zu dem gefährlichen Viertel, welche Kurse erzielen den größten Abstand vom Orkan? Ist ein Kreuzen der Orkanbahn möglich, weil das Schiff nahe der Zugbahn steht? Poltendenz beachten, wo steht das Hoch, jahreszeitliche Zugbahnen in Monatskarten anschauen.
   In der Praxis sollte versucht werden, amerikanische Wetterberichte im Klartext zu bekommen, da diese prognostizierte Orkanpositionen für bis zu 72 h herausgeben (s. Seite 205.).
3. rw 57° $\leq \alpha$ (Ausweichkurse) $\leq$ rw 173°
   a) Lösung analog zu Abb. 40
   Alle Kurse und Geschwindigkeiten, die in den Kreisabschnitt zwischen den Grenzkursen rw 56° und rw 174° fallen, weichen dem Orkan mit gewählter Sicherheit von V0/2 aus.
   b) Ein irgendwie nach Westen führender Kurs – wie der beabsichtigte – ist nicht möglich, da dazu eine Mindestgeschwindigkeit von 13,8 kn erforderlich ist (senkrechter Abstand von der oberen Tangente an den Kreis V0/2 bis A). Außerdem würden diese Kurse die Orkanbahn kreuzen. Sie führen allerdings auf die weniger gefährliche linke Seite des Orkans.
   Die Lösungskurse mit einer Mindestgeschwindigkeit von 3 kn (senkrechter Abstand von der Sehne zwischen den Grenzkursen bis A) liegen auf der rechten gefährlichen Seite des Orkans. Aus diesem Grunde wäre ein Kurs günstig, der einen größeren Abstand zum Orkan sichert als der Grenzkurs 173°.
   Anmerkung zum Maßstab:
   Geschwindigkeiten und die geographischen Lagen können in beliebigen Maßstäben gewählt werden. Sie sind unabhängig voneinander. Beide werden nur über Richtungen bzw. Winkel verbunden.
4. v $\approx$ 13,3 kn
5. s. Seite 217, Tabelle.
6. s. Seite 217.
7. a) KCPAmax = rw 45°
   b) CPAmax = 218 sm
   c) TCPAmax = 20,17 h

Seite 230

1. s. Tabelle Seite 219.
2. Dazu benötigen Sie das Stationsmodell Abbildung 46, die Symboltafel Abb. 47.
   Erläuterungen der Symbole (Abbildung 48 oder die Schlüsseltafel), zusätzliche Angaben über Sicht von Landstationen, Beispiel Abb. 46 .
3. Verkürzte Darstellung
   132 entspricht 1013,2 hPa
   001 entspricht 1000,1 hPa
   889 entspricht   988,9 hPa
4. Die zu zeichnende Analyse hat ein kleines Tief südlich der Alpen als Besonderheit.
5. *Nautischer Funkdienst* Band III unter *Eisfunk*.

Seite 238

1. s. Tabelle Seite 231.
2. s. Seite 231.
3. s. Seite 232.
4. Es können erstens erkennbare – aber auch vermutete, mögliche – Gefahrengebiete ausmanövriert oder sogar umfahren werden. Es lassen sich zweitens optimale Routen berechnen, wenn die nötigen Voraussetzungen dafür vorhanden sind.
5. s. Seite 233.
6. s. Seite 233.
7. s. Tabelle Seite 234. Sie gilt nur für Winde bis 44 kn und für 7 Seegebiete von 50° N bis 30° S des Atlantiks. Die Werte sind aus Kurven des Atlantik-Handbuchs (Nr. 2057) vom BSH entnommen und gemittelt worden.
8. Klimatische Unterlagen bestehen aus langjährigen Mitteln. Die tatsächlichen Wetterlagen können von den Klimawerten stark abweichen, ja sogar in Einzelfällen entgegengesetzt sein.
9. s. Seite 225
10. Der Klartext ist eine Interpretation der Wetterkarte. Zum Verständnis des Textes müßte sich der Skipper wieder eine entsprechende Wetterkarte vorstellen können. Die Wetterkarten über Fax dagegen müssen ausgewertet werden, d. h., es muß sich der Betrachter eine Art Klartext zu deren Interpretation zurechtlegen. Im Grunde genommen ergänzen sich beide Übermittlungsformen in idealer Weise.
11. Der Wetterbericht auf Seite 236/237 gibt im Gegensatz zu denen des Seewetteramtes zusätzlich Schlechtwettergebiete an. Insofern brauchen nur die Lagen der Druckgebiete eingetragen und um diese die Schlechtwettergebiete gezeichnet zu werden.

Informationen zum Sporthochseeschifferschein

Da Ihnen die allgemeinen Regularien schon aus der Prüfung zum Sportseeschifferschein (SSS) bekannt sind, können wir uns hier auf die Besonderheiten im Zusammenhang mit dem Sporthochseeschifferschein (SHS) beschränken.

Das sind vor allem die Voraussetzungen für den Erwerb dieses Scheines, die Durchführung der Prüfung und die Prüfungsanforderungen. Einen kurzen Blick sollten wir auch auf die anfallenden Gebühren werfen. Da die für uns wichtigen Abschnitte aus den amtlichen Unterlagen meist gut verstehbar sind, werden sie wörtlich oder mit geringen Abänderungen und Auslassungen zitiert. Zunächst stellt sich aber die Frage, was dieser Schein überhaupt bedeutet (oder auch nicht bedeutet).

Was ist der Sporthoch-seeschifferschein?

Der Sporthochseeschifferschein ist ein freiwilliger, amtlicher Befähigungsnachweis zum Führen von Yachten und Ausbildungsschiffen in der weltweiten Fahrt. Dienen solche Fahrzeuge dem Erwerb durch Seefahrt oder werden auf ihnen Personen gegen Entgelt beschäftigt, unterliegen sie unter anderem der Schiffsbesetzungsverordnung. Bei Traditionsschiffen mit einer Länge über 15 und unter 55 m oder bei Traditionsschiffen, die mehr als 25 Personen befördern, gilt eine besondere Richtlinie des Bundesverkehrsministers. Treffen die eben genannten Voraussetzungen zu, ist für

die nautische Besetzung in einigen Fällen (soweit keine Patentinhaber gefahren werden müssen) der SHS (bzw. das Sporthochseeschifferzeugnis und ein zusätzlicher Praxisnachweis) vorgeschrieben.

Voraussetzungen für den Erwerb

Der Bewerber kann auf Antrag einen SHS für Yachten mit Antriebsmaschine oder einen SHS für Yachten mit Antriebsmaschine und unter Segel erhalten, wenn er

1. das 18. Lebensjahr vollendet hat,

2. im Besitz eines SSS für Yachten mit der jeweiligen Antriebsart ist,

3. nachweist, daß er nach dem Erwerb des SSS mindestens 1000 sm auf Yachten mit der jeweiligen Antriebsart, davon mindestens 500 sm vor der theoretischen Prüfung, im Seebereich zurückgelegt hat und dabei als Wachführer eingesetzt war, und

4. in einer theoretischen Prüfung seine Befähigung zum Führen einer Yacht mit der jeweiligen Antriebsart in der weltweiten Fahrt nachgewiesen hat.

Durchführung der Prüfung

Wie im vorigen Abschnitt bereits erwähnt, ist für den Erwerb des SHS das Bestehen einer theoretischen Prüfung Voraussetzung. Zu dieser Prüfung gehören die Teilprüfungsfächer *Navigation, Schiffahrtsrecht* und *Wetterkunde.* Die Prüfung kann in Teilprüfungen abgelegt werden, wobei diese innerhalb von 24 Monaten mit Erfolg abzuschließen sind.

Die Fächer werden schriftlich geprüft, und zwar

1. **Navigation** (Bearbeitungszeit 180 Minuten)

2. **Schiffahrtsrecht** (Bearbeitungszeit 60 Minuten)

3. **Wetterkunde** (Bearbeitungszeit 30 Minuten)

Im Anschluß an die schriftliche Prüfung in Navigation erfolgt die Prüfung in der Handhabung des Sextanten. Die Prüfungsdauer hierfür beträgt etwa 10 Minuten.

Die schriftliche Prüfung beginnt mit dem Fach Navigation. Zwischen den Prüfungen in Navigation und Schiffahrtsrecht liegt eine Pause von 15 Minuten.

Werden in einem Prüfungsfach in der schriftlichen Prüfung zwischen 60 % und 74 % der vorgesehenen möglichen Punktzahl erreicht, ist eine mündliche Prüfung erforderlich. Die ergänzende mündliche Prüfung dauert maximal 15 Minuten. Die mündliche Prüfung findet in der Regel am Tage nach der schriftlichen Prüfung statt.

Eine Wiederholung der nicht bestandenen Teile der theoretischen Prüfung findet nur auf Antrag statt und ist frühestens nach zwei Monaten möglich.

Gegen die Ablehnung der Erteilung eines SHS kann innerhalb eines Monats bei der Zentralen Verwaltungsstelle für den Sportsee- und Sporthochseeschifferschein in Hamburg Widerspruch eingelegt werden.

Prüfungsanforderungen

1. **Teilprüfungsfach Navigation** (maximal erreichbare Punktzahl: 60)
1.1 Reiseplanung (Terrestrische Navigation unter Berücksichtigung von Gezeiten in europäischen Gewässern)
1.2 Koppelnavigation; Berücksichtigung von Meeresströmen
1.3 Astronomische Navigation
1.3.1 Grundbegriffe: Koordinatensysteme am Himmel, sphärisch-astronomisches Grunddreieck, Meridianfigur, Gestirnsarten
1.3.2 Die Zeit (Zeitbegriffe, Zeitmesser, Zeitrechnungen)
1.3.3 Nautisches Jahrbuch
1.3.4 Sextant
1.3.5 Auswertung von Gestirnsbeobachtungen
1.3.6 Astronomische Schiffsortbestimmungen
1.3.7 Mittags- und Nordsternbreite
1.3.8 Ort aus zwei oder mehreren Höhen, mit und ohne Versegelung

1.3.9 Astronomische Kompaßkontrolle
1.4 Elektronische Navigation
1.4.1 Decca und Loran C, Wirkungsweise, Zuverlässigkeit, Anwendungsmöglichkeit, Reichweite
1.4.2 Satelliten-Navigation (GPS): Wirkungsweise, Verfügbarkeit, Zuverlässigkeit
1.4.3 Radar: Wirkungsweise, Darstellung von Radarzielen, Auflösungsvermögen, Seegangs- und Regenentrübung, Reichweiten, Störung des Radarbildes, Zuverlässigkeit
1.4.4 Integrierte nautische Anlagen
1.4.5 Elektronische Seekarte

In der schon erwähnten Prüfung zur Handhabung des Sextanten werden das Messen eines Vertikalwinkels, die Bestimmung der Indexberichtigung und die Erläuterung weiterer Fehlermöglichkeiten des Sextanten verlangt.

2. **Teilprüfungsfach Schifffahrtsrecht** (maximal erreichbare Punktzahl: 40)
2.1 Kollisionsverhütungsregeln (KVR) in der jeweils geltenden Fassung einschließlich Radarplotten
2.2 Seeschiffahrtsstraßen-Ordnung in der jeweils geltenden Fassung (§§ 1 bis 35, 37) und nationale Ergänzungsvorschriften, soweit die Sportschiffahrt betroffen ist; Hinweis auf nationale Ergänzungsvorschriften anderer Staaten zu den KVR
2.3 Umweltschutz (MARPOL-Übereinkommen: Sondergebiete, Protokoll I; Helsinki-Übereinkommen)
2.4 Seerechtsübereinkommen (Rechtsstellung des Schiffes in

internationalen und nationalen Gewässern und Häfen, völkerrechtliche Einteilung der Gewässer, hohe See, staatliche Hoheitsgewalt), Wiener Übereinkommen über den Drogenhandel, Verhalten bei Gewaltakten auf See und Einschleichern.
2.5 Weltweites Seenot- und Sicherheitsfunksystem

3. **Teilprüfungsfach Wetterkunde** (maximal erreichbare Punktzahl: 20)
3.1 Auswerten von Wettermeldungen, Zeichnen von Wetterkarten
3.2 Tropische Wirbelstürme (Hurrikan, Taifun, Zyklone)
3.3 Navigation bzw. Verhalten in wirbelsturmgefährdeten Gebieten
3.4 Meereskunde, Meeresströme

Gebühren

Es werden folgende Gebühren und Auslagen erhoben (hier werden nur die wichtigsten Punkte aufgeführt):

1. für die Abnahme der theoretischen Prüfung DM 100,–
2. für die Ausstellung des SHS DM 50,–
3. Reisekosten der Prüfungskommission nach der Reisekostenstufe B des Bundesreisekostengesetzes DM anteilig
4. für die Wiederholung eines Prüfungsteils DM 50,–
5. für die Ablehnung oder die Rücknahme eines Antrages auf Zulassung zur Prüfung DM 21,–
6. für die Zurückweisung des Widerspruchs oder Rücknahme des Widerspruchs DM 40,–

Tafeln

1989 JULI 12   Mittwoch

193 UT1	SONNE	r 15,8'	MOND	Alter 8,8 d				FRÜHLP.	FIXSTERNE		
	Grt ° '	δ ° '	Grt ° '	Unt '	δ ° '	Unt '		Grt ° '	Nr	β ° '	δ ° '
0	178 37,1	22 00,3 N	83 15,2	15,0	15 59,3 S	11,6		289 52,1	1	358 02,1	29 01,9 N
1	193 37,0	22 00,0	97 49,2	15,0	16 10,9	11,7		304 54,6	3	353 33,1	42 21,4 S
2	208 36,9	21 59,6	112 23,2	14,8	16 22,6	11,5		319 57,1	5	349 13,8	18 02,4 S
3	223 36,8	21 59,3	126 57,0	14,8	16 34,1	11,5		334 59,5	7	342 42,7	35 33,9 N
4	238 36,7	21 58,9	141 30,8	14,7	16 45,6	11,5		350 02,0	8	335 39,9	57 17,0 S
5	253 36,7	21 58,6 N	156 04,5	14,7	16 57,1 S	11,3		5 04,5	11	328 21,2	23 24,8 N
6	268 36,6	21 58,2	170 38,2	14,6	17 08,4	11,3		20 06,9	12	314 34,0	4 03,1 N
7	283 36,5	21 57,9	185 11,8	14,5	17 19,7	11,3		35 09,4	13	313 07,8	40 54,9 N
8	298 36,4	21 57,5	199 45,3	14,4	17 31,0	11,2		50 11,9	14	309 06,6	49 49,4 N
9	313 36,4	21 57,2	214 18,7	14,4	17 42,2	11,1		65 14,3	15	303 17,2	24 04,5 N
10	328 36,3	21 56,9 N	228 52,1	14,3	17 53,3 S	11,0		80 16,8	16	291 10,3	16 29,5 N
11	343 36,2	21 56,5	243 25,4	14,2	18 04,3	11,0		95 19,2	17	281 29,6	8 12,6 S
12	358 36,1	21 56,1	257 58,6	14,2	18 15,3	10,9		110 21,7	18	281 01,5	45 59,3 N
13	13 36,0	21 55,8	272 31,8	14,0	18 26,2	10,8		125 24,2	19	278 51,6	6 20,6 N
14	28 36,0	21 55,4	287 04,8	14,0	18 37,0	10,8		140 26,6	25	270 18,8	44 56,9 N
15	43 35,9	21 55,1 N	301 37,8	14,0	18 47,8 S	10,7		155 29,1	27	264 04,7	52 41,2 S
16	58 35,8	21 54,7	316 10,8	13,8	18 58,5	10,6		170 31,6	29	258 49,9	16 41,9 S
17	73 35,7	21 54,4	330 43,6	13,8	19 09,1	10,6		185 34,0	30	255 27,1	28 57,3 S
18	88 35,7	21 54,0	345 16,4	13,6	19 19,7	10,4		200 36,5	35	234 26,2	59 28,5 S
19	103 35,6	21 53,7	359 49,0	13,6	19 30,1	10,4		215 39,0	37	221 44,7	69 40,5 S
20	118 35,5	21 53,3 N	14 21,6	13,6	19 40,5 S	10,4		230 41,4	38	218 14,1	8 36,7 S
21	133 35,4	21 53,0	28 54,2	13,4	19 50,9	10,2		245 43,9	39	208 02,8	12 01,2 N
22	148 35,4	21 52,6	43 26,6	13,4	20 01,1	10,2		260 46,4	41	194 13,7	61 48,7 N
23	163 35,3	21 52,2	57 59,0	13,2	20 11,3	10,0		275 48,8	42	182 52,0	14 37,9 N
									43	173 30,0	63 02,8 S

T 12.06	Unt 0,4'		T 19.01	UT1 4 12 20		T 4.40
				HP 54,4' 54,5' 54,6'		

UT1	VENUS		MARS		JUPITER		SATURN	
	Grt ° '	δ ° '	Grt ° '	δ ° '	Grt ° '	δ ° '	Grt ° '	δ ° '
0	151 29,0	17 46,7 N	151 11,8	17 14,1 N	204 16,3	23 01,2 N	9 07,1	22 28,0 S
1	166 28,5	17 45,8	166 12,7	17 13,6	219 18,1	23 01,2	24 09,7	22 28,0
2	181 27,9	17 44,9	181 13,6	17 13,1	234 20,0	23 01,2	39 12,4	22 28,0
3	196 27,3	17 44,0	196 14,5	17 12,6	249 21,9	23 01,3	54 15,0	22 28,1
4	211 26,7	17 43,1	211 15,5	17 12,1	264 23,7	23 01,3	69 17,7	22 28,1
5	226 26,2	17 42,2 N	226 16,4	17 11,7 N	279 25,6	23 01,3 N	84 20,4	22 28,1 S
6	241 25,6	17 41,3	241 17,3	17 11,2	294 27,5	23 01,3	99 23,0	22 28,1
7	256 25,0	17 40,4	256 18,2	17 10,7	309 29,3	23 01,3	114 25,7	22 28,1
8	271 24,5	17 39,5	271 19,1	17 10,2	324 31,2	23 01,4	129 28,3	22 28,1
9	286 23,9	17 38,6	286 20,0	17 09,8	339 33,1	23 01,4	144 31,0	22 28,2
10	301 23,3	17 37,7 N	301 20,9	17 09,3 N	354 34,9	23 01,4 N	159 33,7	22 28,2 S
11	316 22,8	17 36,8	316 21,8	17 08,8	9 36,8	23 01,4	174 36,3	22 28,2
12	331 22,2	17 35,8	331 22,7	17 08,3	24 38,7	23 01,4	189 39,0	22 28,2
13	346 21,6	17 34,9	346 23,6	17 07,8	39 40,5	23 01,5	204 41,6	22 28,2
14	1 21,1	17 34,0	1 24,5	17 07,4	54 42,4	23 01,5	219 44,3	22 28,2
15	16 20,5	17 33,1 N	16 25,4	17 06,9 N	69 44,3	23 01,5 N	234 46,9	22 28,3 S
16	31 19,9	17 32,2	31 26,3	17 06,4	84 46,1	23 01,5	249 49,6	22 28,3
17	46 19,4	17 31,3	46 27,2	17 05,9	99 48,0	23 01,5	264 52,3	22 28,3
18	61 18,8	17 30,4	61 28,2	17 05,4	114 49,8	23 01,5	279 54,9	22 28,3
19	76 18,3	17 29,5	76 29,1	17 05,0	129 51,7	23 01,6	294 57,6	22 28,3
20	91 17,7	17 28,5 N	91 30,0	17 04,5 N	144 53,6	23 01,6 N	310 00,2	22 28,3 S
21	106 17,1	17 27,6	106 30,9	17 04,0	159 55,4	23 01,6	325 02,9	22 28,4
22	121 16,6	17 26,7	121 31,8	17 03,5	174 57,3	23 01,6	340 05,6	22 28,4
23	136 16,0	17 25,8	136 32,7	17 03,0	189 59,2	23 01,6	355 08,2	22 28,4

Unt	−0,6'	0,9'	0,9'	0,5'	1,9'	0,0'	2,7'	0,0'
	T 13.55	HP 0,1'	T 13.54	HP 0,1'	T 10.22	HP 0,0'	T 23.19	HP 0,0'
		Gr −3,9		Gr +1,8		Gr −2,0		Gr +0,1

1989   JULI   13   Donnerstag

FIXSTERNE				194	SONNE r 15,8'				MOND Alter 9,8 d					FRÜHLP.
Nr	β		δ	UT1	Grt		δ		Grt	Unt	δ		Unt	Grt
	° '	° '			° '	° '			° '	'	° '		'	° '
44	172 21,4	57 03,6 S		0	178 35,2	21 51,9 N			72 31,2	13,2	20 21,3 S		10,0	290 51,3
45	168 13,5	59 38,3 S		1	193 35,1	21 51,5			87 03,4	13,1	20 31,3		10,0	305 53,7
49	158 50,2	11 06,5 S		2	208 35,1	21 51,2			101 35,5	13,0	20 41,3		9,8	320 56,2
50	153 12,7	49 22,1 N		3	223 35,0	21 50,8			116 07,5	13,0	20 51,1		9,8	335 58,7
51	149 13,6	60 19,8 S		4	238 34,9	21 50,4			130 39,5	12,8	21 00,9		9,6	351 01,1
53	146 12,0	19 14,2 N		5	253 34,8	21 50,1 N			145 11,3	12,8	21 10,5 S		9,6	6 03,6
54	140 16,3	60 47,8 S		6	268 34,8	21 49,7			159 43,1	12,6	21 20,1		9,5	21 06,1
56	137 25,2	16 00,1 S		7	283 34,7	21 49,3			174 14,7	12,6	21 29,6		9,4	36 08,5
57	137 18,3	74 12,1 N		8	298 34,6	21 49,0			188 46,3	12,5	21 39,0		9,3	51 11,0
60	124 03,4	6 27,4 N		9	313 34,5	21 48,6			203 17,8	12,4	21 48,3		9,3	66 13,5
61	112 48,1	26 24,8 S		10	328 34,5	21 48,3 N			217 49,2	12,4	21 57,6 S		9,1	81 15,9
62	108 05,8	69 00,9 S		11	343 34,4	21 47,9			232 20,6	12,2	22 06,7		9,1	96 18,4
64	96 46,0	37 06,0 S		12	358 34,3	21 47,5			246 51,8	12,1	22 15,8		8,9	111 20,9
65	96 22,8	12 34,0 N		13	13 34,2	21 47,2			261 22,9	12,1	22 24,7		8,9	126 23,3
66	95 50,9	42 59,7 S		14	28 34,2	21 46,8			275 54,0	12,0	22 33,6		8,7	141 25,8
67	90 54,0	51 29,4 N		15	43 34,1	21 46,4 N			290 25,0	11,8	22 42,3 S		8,7	156 28,2
68	84 07,2	34 23,5 S		16	58 34,0	21 46,0			304 55,8	11,8	22 51,0		8,6	171 30,7
69	80 50,7	38 46,4 N		17	73 34,0	21 45,7			319 26,6	11,7	22 59,6		8,4	186 33,2
71	62 25,4	8 50,4 N		18	88 33,9	21 45,3			333 57,3	11,6	23 08,0		8,4	201 35,6
72	53 46,7	56 46,1 N		19	103 33,8	21 44,9			348 27,9	11,5	23 16,4		8,3	216 38,1
73	49 43,4	45 14,5 N		20	118 33,7	21 44,6 N			2 58,4	11,4	23 24,7 S		8,1	231 40,6
75	34 04,5	9 49,6 N		21	133 33,7	21 44,2			17 28,8	11,4	23 32,8		8,1	246 43,0
76	28 05,7	47 00,5 S		22	148 33,6	21 43,8			31 59,2	11,2	23 40,9		8,0	261 45,5
77	19 28,7	46 56,1 S		23	163 33,5	21 43,4			46 29,4	11,1	23 48,9		7,8	276 48,0
78	15 43,4	29 40,5 S												

T 12.06   Unt 0,4'

T 19.48   UT1 4   12   20
HP 54,7'   54,8'   55,0'

T 4.36

UT1	VENUS			MARS			JUPITER			SATURN		
	Grt	δ		Grt	δ		Grt	δ		Grt	δ	
	° '	° '		° '	° '		° '	° '		° '	° '	
0	151 15,5	17 24,9 N		151 33,6	17 02,6 N		205 01,0	23 01,7 N		10 10,9	22 28,4 S	
1	166 14,9	17 23,9		166 34,5	17 02,1		220 02,9	23 01,7		25 13,5	22 28,4	
2	181 14,3	17 23,0		181 35,4	17 01,6		235 04,8	23 01,7		40 16,2	22 28,5	
3	196 13,8	17 22,1		196 36,3	17 01,1		250 06,6	23 01,7		55 18,8	22 28,5	
4	211 13,2	17 21,2		211 37,2	17 00,6		265 08,5	23 01,7		70 21,5	22 28,5	
5	226 12,7	17 20,3 N		226 38,1	17 00,2 N		280 10,4	23 01,8 N		85 24,2	22 28,5 S	
6	241 12,1	17 19,3		241 39,1	16 59,7		295 12,3	23 01,8		100 26,8	22 28,5	
7	256 11,6	17 18,4		256 40,0	16 59,2		310 14,1	23 01,8		115 29,5	22 28,5	
8	271 11,0	17 17,5		271 40,9	16 58,7		325 16,0	23 01,8		130 32,1	22 28,6	
9	286 10,4	17 16,6		286 41,8	16 58,2		340 17,9	23 01,8		145 34,8	22 28,6	
10	301 09,9	17 15,6 N		301 42,7	16 57,8 N		355 19,7	23 01,8 N		160 37,4	22 28,6 S	
11	316 09,3	17 14,7		316 43,6	16 57,3		10 21,6	23 01,9		175 40,1	22 28,6	
12	331 08,8	17 13,8		331 44,5	16 56,8		25 23,5	23 01,9		190 42,8	22 28,6	
13	346 08,2	17 12,8		346 45,4	16 56,3		40 25,3	23 01,9		205 45,4	22 28,6	
14	1 07,7	17 11,9		1 46,3	16 55,8		55 27,2	23 01,9		220 48,1	22 28,7	
15	16 07,1	17 11,0 N		16 47,2	16 55,3 N		70 29,1	23 01,9 N		235 50,7	22 28,7 S	
16	31 06,6	17 10,1		31 48,1	16 54,9		85 30,9	23 02,0		250 53,4	22 28,7	
17	46 06,0	17 09,1		46 49,1	16 54,4		100 32,8	23 02,0		265 56,0	22 28,7	
18	61 05,5	17 08,2		61 50,0	16 53,9		115 34,7	23 02,0		280 58,7	22 28,7	
19	76 04,9	17 07,3		76 50,9	16 53,4		130 36,5	23 02,0		296 01,4	22 28,7	
20	91 04,4	17 06,3 N		91 51,8	16 52,9 N		145 38,4	23 02,0 N		311 04,0	22 28,8 S	
21	106 03,8	17 05,4		106 52,7	16 52,4		160 40,3	23 02,1		326 06,7	22 28,8	
22	121 03,3	17 04,4		121 53,6	16 51,9		175 42,1	23 02,1		341 09,3	22 28,8	
23	136 02,8	17 03,5		136 54,5	16 51,5		190 44,0	23 02,1		356 12,0	22 28,8	
Unt	−0,6'	0,9'		0,9'	0,5'		1,9'	0,0'		2,7'	0,0'	
	T 13.55	HP 0,1'		T 13.53	HP 0,1'		T 10.19	HP 0,0'		T 23.15	HP 0,0'	
		Gr −3,9			Gr +1,8			Gr −2,0			Gr +0,1	

1989   OKTOBER 22   Sonntag

295 UT1	SONNE r 16,1' Grt (° ')	SONNE δ (° ')	MOND Alter 22,1 d Grt (° ')	MOND Unt (')	MOND δ (° ')	MOND Unt (')	FRÜHLP. Grt (° ')	FIXSTERNE Nr	FIXSTERNE β (° ')	FIXSTERNE δ (° ')
0	183 51,8	10 58,0 S	263 47,2	10,9	20 57,5 N	10,3	30 24,3	1	358 01,7	29 02,3 N
1	198 51,9	10 58,9	278 17,1	11,0	20 47,2	10,3	45 26,8	3	353 32,6	42 21,6 S
2	213 52,0	10 59,7	292 47,1	11,1	20 36,9	10,5	60 29,2	5	349 13,3	18 02,4 S
3	228 52,1	11 00,6	307 17,2	11,2	20 26,4	10,5	75 31,7	7	342 42,1	35 34,2 N
4	243 52,2	11 01,5	321 47,4	11,3	20 15,9	10,6	90 34,2	8	335 39,1	57 17,2 S
5	258 52,3	11 02,4 S	336 17,7	11,5	20 05,3 N	10,7	105 36,6	11	328 20,6	23 25,1 N
6	273 52,4	11 03,3	350 48,2	11,5	19 54,6	10,7	120 39,1	12	314 33,3	4 03,3 N
7	288 52,5	11 04,2	5 18,7	11,7	19 43,9	10,9	135 41,6	13	313 06,9	40 55,2 N
8	303 52,6	11 05,0	19 49,4	11,7	19 33,0	10,9	150 44,0	14	309 05,5	49 49,7 N
9	318 52,7	11 05,9	34 20,1	11,9	19 22,1	11,0	165 46,5	15	303 16,4	24 04,6 N
10	333 52,8	11 06,8 S	48 51,0	12,0	19 11,1 N	11,1	180 48,9	16	291 09,5	16 29,6 N
11	348 52,9	11 07,7	63 22,0	12,0	19 00,0	11,2	195 51,4	17	281 28,9	8 12,5 S
12	3 53,0	11 08,6	77 53,0	12,2	18 48,8	11,2	210 53,9	18	281 00,5	45 59,4 N
13	18 53,1	11 09,5	92 24,2	12,3	18 37,6	11,4	225 56,3	19	278 50,9	6 20,7 N
14	33 53,1	11 10,3	106 55,5	12,4	18 26,2	11,3	240 58,8	24	271 20,4	7 24,6 N
15	48 53,2	11 11,2 S	121 26,9	12,5	18 14,9 N	11,5	256 01,3	25	270 17,8	44 56,9 N
16	63 53,3	11 12,1	135 58,4	12,6	18 03,4	11,5	271 03,7	27	264 03,8	52 41,0 S
17	78 53,4	11 13,0	150 30,0	12,6	17 51,9	11,6	286 06,2	28	260 42,8	16 24,7 N
18	93 53,5	11 13,9	165 01,6	12,8	17 40,3	11,7	301 08,7	29	258 49,3	16 41,8 S
19	108 53,6	11 14,7	179 33,4	12,9	17 28,6	11,7	316 11,1	30	255 26,4	28 57,1 S
20	123 53,7	11 15,6 S	194 05,3	13,0	17 16,9 N	11,8	331 13,6	32	246 30,5	31 54,7 N
21	138 53,8	11 16,5	208 37,3	13,0	17 05,1	11,9	346 16,1	33	245 18,3	5 15,3 N
22	153 53,9	11 17,4	223 09,3	13,2	16 53,2	11,9	1 18,5	34	243 49,3	28 03,1 N
23	168 54,0	11 18,3	237 41,5	13,2	16 41,3	12,0	16 21,0	35	234 25,5	59 28,2 S
								37	221 44,1	69 40,1 S

SONNE: T 11.44 Unt 0,9'
MOND: T 6.38 Unt UT1 4 12 20 / HP 56,4' 56,1' 55,9'
FRÜHLP.: T 21.55

UT1	VENUS Grt (° ')	VENUS δ (° ')	MARS Grt (° ')	MARS δ (° ')	JUPITER Grt (° ')	JUPITER δ (° ')	SATURN Grt (° ')	SATURN δ (° ')
0	137 20,4	25 34,9 S	190 35,4	7 41,3 S	288 41,2	22 45,2 N	111 02,7	22 45,6 S
1	152 19,9	25 35,3	205 36,3	7 42,0	303 43,6	22 45,2	126 05,0	22 45,6
2	167 19,4	25 35,7	220 37,2	7 42,6	318 46,0	22 45,2	141 07,3	22 45,6
3	182 18,9	25 36,1	235 38,1	7 43,2	333 48,4	22 45,2	156 09,6	22 45,6
4	197 18,4	25 36,6	250 39,1	7 43,9	348 50,8	22 45,2	171 11,9	22 45,6
5	212 17,9	25 37,0 S	265 40,0	7 44,5 S	3 53,2	22 45,2 N	186 14,2	22 45,6 S
6	227 17,4	25 37,4	280 40,9	7 45,1	18 55,6	22 45,2	201 16,5	22 45,6
7	242 16,9	25 37,8	295 41,8	7 45,8	33 58,0	22 45,2	216 18,8	22 45,6
8	257 16,4	25 38,2	310 42,7	7 46,4	49 00,4	22 45,2	231 21,1	22 45,6
9	272 15,9	25 38,6	325 43,7	7 47,1	64 02,8	22 45,2	246 23,4	22 45,6
10	287 15,4	25 39,1 S	340 44,6	7 47,7 S	79 05,2	22 45,2 N	261 25,7	22 45,5 S
11	302 14,8	25 39,5	355 45,5	7 48,3	94 07,6	22 45,2	276 27,9	22 45,5
12	317 14,3	25 39,9	10 46,4	7 49,0	109 10,0	22 45,2	291 30,2	22 45,5
13	332 13,8	25 40,3	25 47,3	7 49,6	124 12,4	22 45,2	306 32,5	22 45,5
14	347 13,3	25 40,7	40 48,3	7 50,2	139 14,8	22 45,2	321 34,8	22 45,5
15	2 12,8	25 41,1 S	55 49,2	7 50,9 S	154 17,3	22 45,2 N	336 37,1	22 45,5 S
16	17 12,3	25 41,5	70 50,1	7 51,5	169 19,7	22 45,2	351 39,4	22 45,5
17	32 11,8	25 41,9	85 51,0	7 52,1	184 22,1	22 45,2	6 41,7	22 45,5
18	47 11,3	25 42,3	100 51,9	7 52,8	199 24,5	22 45,2	21 44,0	22 45,5
19	62 10,8	25 42,7	115 52,9	7 53,4	214 26,9	22 45,2	36 46,3	22 45,5
20	77 10,3	25 43,1 S	130 53,8	7 54,1 S	229 29,3	22 45,2 N	51 48,6	22 45,5 S
21	92 09,8	25 43,5	145 54,7	7 54,7	244 31,7	22 45,2	66 50,8	22 45,5
22	107 09,3	25 43,9	160 55,6	7 55,3	259 34,1	22 45,2	81 53,1	22 45,5
23	122 08,8	25 44,3	175 56,5	7 56,0	274 36,5	22 45,2	96 55,4	22 45,5
Unt	−0,5'	0,4'	0,9'	0,6'	2,4'	0,0'	2,3'	0,0'
	T 14.51	HP 0,2'	T 11.17	HP 0,1'	T 4.44	HP 0,0'	T 16.33	HP 0,0'
	Gr −4,3		Gr +1,7		Gr −2,4		Gr +0,6	

1989 OKTOBER 23 Montag

FIXSTERNE			296	SONNE	r 16,1'		MOND	Alter 23,1 d			FRÜHLP.
Nr	β	δ	UT1	Grt	δ	Grt	Unt	δ	Unt	Grt	
	° '	° '		° '	° '	° '	'	° '	'	° '	
38	218 13,7	8 36,7 S	0	183 54,0	11 19,1 S	252 13,7	13,4	16 29,3 N	12,0	31 23,4	
39	208 02,5	12 01,1 N	1	198 54,1	11 20,0	266 46,1	13,4	16 17,3	12,2	46 25,9	
41	194 13,5	61 48,2 N	2	213 54,2	11 20,9	281 18,5	13,5	16 05,1	12,1	61 28,4	
42	182 52,0	14 37,8 N	3	228 54,3	11 21,8	295 51,0	13,6	15 53,0	12,2	76 30,8	
43	173 30,3	63 02,5 S	4	243 54,4	11 22,6	310 23,6	13,7	15 40,8	12,3	91 33,3	
44	172 21,6	57 03,3 S	5	258 54,5	11 23,5 S	324 56,3	13,8	15 28,5 N	12,3	106 35,8	
45	168 13,8	59 37,9 S	6	273 54,6	11 24,4	339 29,1	13,9	15 16,2	12,4	121 38,2	
50	153 13,1	49 21,8 N	7	288 54,7	11 25,3	354 02,0	14,0	15 03,8	12,5	136 40,7	
51	149 14,1	60 19,5 N	8	303 54,7	11 26,2	8 35,0	14,0	14 51,3	12,4	151 43,2	
53	146 12,2	19 14,1 N	9	318 54,8	11 27,0	23 08,0	14,1	14 38,9	12,6	166 45,6	
54	140 16,9	60 47,6 S	10	333 54,9	11 27,9 S	37 41,1	14,2	14 26,3 N	12,6	181 48,1	
57	137 19,9	74 11,8 N	11	348 55,0	11 28,8	52 14,3	14,3	14 13,7	12,6	196 50,5	
62	108 06,8	69 00,9 N	12	3 55,1	11 29,7	66 47,6	14,4	14 01,1	12,7	211 53,0	
65	96 23,1	12 34,1 N	13	18 55,2	11 30,5	81 21,0	14,4	13 48,4	12,7	226 55,5	
66	95 51,3	42 59,7 S	14	33 55,3	11 31,4	95 54,4	14,5	13 35,7	12,8	241 57,9	
67	90 54,7	51 29,6 N	15	48 55,3	11 32,3 S	110 27,9	14,6	13 22,9 N	12,8	257 00,4	
68	84 07,5	34 23,6 S	16	63 55,4	11 33,2	125 01,5	14,7	13 10,1	12,9	272 02,9	
69	80 51,2	38 46,6 N	17	78 55,5	11 34,0	139 35,2	14,7	12 57,2	12,9	287 05,3	
71	62 25,6	8 50,5 N	18	93 55,6	11 34,9	154 08,9	14,8	12 44,3	12,9	302 07,8	
72	53 46,9	56 46,4 S	19	108 55,7	11 35,8	168 42,7	14,9	12 31,4	13,0	317 10,3	
73	49 43,6	45 14,9 N	20	123 55,8	11 36,6 S	183 16,6	14,9	12 18,4 N	13,0	332 12,7	
75	34 04,4	9 49,8 N	21	138 55,8	11 37,5	197 50,5	15,0	12 05,4	13,1	347 15,2	
76	28 05,5	47 00,8 S	22	153 55,9	11 38,4	212 24,5	15,1	11 52,3	13,1	2 17,7	
77	19 28,5	46 56,4 S	23	168 56,0	11 39,3	226 58,6	15,2	11 39,2	13,1	17 20,1	
78	15 43,2	29 40,6 S									

| | | | | T 11.44 | Unt 0,9' | T 7.25 | UT1 | 4 | 12 | 20 | T 21.51 |
| | | | | | | | HP | 55,7' | 55,5' | 55,3' | |

	VENUS		MARS		JUPITER		SATURN	
UT1	Grt	δ	Grt	δ	Grt	δ	Grt	δ
	° '	° '	° '	° '	° '	° '	° '	° '
0	137 08,3	25 44,7 S	190 57,5	7 56,6 S	289 38,9	22 45,2 N	111 57,7	22 45,5 S
1	152 07,8	25 45,1	205 58,4	7 57,2	304 41,3	22 45,2	127 00,0	22 45,5
2	167 07,3	25 45,5	220 59,3	7 57,9	319 43,7	22 45,2	142 02,3	22 45,5
3	182 06,7	25 45,9	236 00,2	7 58,5	334 46,2	22 45,2	157 04,6	22 45,5
4	197 06,2	25 46,3	251 01,1	7 59,1	349 48,6	22 45,2	172 06,9	22 45,4
5	212 05,7	25 46,7 S	266 02,0	7 59,8 S	4 51,0	22 45,2 N	187 09,2	22 45,4 S
6	227 05,2	25 47,1	281 03,0	8 00,4	19 53,4	22 45,2	202 11,4	22 45,4
7	242 04,7	25 47,5	296 03,9	8 01,0	34 55,8	22 45,2	217 13,7	22 45,4
8	257 04,2	25 47,9	311 04,8	8 01,7	49 58,2	22 45,2	232 16,0	22 45,4
9	272 03,7	25 48,3	326 05,7	8 02,3	65 00,6	22 45,2	247 18,3	22 45,4
10	287 03,2	25 48,7 S	341 06,6	8 02,9 S	80 03,0	22 45,2 N	262 20,6	22 45,4 S
11	302 02,7	25 49,1	356 07,6	8 03,6	95 05,5	22 45,2	277 22,9	22 45,4
12	317 02,2	25 49,4	11 08,5	8 04,2	110 07,9	22 45,2	292 25,2	22 45,4
13	332 01,7	25 49,8	26 09,4	8 04,9	125 10,3	22 45,2	307 27,5	22 45,4
14	347 01,2	25 50,2	41 10,3	8 05,5	140 12,7	22 45,2	322 29,7	22 45,4
15	2 00,7	25 50,6 S	56 11,2	8 06,1 S	155 15,1	22 45,2 N	337 32,0	22 45,4 S
16	17 00,2	25 51,0	71 12,1	8 06,8	170 17,5	22 45,2	352 34,3	22 45,4
17	31 59,7	25 51,4	86 13,1	8 07,4	185 19,9	22 45,2	7 36,6	22 45,4
18	46 59,2	25 51,7	101 14,0	8 08,0	200 22,4	22 45,2	22 38,9	22 45,4
19	61 58,7	25 52,1	116 14,9	8 08,7	215 24,8	22 45,2	37 41,2	22 45,4
20	76 58,2	25 52,5 S	131 15,8	8 09,3 S	230 27,2	22 45,1 N	52 43,5	22 45,3 S
21	91 57,7	25 52,9	146 16,7	8 09,9	245 29,6	22 45,1	67 45,8	22 45,3
22	106 57,2	25 53,2	161 17,6	8 10,6	260 32,0	22 45,1	82 48,0	22 45,3
23	121 56,6	25 53,6	176 18,5	8 11,2	275 34,4	22 45,1	97 50,3	22 45,3
Unt	−0,5'	0,4'	0,9'	0,6'	2,4'	0,0'	2,3'	0,0'
	T 14.52	HP 0,2'	T 11.15	HP 0,1'	T 4.41	HP 0,0'	T 16.30	HP 0,0'
		Gr −4,3		Gr +1,7		Gr −2,4		Gr +0,6

16 min	Zuwachs Grt					17 min	Zuwachs Grt				
16 min	Sonne Planet	Frühlp.	Mond	Unt	Vb	17 min	Sonne Planet	Frühlp.	Mond	Unt	Vb
s	° ′	° ′	° ′	′	′	s	° ′	° ′	° ′	′	′
0	4 00,0	4 00,7	3 49,1	0,0	0,0	0	4 15,0	4 15,7	4 03,4	0,0	0,0
1	4 00,3	4 00,9	3 49,3	0,3	0,1	1	4 15,3	4 15,9	4 03,6	0,3	0,1
2	4 00,5	4 01,2	3 49,5	0,6	0,2	2	4 15,5	4 16,2	4 03,9	0,6	0,2
3	4 00,8	4 01,4	3 49,8	0,9	0,2	3	4 15,8	4 16,5	4 04,1	0,9	0,3
4	4 01,0	4 01,7	3 50,0	1,2	0,3	4	4 16,0	4 16,7	4 04,3	1,2	0,4
5	4 01,3	4 01,9	3 50,3	1,5	0,4	5	4 16,3	4 17,0	4 04,6	1,5	0,4
6	4 01,5	4 02,2	3 50,5	1,8	0,5	6	4 16,5	4 17,2	4 04,8	1,8	0,5
7	4 01,8	4 02,4	3 50,7	2,1	0,6	7	4 16,8	4 17,5	4 05,1	2,1	0,6
8	4 02,0	4 02,7	3 51,0	2,4	0,7	8	4 17,0	4 17,7	4 05,3	2,4	0,7
9	4 02,3	4 02,9	3 51,2	2,7	0,7	9	4 17,3	4 18,0	4 05,5	2,7	0,8
10	4 02,5	4 03,2	3 51,5	3,0	0,8	10	4 17,5	4 18,2	4 05,8	3,0	0,9
11	4 02,8	4 03,4	3 51,7	3,3	0,9	11	4 17,8	4 18,5	4 06,0	3,3	1,0
12	4 03,0	4 03,7	3 51,9	3,6	1,0	12	4 18,0	4 18,7	4 06,2	3,6	1,1
13	4 03,3	4 03,9	3 52,2	3,9	1,1	13	4 18,3	4 19,0	4 06,5	3,9	1,1
14	4 03,5	4 04,2	3 52,4	4,2	1,2	14	4 18,5	4 19,2	4 06,7	4,2	1,2
15	4 03,8	4 04,4	3 52,6	4,5	1,2	15	4 18,8	4 19,5	4 07,0	4,5	1,3
16	4 04,0	4 04,7	3 52,9	4,8	1,3	16	4 19,0	4 19,7	4 07,2	4,8	1,4
17	4 04,3	4 04,9	3 53,1	5,1	1,4	17	4 19,3	4 20,0	4 07,4	5,1	1,5
18	4 04,5	4 05,2	3 53,4	5,4	1,5	18	4 19,5	4 20,2	4 07,7	5,4	1,6
19	4 04,8	4 05,4	3 53,6	5,7	1,6	19	4 19,8	4 20,5	4 07,9	5,7	1,7
20	4 05,0	4 05,7	3 53,8	6,0	1,7	20	4 20,0	4 20,7	4 08,2	6,0	1,8
21	4 05,3	4 05,9	3 54,1	6,3	1,7	21	4 20,3	4 21,0	4 08,4	6,3	1,8
22	4 05,5	4 06,2	3 54,3	6,6	1,8	22	4 20,5	4 21,2	4 08,6	6,6	1,9
23	4 05,8	4 06,4	3 54,6	6,9	1,9	23	4 20,8	4 21,5	4 08,9	6,9	2,0
24	4 06,0	4 06,7	3 54,8	7,2	2,0	24	4 21,0	4 21,7	4 09,1	7,2	2,1
25	4 06,3	4 06,9	3 55,0	7,5	2,1	25	4 21,3	4 22,0	4 09,3	7,5	2,2
26	4 06,5	4 07,2	3 55,3	7,8	2,1	26	4 21,5	4 22,2	4 09,6	7,8	2,3
27	4 06,8	4 07,4	3 55,5	8,1	2,2	27	4 21,8	4 22,5	4 09,8	8,1	2,4
28	4 07,0	4 07,7	3 55,7	8,4	2,3	28	4 22,0	4 22,7	4 10,1	8,4	2,5
29	4 07,3	4 07,9	3 56,0	8,7	2,4	29	4 22,3	4 23,0	4 10,3	8,7	2,5
30	4 07,5	4 08,2	3 56,2	9,0	2,5	30	4 22,5	4 23,2	4 10,5	9,0	2,6
31	4 07,8	4 08,4	3 56,5	9,3	2,6	31	4 22,8	4 23,5	4 10,8	9,3	2,7
32	4 08,0	4 08,7	3 56,7	9,6	2,6	32	4 23,0	4 23,7	4 11,0	9,6	2,8
33	4 08,3	4 08,9	3 56,9	9,9	2,7	33	4 23,3	4 24,0	4 11,3	9,9	2,9
34	4 08,5	4 09,2	3 57,2	10,2	2,8	34	4 23,5	4 24,2	4 11,5	10,2	3,0
35	4 08,8	4 09,4	3 57,4	10,5	2,9	35	4 23,8	4 24,5	4 11,7	10,5	3,1
36	4 09,0	4 09,7	3 57,7	10,8	3,0	36	4 24,0	4 24,7	4 12,0	10,8	3,2
37	4 09,3	4 09,9	3 57,9	11,1	3,1	37	4 24,3	4 25,0	4 12,2	11,1	3,2
38	4 09,5	4 10,2	3 58,1	11,4	3,1	38	4 24,5	4 25,2	4 12,5	11,4	3,3
39	4 09,8	4 10,4	3 58,4	11,7	3,2	39	4 24,8	4 25,5	4 12,7	11,7	3,4
40	4 10,0	4 10,7	3 58,6	12,0	3,3	40	4 25,0	4 25,7	4 12,9	12,0	3,5
41	4 10,3	4 10,9	3 58,8	12,3	3,4	41	4 25,3	4 26,0	4 13,2	12,3	3,6
42	4 10,5	4 11,2	3 59,1	12,6	3,5	42	4 25,5	4 26,2	4 13,4	12,6	3,7
43	4 10,8	4 11,4	3 59,3	12,9	3,5	43	4 25,8	4 26,5	4 13,6	12,9	3,8
44	4 11,0	4 11,7	3 59,6	13,2	3,6	44	4 26,0	4 26,7	4 13,9	13,2	3,9
45	4 11,3	4 11,9	3 59,8	13,5	3,7	45	4 26,3	4 27,0	4 14,1	13,5	3,9
46	4 11,5	4 12,2	4 00,0	13,8	3,8	46	4 26,5	4 27,2	4 14,4	13,8	4,0
47	4 11,8	4 12,4	4 00,3	14,1	3,9	47	4 26,8	4 27,5	4 14,6	14,1	4,1
48	4 12,0	4 12,7	4 00,5	14,4	4,0	48	4 27,0	4 27,7	4 14,8	14,4	4,2
49	4 12,3	4 12,9	4 00,8	14,7	4,0	49	4 27,3	4 28,0	4 15,1	14,7	4,3
50	4 12,5	4 13,2	4 01,0	15,0	4,1	50	4 27,5	4 28,2	4 15,3	15,0	4,4
51	4 12,8	4 13,4	4 01,2	15,3	4,2	51	4 27,8	4 28,5	4 15,6	15,3	4,5
52	4 13,0	4 13,7	4 01,5	15,6	4,3	52	4 28,0	4 28,7	4 15,8	15,6	4,6
53	4 13,3	4 13,9	4 01,7	15,9	4,4	53	4 28,3	4 29,0	4 16,0	15,9	4,6
54	4 13,5	4 14,2	4 02,0	16,2	4,5	54	4 28,5	4 29,2	4 16,3	16,2	4,7
55	4 13,8	4 14,4	4 02,2	16,5	4,5	55	4 28,8	4 29,5	4 16,5	16,5	4,8
56	4 14,0	4 14,7	4 02,4	16,8	4,6	56	4 29,0	4 29,7	4 16,7	16,8	4,9
57	4 14,3	4 14,9	4 02,7	17,1	4,7	57	4 29,3	4 30,0	4 17,0	17,1	5,0
58	4 14,5	4 15,2	4 02,9	17,4	4,8	58	4 29,5	4 30,2	4 17,2	17,4	5,1
59	4 14,8	4 15,4	4 03,1	17,7	4,9	59	4 29,8	4 30,5	4 17,5	17,7	5,2

40 min	Schalttafel						41 min				

40 min	Zuwachs Grt			Unt	Vb	41 min	Zuwachs Grt			Unt	Vb
	Sonne Planet	Frühlp.	Mond				Sonne Planet	Frühlp.	Mond		
s	° ′	° ′	° ′	′	′	s	° ′	° ′	° ′	′	′
0	10 00,0	10 01,6	9 32,7	0,0	0,0	0	10 15,0	10 16,7	9 47,0	0,0	0,0
1	10 00,3	10 01,9	9 32,9	0,3	0,2	1	10 15,3	10 16,9	9 47,2	0,3	0,2
2	10 00,5	10 02,1	9 33,1	0,6	0,4	2	10 15,5	10 17,2	9 47,5	0,6	0,4
3	10 00,8	10 02,4	9 33,4	0,9	0,6	3	10 15,8	10 17,4	9 47,7	0,9	0,6
4	10 01,0	10 02,6	9 33,6	1,2	0,8	4	10 16,0	10 17,7	9 47,9	1,2	0,8
5	10 01,3	10 02,9	9 33,9	1,5	1,0	5	10 16,3	10 17,9	9 48,2	1,5	1,0
6	10 01,5	10 03,1	9 34,1	1,8	1,2	6	10 16,5	10 18,2	9 48,4	1,8	1,2
7	10 01,8	10 03,4	9 34,3	2,1	1,4	7	10 16,8	10 18,4	9 48,7	2,1	1,5
8	10 02,0	10 03,6	9 34,6	2,4	1,6	8	10 17,0	10 18,7	9 48,9	2,4	1,7
9	10 02,3	10 03,9	9 34,8	2,7	1,8	9	10 17,3	10 18,9	9 49,1	2,7	1,9
10	10 02,5	10 04,1	9 35,1	3,0	2,0	10	10 17,5	10 19,2	9 49,4	3,0	2,1
11	10 02,8	10 04,4	9 35,3	3,3	2,2	11	10 17,8	10 19,4	9 49,6	3,3	2,3
12	10 03,0	10 04,7	9 35,5	3,6	2,4	12	10 18,0	10 19,7	9 49,8	3,6	2,5
13	10 03,3	10 04,9	9 35,8	3,9	2,6	13	10 18,3	10 19,9	9 50,1	3,9	2,7
14	10 03,5	10 05,2	9 36,0	4,2	2,8	14	10 18,5	10 20,2	9 50,3	4,2	2,9
15	10 03,8	10 05,4	9 36,2	4,5	3,0	15	10 18,8	10 20,4	9 50,6	4,5	3,1
16	10 04,0	10 05,7	9 36,5	4,8	3,2	16	10 19,0	10 20,7	9 50,8	4,8	3,3
17	10 04,3	10 05,9	9 36,7	5,1	3,4	17	10 19,3	10 20,9	9 51,0	5,1	3,5
18	10 04,5	10 06,2	9 37,0	5,4	3,6	18	10 19,5	10 21,2	9 51,3	5,4	3,7
19	10 04,8	10 06,4	9 37,2	5,7	3,8	19	10 19,8	10 21,4	9 51,5	5,7	3,9
20	10 05,0	10 06,7	9 37,4	6,0	4,1	20	10 20,0	10 21,7	9 51,8	6,0	4,2
21	10 05,3	10 06,9	9 37,7	6,3	4,3	21	10 20,3	10 21,9	9 52,0	6,3	4,4
22	10 05,5	10 07,2	9 37,9	6,6	4,5	22	10 20,5	10 22,2	9 52,2	6,6	4,6
23	10 05,8	10 07,4	9 38,2	6,9	4,7	23	10 20,8	10 22,4	9 52,5	6,9	4,8
24	10 06,0	10 07,7	9 38,4	7,2	4,9	24	10 21,0	10 22,7	9 52,7	7,2	5,0
25	10 06,3	10 07,9	9 38,6	7,5	5,1	25	10 21,3	10 23,0	9 52,9	7,5	5,2
26	10 06,5	10 08,2	9 38,9	7,8	5,3	26	10 21,5	10 23,2	9 53,2	7,8	5,4
27	10 06,8	10 08,4	9 39,1	8,1	5,5	27	10 21,8	10 23,5	9 53,4	8,1	5,6
28	10 07,0	10 08,7	9 39,3	8,4	5,7	28	10 22,0	10 23,7	9 53,7	8,4	5,8
29	10 07,3	10 08,9	9 39,6	8,7	5,9	29	10 22,3	10 24,0	9 53,9	8,7	6,0
30	10 07,5	10 09,2	9 39,8	9,0	6,1	30	10 22,5	10 24,2	9 54,1	9,0	6,2
31	10 07,8	10 09,4	9 40,1	9,3	6,3	31	10 22,8	10 24,5	9 54,4	9,3	6,4
32	10 08,0	10 09,7	9 40,3	9,6	6,5	32	10 23,0	10 24,7	9 54,6	9,6	6,6
33	10 08,3	10 09,9	9 40,5	9,9	6,7	33	10 23,3	10 25,0	9 54,9	9,9	6,8
34	10 08,5	10 10,2	9 40,8	10,2	6,9	34	10 23,5	10 25,2	9 55,1	10,2	7,1
35	10 08,8	10 10,4	9 41,0	10,5	7,1	35	10 23,8	10 25,5	9 55,3	10,5	7,3
36	10 09,0	10 10,7	9 41,3	10,8	7,3	36	10 24,0	10 25,7	9 55,6	10,8	7,5
37	10 09,3	10 10,9	9 41,5	11,1	7,5	37	10 24,3	10 26,0	9 55,8	11,1	7,7
38	10 09,5	10 11,2	9 41,7	11,4	7,7	38	10 24,5	10 26,2	9 56,1	11,4	7,9
39	10 09,8	10 11,4	9 42,0	11,7	7,9	39	10 24,8	10 26,5	9 56,3	11,7	8,1
40	10 10,0	10 11,7	9 42,2	12,0	8,1	40	10 25,0	10 26,7	9 56,5	12,0	8,3
41	10 10,3	10 11,9	9 42,4	12,3	8,3	41	10 25,3	10 27,0	9 56,8	12,3	8,5
42	10 10,5	10 12,2	9 42,7	12,6	8,5	42	10 25,5	10 27,2	9 57,0	12,6	8,7
43	10 10,8	10 12,4	9 42,9	12,9	8,7	43	10 25,8	10 27,5	9 57,2	12,9	8,9
44	10 11,0	10 12,7	9 43,2	13,2	8,9	44	10 26,0	10 27,7	9 57,5	13,2	9,1
45	10 11,3	10 12,9	9 43,4	13,5	9,1	45	10 26,3	10 28,0	9 57,7	13,5	9,3
46	10 11,5	10 13,2	9 43,6	13,8	9,3	46	10 26,5	10 28,2	9 58,0	13,8	9,5
47	10 11,8	10 13,4	9 43,9	14,1	9,5	47	10 26,8	10 28,5	9 58,2	14,1	9,8
48	10 12,0	10 13,7	9 44,1	14,4	9,7	48	10 27,0	10 28,7	9 58,4	14,4	10,0
49	10 12,3	10 13,9	9 44,4	14,7	9,9	49	10 27,3	10 29,0	9 58,7	14,7	10,2
50	10 12,5	10 14,2	9 44,6	15,0	10,1	50	10 27,5	10 29,2	9 58,9	15,0	10,4
51	10 12,8	10 14,4	9 44,8	15,3	10,3	51	10 27,8	10 29,5	9 59,2	15,3	10,6
52	10 13,0	10 14,7	9 45,1	15,6	10,5	52	10 28,0	10 29,7	9 59,4	15,6	10,8
53	10 13,3	10 14,9	9 45,3	15,9	10,7	53	10 28,3	10 30,0	9 59,6	15,9	11,0
54	10 13,5	10 15,2	9 45,6	16,2	10,9	54	10 28,5	10 30,2	9 59,9	16,2	11,2
55	10 13,8	10 15,4	9 45,8	16,5	11,1	55	10 28,8	10 30,5	10 00,1	16,5	11,4
56	10 14,0	10 15,7	9 46,0	16,8	11,3	56	10 29,0	10 30,7	10 00,4	16,8	11,6
57	10 14,3	10 15,9	9 46,3	17,1	11,5	57	10 29,3	10 31,0	10 00,6	17,1	11,8
58	10 14,5	10 16,2	9 46,5	17,4	11,7	58	10 29,5	10 31,2	10 00,8	17,4	12,0
59	10 14,8	10 16,4	9 46,7	17,7	11,9	59	10 29,8	10 31,5	10 01,1	17,7	12,2

1989, Nordstern

Erste Berichtigung — Bestimmung der geogr. Breite

Ortsstundenwinkel des Frühlingspunktes

°	'	0°	15°	30°	45°	60°	75°	90°	105°	120°	135°	150°	165°
0		−38,6	−44,4	−47,1	−46,6	−42,9	−36,2	−27,1	−16,1	− 4,1	+ 8,1	+19,7	+29,9
	30	38,9	44,6	47,2	46,5	42,7	35,9	26,7	15,7	3,7	8,5	20,0	30,2
1		39,1	44,7	47,2	46,5	42,5	35,7	26,4	15,3	3,3	8,9	20,4	30,5
	30	39,3	44,8	47,2	46,4	42,3	35,4	26,0	15,0	2,9	9,3	20,8	30,8
2		39,6	45,0	47,3	46,3	42,2	35,1	25,7	14,6	2,5	9,7	21,1	31,1
	30	39,8	45,1	47,3	46,2	42,0	34,8	25,4	14,2	2,1	10,1	21,5	31,4
3		40,0	45,2	47,3	46,1	41,8	34,6	25,0	13,8	1,7	10,5	21,8	31,7
	30	40,2	45,3	47,3	46,0	41,6	34,3	24,6	13,4	1,3	10,9	22,2	32,0
4		40,5	45,5	47,3	45,9	41,4	34,0	24,3	13,0	0,9	11,3	22,5	32,2
	30	40,7	45,6	47,3	45,8	41,2	33,7	23,9	12,6	− 0,5	11,7	22,9	32,5
5		−40,9	−45,7	−47,3	−45,7	−41,0	−33,4	−23,6	−12,2	0,0	+12,0	+23,2	+32,8
	30	41,1	45,8	47,3	45,6	40,8	33,1	23,2	11,8	+ 0,4	12,4	23,6	33,1
6		41,3	45,9	47,3	45,5	40,5	32,8	22,9	11,4	0,8	12,8	23,9	33,4
	30	41,5	46,0	47,3	45,4	40,3	32,5	22,5	11,0	1,2	13,2	24,3	33,7
7		41,7	46,1	47,3	45,3	40,1	32,2	22,1	10,6	1,6	13,6	24,6	33,9
	30	41,9	46,2	47,3	45,1	39,9	31,9	21,8	10,2	2,0	14,0	25,0	34,2
8		42,1	46,3	47,3	45,0	39,7	31,6	21,4	9,8	2,4	14,4	25,3	34,5
	30	42,3	46,4	47,3	44,9	39,4	31,3	21,0	9,4	2,8	14,8	25,7	34,8
9		42,5	46,4	47,2	44,8	39,2	31,0	20,7	9,0	3,2	15,2	26,0	35,0
	30	42,6	46,5	47,2	44,6	39,0	30,7	20,3	8,6	3,6	15,5	26,3	35,3
10		−42,8	−46,6	−47,2	−44,5	−38,7	−30,4	−19,9	− 8,2	+ 4,0	+15,9	+26,7	+35,5
	30	43,0	46,7	47,1	44,3	38,5	30,0	19,5	7,8	4,4	16,3	27,0	35,8
11		43,2	46,7	47,1	44,2	38,3	29,7	19,2	7,4	4,8	16,7	27,3	36,1
	30	43,3	46,8	47,0	44,0	38,0	29,4	18,8	7,0	5,3	17,1	27,6	36,3
12		43,5	46,9	47,0	43,9	37,8	29,1	18,4	6,6	5,7	17,4	28,0	36,6
	30	43,7	46,9	46,9	43,7	37,5	28,7	18,0	6,2	6,1	17,8	28,3	36,8
13		43,8	47,0	46,9	43,6	37,3	28,4	17,7	5,8	6,5	18,2	28,6	37,0
	30	44,0	47,0	46,8	43,4	37,0	28,1	17,3	5,4	6,9	18,6	28,9	37,3
14		44,1	47,1	46,8	43,2	36,7	27,7	16,9	4,9	7,3	18,9	29,2	37,5
	30	44,3	47,1	46,7	43,1	36,5	27,4	16,5	4,5	7,7	19,3	29,5	37,8
15		−44,4	−47,1	−46,6	−42,9	−36,2	−27,1	−16,1	− 4,1	+ 8,1	+19,7	+29,9	+38,0

Sch. T.:

	0,5'
5'	0,1'
10'	0,2'
15'	0,2'
20'	0,3'
25'	0,4'

	0,4'
5'	0,1'
10'	0,1'
15'	0,2'
20'	0,3'
25'	0,3'

Zweite Berichtigung

Ortsstundenwinkel des Frühlingspunktes

Wahre Höhe des Nordst. (°)	0°	15°	30°	45°	60°	75°	90°	105°	120°	135°	150°	165°	180°	195°	210°	225°	240°	255°	270°	285°	300°	315°	330°	345°	360°
0	−0,2	0,1	0,0	0,0	0,1	0,2	0,4	0,5	0,5	0,5	0,5	0,3	0,2	0,1	0,0	0,0	0,1	0,2	0,4	0,5	0,5	0,5	0,5	0,3	0,2
10	−0,2	0,1	0,0	0,0	0,1	0,2	0,3	0,4	0,5	0,5	0,4	0,3	0,2	0,1	0,0	0,0	0,1	0,2	0,3	0,4	0,5	0,5	0,4	0,3	0,2
20	−0,1	0,1	0,0	0,0	0,1	0,2	0,3	0,4	0,4	0,4	0,4	0,3	0,1	0,1	0,0	0,0	0,1	0,2	0,3	0,4	0,4	0,4	0,4	0,3	0,1
30	−0,1	0,0	0,0	0,0	0,1	0,2	0,2	0,3	0,4	0,4	0,3	0,2	0,1	0,0	0,0	0,0	0,1	0,2	0,2	0,3	0,4	0,4	0,3	0,2	0,1
40	−0,1	0,0	0,0	0,0	0,1	0,1	0,2	0,3	0,3	0,3	0,3	0,2	0,1	0,0	0,0	0,0	0,1	0,1	0,2	0,3	0,3	0,3	0,2	0,2	0,1
50	−0,1	0,0	0,0	0,0	0,0	0,1	0,1	0,2	0,2	0,2	0,2	0,1	0,1	0,0	0,0	0,0	0,0	0,1	0,1	0,2	0,2	0,2	0,1	0,1	0,1
55	−0,0	0,0	0,0	0,0	0,0	0,0	0,1	0,1	0,1	0,1	0,1	0,1	0,0	0,0	0,0	0,0	0,0	0,0	0,1	0,1	0,1	0,1	0,1	0,1	0,0
60	0,0	0,0	0,0	0,0	0,0	0,0	0,0	0,0	0,0	0,0	0,0	0,0	0,0	0,0	0,0	0,0	0,0	0,0	0,0	0,0	0,0	0,0	0,0	0,0	0,0
65	+0,0	0,0	0,0	0,0	0,0	0,1	0,1	0,1	0,1	0,1	0,1	0,1	0,0	0,0	0,0	0,0	0,0	0,1	0,1	0,1	0,1	0,1	0,1	0,1	0,0
70	+0,1	0,0	0,0	0,0	0,1	0,2	0,3	0,3	0,3	0,3	0,3	0,2	0,1	0,0	0,0	0,0	0,1	0,1	0,2	0,3	0,3	0,3	0,3	0,2	0,1
75	+0,2	0,1	0,0	0,0	0,1	0,3	0,4	0,6	0,6	0,6	0,5	0,4	0,2	0,1	0,0	0,0	0,1	0,3	0,4	0,6	0,6	0,6	0,5	0,4	0,2
80	+0,4	0,1	0,0	0,0	0,2	0,5	0,8	1,1	1,2	1,2	1,0	0,7	0,4	0,1	0,0	0,0	0,2	0,5	0,8	1,1	1,2	1,2	1,0	0,7	0,4

1989, Nordstern

Erste Berichtigung

aus der Höhe des Nordsterns

Ortsstundenwinkel des Frühlingspunktes

°	'	180°	195°	210°	225°	240°	255°	270°	285°	300°	315°	330°	345°	
0		+38,0	+43,5	+46,1	+45,6	+42,1	+35,7	+26,8	+16,1	+ 4,2	− 8,0	−19,8	−30,2	Sch. T.
	30	38,2	43,7	46,2	45,6	41,9	35,4	26,5	15,7	3,8	8,4	20,1	30,5	
1		38,4	43,8	46,2	45,5	41,7	35,1	26,1	15,3	3,4	8,8	20,5	30,8	
	30	38,7	43,9	46,2	45,4	41,6	34,9	25,8	14,9	3,0	9,2	20,9	31,2	0,3'
2		38,9	44,1	46,3	45,3	41,4	34,6	25,5	14,5	2,6	9,6	21,2	31,5	
	30	39,1	44,2	46,3	45,3	41,2	34,3	25,1	14,2	2,2	10,0	21,6	31,8	5' 0,0'
3		39,3	44,3	46,3	45,2	41,0	34,1	24,8	13,8	1,8	10.4	22,0	32,1	10' 0,1'
	30	39,5	44,4	46,3	45,1	40,8	33,8	24,4	13,4	1,4	10,8	22,3	32,4	15' 0,1'
4		39,7	44,5	46,3	45,0	40,6	33,5	24,1	13,0	1,0	11,2	22,7	32,7	20' 0,2'
	30	39,9	44,6	46,3	44,9	40,4	33,2	23,7	12,6	0,5	11,6	23,1	33,0	25' 0,2'
5		+40,1	+44,7	+46,3	+44,8	+40,2	+32,9	+23,4	+12,2	+ 0,1	−12,0	−23,4	−33,3	
	30	40,3	44,8	46,3	44,7	40,0	32,7	23,0	11,8	− 0,3	12,4	23,8	33,6	
6		40,5	44,9	46,3	44,6	39,8	32,4	22,7	11,4	0,7	12,8	24,1	33,9	
	30	40,7	45,0	46,3	44,5	39,6	32,1	22,3	11,0	1,1	13,2	24,5	34,2	0,2'
7		40,9	45,1	46,3	44,3	39,4	31,8	22,0	10,6	1,5	13,6	24,8	34,4	
	30	41,1	45,2	46,3	44,2	39,2	31,5	21,6	10,2	1,9	14,0	25,2	34,7	5' 0,0'
8		41,3	45,3	46,3	44,1	39,0	31,2	21,3	9,8	2,3	14,4	25,5	35,0	10' 0,1'
	30	41,5	45,4	46,2	44,0	38,8	30,9	20,9	9,4	2,7	14,8	25,9	35,3	15' 0,1'
9		41,7	45,5	46,2	43,9	38,5	30,6	20,5	9,0	3,1	15,2	26,2	35,6	20' 0,1'
	30	41,8	45,5	46,2	43,7	38,3	30,3	20,2	8,6	3,5	15,6	26,6	35,8	25' 0,2'
10		+42,0	+45,6	+46,2	+43,6	+38,1	+30,0	+19,8	+ 8,2	− 4,0	−16,0	−26,9	−36,1	
	30	42,2	45,7	46,1	43,5	37,9	29,7	19,5	7,8	4,4	16,3	27,3	36,4	
11		42,3	45,7	46,1	43,3	37,6	29,4	19,1	7,4	4,8	16,7	27,6	36,6	
	30	42,5	45,8	46,0	43,2	37,4	29,1	18,7	7,0	5,2	17,1	27,9	36,9	
12		42,7	45,9	46,0	43,0	37,1	28,7	18,3	6,6	5,6	17,5	28,3	37,1	
	30	42,8	45,9	45,9	42,9	36,9	28,4	18,0	6,2	6,0	17,9	28,6	37,4	
13		43,0	46,0	45,9	42,7	36,7	28,1	17,6	5,8	6,4	18,3	28,9	37,7	
	30	43,1	46,0	45,8	42,6	36,4	27,8	17,2	5,4	6,8	18,6	29,2	37,9	
14		43,3	46,1	45,8	42,4	36,2	27,5	16,8	5,0	7,2	19,0	29,6	38,1	
	30	43,4	46,1	45,7	42,2	35,9	27,1	16,5	4,6	7,6	19,4	29,9	38,4	
15		+43,5	+46,1	+45,6	+42,1	+35,7	+26,8	+16,1	+ 4,2	− 8,0	−19,8	−30,2	−38,6	

Dritte Berichtigung

Ortsstundenwinkel des Frühlingspunktes

	0°	15°	30°	45°	60°	75°	90°	105°	120°	135°	150°	165°	180°	195°	210°	225°	240°	255°	270°	285°	300°	315°	330°	345°	360°
Jan 1	+0,6	0,6	0,7	0,6	0,6	0,6	0,6	0,5	0,5	0,5	0,5	0,4	0,4	0,4	0,4	0,4	0,4	0,4	0,4	0,5	0,5	0,6	0,6	0,6	0,6
Feb 1	+0,6	0,6	0,7	0,7	0,7	0,7	0,7	0,7	0,7	0,6	0,5	0,5	0,4	0,4	0,3	0,3	0,3	0,3	0,3	0,3	0,4	0,4	0,5	0,5	0,6
Mrz 1	+0,5	0,6	0,6	0,7	0,8	0,8	0,8	0,8	0,8	0,7	0,7	0,6	0,5	0,5	0,4	0,3	0,3	0,2	0,2	0,2	0,2	0,3	0,3	0,4	0,5
Apr 1	+0,3	0,4	0,5	0,6	0,7	0,8	0,8	0,9	0,9	0,9	0,8	0,8	0,7	0,6	0,5	0,4	0,3	0,2	0,2	0,1	0,1	0,1	0,2	0,2	0,3
Mai 1	+0,2	0,3	0,4	0,5	0,6	0,7	0,8	0,8	0,9	0,9	0,9	0,9	0,9	0,8	0,7	0,7	0,6	0,5	0,4	0,3	0,2	0,1	0,1	0,1	0,2
Jun 1	+0,1	0,2	0,2	0,3	0,4	0,5	0,6	0,7	0,8	0,8	0,9	0,9	0,9	0,8	0,8	0,7	0,6	0,5	0,4	0,3	0,2	0,2	0,1	0,1	0,1
Jul 1	+0,1	0,1	0,2	0,2	0,3	0,4	0,4	0,5	0,6	0,7	0,8	0,8	0,9	0,9	0,8	0,8	0,7	0,7	0,6	0,5	0,4	0,3	0,2	0,2	0,1
Aug 1	+0,3	0,2	0,2	0,2	0,2	0,2	0,3	0,4	0,5	0,5	0,6	0,7	0,8	0,8	0,8	0,8	0,8	0,8	0,7	0,6	0,6	0,5	0,4	0,3	0,3
Sep 1	+0,4	0,4	0,3	0,2	0,2	0,2	0,2	0,2	0,3	0,4	0,4	0,5	0,6	0,7	0,7	0,8	0,8	0,8	0,8	0,8	0,7	0,7	0,6	0,5	0,4
Okt 1	+0,6	0,5	0,5	0,4	0,3	0,2	0,2	0,2	0,2	0,2	0,3	0,3	0,4	0,5	0,6	0,6	0,7	0,8	0,8	0,8	0,8	0,8	0,8	0,7	0,6
Nov 1	+0,8	0,7	0,6	0,5	0,4	0,3	0,2	0,2	0,1	0,1	0,1	0,1	0,2	0,3	0,4	0,5	0,6	0,7	0,8	0,8	0,9	0,9	0,9	0,9	0,8
Dez 1	+1,0	0,9	0,8	0,7	0,6	0,5	0,4	0,3	0,2	0,1	0,1	0,0	0,0	0,1	0,1	0,2	0,3	0,4	0,5	0,6	0,8	0,9	0,9	1,0	1,0
Dez 32	+1,0	1,0	1,0	0,9	0,8	0,7	0,5	0,4	0,3	0,2	0,1	0,1	0,0	0,0	0,0	0,1	0,1	0,2	0,4	0,5	0,6	0,7	0,8	0,9	1,0

1989, Nordstern

Ortsstunden-winkel des Frühlingspunktes	Azimut des Nordsterns									+ φ = h
	Nördliche Breite									
	0°	30°	40°	50°	55°	60°	65°	70°	75°	
°	°	°	°	°	°	°	°	°	°	′
0	0,5	0,5	0,6	0,7	0,8	0,9	1,1	1,4	1,8	+39
15	0,3	0,3	0,4	0,4	0,5	0,6	0,7	0,8	1,1	44
30	0,1	0,1	0,1	0,1	0,1	0,1	0,2	0,2	0,3	47
45	359,9	359,8	359,8	359,8	359,8	359,7	359,7	359,6	359,4	47
60	359,7	359,6	359,6	359,5	359,4	359,3	359,2	359,0	358,7	43
75	359,5	359,4	359,3	359,2	359,1	359,0	358,8	358,5	358,0	36
90	359,4	359,3	359,2	359,0	358,9	358,7	358,5	358,1	357,4	27
105	359,3	359,1	359,0	358,8	358,7	358,5	358,2	357,8	357,1	16
120	359,2	359,1	359,0	358,8	358,6	358,4	358,1	357,7	357,0	+ 4
135	359,2	359,1	359,0	358,8	358,7	358,5	358,2	357,8	357,0	− 8
150	359,3	359,2	359,1	358,9	358,8	358,6	358,3	358,0	357,3	20
165	359,4	359,3	359,2	359,1	359,0	358,8	358,6	358,3	357,7	30
180	359,5	359,5	359,4	359,3	359,2	359,1	359,0	358,7	358,3	38
195	359,7	359,7	359,7	359,6	359,5	359,5	359,4	359,2	359,0	44
210	359,9	359,9	359,9	359,9	359,9	359,9	359,8	359,8	359,7	46
225	0,1	0,2	0,2	0,2	0,2	0,3	0,3	0,4	0,5	46
240	0,3	0,4	0,4	0,5	0,6	0,6	0,8	0,9	1,2	42
255	0,5	0,6	0,7	0,8	0,9	1,0	1,2	1,4	1,9	36
270	0,6	0,7	0,8	1,0	1,1	1,3	1,5	1,8	2,4	27
285	0,7	0,8	1,0	1,1	1,3	1,5	1,7	2,1	2,8	16
300	0,8	0,9	1,0	1,2	1,4	1,6	1,8	2,3	3,0	− 4
315	0,8	0,9	1,0	1,2	1,4	1,6	1,8	2,3	3,0	+ 8
330	0,7	0,8	0,9	1,1	1,3	1,4	1,7	2,1	2,8	20
345	0,6	0,7	0,8	0,9	1,1	1,2	1,5	1,8	2,4	+30

Gesamtbeschickung für den Kimmabstand des Sonnenunterrandes

Kimm-ab-stand	Augeshöhe in Meter																				
°	0	2	4	6	8	10	12	14	16	18	20	22	24	26	28	30	32	34	36	38	40
3	+ 1,8	−0,9	−2,0	−2,8	−3,6	−4,2	−4,8	−5,3	−5,7	−6,2	−6,6	−7,0	−7,4	−7,8	−8,2	−8,5	−8,8	−9,2	−9,5	−9,8	−10,1
3,5	+ 3,2	+0,6	−0,5	−1,3	−2,0	−2,6	−3,2	−3,7	−4,2	−4,7	−5,1	−5,5	−5,9	−6,3	−6,6	−6,9	−7,3	−7,6	−7,9	−8,2	−8,5
4	+ 4,4	+1,8	+0,7	−0,1	−0,8	−1,4	−2,0	−2,5	−3,0	−3,4	−3,8	−4,2	−4,6	−5,0	−5,4	−5,7	−6,0	−6,4	−6,7	−7,0	−7,3
4,5	+ 5,4	+2,8	+1,7	+0,9	+0,2	−0,4	−1,0	−1,5	−1,9	−2,4	−2,8	−3,2	−3,6	−4,0	−4,3	−4,7	−5,0	−5,3	−5,6	−5,9	−6,2
5	+ 6,3	+3,7	+2,6	+1,8	+1,1	+0,5	0,0	−0,5	−1,0	−1,5	−1,9	−2,3	−2,7	−3,0	−3,4	−3,7	−4,1	−4,4	−4,7	−5,0	−5,3
5,5	+ 7,0	+4,5	+3,4	+2,6	+1,9	+1,3	+0,7	+0,2	−0,3	−0,7	−1,1	−1,5	−1,9	−2,3	−2,6	−2,9	−3,3	−3,6	−3,9	−4,2	−4,5
6	+ 7,7	+5,1	+4,1	+3,3	+2,6	+2,0	+1,4	+0,9	+0,4	0,0	−0,4	−0,8	−1,2	−1,6	−1,9	−2,3	−2,6	−2,9	−3,2	−3,5	−3,8
6,5	+ 8,3	+5,7	+4,6	+3,8	+3,1	+2,5	+2,0	+1,5	+1,0	+0,6	+0,2	−0,2	−0,6	−1,0	−1,3	−1,7	−2,0	−2,3	−2,6	−2,9	−3,2
7	+ 8,8	+6,2	+5,1	+4,3	+3,6	+3,0	+2,5	+2,0	+1,5	+1,1	+0,7	+0,3	−0,1	−0,5	−0,8	−1,1	−1,5	−1,8	−2,1	−2,4	−2,7
7,5	+ 9,2	+6,7	+5,6	+4,8	+4,1	+3,5	+3,0	+2,5	+2,0	+1,6	+1,1	+0,7	+0,4	0,0	−0,3	−0,7	−1,0	−1,3	−1,6	−1,9	−2,2
8	+ 9,6	+7,0	+6,0	+5,2	+4,5	+3,9	+3,4	+2,9	+2,4	+2,0	+1,6	+1,2	+0,8	+0,4	+0,1	−0,3	−0,6	−0,9	−1,2	−1,5	−1,8
8,5	+10,0	+7,4	+6,4	+5,5	+4,8	+4,2	+3,7	+3,2	+2,8	+2,3	+1,9	+1,5	+1,1	+0,8	+0,4	+0,1	−0,2	−0,5	−0,9	−1,1	−1,4
9	+10,3	+7,7	+6,7	+5,9	+5,2	+4,6	+4,0	+3,5	+3,1	+2,6	+2,2	+1,8	+1,4	+1,1	+0,8	+0,4	+0,1	−0,2	−0,5	−0,8	−1,1
9,5	+10,6	+8,0	+7,0	+6,2	+5,5	+4,9	+4,3	+3,8	+3,4	+2,9	+2,5	+2,1	+1,8	+1,4	+1,1	+0,7	+0,4	0,0	−0,3	−0,6	−0,9
10	+10,9	+8,3	+7,2	+6,4	+5,7	+5,1	+4,6	+4,1	+3,7	+3,2	+2,8	+2,4	+2,1	+1,7	+1,3	+1,0	+0,7	+0,4	+0,1	−0,2	−0,5
11	+11,3	8,8	7,7	6,9	6,2	5,6	5,1	4,6	4,1	3,7	3,3	2,9	2,5	2,2	1,8	1,5	1,2	0,9	0,6	+0,3	0,0
12	+11,7	9,2	8,1	7,3	6,6	6,0	5,5	5,0	4,5	4,1	3,7	3,3	2,9	2,6	2,2	1,9	1,6	1,3	1,0	0,7	+0,4
13	+12,1	9,5	8,4	7,7	7,0	6,4	5,8	5,3	4,9	4,4	4,0	3,6	3,3	2,9	2,6	2,2	1,9	1,6	1,3	1,0	0,7
14	+12,4	9,8	8,8	8,0	7,3	6,7	6,1	5,6	5,2	4,7	4,3	3,9	3,6	3,2	2,9	2,5	2,2	1,9	1,6	1,3	1,0
15	+12,6	10,1	9,0	8,2	7,5	6,9	6,4	5,9	5,4	5,0	4,6	4,2	3,8	3,5	3,1	2,8	2,5	2,2	1,9	1,6	1,3
16	+12,8	10,3	9,2	8,4	7,8	7,2	6,6	6,1	5,7	5,3	4,8	4,4	4,0	3,7	3,4	3,0	2,7	2,4	2,1	1,8	1,5
17	+13,0	10,5	9,4	8,6	8,0	7,4	6,8	6,3	5,9	5,5	5,0	4,6	4,2	3,9	3,6	3,2	2,9	2,6	2,3	2,0	1,7
18	+13,2	10,7	9,6	8,8	8,1	7,5	7,0	6,5	6,1	5,6	5,2	4,8	4,4	4,1	3,7	3,4	3,1	2,8	2,5	2,2	1,9
19	+13,4	10,8	9,8	9,0	8,3	7,7	7,2	6,7	6,2	5,8	5,4	5,0	4,6	4,2	3,9	3,6	3,3	2,9	2,6	2,3	2,1
20	+13,5	11,0	9,9	9,1	8,4	7,8	7,3	6,8	6,4	5,9	5,5	5,1	4,8	4,4	4,1	3,7	3,4	3,1	2,8	2,5	2,2
22	+13,8	11,2	10,2	9,4	8,7	8,1	7,6	7,1	6,6	6,2	5,8	5,4	5,0	4,7	4,3	4,0	3,7	3,4	3,1	2,8	2,5
24	+14,0	11,4	10,4	9,6	8,9	8,3	7,8	7,3	6,8	6,4	6,0	5,6	5,2	4,9	4,5	4,2	3,9	3,6	3,3	3,0	2,7
26	+14,2	11,6	10,6	9,8	9,1	8,5	8,0	7,5	7,0	6,6	6,2	5,8	5,4	5,1	4,7	4,4	4,1	3,8	3,5	3,2	2,9
28	+14,3	11,8	10,8	10,0	9,3	8,7	8,2	7,7	7,2	6,8	6,4	6,0	5,6	5,2	4,9	4,6	4,2	3,9	3,6	3,3	3,1
30	+14,5	11,9	10,9	10,1	9,4	8,8	8,3	7,8	7,3	6,9	6,5	6,1	5,7	5,4	5,0	4,7	4,4	4,1	3,8	3,5	3,2
35	+14,8	12,2	11,2	10,4	9,7	9,1	8,6	8,2	7,7	7,3	6,9	6,5	6,1	5,7	5,4	5,1	4,7	4,4	4,1	3,8	3,5
40	+15,0	12,5	11,4	10,6	9,9	9,3	8,8	8,4	7,9	7,5	7,1	6,7	6,3	5,9	5,6	5,2	4,9	4,6	4,3	4,0	3,7
45	+15,1	12,6	11,6	10,8	10,1	9,4	8,9	8,5	8,0	7,6	7,2	6,8	6,4	6,1	5,7	5,4	5,1	4,8	4,5	4,2	3,9
50	+15,3	12,7	11,7	10,9	10,2	9,6	9,1	8,6	8,2	7,7	7,3	6,9	6,6	6,2	5,9	5,5	5,2	4,9	4,6	4,3	4,0
55	+15,4	12,9	11,8	11,0	10,3	9,7	9,2	8,7	8,3	7,8	7,4	7,1	6,7	6,3	6,0	5,6	5,3	5,0	4,7	4,4	4,1
60	+15,5	13,0	12,0	11,2	10,5	9,9	9,3	8,8	8,4	8,0	7,6	7,2	6,8	6,4	6,1	5,8	5,4	5,1	4,8	4,5	4,3
70	+15,7	13,2	12,2	11,4	10,7	10,1	9,5	9,0	8,6	8,2	7,8	7,4	7,0	6,6	6,3	6,0	5,6	5,3	5,0	4,7	4,4
80	+15,9	13,4	12,4	11,6	10,9	10,3	9,7	9,2	8,8	8,4	8,0	7,6	7,2	6,8	6,5	6,2	5,8	5,5	5,2	4,9	4,6
90	+16,0	13,5	12,5	11,7	11,0	10,4	9,8	9,3	8,9	8,5	8,1	7,7	7,3	6,9	6,6	6,3	5,9	5,6	5,3	5,0	4,7

Zusatzbeschickung für den Kimmabstand des Sonnenunterrandes

Jan	Feb	Mrz	Apr	Mai	Jun	Jul	Aug	Sep	Okt	Nov	Dez
+0,3′	+0,2′	+0,1′	0,0′	−0,2′	−0,2′	−0,2′	−0,2′	−0,1′	+0,1′	+0,2′	+0,3′

Zusatzbeschickung für den Kimmabstand des Sonnenoberrandes

Jan	Feb	Mrz	Apr	Mai	Jun	Jul	Aug	Sep	Okt	Nov	Dez
−32,3′	−32,2′	−32,1′	−32,0′	−31,8′	−31,8′	−31,8′	−31,8′	−31,9′	−32,1′	−32,2′	−32,3′

Gesamtbeschickung für den Kimmabstand eines Fixsterns oder Planeten

Kimm-ab-stand °	Augeshöhe in Meter																				
	0	2	4	6	8	10	12	14	16	18	20	22	24	26	28	30	32	34	36	38	40
3	−14,4	17,0	18,1	19,0	19,7	20,3	20,9	21,4	21,9	22,3	22,8	23,2	23,5	23,9	24,3	24,7	25,0	25,3	25,6	25,9	26,2
3,5	−12,9	15,5	16,6	17,5	18,2	18,8	19,4	19,9	20,4	20,8	21,2	21,6	22,0	22,4	22,8	23,1	23,4	23,8	24,1	24,4	24,7
4	−11,8	14,3	15,4	16,3	17,0	17,6	18,1	18,6	19,1	19,6	20,0	20,4	20,8	21,1	21,5	21,9	22,2	22,5	22,8	23,1	23,4
4,5	−10,8	13,3	14,4	15,2	16,0	16,6	17,1	17,6	18,1	18,5	19,0	19,4	19,7	20,1	20,5	20,8	21,1	21,5	21,8	22,1	22,4
5	− 9,9	12,4	13,5	14,3	15,0	15,6	16,2	16,7	17,2	17,6	18,0	18,5	18,9	19,2	19,5	19,9	20,2	20,5	20,8	21,1	21,4
5,5	− 9,1	11,7	12,8	13,6	14,3	14,9	15,4	15,9	16,4	16,8	17,3	17,7	18,0	18,4	18,8	19,1	19,4	19,7	20,1	20,4	20,6
6	− 8,5	11,0	12,1	12,9	13,6	14,2	14,8	15,3	15,7	16,2	16,6	17,0	17,4	17,7	18,1	18,4	18,7	19,0	19,4	19,7	19,9
6,5	− 7,9	10,5	11,5	12,3	13,0	13,6	14,2	14,7	15,2	15,6	16,0	16,4	16,8	17,1	17,5	17,8	18,2	18,5	18,8	19,1	19,4
7	− 7,4	9,9	11,0	11,8	12,5	13,1	13,7	14,2	14,7	15,1	15,5	15,9	16,2	16,6	17,0	17,3	17,6	17,9	18,2	18,5	18,8
7,5	− 7,0	9,5	10,6	11,4	12,1	12,7	13,2	13,7	14,2	14,6	15,0	15,4	15,8	16,1	16,5	16,8	17,2	17,5	17,8	18,1	18,4
8	− 6,6	9,1	10,2	11,0	11,7	12,3	12,8	13,3	13,8	14,2	14,6	15,0	15,4	15,7	16,1	16,4	16,7	17,0	17,3	17,7	18,0
8,5	− 6,2	8,8	9,8	10,6	11,3	11,9	12,4	12,9	13,4	13,8	14,2	14,6	15,0	15,4	15,7	16,1	16,4	16,7	17,0	17,3	17,6
9	− 5,9	8,4	9,5	10,3	11,0	11,6	12,1	12,6	13,1	13,5	13,9	14,3	14,7	15,0	15,4	15,7	16,0	16,4	16,7	17,0	17,3
9,5	− 5,6	8,1	9,2	10,0	10,7	11,3	11,8	12,3	12,8	13,2	13,6	14,0	14,4	14,7	15,1	15,4	15,8	16,1	16,4	16,7	17,0
10	− 5,3	7,8	8,9	9,7	10,4	11,0	11,5	12,0	12,5	12,9	13,3	13,7	14,1	14,5	14,8	15,1	15,5	15,8	16,1	16,4	16,7
11	− 4,8	7,4	8,5	9,3	10,0	10,6	11,1	11,6	12,0	12,5	12,9	13,2	13,6	14,0	14,3	14,7	15,0	15,3	15,6	15,9	16,2
12	− 4,4	7,0	8,1	8,9	9,6	10,2	10,7	11,2	11,6	12,1	12,5	12,8	13,2	13,6	13,9	14,3	14,6	14,9	15,2	15,5	15,8
13	− 4,1	6,7	7,7	8,5	9,2	9,8	10,3	10,8	11,3	11,7	12,1	12,5	12,9	13,2	13,6	13,9	14,2	14,5	14,8	15,1	15,4
14	− 3,8	6,3	7,4	8,2	8,9	9,5	10,0	10,5	11,0	11,4	11,8	12,1	12,5	12,9	13,2	13,6	13,9	14,2	14,5	14,8	15,1
15	− 3,6	6,1	7,2	8,0	8,7	9,3	9,8	10,2	10,7	11,1	11,5	11,9	12,3	12,7	13,0	13,3	13,7	14,0	14,3	14,6	14,9
16	− 3,3	5,9	7,0	7,8	8,4	9,0	9,5	10,0	10,5	10,9	11,3	11,7	12,1	12,4	12,8	13,1	13,4	13,7	14,0	14,3	14,6
17	− 3,1	5,7	6,8	7,6	8,2	8,8	9,3	9,8	10,3	10,7	11,1	11,5	11,9	12,2	12,6	12,9	13,2	13,5	13,8	14,1	14,4
18	− 2,9	5,5	6,6	7,4	8,0	8,6	9,1	9,6	10,1	10,5	10,9	11,3	11,7	12,1	12,4	12,7	13,0	13,4	13,7	14,0	14,2
19	− 2,8	5,3	6,4	7,2	7,9	8,5	9,0	9,5	9,9	10,4	10,8	11,2	11,5	11,9	12,2	12,6	12,9	13,2	13,5	13,8	14,1
20	− 2,6	5,2	6,2	7,0	7,7	8,3	8,8	9,3	9,8	10,2	10,6	11,0	11,3	11,7	12,0	12,4	12,7	13,0	13,4	13,7	13,9
22	− 2,4	4,9	6,0	6,8	7,5	8,1	8,6	9,0	9,5	9,9	10,3	10,7	11,1	11,5	11,8	12,2	12,5	12,8	13,1	13,4	13,7
24	− 2,2	4,7	5,8	6,6	7,3	7,9	8,4	8,8	9,3	9,7	10,1	10,5	10,9	11,3	11,6	11,9	12,2	12,6	12,9	13,2	13,4
26	− 2,0	4,5	5,6	6,4	7,1	7,7	8,2	8,6	9,1	9,6	10,0	10,3	10,7	11,1	11,4	11,7	12,1	12,4	12,7	13,0	13,3
28	− 1,8	4,3	5,4	6,2	6,9	7,5	8,0	8,5	8,9	9,4	9,8	10,2	10,5	10,9	11,2	11,6	11,9	12,2	12,5	12,8	13,1
30	− 1,7	4,2	5,3	6,0	6,7	7,3	7,8	8,3	8,8	9,2	9,6	10,0	10,4	10,8	11,1	11,4	11,8	12,1	12,4	12,7	12,9
35	− 1,4	3,9	4,9	5,7	6,4	7,0	7,6	8,1	8,6	9,0	9,4	9,8	10,2	10,5	10,8	11,2	11,5	11,8	12,1	12,4	12,6
40	− 1,1	3,7	4,7	5,5	6,2	6,8	7,3	7,8	8,3	8,7	9,1	9,5	9,9	10,2	10,5	10,9	11,2	11,5	11,8	12,1	12,4
45	− 1,0	3,5	4,5	5,3	6,0	6,6	7,1	7,6	8,1	8,5	8,9	9,3	9,7	10,0	10,4	10,7	11,0	11,3	11,6	11,9	12,2
50	− 0,8	3,3	4,4	5,2	5,9	6,5	7,0	7,5	7,9	8,4	8,8	9,2	9,5	9,9	10,2	10,6	10,9	11,2	11,5	11,8	12,1
55	− 0,7	3,2	4,3	5,1	5,7	6,3	6,9	7,4	7,8	8,3	8,7	9,1	9,4	9,8	10,1	10,4	10,8	11,1	11,4	11,6	11,9
60	− 0,6	3,1	4,1	4,9	5,6	6,2	6,7	7,2	7,7	8,1	8,5	8,9	9,3	9,6	10,0	10,3	10,6	10,9	11,2	11,5	11,8
70	− 0,4	2,9	3,9	4,7	5,4	6,0	6,5	7,1	7,5	7,9	8,3	8,7	9,1	9,4	9,8	10,1	10,4	10,7	11,0	11,3	11,6
80	− 0,2	2,7	3,7	4,5	5,2	5,8	6,3	6,8	7,3	7,7	8,1	8,5	8,9	9,2	9,6	9,9	10,2	10,5	10,8	11,1	11,4
90	− 0,0	2,5	3,6	4,4	5,1	5,7	6,2	6,7	7,1	7,5	7,9	8,3	8,7	9,1	9,4	9,7	10,1	10,4	10,7	11,0	11,3

Zusatzbeschickung für Planeten

Kimm-ab-stand °	Horizontparallaxe					
	0,1′	0,2′	0,3′	0,4′	0,5′	0,6′
10	+0,1	+0,2	+0,3	+0,4	+0,5	+0,6
30	+0,1	+0,2	+0,3	+0,3	+0,4	+0,5
50	+0,1	+0,1	+0,2	+0,3	+0,3	+0,4
70	0,0	+0,1	+0,1	+0,1	+0,2	+0,2
80	0,0	0,0	+0,1	+0,1	+0,1	+0,1
90	0,0	0,0	0,0	0,0	0,0	0,0

Gesamtbeschickung für den Kimmabstand des Mondunterrandes

Kimm- ab- stand	Horizontparallaxe														
	54,0′	54,5′	55,0′	55,5′	56,0′	56,5′	57,0′	57,5′	58,0′	58,5′	59,0′	59,5′	60,0′	60,5′	61,0′
°	′	′	′	′	′	′	′	′	′	′	′	′	′	′	′
3	+48,4	49,1	49,7	50,3	50,9	51,5	52,2	52,8	53,5	54,1	54,7	55,3	56,0	56,6	57,3
3,5	+49,8	50,5	51,1	51,7	52,3	52,9	53,6	54,3	55,0	55,6	56,2	56,8	57,5	58,1	58,8
4	+51,0	51,7	52,3	52,9	53,5	54,1	54,8	55,5	56,2	56,8	57,4	58,0	58,7	59,3	60,0
4,5	+52,0	52,7	53,3	53,9	54,5	55,1	55,8	56,5	57,1	57,8	58,4	59,0	59,7	60,3	60,9
5	+52,9	53,6	54,2	54,8	55,4	56,0	56,7	57,3	58,0	58,6	59,2	59,8	60,5	61,1	61,8
5,5	+53,6	54,3	54,9	55,5	56,1	56,8	57,4	58,1	58,7	59,3	59,9	60,6	61,3	61,9	62,5
6	+54,3	54,9	55,5	56,2	56,8	57,4	58,1	58,7	59,3	60,0	60,6	61,3	61,9	62,5	63,1
6,5	+54,8	55,4	56,0	56,7	57,3	57,9	58,6	59,2	59,8	60,5	61,1	61,8	62,4	63,0	63,6
7	+55,3	55,9	56,5	57,1	57,8	58,4	59,1	59,7	60,3	60,9	61,6	62,2	62,9	63,5	64,1
7,5	+55,7	56,3	56,9	57,5	58,2	58,8	59,5	60,1	60,7	61,3	62,0	62,6	63,3	63,9	64,5
8	+56,0	56,7	57,3	57,9	58,5	59,1	59,8	60,4	61,0	61,6	62,3	62,9	63,6	64,2	64,8
8,5	+56,3	57,0	57,6	58,2	58,8	59,4	60,1	60,7	61,3	61,9	62,6	63,2	63,9	64,5	65,1
9	+56,5	57,2	57,8	58,4	59,1	59,7	60,3	60,9	61,5	62,2	62,8	63,4	64,1	64,7	65,4
9,5	+56,8	57,4	58,0	58,6	59,3	59,9	60,5	61,1	61,8	62,4	63,0	63,6	64,3	64,9	65,6
10	+57,0	57,6	58,2	58,8	59,5	60,1	60,7	61,3	62,0	62,6	63,2	63,8	64,5	65,1	65,8
11	+57,3	57,9	58,5	59,1	59,8	60,4	61,0	61,6	62,2	62,8	63,5	64,1	64,8	65,4	66,1
12	+57,5	58,1	58,7	59,3	60,0	60,6	61,2	61,8	62,5	63,1	63,7	64,3	65,0	65,6	66,2
13	+57,6	58,3	58,9	59,5	60,1	60,7	61,3	61,9	62,6	63,2	63,9	64,5	65,1	65,7	66,3
14	+57,7	58,3	58,9	59,5	60,2	60,8	61,4	62,0	62,7	63,3	63,9	64,5	65,2	65,8	66,4
15	+57,7	58,4	59,0	59,6	60,2	60,8	61,4	62,0	62,7	63,3	63,9	64,5	65,2	65,8	66,4
16	+57,7	58,4	59,0	59,6	60,2	60,8	61,4	62,0	62,7	63,3	63,9	64,5	65,1	65,7	66,4
17	+57,6	58,3	58,9	59,5	60,1	60,7	61,3	61,9	62,5	63,1	63,8	64,4	65,0	65,6	66,3
18	+57,5	58,2	58,8	59,4	60,0	60,6	61,2	61,8	62,5	63,1	63,7	64,3	64,9	65,5	66,1
19	+57,4	58,0	58,6	59,2	59,8	60,4	61,1	61,7	62,3	62,9	63,5	64,1	64,7	65,3	65,9
20	+57,2	57,9	58,5	59,1	59,7	60,3	60,9	61,5	62,1	62,5	63,1	63,7	64,5	65,1	65,7
21	+57,0	57,7	58,3	58,9	59,5	60,1	60,7	61,3	61,9	62,5	63,1	63,7	64,3	64,9	65,5
22	+56,8	57,4	58,0	58,6	59,2	59,8	60,4	61,0	61,6	62,2	62,8	63,4	64,1	64,6	65,2
23	+56,6	57,2	57,8	58,4	59,0	59,6	60,2	60,8	61,4	61,7	62,3	62,9	63,8	64,3	64,9
24	+56,3	56,9	57,5	58,1	58,7	59,3	59,9	60,5	61,1	61,7	62,3	62,9	63,5	64,0	64,6
25	+56,0	56,6	57,2	57,8	58,4	59,0	59,6	60,2	60,8	61,3	61,9	62,5	63,1	63,7	64,3
26	+55,7	56,3	56,9	57,5	58,1	58,6	59,2	59,8	60,4	61,0	61,6	62,2	62,8	63,3	63,9
27	+55,4	56,0	56,5	57,1	57,7	58,3	58,9	59,4	60,0	60,6	61,2	61,8	62,4	62,9	63,5
28	+55,0	55,6	56,2	56,7	57,3	57,9	58,5	59,0	59,6	60,2	60,8	61,4	62,0	62,5	63,1
29	+54,6	55,2	55,8	56,3	56,9	57,5	58,1	58,6	59,2	59,8	60,4	61,0	61,6	62,1	62,7
30	+54,2	54,8	55,4	55,9	56,5	57,1	57,7	58,3	58,8	59,4	60,0	60,5	61,1	61,6	62,2
31	+53,8	54,4	55,0	55,5	56,1	56,6	57,2	57,8	58,4	58,9	59,5	60,0	60,6	61,2	61,8
32	+53,4	54,0	54,5	55,1	55,7	56,2	56,8	57,3	57,9	58,4	59,0	59,6	60,2	60,7	61,3
33	+53,0	53,6	54,1	54,6	55,2	55,7	56,3	56,9	57,4	57,9	58,5	59,1	59,7	60,2	60,8
34	+52,5	53,1	53,6	54,1	54,7	55,2	55,8	56,3	56,9	57,4	58,0	58,5	59,1	59,6	60,2
35	+52,0	52,6	53,1	53,6	54,2	54,7	55,3	55,8	56,4	56,9	57,5	58,0	58,6	59,1	59,7
36	+51,5	52,1	52,6	53,1	53,7	54,2	54,8	55,3	55,9	56,4	56,9	57,4	58,0	58,5	59,1
37	+51,0	51,6	52,1	52,6	53,2	53,7	54,2	54,7	55,3	55,8	56,4	56,9	57,5	58,0	58,5
38	+50,5	51,1	51,6	52,1	52,6	53,1	53,7	54,2	54,7	55,2	55,8	56,3	56,9	57,4	57,9
39	+49,9	50,5	51,0	51,5	52,0	52,5	53,1	53,6	54,2	54,7	55,2	55,7	56,3	56,8	57,3
40	+49,4	49,9	50,4	50,9	51,5	52,0	52,5	53,0	53,6	54,1	54,6	55,1	55,6	56,1	56,7
41	+48,8	49,3	49,8	50,3	50,9	51,4	51,9	52,4	52,9	53,4	54,0	54,5	55,0	55,5	56,0
42	+48,2	48,8	49,3	49,8	50,3	50,8	51,3	51,8	52,3	52,8	53,3	53,8	54,3	54,8	55,4
43	+47,6	48,2	48,7	49,2	49,7	50,2	50,7	51,2	51,7	52,2	52,7	53,2	53,7	54,2	54,7
Mond- durchm.	29,4′	29,7′	30,0′	30,3′	30,6′	30,8′	31,1′	31,4′	31,7′	32,0′	32,2′	32,5′	32,8′	33,0′	33,3′

Bei Beobachtung des Mondoberrandes ist die Gesamtbeschickung um den Betrag des Monddurchmessers zu vermindern.

Berichtigung wegen der Augeshöhe

Ah in m	0	2	4	6	8	10	12	14	16	18	20
Berichtigung	+5,6′	+3,1′	+2,0′	+1,2′	+0,6′	0,0′	−0,6′	−1,1′	−1,5′	−1,9′	−2,3′
Ah in m	20	22	24	26	28	30	32	34	36	38	40
Berichtigung	−2,3′	−2,7′	−3,1′	−3,4′	−3,8′	−4,1′	−4,4′	−4,7′	−5,0′	−5,3′	−5,6′

Gesamtbeschickung für den Kimmabstand des Mondunterrandes

Kimm-ab-stand	Horizontparallaxe														
	54,0'	54,5'	55,0'	55,5'	56,0'	56,5'	57,0'	57,5'	58,0'	58,5'	59,0'	59,5'	60,0'	60,5'	61,0'
°	'	'	'	'	'	'	'	'	'	'	'	'	'	'	'
43	+47,6	48,2	48,7	49,2	49,7	50,2	50,7	51,2	51,7	52,2	52,7	53,2	53,7	54,2	54,7
44	+47,0	47,5	48,0	48,5	49,0	49,5	50,0	50,5	51,0	51,5	52,0	52,5	53,0	53,5	54,0
45	+46,4	46,9	47,4	47,9	48,4	48,8	49,3	49,8	50,3	50,8	51,3	51,8	52,3	52,8	53,3
46	+45,8	46,3	46,7	47,2	47,7	48,2	48,7	49,1	49,6	50,1	50,6	51,1	51,6	52,0	52,5
47	+45,1	45,6	46,1	46,6	47,0	47,5	48,0	48,5	48,9	49,4	49,9	50,4	50,9	51,3	51,8
48	+44,5	45,0	45,4	45,8	46,3	46,8	47,3	47,7	48,2	48,7	49,2	49,6	50,1	50,6	51,1
49	+43,8	44,3	44,7	45,1	45,6	46,0	46,5	47,0	47,5	47,9	48,4	48,9	49,4	49,8	50,3
50	+43,1	43,6	44,0	44,4	44,9	45,3	45,8	46,2	46,7	47,2	47,7	48,1	48,6	49,0	49,5
51	+42,4	42,9	43,3	43,7	44,2	44,6	45,1	45,5	46,0	46,4	46,9	47,3	47,8	48,2	48,7
52	+41,7	42,2	42,6	43,0	43,5	43,9	44,3	44,7	45,2	45,6	46,1	46,5	47,0	47,4	47,9
53	+41,0	41,4	41,8	42,2	42,7	43,1	43,6	44,0	44,5	44,9	45,3	45,7	46,2	46,6	47,1
54	+40,2	40,7	41,1	41,5	42,0	42,4	42,8	43,2	43,7	44,1	44,5	44,9	45,4	45,8	46,3
55	+39,5	39,9	40,3	40,7	41,2	41,6	42,0	42,4	42,9	43,3	43,7	44,1	44,6	45,0	45,4
56	+38,7	39,2	39,6	40,0	40,4	40,8	41,2	41,6	42,1	42,5	42,9	43,3	43,7	44,1	44,6
57	+38,0	38,4	38,8	39,2	39,6	40,0	40,4	40,8	41,3	41,7	42,1	42,5	42,9	43,3	43,7
58	+37,2	37,6	38,0	38,4	38,8	39,2	39,6	40,0	40,4	40,8	41,2	41,6	42,0	42,4	42,9
59	+36,4	36,8	37,2	37,6	38,0	38,4	38,8	39,2	39,6	40,0	40,4	40,8	41,2	41,6	42,0
60	+35,6	36,0	36,4	36,8	37,2	37,5	37,9	38,3	38,7	39,1	39,5	39,9	40,3	40,7	41,1
61	+34,8	35,2	35,6	36,0	36,4	36,7	37,1	37,5	37,9	38,2	38,6	39,0	39,4	39,8	40,2
62	+34,0	34,4	34,8	35,2	35,5	35,9	36,3	36,6	37,0	37,4	37,8	38,1	38,5	38,8	39,2
63	+33,2	33,6	34,0	34,3	34,7	35,0	35,4	35,7	36,1	36,5	36,9	37,2	37,6	37,9	38,3
64	+32,4	32,8	33,1	33,4	33,8	34,1	34,5	34,9	35,3	35,6	36,0	36,3	36,7	37,0	37,4
65	+31,6	32,0	32,3	32,6	33,0	33,3	33,7	34,0	34,4	34,7	35,1	35,4	35,8	36,1	36,4
66	+30,7	31,1	31,4	31,7	32,1	32,4	32,8	33,1	33,5	33,8	34,1	34,4	34,8	35,1	35,5
67	+29,9	30,3	30,6	30,9	31,2	31,5	31,9	32,2	32,6	32,9	33,2	33,5	33,9	34,2	34,5
68	+29,0	29,4	29,7	30,0	30,3	30,6	31,0	31,3	31,6	31,9	32,3	32,6	32,9	33,2	33,6
69	+28,2	28,6	28,8	29,1	29,4	29,7	30,1	30,4	30,7	31,0	31,3	31,6	32,0	32,3	32,6
70	+27,3	27,6	27,9	28,2	28,5	28,8	29,1	29,4	29,8	30,1	30,4	30,7	31,0	31,3	31,6
71	+26,4	26,7	27,0	27,3	27,6	27,9	28,2	28,5	28,8	29,1	29,4	29,7	30,0	30,3	30,6
72	+25,6	25,9	26,2	26,4	26,7	27,0	27,3	27,6	27,9	28,2	28,5	28,8	29,1	29,3	29,6
73	+24,7	25,0	25,3	25,5	25,8	26,1	26,4	26,7	27,0	27,2	27,5	27,8	28,1	28,4	28,7
74	+23,8	24,1	24,4	24,6	24,9	25,1	25,4	25,7	26,0	26,2	26,5	26,8	27,1	27,4	27,7
75	+22,9	23,2	23,5	23,7	24,0	24,2	24,5	24,7	25,0	25,3	25,6	25,8	26,1	26,3	26,6
76	+22,0	22,3	22,5	22,8	23,1	23,3	23,6	23,8	24,1	24,3	24,6	24,8	25,1	25,3	25,6
77	+21,1	21,4	21,6	21,8	22,1	22,3	22,6	22,8	23,1	23,3	23,6	23,8	24,1	24,3	24,6
78	+20,2	20,5	20,7	20,9	21,2	21,4	21,7	21,9	22,1	22,3	22,6	22,8	23,1	23,3	23,6
79	+19,3	19,6	19,8	20,0	20,2	20,4	20,7	20,9	21,2	21,4	21,6	21,8	22,1	22,3	22,6
80	+18,4	18,7	18,9	19,1	19,3	19,5	19,7	19,9	20,2	20,4	20,6	20,8	21,1	21,3	21,5
81	+17,5	17,7	17,9	18,1	18,4	18,6	18,8	19,0	19,2	19,4	19,6	19,8	20,1	20,3	20,5
82	+16,6	16,8	17,0	17,2	17,4	17,6	17,8	18,0	18,2	18,4	18,6	18,8	19,1	19,3	19,5
83	+15,7	15,9	16,1	16,2	16,4	16,6	16,8	17,0	17,2	17,4	17,6	17,8	18,0	18,2	18,4
84	+14,7	14,9	15,1	15,3	15,5	15,7	15,9	16,1	16,3	16,4	16,6	16,8	17,0	17,2	17,4
85	+13,8	14,0	14,2	14,3	14,5	14,7	14,9	15,1	15,3	15,4	15,6	15,8	16,0	16,1	16,3
86	+12,9	13,1	13,2	13,4	13,6	13,7	13,9	14,1	14,3	14,4	14,6	14,8	15,0	15,1	15,3
87	+12,0	12,2	12,3	12,4	12,6	12,7	12,9	13,1	13,3	13,4	13,6	13,7	13,9	14,1	14,3
88	+11,0	11,2	11,4	11,5	11,7	11,8	12,0	12,1	12,3	12,4	12,6	12,7	12,9	13,0	13,2
89	+10,1	10,3	10,4	10,5	10,7	10,8	11,0	11,1	11,3	11,4	11,6	11,7	11,9	12,0	12,2
90	+ 9,2	9,4	9,5	9,6	9,7	9,8	10,0	10,1	10,3	10,4	10,6	10,7	10,9	11,0	11,2
Mond-durchm.	29,4'	29,7'	30,0'	30,3'	30,6'	30,8'	31,1'	31,4'	31,7'	32,0'	32,2'	32,5'	32,8'	33,0'	33,3'

Bei Beobachtung des Mondoberrandes ist die Gesamtbeschickung um den Betrag des Monddurchmessers zu vermindern.

Berichtigung wegen der Augeshöhe

Ah in m	0	2	4	6	8	10	12	14	16	18	20
Berichtigung	+5,6'	+3,1'	+2,0'	+1,2'	+0,6'	0,0'	−0,6'	−1,1'	−1,5'	−1,9'	−2,3'

Ah in m	20	22	24	26	28	30	32	34	36	38	40
Berichtigung	−2,3'	−2,7'	−3,1'	−3,4'	−3,8'	−4,1'	−4,4'	−4,7'	−5,0'	−5,3'	−5,6'

LAT 48°N

LHA 180°–269°

LHA γ	◆DENEB	VEGA	ARCTURUS	◆SPICA	REGULUS	◆POLLUX	CAPELLA
	Hc Zn	Hc Zn	Hc Zn	Hc Zn	Hc Zn	Hc Zn	Hc Zn
180	12 54 033	22 29 056	50 20 125	27 59 156	47 05 222	37 35 272	26 28 310
181	13 16 034	23 03 057	50 53 126	28 44 157	46 38 224	36 55 273	25 57 311
182	13 39 035	23 36 058	51 25 127	28 29 159	46 10 225	36 15 273	25 27 311
183	14 02 035	24 10 058	51 57 128	28 44 160	45 41 226	35 35 274	24 57 312
184	14 25 036	24 45 059	52 28 130	28 57 161	45 12 227	34 55 275	24 28 313
185	14 49 036	25 19 059	52 59 131	29 10 162	44 42 229	34 15 275	23 58 313
186	15 13 037	25 54 060	53 29 132	29 23 163	44 11 230	33 35 276	23 29 314
187	15 37 038	26 29 061	53 58 134	29 34 164	43 40 231	32 55 277	23 00 314
188	16 02 038	27 04 061	54 27 135	29 45 165	43 09 232	32 15 277	22 31 315
189	16 27 039	27 39 062	54 55 136	29 55 166	42 37 233	31 35 278	22 01 315
190	16 52 039	28 14 062	55 22 138	30 04 167	42 05 234	30 56 279	21 35 316
191	17 18 040	28 50 063	55 49 139	30 12 168	41 32 235	30 16 280	21 05 316
192	17 44 041	29 26 063	56 15 141	30 20 170	40 59 236	29 37 280	20 39 317
193	18 10 041	30 02 064	56 40 142	30 27 171	40 25 238	28 57 281	20 12 317
194	18 37 042	30 38 065	57 04 144	30 33 172	39 51 239	28 18 282	19 45 318

LHA γ	◆DENEB	VEGA	Rasalhague	◆ARCTURUS	REGULUS	◆POLLUX	CAPELLA
195	19 04 042	31 14 065	23 34 097	57 27 146	39 17 240	27 38 282	19 18 319
196	19 31 043	31 51 066	24 14 098	57 49 147	38 42 241	26 59 283	18 52 319
197	19 58 043	32 27 066	24 53 099	58 10 149	38 07 242	26 20 284	18 26 320
198	20 26 044	33 04 067	25 33 100	58 31 151	37 31 243	25 41 284	18 01 320
199	20 54 045	33 41 067	26 13 101	58 50 152	36 55 244	25 02 285	17 34 321
200	21 23 045	34 18 068	26 52 101	59 08 154	36 19 245	24 24 286	17 09 321
201	21 51 046	34 56 069	27 31 102	59 25 156	35 43 245	23 45 286	16 44 322
202	22 20 046	35 33 069	28 10 103	59 41 158	35 06 246	23 07 287	16 20 323
203	22 49 047	36 11 070	28 49 104	59 56 159	34 29 247	22 28 288	15 56 323
204	23 19 047	36 48 070	29 28 105	60 09 161	33 52 248	21 50 288	15 32 324
205	23 48 048	37 26 071	30 07 106	60 22 163	33 15 249	21 12 289	15 08 324
206	24 18 048	38 04 071	30 46 106	60 33 165	32 37 250	20 34 290	14 45 325
207	24 48 049	38 42 072	31 24 107	60 43 167	31 59 251	19 56 290	14 22 326
208	25 19 050	39 20 073	32 02 108	60 51 169	31 21 251	19 19 291	14 00 326
209	25 49 050	39 59 073	32 40 109	60 58 171	30 43 253	18 41 291	13 37 327

LHA γ	DENEB	◆VEGA	Rasalhague	◆ARCTURUS	Denebola	REGULUS	◆Dubhe
210	26 20 051	40 37 074	33 18 110	61 04 173	47 15 233	30 05 254	61 50 316
211	26 52 051	41 16 074	33 56 111	61 09 175	46 39 234	29 26 255	61 22 316
212	27 23 052	41 55 075	34 33 112	61 12 177	46 04 234	28 47 256	60 54 315
213	27 55 052	42 33 075	35 11 113	61 14 178	45 30 235	28 08 256	60 25 315
214	28 26 053	43 12 076	35 47 114	61 14 180	44 55 235	27 29 257	59 57 315
215	28 58 053	43 51 077	36 24 115	61 13 182	44 20 236	26 50 258	59 29 315
216	29 31 054	44 30 077	37 01 115	61 11 184	43 46 237	26 11 259	59 01 315
217	30 03 054	45 10 078	37 37 116	61 07 186	43 12 238	25 31 259	58 32 315
218	30 36 055	45 49 078	38 12 117	61 02 188	42 38 240	24 52 260	58 04 315
219	31 09 055	46 28 079	38 48 118	60 56 190	42 03 240	24 12 261	57 36 315
220	31 42 056	47 08 080	39 23 119	60 48 192	41 28 241	23 33 262	57 07 315
221	32 15 056	47 47 080	39 58 120	60 39 194	40 53 242	22 53 262	56 39 315
222	32 49 057	48 27 081	40 32 121	60 28 196	40 17 243	22 13 263	56 11 315
223	33 23 057	49 07 082	41 06 123	60 17 198	39 41 244	21 33 264	55 43 315
224	33 56 058	49 46 082	41 40 124	60 04 200	39 05 245	20 53 265	55 14 315

LHA γ	DENEB	◆VEGA	Rasalhague	ANTARES	◆ARCTURUS	Denebola	◆Dubhe
225	34 31 058	50 26 083	42 13 125	12 58 160	59 50 201	38 28 246	54 45 315
226	35 05 059	51 06 084	42 46 126	13 11 161	59 35 203	37 51 247	54 17 315
227	35 39 059	51 46 084	43 18 127	13 25 161	59 18 205	37 14 248	53 49 315
228	36 14 060	52 26 085	43 50 128	13 37 162	59 01 207	36 36 250	53 21 315
229	36 49 060	53 06 085	44 22 129	13 49 163	58 42 208	35 59 250	52 53 315
230	37 24 061	53 46 086	44 52 130	14 00 164	58 23 210	35 21 252	52 25 315
231	37 59 061	54 26 087	45 23 131	14 11 165	58 02 212	34 43 252	51 57 315
232	38 34 062	55 06 087	45 53 132	14 21 166	57 40 213	34 05 254	51 29 316
233	39 10 062	55 46 088	46 22 134	14 30 167	57 18 215	33 26 254	51 01 316
234	39 45 063	56 26 089	46 50 135	14 40 168	56 54 217	32 48 255	50 33 316
235	40 21 063	57 07 090	47 17 136	14 47 169	56 30 218	32 09 255	50 06 316
236	40 57 064	57 47 090	47 46 138	14 53 170	56 04 220	31 30 256	49 38 317
237	41 33 064	58 27 091	48 14 139	15 02 171	55 38 221	30 51 257	49 11 317
238	42 09 065	59 07 092	48 39 140	15 08 171	55 12 223	30 12 258	48 43 318
239	42 46 065	59 47 093	49 04 142	15 14 172	54 44 224	29 32 259	48 16 317

LHA γ	◆DENEB	ALTAIR	Rasalhague	ANTARES	◆ARCTURUS	Denebola	◆Dubhe
240	43 22 066	27 57 109	49 28 143	15 19 173	54 16 226	28 53 260	47 49 317
241	43 59 066	28 35 110	49 52 144	15 23 174	53 47 227	28 14 261	47 22 318
242	44 36 067	29 13 111	50 15 146	15 27 175	53 17 228	27 34 261	46 55 318
243	45 13 067	29 51 112	50 37 147	15 30 176	52 47 229	26 54 263	46 28 318
244	45 50 068	30 27 113	50 59 149	15 32 177	52 16 231	26 14 263	46 01 318
245	46 27 068	31 04 114	51 19 150	15 34 178	51 44 232	25 34 264	45 34 318
246	47 04 069	31 41 115	51 39 152	15 35 179	51 13 233	24 54 264	45 08 319
247	47 42 069	32 17 116	51 57 153	15 35 180	50 40 234	24 14 265	44 41 319
248	48 19 070	32 53 116	52 15 155	15 35 181	50 07 236	23 34 266	44 15 319
249	48 57 070	33 29 117	52 32 156	15 32 181	49 34 237	22 53 266	43 49 320
250	49 35 071	34 05 118	52 47 158	15 33 183	49 00 238	22 14 267	43 23 320
251	50 13 071	34 40 119	53 02 159	15 31 184	48 25 239	21 34 267	42 58 321
252	50 51 072	35 15 120	53 16 161	15 28 185	47 51 240	20 54 268	42 33 321
253	51 29 072	35 49 121	53 29 162	15 24 185	47 15 242	20 14 270	42 08 322
254	52 07 072	36 23 122	53 40 164	15 19 186	46 39 243	19 34 270	41 40 321

LHA γ	◆Schedar	DENEB	ALTAIR	◆Rasalhague	ARCTURUS	◆Alkaid	Kochab
255	27 37 034	52 46 073	36 57 123	53 50 166	46 04 244	58 41 291	60 21 343
256	28 00 035	53 24 073	37 30 124	54 00 167	45 28 245	58 04 291	60 08 343
257	28 23 035	54 03 074	38 03 125	54 08 169	44 52 246	57 26 292	59 54 342
258	28 46 036	54 41 074	38 36 126	54 15 171	44 15 247	56 49 292	59 41 342
259	29 10 036	55 20 075	39 08 127	54 21 173	43 39 248	56 11 293	59 27 342
260	29 33 037	55 59 075	39 40 128	54 26 174	43 01 249	55 35 293	59 14 341
261	29 58 037	56 38 076	40 11 130	54 30 176	42 23 250	54 58 294	59 06 341
262	30 22 037	57 17 076	40 42 131	54 32 178	41 45 251	54 21 294	58 52 340
263	30 46 038	57 56 077	41 12 132	54 34 179	41 07 252	53 44 294	58 39 340
264	31 11 038	58 35 077	41 41 133	54 34 181	40 29 252	53 07 294	58 25 340
265	31 36 039	59 14 078	42 10 134	54 33 182	39 51 253	52 29 295	58 11 340
266	32 01 039	59 53 078	42 39 135	54 31 184	39 12 254	51 54 295	57 58 339
267	32 27 040	60 33 079	43 07 136	54 28 185	38 33 255	51 17 295	57 43 339
268	32 53 040	61 12 079	43 34 138	54 23 187	37 54 256	50 42 296	57 29 339
269	33 19 040	61 52 080	44 01 139	54 17 189	37 15 257	50 06 296	57 14 339

LHA 270°–359°

LHA γ	◆Mirfak	Alpheratz	◆ALTAIR	Rasalhague	◆ARCTURUS	Alkaid	Kochab
	Hc Zn	Hc Zn	Hc Zn	Hc Zn	Hc Zn	Hc Zn	Hc Zn
270	13 28 025	19 55 068	44 27 140	54 10 191	36 36 258	49 30 296	57 00 338
271	13 45 025	20 32 069	44 52 141	54 02 192	35 57 259	48 54 297	56 45 338
272	14 02 026	21 10 070	45 17 143	53 53 194	35 18 259	48 18 297	56 30 338
273	14 20 027	21 47 070	45 41 144	53 43 196	34 38 260	47 42 298	56 15 338
274	14 38 027	22 25 071	46 04 145	53 31 197	33 58 261	47 07 298	55 59 338
275	14 57 028	23 03 072	46 27 147	53 19 199	33 19 262	46 32 298	55 44 337
276	15 15 028	23 42 072	46 49 148	53 06 200	32 39 263	45 56 299	55 29 337
277	15 34 029	24 20 073	47 09 149	52 51 202	31 59 264	45 21 299	55 13 337
278	15 54 029	24 58 074	47 30 151	52 35 204	31 19 264	44 46 300	54 58 337
279	16 13 030	25 37 074	47 50 152	52 19 205	30 39 265	44 11 300	54 42 337
280	16 34 031	26 16 075	48 07 153	52 01 207	29 59 266	43 37 301	54 26 337
281	16 54 031	26 54 076	48 25 155	51 43 208	29 19 267	43 02 301	54 10 337
282	17 16 032	27 33 076	48 41 156	51 24 210	28 39 267	42 28 301	53 54 337
283	17 37 032	28 12 077	48 57 158	51 03 211	27 59 268	41 54 302	53 38 336
284	17 59 033	28 52 078	49 12 159	50 42 212	27 19 269	41 20 302	53 22 336
285	18 21 033	29 31 078	49 25 161	50 20 214	26 39 270	40 46 303	53 06 336
286	18 43 034	30 10 079	49 38 162	49 58 215	25 58 270	40 12 303	52 50 336
287	19 05 035	30 50 080	49 50 164	49 34 217	25 18 271	39 39 304	52 34 336
288	19 28 035	31 29 080	50 01 166	49 11 218	24 38 272	39 05 304	52 18 336
289	19 52 036	32 09 081	50 11 167	48 45 219	23 58 273	38 32 304	52 01 336
290	20 15 036	32 48 082	50 19 168	48 19 221	23 18 273	37 59 305	51 45 336
291	20 39 037	33 28 082	50 27 170	47 52 222	22 38 274	37 26 305	51 29 336
292	21 03 037	34 08 083	50 34 171	47 25 223	21 58 275	36 53 306	51 12 336
293	21 28 038	34 48 084	50 39 173	46 57 225	21 18 275	36 21 306	50 56 336
294	21 52 038	35 28 084	50 43 174	46 29 226	20 38 276	35 49 307	50 40 336
295	22 17 039	36 08 085	50 47 176	46 00 227	19 58 277	35 17 307	50 23 336
296	22 43 039	36 48 085	50 49 178	45 30 228	19 18 278	34 45 308	50 07 336
297	23 08 040	37 28 086	50 50 179	45 00 229	18 38 278	34 13 308	49 51 336
298	23 34 040	38 08 087	50 50 181	44 29 231	17 59 279	33 41 309	49 34 336
299	23 59 041	38 48 088	50 49 183	43 57 232	17 19 280	33 10 309	49 18 336

LHA γ	Mirfak	◆Alpheratz	Enif	◆ALTAIR	◆Rasalhague	Alphecca	Kochab
300	24 27 041	39 28 089	46 02 142	50 47 184	43 25 233	34 59 273	49 02 336
301	24 53 042	40 08 089	46 42 144	50 44 185	42 54 234	34 19 273	48 46 336
302	25 20 042	40 48 090	47 21 145	50 40 187	42 21 235	33 39 274	48 29 336
303	25 48 043	41 28 091	48 00 147	50 34 188	41 48 236	32 59 275	48 13 336
304	26 15 043	42 09 092	48 36 147	50 28 190	41 14 237	32 19 275	47 57 336
305	26 43 044	42 49 092	49 12 149	50 20 192	40 40 238	31 39 276	47 41 336
306	27 11 044	43 29 093	49 43 150	50 11 193	40 06 239	30 59 277	47 25 337
307	27 39 045	44 09 094	50 02 152	50 02 195	39 31 240	30 19 277	47 09 337
308	28 06 046	44 49 094	50 16 152	49 52 196	38 56 241	29 39 278	46 52 337
309	28 36 046	45 29 095	50 26 158	49 40 198	38 21 242	29 00 279	46 36 337
310	29 05 047	46 09 096	50 31 159	49 27 200	37 46 243	28 20 280	46 21 337
311	29 35 047	46 49 097	50 33 159	49 14 201	37 09 244	27 41 280	46 05 337
312	30 04 048	47 28 098	50 33 160	48 59 203	36 33 245	27 01 281	45 49 337
313	30 34 048	48 08 099	50 33 160	48 44 204	35 56 246	26 22 282	45 34 337
314	31 04 048	48 48 100	50 32 161	48 27 205	35 19 247	25 42 282	45 18 337

LHA γ	CAPELLA	◆Hamal	Alpheratz	Enif	◆ALTAIR	VEGA	Kochab
315	15 56 037	26 35 084	50 07 101	50 44 163	48 10 206	59 24 264	45 03 337
316	16 20 037	27 05 085	50 57 102	50 55 164	47 52 208	58 46 265	44 47 337
317	16 45 038	27 35 085	51 25 104	51 06 166	47 33 209	58 12 266	44 31 338
318	17 10 039	28 05 085	51 53 104	51 15 167	47 12 211	57 35 267	44 15 339
319	17 35 039	28 35 086	52 04 104	51 23 169	46 52 212	56 59 267	44 02 340

LHA γ	CAPELLA	◆Hamal	Alpheratz	Diphda	◆ALTAIR	VEGA	Kochab
320	18 01 040	29 15 087	52 43 105	15 30 171	46 30 213	59 19 268	43 47 339
321	18 26 040	29 55 087	53 22 106	15 36 172	46 08 216	58 39 269	43 32 339
322	18 52 041	30 35 088	54 00 108	15 42 173	45 45 216	57 59 270	43 17 339
323	19 19 041	31 15 089	54 39 108	15 47 174	45 21 217	57 19 270	43 02 339
324	19 46 042	31 55 089	55 17 110	15 53 177	44 58 219	56 38 272	42 47 339
325	20 13 043	32 36 090	55 54 110	15 49 177	44 31 220	55 58 272	42 33 339
326	20 40 043	33 16 091	56 30 112	15 54 179	44 05 221	55 18 273	42 18 339
327	21 08 044	33 56 092	57 09 113	15 49 182	43 38 222	54 38 273	42 04 339
328	21 36 044	34 36 092	57 46 115	15 46 183	43 11 223	53 58 274	41 50 340
329	22 04 045	35 16 093	58 23 115	15 44 185	42 43 225	53 18 274	41 36 340

LHA γ	CAPELLA	◆Hamal	Diphda	Enif	◆ALTAIR	VEGA	Kochab
330	22 30 045	35 56 094	14 34 140	51 40 186	42 15 226	58 23 275	41 22 340
331	23 01 046	36 36 095	15 00 141	51 35 188	41 42 227	57 48 276	41 08 340
332	23 30 046	37 16 096	15 25 142	51 29 190	41 09 228	57 13 277	40 54 340
333	23 59 047	37 56 097	15 50 143	51 20 192	40 35 229	56 38 278	40 40 341
334	24 28 048	38 36 097	16 14 144	51 14 193	40 01 230	56 03 278	40 27 341
335	24 58 048	39 16 098	16 37 145	50 54 194	39 24 231	55 04 279	40 14 341
336	25 28 049	39 55 099	17 00 145	50 44 196	39 13 231	54 29 281	40 01 341
337	25 58 049	40 35 100	17 23 146	50 42 197	38 08 233	47 59 281	39 48 341
338	26 29 050	41 15 101	17 45 147	50 30 199	38 08 235	47 20 280	39 35 342
339	27 00 050	41 54 101	18 06 148	50 16 201	37 35 236	47 20 280	39 22 342
340	27 30 051	42 33 102	18 27 149	50 02 202	37 02 237	46 01 281	39 09 342
341	28 02 051	43 12 103	18 47 150	49 46 203	36 28 238	45 22 282	38 57 342
342	28 33 052	43 51 104	19 07 151	49 30 205	35 54 239	44 43 283	38 32 343
343	29 05 052	44 30 105	19 26 152	49 13 206	35 20 240	44 03 283	38 32 343
344	29 06 053	45 09 105	19 45 153	48 57 208	34 45 241	43 24 284	38 20 343

LHA γ	◆CAPELLA	ALDEBARAN	◆Diphda	Enif	ALTAIR	◆VEGA	Kochab
345	29 05 053	16 15 083	20 03 154	48 35 209	34 10 242	42 05 284	38 09 343
346	30 41 054	16 55 084	20 37 156	48 25 211	33 29 243	41 30 285	37 56 343
347	31 13 054	17 35 085	20 37 156	47 54 212	32 58 244	41 28 285	37 34 344
348	31 46 055	18 15 085	20 55 157	47 33 213	32 22 244	40 49 286	37 34 344
349	32 19 055	18 55 086	21 13 159	45 07 221	31 46 245	40 10 287	37 23 344
350	32 52 056	19 35 087	21 23 159	46 47 216	31 09 246	39 32 287	37 12 344
351	33 25 056	20 15 088	21 38 160	45 59 217	30 33 247	38 54 288	37 01 344
352	33 59 057	20 55 088	21 51 161	45 59 219	29 55 248	38 16 288	36 50 344
353	34 32 057	21 35 089	22 04 162	45 07 221	29 18 249	37 38 289	36 40 345
354	35 06 058	22 15 090	22 16 163	45 07 221	28 41 250	37 00 290	36 30 345
355	35 40 058	22 36 091	22 28 164	44 40 222	28 03 251	36 22 291	36 20 346
356	36 15 059	23 36 091	22 39 165	44 13 224	27 25 252	35 44 291	36 10 346
357	36 49 059	24 16 092	22 50 166	43 47 225	26 46 253	35 06 291	36 00 346
358	37 24 060	24 56 093	22 59 167	43 17 226	26 08 253	34 29 292	35 50 346
359	37 58 060	25 36 094	23 07 168	42 47 227	25 30 254	33 52 292	35 41 347

TABLE 5—CORRECTION FOR PRECESSION AND NUTATION

LHA ♈	North latitudes							0°	South latitudes							LHA ♈
	N 89°	N 80°	N 70°	N 60°	N 50°	N 40°	N 20°		S 20°	S 40°	S 50°	S 60°	S 70°	S 80°	S 89°	

1991

LHA	N89	N80	N70	N60	N50	N40	N20	0°	S20	S40	S50	S60	S70	S80	S89	LHA
0	1 000	1 020	1 040	1 050	1 050	1 060	1 060	2 070	1 070	1 060	1 060	1 050	1 040	1 030	1 010	0
30	1 030	1 040	1 050	1 060	1 060	1 070	2 070	2 070	1 070	1 060	1 050	1 040	1 020	1 000	1 340	30
60	1 060	1 070	1 070	1 070	1 080	1 080	2 080	1 080	1 070	1 070	1 060	0 —	0 —	0 —	1 310	60
90	1 090	1 090	1 090	1 090	1 090	1 090	2 090	1 090	1 090	1 090	0 —	0 —	0 —	0 —	1 270	90
120	1 120	1 110	1 100	1 100	1 100	1 100	2 100	1 100	1 100	1 110	1 120	0 —	0 —	0 —	1 240	120
150	1 140	1 130	1 120	1 120	1 110	1 110	2 110	1 110	1 110	1 120	1 130	1 140	1 160	1 190	1 210	150
180	1 170	1 150	1 140	1 130	1 120	1 120	1 110	2 110	1 120	1 120	1 130	1 130	1 140	1 160	1 180	180
210	1 200	1 180	1 160	1 140	1 130	1 120	1 110	2 110	2 110	1 110	1 120	1 120	1 130	1 140	1 150	210
240	1 230	0 —	0 —	0 —	1 120	1 110	1 110	1 100	2 100	1 100	1 100	1 110	1 110	1 110	1 120	240
270	1 270	0 —	0 —	0 —	0 —	1 090	1 090	1 090	2 090	1 090	1 090	1 090	1 090	1 090	1 090	270
300	1 300	0 —	0 —	0 —	1 060	1 070	1 080	1 080	2 080	1 080	1 080	1 080	1 080	1 070	1 060	300
330	1 330	1 350	1 020	1 040	1 050	1 060	1 070	1 070	2 070	1 070	1 070	1 060	1 060	1 050	1 040	330
360	1 000	1 020	1 040	1 050	1 050	1 060	1 060	2 070	1 070	1 060	1 060	1 050	1 040	1 030	1 010	360

1992

LHA	N89	N80	N70	N60	N50	N40	N20	0°	S20	S40	S50	S60	S70	S80	S89	LHA
0	1 000	1 020	1 040	1 050	2 060	2 060	2 070	2 070	2 070	2 060	2 060	1 050	1 040	1 020	1 000	0
30	1 030	1 050	1 060	2 060	2 070	2 070	2 070	2 070	2 070	2 060	1 050	1 040	1 020	1 350	1 330	30
60	1 060	1 070	2 070	2 080	2 080	2 080	2 080	2 080	2 080	1 070	1 060	1 040	0 —	1 320	1 300	60
90	1 090	1 090	2 090	2 090	2 090	2 090	2 090	2 090	2 090	1 090	1 090	0 —	0 —	1 270	1 270	90
120	1 120	1 110	2 110	2 100	2 100	2 100	2 100	2 100	2 110	1 110	1 120	1 140	0 —	1 220	1 240	120
150	1 150	1 130	1 120	2 120	2 120	2 110	2 110	2 110	2 110	2 120	1 130	1 140	1 160	1 190	1 210	150
180	1 180	1 160	1 140	1 130	2 120	2 120	2 110	2 110	2 110	2 120	2 120	1 130	1 140	1 160	1 180	180
210	1 210	1 190	1 160	1 140	1 130	2 120	2 110	2 110	2 110	2 110	2 110	2 120	1 120	1 130	1 150	210
240	1 240	1 220	0 —	1 140	1 120	1 110	2 100	2 100	2 100	2 100	2 100	2 100	2 110	1 110	1 120	240
270	1 270	1 270	0 —	0 —	1 090	1 090	2 090	2 090	2 090	2 090	2 090	2 090	2 090	1 090	1 090	270
300	1 300	1 320	0 —	1 040	1 060	1 070	2 070	2 080	2 080	2 080	2 080	2 080	2 070	1 070	1 060	300
330	1 330	1 350	1 020	1 040	1 050	2 060	2 070	2 070	2 070	2 070	2 060	2 060	1 060	1 050	1 030	330
360	1 000	1 020	1 040	1 050	2 060	2 060	2 070	2 070	2 070	2 060	2 060	1 050	1 040	1 020	1 000	360

1993

LHA	N89	N80	N70	N60	N50	N40	N20	0°	S20	S40	S50	S60	S70	S80	S89	LHA
0	1 000	1 020	2 040	2 050	2 060	3 060	3 070	3 070	3 070	3 060	2 060	2 050	2 040	1 020	1 000	0
30	1 030	2 050	2 060	2 060	3 070	3 070	3 070	3 070	3 070	2 060	2 050	1 040	1 020	1 350	1 330	30
60	1 060	2 070	2 070	3 080	3 080	3 080	3 080	3 080	2 080	2 070	1 060	1 040	1 350	1 310	1 300	60
90	1 090	2 090	2 090	3 090	3 090	3 090	3 090	3 090	2 090	2 090	1 090	0 —	0 —	1 270	1 270	90
120	1 120	2 110	2 110	3 110	3 100	3 100	3 100	3 100	2 110	2 110	1 120	1 140	1 180	1 220	1 240	120
150	1 150	2 140	2 130	2 120	3 120	3 110	3 110	3 110	3 110	2 120	2 130	1 140	1 160	1 180	1 210	150
180	1 180	1 160	2 140	2 130	2 120	3 120	3 110	3 110	3 110	2 120	2 130	2 140	1 160	1 160	1 180	180
210	1 210	1 190	1 160	1 140	2 130	2 120	3 110	3 110	3 110	3 110	3 110	2 120	2 120	1 130	1 150	210
240	1 240	1 230	1 190	1 140	1 120	2 110	2 100	3 100	3 100	3 100	3 100	3 100	2 110	2 110	1 120	240
270	1 270	1 270	0 —	0 —	1 090	1 090	2 090	3 090	3 090	3 090	3 090	2 090	2 090	1 090	1 090	270
300	1 300	1 320	1 000	1 040	1 060	2 070	3 070	3 080	3 080	3 080	3 070	2 070	2 070	1 070	1 060	300
330	1 330	1 000	1 020	1 040	2 050	2 060	3 070	3 070	3 070	3 070	3 060	2 060	2 050	2 040	1 030	330
360	1 000	1 020	2 040	2 050	2 060	3 060	3 070	3 070	3 070	3 060	2 060	2 050	2 040	1 020	1 000	360

1994

LHA	N89	N80	N70	N60	N50	N40	N20	0°	S20	S40	S50	S60	S70	S80	S89	LHA
0	2 010	2 020	2 040	3 050	3 060	3 060	4 070	4 070	4 060	3 060	3 060	2 050	2 040	2 020	2 000	0
30	2 040	2 050	2 060	3 060	3 070	4 070	4 070	4 070	3 070	3 060	2 050	2 040	1 020	1 350	2 330	30
60	2 070	2 070	3 070	3 080	4 080	4 080	4 080	4 080	3 080	2 070	1 060	1 040	1 350	1 310	2 300	60
90	2 090	2 090	3 090	3 090	4 090	4 090	4 090	4 090	3 090	2 090	1 100	0 —	0 —	1 260	2 270	90
120	2 120	2 110	3 110	3 110	3 100	4 100	4 100	4 100	3 110	2 110	2 120	1 140	1 180	1 220	2 240	120
150	2 150	2 140	2 130	3 120	3 120	4 110	4 110	4 110	4 110	3 120	2 130	2 140	2 160	1 180	2 200	150
180	2 180	2 160	2 140	2 130	3 120	3 120	4 120	4 110	4 110	3 120	3 130	2 140	2 160	1 160	1 170	180
210	2 210	1 190	1 160	2 140	2 130	3 120	3 120	3 110	4 110	4 110	3 110	3 120	2 120	2 130	2 140	210
240	2 240	1 230	1 190	1 140	1 120	2 110	2 110	3 100	4 100	4 100	4 100	3 100	3 110	2 110	2 110	240
270	2 270	1 280	0 —	0 —	1 080	2 090	3 090	4 090	4 090	4 090	4 090	3 090	3 090	2 090	2 090	270
300	2 300	1 320	1 000	1 040	2 060	2 070	3 070	4 080	4 080	4 080	3 080	3 070	3 070	2 070	2 060	300
330	2 340	1 000	2 020	2 040	2 050	3 060	4 070	4 070	4 070	4 070	3 060	3 060	2 050	2 040	2 030	330
360	2 010	2 020	2 040	3 050	3 060	3 060	4 070	4 070	4 060	3 060	3 060	2 050	2 040	2 020	2 000	360

Example. In 1993 a position line is obtained in latitude S 52° when LHA ♈ is 327°. Entering the table with the year 1993, latitude S 50°, and LHA ♈ 330° gives 3′ 060° which indicates that the position line is to be transferred 3 miles in true bearing 060°.

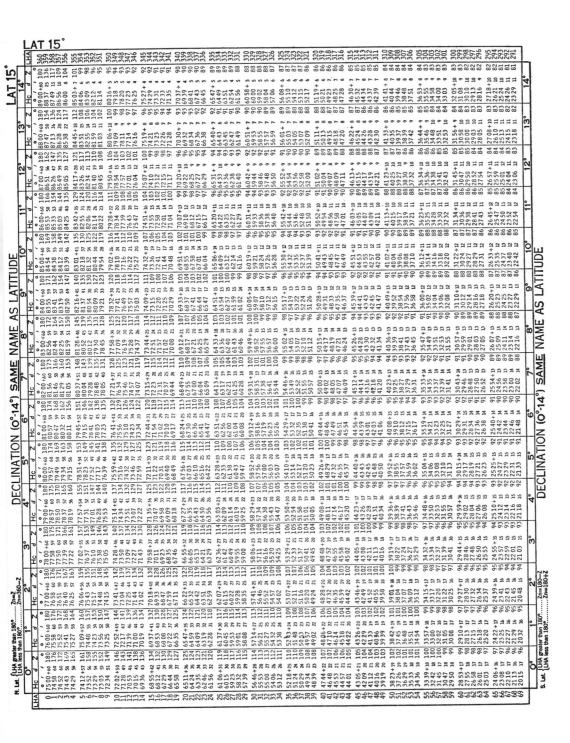

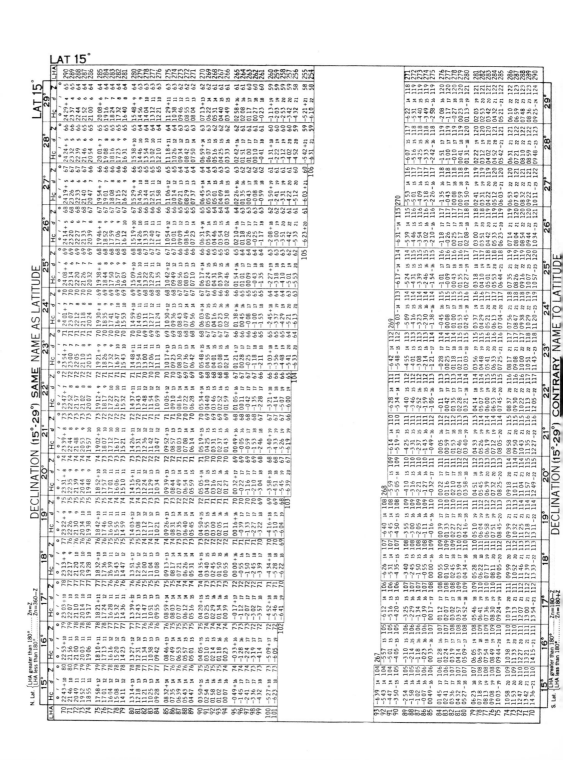

LAT 15°

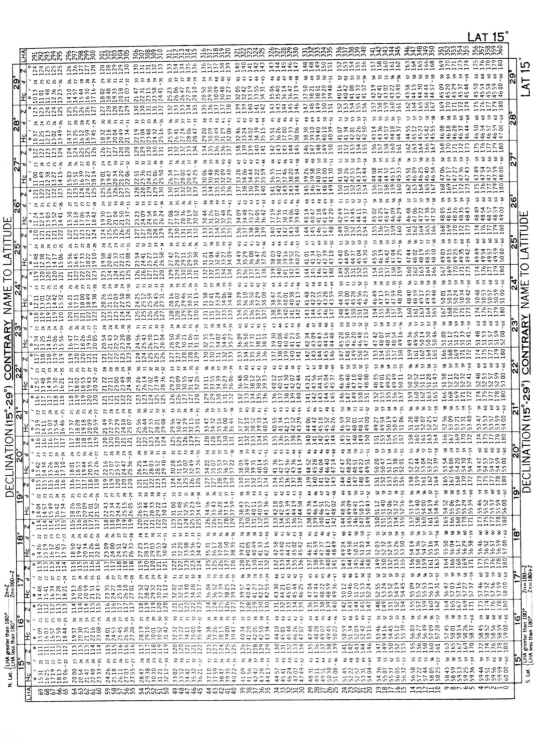

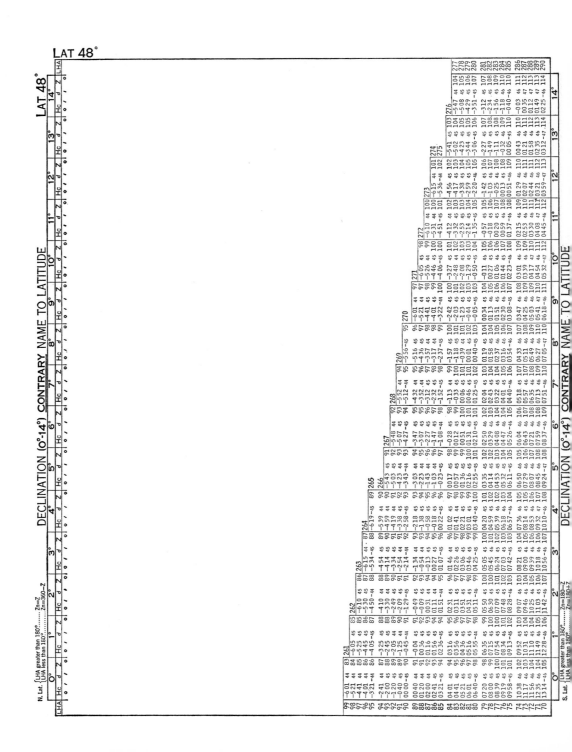

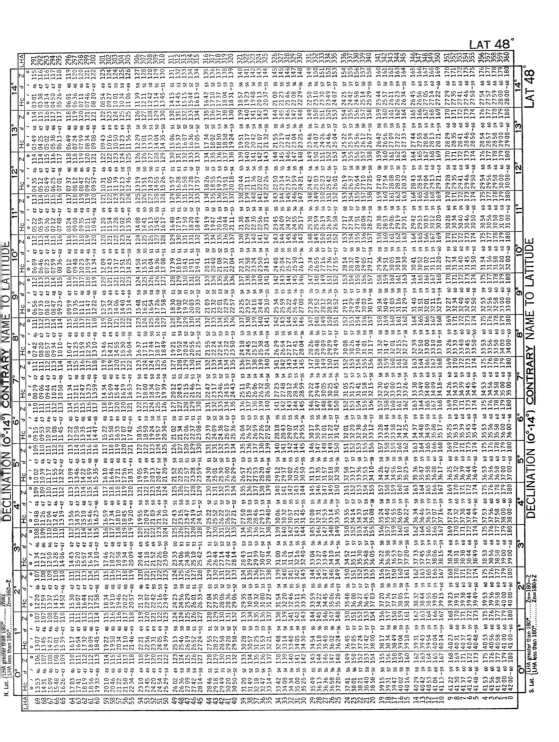

TABLE 5.—Correction to Tabulated Altitude for Minutes of Declination

Fixsterntabelle

Nr.	Name und Helligkeit		Mittelwerte von	
			Sternwinkel	Abweichung
1	Sirrah	2,2	358° 02,3′	29° 02,0′N
4	Schedir	2,5	350° 01,4′	56° 28,9′N
5	Deneb Kaitos	2,2	349° 13,9′	18° 02,6′S
8	Achernar	0,6	335° 39,8′	57° 17,3′S
9	Nordstern	2,1	324° 53,9′	89° 13,2′N
11	Hamel	2,2	328° 21,2′	23° 24,9′N
14	Algenib	1,9	309° 06,3′	49° 49,6′N
16	Aldebaran	1,1	291° 10,1′	16° 29,5′N
17	Rigel	0,3	281° 29,3′	08° 12,7′S
18	Capella	0,2	281° 01,1′	45° 59,4′N
19	Bellatrix	1,7	278° 51,3′	06° 20,6′N
24	Beteigeuze	0,1−1,2	271° 20,8′	07° 24,5′N
29	Sirius	−1,6	258° 49,6′	16° 42,0′S
32	Castor	1,6	246° 30,8′	31° 54,8′N
33	Procyon	0,5	245° 18,5′	05° 15,2′N
34	Pollux	1,2	243° 49,7′	28° 03,2′N
37	β Carinae	1,8	221° 43,9′	69° 40,4′S
39	Regulus	1,3	208° 02,6′	12° 01,1′N
41	Dubhe	2,0	194° 13,3′	61° 48,4′N
42	Denebola	2,2	182° 51,9′	14° 37,8′N
43	α Crucis	1,1	173° 29,9′	63° 02,5′S
49	Spica	1,2	158° 50,3′	11° 06,5′S
50	Benetnasch	1,9	153° 12,8′	49° 21,8′N
53	Arcturus	0,2	146° 12,1′	19° 14,1′N
54	α Centauri	0,1	140° 16,5′	60° 47,6′S
57	Kochab	2,2	137° 18,7′	74° 11,8′N
61	Antares	1,2	112° 48,4′	26° 24,7′S
64	λ Scorpii	1,7	096° 46,4′	37° 05,9′S
65	Ras Alhague	2,1	096° 23,1′	12° 33,9′N
69	Wega	0,1	080° 51,2′	38° 46,3′N
71	Atair	0,9	062° 25,8′	08° 50,3′N
72	α Pavonis	2,1	053° 47,3′	56° 46,2′S
73	Deneb	1,3	049° 43,9′	45° 14,5′N
75	Enif	2,5	034° 04,8′	09° 49,6′N

Plotting Sheets

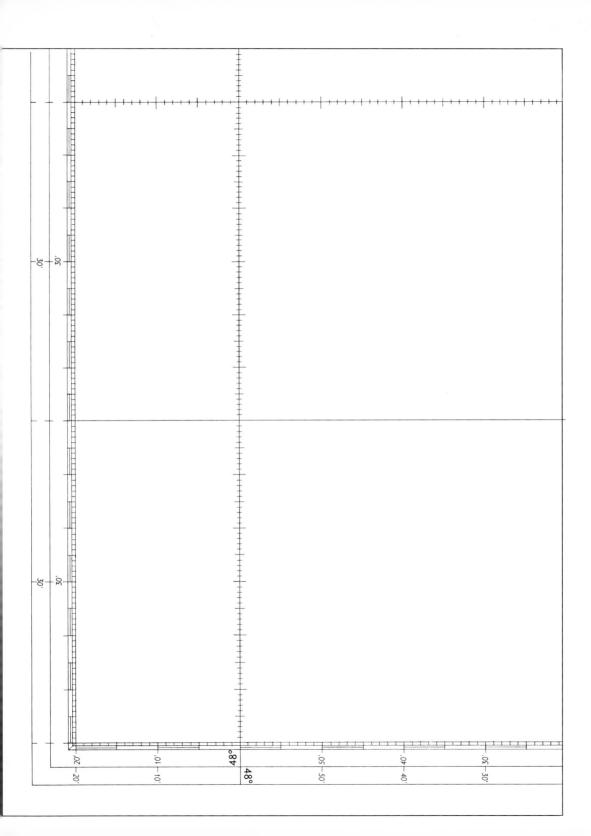

30'

30'

30'

30'

20'

20'

10'

10'

48°

48°

50'

50'

40'

40'

30'

30'

273

BASIC-Programme

Erste und zweite Aufgabe der Besteckrechnung nach Mittelbreite

Hinweise:

Das Programm berechnet bei der ersten Aufgabe der Besteckrechnung aus Abfahrtsbreite, Abfahrtslänge, Kurs über Grund und Distanz über Grund Breite und Länge des erreichten Ortes. Bei der zweiten Aufgabe werden aus Breite und Länge des Abfahrts- und des Zielortes Kurs über Grund und Distanz über Grund bestimmt.

Das Verfahren nach Mittelbreite darf maximal bis zu einer Distanz von etwa 500 sm verwendet werden. Es muß außerdem beachtet werden, daß in Breiten ab etwa 60° auch schon bei kürzeren Distanzen größere Ungenauigkeiten zu erwarten sind.

Spezialfälle, die für die Seefahrt nicht in Betracht kommen, wie Koppeln über die Pole, sind nicht berücksichtigt worden.

Speicherbedarf: 2.775 kB
(mit REM-Zeilen)

Programmlisting:

```
1 REM ****** ERSTE UND ZWEITE AUFGABE DER BESTECKRECHNUNG *****
2 REM ****** NACH MITTELBREITE *********************************
3 REM ****** FUER SHARP PC-E500 *******************************
4 REM ****** W. K. 10/93 **************************************
5 REM * VARIABLENBEZEICHNUNGEN:
6 REM * AL: KURS (ZWEITE AUFGABE). B, L: BREITEN- BZW. LAENGEN-
7 REM * UNTERSCHIED. D, KG: DISTANZ UEBER GRUND, KURS UEBER
8 REM * GRUND. PA, PB, LA, LB: ABFAHRTS- BZW. ZIELBREITE UND
9 REM * ABFAHRTS- BZW. ZIELLAENGE. ALLE UEBRIGEN VARIABLEN BE-
10 REM * ZEICHNEN IM VERLAUF DER RECHNUNG AUFTRETENDE GROESSEN
11 REM * ODER HILFSVARIABLEN.
12 REM
13 REM * PROGRAMM
15 CLS
20 INPUT "ERSTE ODER ZWEITE AUFGABE? (1/2)";A$
25 IF A$<>"1" AND A$<>"2" THEN GOTO 20
30 IF A$="1" THEN GOSUB 45 ELSE GOSUB 155
35 END
40 REM ERSTE AUFGABE DER BESTECKRECHNUNG
45 INPUT "PHI_A? (VZGG.MMZ)";PA
50 INPUT "LAMBDA_A? (VZGGG.MMZ)";LA
55 INPUT "KUEG? (GGG)";KG
60 INPUT "DUEG? (SM)";D:CLS
65 REM GROESSER 500 SM ODER HOHE BREITEN
70 IF D>500 THEN GOSUB 325:END
75 IF PA > 60 THEN GOSUB 330
80 H1=PA:GOSUB 305:PA=H2
85 H1=la:GOSUB 305:LA=H2
90 B=D*COS KG
95 PB=PA+B/60
100 PM=PA+B/120
105 L=D*SIN KG/COS PM
110 LB=LA+L/60
115 IF LB>180 THEN LB=LB-360
120 IF LB<-180 THEN LB=LB+360
125 H1=(ABS PB - INT ABS PB)*60:GOSUB 310:MI=H2
130 IF INT ABS PB=0 AND PB<0 THEN PRINT "PB = -0";MI ELSE PRINT
    "PB =";(INT ABS PB)*SGN PB;MI
135 H1=(ABS LB - INT ABS LB)*60:GOSUB 310:MI=H2
140 IF INT ABS LB=0 AND LB<0 THEN PRINT "LB = -0";MI ELSE PRINT
    "LB =";(INT ABS LB)*SGN LB;MI
145 RETURN
150 REM ZWEITE AUFGABE DER BESTECKRECHNUNG
155 INPUT "PHI_A? (VZGG.MMZ)";PA
160 INPUT "LAMBDA_A? (VZGGG.MMZ)";LA
165 INPUT "PHI_B? (VZGG.MMZ)";PB
170 INPUT "LAMBDA_B? (VZGGG.MMZ)";LB:CLS
175 H1=PA:GOSUB 305:PA=H2
180 H1=LA:GOSUB 305:LA=H2
185 H1=PB:GOSUB 305:PB=H2
190 H1=LB:GOSUB 305:LB=H2
195 B=PB-PA
200 L=LB-LA
205 IF L<-180 THEN L=L+360
210 IF L>180 THEN L=L-360
215 PM=(PA+PB)/2
220 X=L*COS PM:Y=B
225 IF L>0 AND B=0 THEN AL=90:GOTO 260
230 IF L<0 AND B=0 THEN AL=270:GOTO 260
```

```
235 IF Y=0 THEN Y=1E-8
240 AL=ATN(X/Y)
245 IF X>=0 AND Y<0 THEN AL=AL+180:GOTO 260
250 IF X<=0 AND Y<0 THEN AL=AL+180:GOTO 260
255 IF X<0 AND Y>0 THEN AL=360+AL
260 IF AL<0 THEN AL=AL+360
265 IF AL=90 OR AL=270 THEN D=ABS(L*60*COS PA):GOTO 275
270 D=ABS(B*60/COS AL)
275 IF D>500 THEN GOSUB 325:END
280 IF PA > 60 OR PB > 60 THEN GOSUB 330
285 H1=AL:GOSUB 320:AL=H2:PRINT "KUEG = ";H2
290 H1=D:GOSUB 315:D=H2:PRINT "DUEG = ";H2;"SM"
295 RETURN
300 REM HILFSROUTINEN
305 H2=(INT ABS H1+5/3*(ABS H1-INT ABS H1))*SGN H1:RETURN
310 H2=(0.1*INT((ABS H1 + 0.05)*10))*SGN H1:RETURN
315 H2=0.1*INT((H1+ 0.05)*10):RETURN
320 H2=INT(H1+0.5):RETURN
325 CLS:PRINT "DIE RECHNUNG IST MIT DIESEM VERFAHREN ZU
    UNGENAU":RETURN
330 CLS:PRINT "IN HOHEN BREITEN NUR KLEINERE DISTANZEN!":RETURN
```

Anwendungsbeispiele:

```
ERSTE ODER ZWEITE AUFGABE? (1/2)1       ERSTE ODER ZWEITE AUFGABE? (1/2)2
PHI_A? (VZGG.MMZ)42.2                    PHI_A? (VZGG.MMZ)36.17
LAMBDA_A? (VZGGG.MMZ)-51.16              LAMBDA_A? (VZGGG.MMZ)15.44
KUEG? (GGG)227                           PHI_B? (VZGG.MMZ)34.04
DUEG? (SM)42                             LAMBDA_B? (VZGGG.MMZ)16.21
PB = 41 51.4                             KUEG =  167
LB =-51 57.4                             DUEG = 136.4 SM
```

Großkreisnavigation

Hinweise: Das Programm ermöglicht die Berechnung des loxodromischen Kurses und der loxodromischen Distanz. Es berechnet ferner die orthodromische Distanz (Großkreisdistanz), den orthodromischen Anfangs- und Endkurs und Breite und Länge des Scheitels. Falls gewünscht, bestimmt es auch für vorgegebene Meridiane die Schnittbreiten des Großkreises mit diesen Meridianen.

Speicherbedarf: 2.924 kB
(mit REM-Zeilen)

Programmlisting:

```
340 REM ****************** GROSSKREISNAVIGATION *****************
341 REM ***************** FUER SHARP PC-E500 ******************
342 REM ***************** W. K. 10/93 **************************
343 REM * VARIABLENBEZEICHNUNGEN:
344 REM * AK, EK, AL: ANFANGSKURS, ENDKURS, LOXODROMISCHER KURS.
345 REM * B, GB, L: BREITENUNTERSCHIED, VERGROESSERTER BREITENUN-
346 REM * TERSCHIED, LAENGENUNTERSCHIED. DL, DO: LOXODROMISCHE
347 REM * BZW. ORTHODROMISCHE DISTANZ. PA, PB, LA, LB: ABFAHRTS-
348 REM * BZW. ZIELBREITE UND ABFAHRTS- BZW. ZIELLAENGE. PM, LM:
349 REM * BREITE UND LAENGE DES MERIDIANSCHNITTPUNKTES. PS, LS:
350 REM * SCHEITELBREITE UND SCHEITELLAENGE. ALLE UEBRIGEN VARI-
351 REM * VARIABLEN BEZEICHNEN IM VERLAUF DER RECHNUNG AUFTRETEN-
352 REM * GROESSEN ODER HILFSVARIABLEN.
353 REM
354 REM * PROGRAMM
355 CLS
360 INPUT "PHI_A? (VZGG.MMZ)";PA
365 INPUT "LAMBDA_A? (VZGGG.MMZ)";LA
370 INPUT "PHI_B? (VZGG.MMZ)";PB
375 INPUT "LAMBDA_B? (VZGGG.MMZ)";LB:CLS
380 H1=PA:GOSUB 640:PA=H2
385 H1=LA:GOSUB 640:LA=H2
390 H1=PB:GOSUB 640:PB=H2
395 H1=LB:GOSUB 640:LB=H2
400 B=PB-PA
405 L=LB-LA
410 IF L<-180 THEN L=L+360
415 IF L>180 THEN L=L-360
420 GB=10800/PI*(LN(TAN(45+PB/2)/TAN(45+PA/2)))
425 R=SQR (L*L*3600+GB*GB)
430 IF L>=0 THEN LET AL=ACS (GB/R) ELSE LET AL=-ACS (GB/R)
435 IF AL<0 THEN AL=AL+360
440 IF L>0 AND GB=0 THEN AL=90:GOTO 450
445 IF L<0 AND GB=0 THEN AL=270
450 IF AL=90 OR AL=270 THEN LET DL=ABS (L*60*COS PA)ELSE LET
    DL=ABS (B*60/COS AL)
455 DO=ACS (SIN PA*SIN PB+COS PA*COS PB*COS L)
460 Y=SIN L:X=TAN PB*COS PA-SIN PA*COS L
465 R=SQR (X*X+Y*Y)
470 IF Y>=0 THEN LET AK=ACS (X/R) ELSE LET AK=-ACS (X/R)
475 IF AK<0 THEN AK=AK+360
480 Y=-SIN L:X=TAN PA*COS PB-SIN PB*COS L
485 R=SQR (X*X+Y*Y)
490 IF Y>=0THEN LET BE=ACS (X/R)ELSE LET BE=-ACS (X/R)
495 IF BE<0 THEN BE=BE+360
500 EK=BE+180
505 H1=AL:GOSUB 645:PRINT "L:KURS =";H2;
510 H1=DL:GOSUB 645:PRINT " D =";H2
515 IF EK>360 THEN EK=EK-360
520 H1=DO*60:GOSUB 645:DO=H2
525 AF=AK:H1=AK:GOSUB 645:AK=H2
530 H1=EK:GOSUB 645:EK=H2
535 PRINT"O:D =";DO;"AK =";AK;" EK =";EK
540 IF AK=0 OR AK=180 PRINT"MERIDIAN!":END
545 IF PA=0 AND PB=0 PRINT"AEQUATOR!":END
550 REM SCHEITEL
555 IF PA=0 AND PB<>0 THEN PA=1E-6
560 PS=(ACS(COS PA*ABS SIN AF))*SGN PA
565 LX=ATN(1/(SIN PA*TAN AF)):LS=LX+LA
570 IF LS>180 THEN LS=LS-360
575 IF LS<-180 THEN LS=LS+360
```

```
580 H3=PS:P$="PS":GOSUB 650
585 H3=LS:P$="LS":GOSUB 650:PRINT
590 REM MERIDIANSCHNITTPUNKTE
595 INPUT"MERIDIANSCHNITTPUNKTE? (J/N)";A$
600 IF A$="J" THEN 605 ELSE END
605 INPUT"LAMBDA_M? (VZGGG)";LM
610 PM=ATN(TAN PS*COS(LM-LS))
615 H3=PM:P$="PM":GOSUB 650
620 PRINT "LM =";LM
625 INPUT"WEITERE SCHNITTPUNKTE? (J/N)";A$
630 GOTO 600
635 REM HILFSROUTINEN
640 H2=(INT ABS H1+5/3*(ABS H1-INT ABS H1))*SGN H1:RETURN
645 H2=(0.1*INT ((ABS H1 + 0.05)*10))*SGN H1:RETURN
650 H1=(ABS H3 - INT ABS H3)*60:GOSUB 645:MI=H2:IF MI=60 THEN
    MI=0:H3=H3+1
655 IF INT ABS H3=0 AND H3<0 THEN PRINT P$;" = -0";MI ELSE PRINT
    P$;" =";(INT ABS H3)*SGN H3;MI;
660 RETURN
```

Anwendungsbeispiele:

```
PHI_A? (VZGG.MMZ)-41.5
LAMBDA_A? (VZGGG.MMZ)175.45
PHI_B? (VZGG.MMZ)-12.35
LAMBDA_B? (VZGGG.MMZ)-78.2
L:KURS = 72.5   D = 5827.3
O:D = 5586.1 AK = 110   EK = 45.9
PS =-45   32.8 LS =-155   41
MERIDIANSCHNITTPUNKTE? (J/N)J
LAMBDA_M? (VZGGG.MMZ)180
PM =-42   53.2 LM = 180
WEITERE SCHNITTPUNKTE? (J/N)N
```

Höhe und Azimut aus Phi, Delta und t

Hinweise: Das Programm berechnet die Höhe und das vollkreisige Azimut aus Phi, Delta und t.

Speicherbedarf: 1.003 kB
(mit REM-Zeilen)

Programmlisting:

```
680 REM ********* HOEHE UND AZIMUT AUS PHI, DELTA UND T ********
681 REM ********* FUER SHARP PC-E500 ************************
682 REM ********* W. K. 10/93 *******************************
683 REM
684 REM * VARIABLENBEZEICHNUNGEN:
685 REM * AZ:AZIMUT, DE:DELTA, HR:BERECHNETE HOEHE, MH:MINUTEN
686 REM * DER HOEHE,PH:BREITE PHI, T:ORTSSTUNDENWINKEL,
687 REM * H1, H2, H3, R, X, Y: HILFSVARIABLE.
688 REM
```

```
689 REM * PROGRAMM
690 CLS
695 INPUT "PHI? (VZGG.MMZ)";PH
700 H1=PH:GOSUB 770:PH=H2
705 INPUT "DELTA? (VZGG.MMZ)";DE
710 H1=DE:GOSUB 770:DE=H2
715 INPUT "T? (GGG.MMZ)";T
720 H1=T:GOSUB 770:T=H2
725 HR=ASN (SIN PH*SIN DE+COS PH*COS DE*COS T)
730 Y=-SIN T:X=COS PH*TAN DE-SIN PH*COS T:R=SQR (X*X+Y*Y)
735 IF Y>0 THEN LET AZ= ACS (X/R) ELSE LET AZ= -ACS (X/R)
740 IF AZ<0 THEN LET AZ=AZ+360
745 H1=(ABS HR-INT (ABS HR))*60:GOSUB 775:MH=H2
750 H1=AZ:GOSUB 775:AZ=H2
755 CLS:IF HR<0 THEN PRINT "HOEHE NEGATIV!":GOTO 695
760 PRINT "HR =";INT ABS HR;MH
765 PRINT "AZ =";  AZ: END
770 H2=(INT ABS H1+5/3*(ABS H1-INT ABS H1))*SGN H1:RETURN
775 H2=(0.1*INT ((ABS H1+0.05)*10))*SGN H1:RETURN
```

Anwendungsbeispiele:

```
PHI? (VZGG.MMZ)48.05
DELTA? (VZGG.MMZ)12.34
T? (GGG.MMZ)339.001
HR = 50   24.7
AZ = 146.7


PHI? (VZGG.MMZ)48.05
DELTA? (VZGG.MMZ)19.142
T? (GGG.MMZ)29.189
HR = 52   40.1
AZ = 229.7
```

Wahrer Auf- und Untergang der Sonne

Hinweise: Das Programm berechnet aus Phi und Delta das Azimut beim wahren Auf- oder Untergang. Falls gewünscht, kann zusätzlich die MOZ des wahren Auf- oder Unterganges bestimmt werden. Dazu muß zusätzlich das T der Sonne eingegeben werden.

Speicherbedarf: 1.315 kB
(mit REM-Zeilen)

Programmlisting:

```
790 REM ********** WAHRER AUF- UND UNTERGANG DER SONNE **********
791 REM ********** FUER SHARP PC-E500 *************************
792 REM ********** W. K. 10/93 ******************************
793 REM
794 REM * VARIABLENBEZEICHNUNGEN:
795 REM * AZ: AZIMUT, DE: DELTA, GT: MERIDIANDURCHGANGSZEIT (T).
796 REM * PH: PHI, T: STUNDENWINKEL, A/U: AUFGANGS- BZW. UNTER-
797 REM * GANGSZEIT DER SONNE. ALLE UEBRIGEN VARIABLEN BEZEICH-
798 REM * NEN IM VERLAUF DER RECHNUNG AUFTRETENDE GROESSEN ODER
799 REM * HILFSVARIABLEN.
800 REM
801 REM * PROGRAMM
810 CLS
815 INPUT "MIT ZEITBERECHNUNG? (J/N)";Z$
820 IF Z$="J" THEN 825 ELSE 835
825 INPUT "T-SONNE? (HH.MM)";GT
830 H1=GT:GOSUB 1535:GT=H2
835 INPUT "AUFGANG ODER UNTERGANG? (A/U)";S$
840 INPUT "PHI? (VZGG.MMZ)";PH
845 H1=PH:GOSUB 1535:PH=H2
850 INPUT "DELTA? (VZGG.MMZ)";DE
855 H1=DE:GOSUB 1535:DE=H2
860 IF Z$="N" THEN 895
865 REM AUF- BZW. UNTERGANGSZEIT
870 T=ACS(-TAN PH*TAN DE):TZ=T/15
875 A=GT-TZ:U=GT+TZ
880 IF S$="A" THEN LET H3=A ELSE LET H3=U
885 GOSUB 1540: CLS:PRINT"MOZ W";S$;" =";H2
890 REM AZIMUT
895 AZ=ACS(SIN DE/COS PH)
900 IF S$="U" THEN AZ=360-AZ
905 H1=AZ:GOSUB 1550
910 IF Z$="N" THEN CLS:
915 PRINT"AZ BEIM W";S$;" =";H2:END
1530 REM HILFSROUTINEN
1535 H2=(INT ABS H1+5/3*(ABS H1-INT ABS H1))*SGN H1:RETURN
1540 H1=INT H3+(H3-INT H3)*3/5
1545 H2=0.01*INT ((H1+0.005)*100):RETURN
1550 H2=0.1*INT((H1+0.05)*10):RETURN
```

Anwendungsbeispiele:

```
MIT ZEITBERECHNUNG? (J/N)J
T-SONNE? (HH.MM)12.06
AUFGANG ODER UNTERGANG? (A/U)U
PHI? (VZGG.MMZ)48
DELTA? (VZGG.MMZ)21.533
MOZ WU = 19.52
AZ BEIM WU = 303.9


MIT ZEITBERECHNUNG? (J/N)N
AUFGANG ODER UNTERGANG? (A/U)U
PHI? (VZGG.MMZ)48.13
DELTA? (VZGG.MMZ)-11.145
AZ BEIM WU = 253
```

Stichwortverzeichnis

B

Baggern im Fahrwasser 160
BASIC-Modus 14
Basislinie 94
Bedeckungsbereich 94
Begegnen 163
Benetnasch 27
beobachtete Höhe 37, 60
Beobachtungsfehler 80
Beobachtungsgestirne 26
Beobachtungssterne 27
Beobachtungsuhr 51, 84
berechnete Höhe 60
Berichtigung bei ECDIS 121
Berichtigung wegen der Augeshöhe 45
Bermudahoch 186
Beschaffenheit der Lichter 128
Besteckrechnung 16
Besteckrechnung nach Mittelbreite 16
Besteckversetzung 64
Beteiligter 170
Betriebsart 14
Bildpunkt des Gestirns 57
Bildpunktkoordinaten 57
Bleib-weg-Signal 162
Blendgläser 38
Blockschaltbild 109
Bodendruckverteilungen 232
Bodenhoch 191
Bodenkontroll-Stationen 102
Bodenkontrollsegment 102
bodennahe äqatoriale Westwinde 188
Bodentief 191
Bodenwelle 95
Bodenwetterkarten 221
Bordzeit 50
Breitenbestimmung 73
Breitenstandlinie 75
Breitenunterschied 17
Breitenversetzung 64
bürgerliche Dämmerung 82
BZ 50

C

CALC-Modus 14

Chr 53
Chronometerablesung 53
Chronometerstandberichtigung 53
cloud cluster 188
Cockpitmontage 96, 107
cold eddies 198
computed altitude 65
Corioliskraft 193
Correction for Precession and Nutation 67
cos 17
cosinus 17

D

Dackelregel 86
Darstellungsarten 112
Datenausgänge 69
Datenbank 121
Dateneingänge 96
Datumsanzeige 53
Datumsgrenze 51
Dauer der bürgerlichen Dämmerung 82
Decca 92
Decca-Kette 93
Decca-Koordinaten 93
Decca-Navigatoren 96
DEG-Taste 14
Dekoder 220
Deneb 28
Dezimalkomma 14
Dezimalpunkt 14
DGPS 105
DGPS-Referenzstationen 105
Dialogverkehr 90
Differential GPS 105
digital selective calling 181
Digitaltechnik 110
Digitaluhr 53, 107
Display 14
DMS-Taste 14
3-cm-Radar 110
Dringlichkeitsmeldungen 219
Drogen 179
Druckgradientenkraft 200
DSC 181
Dubhe 27
Durchfahren von Brücken, Sperrwerken, Schleusen 164
Durchschnittsfahrt 77

281

Abbildungsnachweis

Amerikanische Pilot Charts, S. 233, Abb. 56; S. 235, Abb. 58

Amtsblatt des Instituts für Meteorologie der FU Berlin (Berliner Wetterkarte), S. 191, Abb. 10; S. 192, Abb. 11; S. 223, Abb. 48

Atlas Elektronik, Bremen, S. 120, Abb. 96; S. 121, Abb. 97, 98; S. 122, Abb. 99

Auszug aus Karte 19, 31, 2700, Auszug Nautischer Funkdienst, Bd. 1, Bd. 2, mit freundlicher Genehmigung des Bundesamtes für Seeschiffahrt und Hydrographie, Hamburg, S. 23, Abb. 7; S. 53, Abb. 37; S. 94, Abb. 62; S. 97, Abb. 65; S. 116, Abb. 90

Auszug aus Karte Nr. 19, mit freundlicher Genehmigung des BSH und KORT-OG Matrikelsyrelsen, Kopenhagen, S. 117, Abb. 93

Dantronik, Flensburg, S. 96, Abb. 63; S. 107, Abb. 77

Deutscher Wetterdienst, Seewetteramt, Hamburg, Fax-Sendungen, S. 192, Abb. 12 und 13

Deutscher Wetterdienst, Unterlagen und Wetterkarten, S. 189, Abb. 4; S. 220, Abb. 45; S. 221, Abb. 46; S. 222, Abb. 47; S. 224, Abb. 49 und S. 236, Abb. 59

DGON, Düsseldorf, S. 106, Abb. 76

Eissing, Emden, S. 119, Abb. 95; S. 123, Abb. 100

Ferropilot, Rellingen bei Hamburg, S. 108, Abb. 79; S. 118, Abb. 94

H. Kaps, Bremen (Originalfotos), S. 117, Abb. 91 und 92

Kartenauszug aus BR 3110 mit freundlicher Genehmigung des Hydrographic Office, Taunton, England, und des Hydrographic Department, Maritime Safety Agency, Tokio, Japan, S. 104, Abb. 74

Magnavox, Electronic Systems Company und Elna, Elektronavigation und Industrie GmbH, Rellingen bei Hamburg, S. 105, Abb. 75

Mount Wilson and Palomar Observatories, S. 26, Abb. 9

Nordwest-Funk, Emden, S. 100, Abb. 69

C. Plath, Hamburg, S. 38, Abb. 25

Sailtec, Hamburg, S. 100, Abb. 68

Shipmate Robertson, Emden, S. 107, Abb. 78; S. 123, Abb. 101, 102, 103

Auszüge aus dem Nautischen Jahrbuch 1989 mit freundlicher Genehmigung des Bundesamtes für Seeschiffahrt und Hydrographie, Hamburg.

Den genannten Institutionen und Firmen sei hier nochmals für die freundliche Hilfe und die Bereitstellung von Fotos und Unterlagen gedankt. Besonders gedankt sei auch unserem Kollegen, H. Kaps, für seine Unterstützung.

Pflicht-Lektüre kostenlos

Kostenlos

Im Buchhandel oder beim Delius Klasing Verlag, Postfach 101671, 33516 Bielefeld

Für alle Freunde des Wassersports: Bei Ihrem Buchhändler gibt's die komplette Übersicht über ein riesiges maritimes Buchprogramm. Dazu ein phantastisches Video- und Software-Programm. Gratis! Ganz gleich, welches Spezialgebiet Sie interessiert. Hier finden Sie, was Sie suchen: Segel- und Motorbootpraxis, Führerscheine, Bootstechnik und Schiffsmodellbau, Bildbände, Unterhaltung und Abenteuer. Ganz viel zum Thema Surfen und für Mountainbike-Fans. Nicht zu vergessen: Technikhandbücher für die gängigsten Automarken.

Auf 40 Seiten wird alles übersichtlich und farbig präsentiert. Ehe Sie was verpassen: Am besten gleich abholen oder anfordern und reinschnuppern.

 Delius Klasing Verlag

In fremden Revieren zu Hause

**Maritime Reiseführer.
Die ideale Ergänzung
zu Ihren Seekarten!**

Häfen- und Ankerplätze

Die Bücher dieser Reihe enthalten neben allgemeinen Angaben exakte Pläne und Beschreibungen von Häfen und Ankerbuchten. Dazu jede Menge Informationen zu Ansteuerungen und Liegeplätzen.

- **Naturhäfen in Schweden**
- **Häfen und Ankerplätze Balearen**
- **Häfen und Ankerplätze Costa Brava**
- **Häfen und Ankerplätze Istrien/Dalmatien**
- **Häfen und Ankerplätze Griechenland 1**
- **Häfen und Ankerplätze Griechenland 2**
- **Häfen und Ankerplätze Griechenland 3**
- **Häfen und Ankerplätze Griechenland 4**

Häfen aus der Luft

Die Idee dieser Reihe ist so einmalig wie ihr Vorteil: Sie sehen aus der Vogelperspektive, wie es innerhalb der Molen und in der Umgebung der Häfen aussieht. Dazu gibt's nützliche Infos über Routen, Liegeplätze und andere wichtige Details.

- **Dänemarks Häfen aus der Luft 1**
- **Dänemarks Häfen aus der Luft 2**
- **Ostseehäfen aus der Luft**
- **Küste Mecklenburg-Vorpommern aus der Luft**
- **Holländische Häfen aus der Luft**
- **Spanische Küsten aus der Luft**
- **Dalmatiens Küsten aus der Luft – mit Istrien**
- **Türkische Küste aus der Luft**
- **Karibik aus der Luft**

Führer für Sportschiffer

Neben navigatorischen Angaben, Hafenplänen und Lageskizzen informieren diese Bände über Wetter, Wind und Strömungen, über Einreiseformalitäten und Versorgungsmöglichkeiten. Der Leser lernt Land und Leute, ihre Geschichte und Kultur kennen.

- **Norwegen**
- **Rund Schweden 1**
- **Rund Schweden 2**
- **Segeln in Dänemark 1**
- **Segeln in Dänemark 2**
- **Ostseeküste 1**
- **Ostseeküste 2**
- **Nordseeküste 1**
- **Nordseeküste 2**
- **Holland mit dem Boot**
- **Mittelmeerküste**
- **Korsika, Sardinien, Elba**
- **Griechische Küsten**
- **Türkische Küste**

Erhältlich im
Buch- und Fachhandel

Delius Klasing
Verlag